信访理论研究丛书
XINFANG LILUN YANJIU CONGSHU

国外处理公民申诉制度法律法规选编

（下）

张恩玺　主编

中国法制出版社
CHINA LEGAL PUBLISHING HOUSE

目　录

下

韩　国

美　国

日　本

瑞　典

新西兰

英　国

欧洲议会

国际申诉专员协会

附 录

韩　国

防止腐败及国民权益委员会设置运行法

（2016.9.30 起实行）

［法律 第 14145 号公布，2016.3.29 部分修订］

第一章 总 则

第一条（目的） 为了设置国民权益委员会以处理国民诉求，改善与此相关的不合理的行政制度，预防及有效遏制腐败行为，以期保护国民的基本权益、确保行政的合理性、树立清廉的公职与社会风气，特制定本法。

第二条（界定） 本法中使用的用语，其含义如下：（2009.2.3, 2016.3.29 修订）

（一）"公共机关"指下列各项中的任一机关或团体：

1. 根据《政府组织法》设立的各级行政机关，以及根据《地方自治法》设立的地方自治团体的执行机构和地方议会；

2. 根据《地方教育自治相关法律》设立的教育监、教育厅和教育委员会；

3. 根据《国会法》设立的国会、根据《法院组织法》设立的各级法院、根据《宪法裁判所法》设立的宪法裁判所、根据《选举管理委员会法》设立的各级选举管理委员会、根据《审计院法》设立的审计院[①]；

① 审计院（감사원）类似中国的审计署或审计局，主要对公务员进行职务审计和监督，同时兼有中纪委监察部的职能。注意和负责犯罪调查和提起公诉的检察院（검찰청）相区别。

4. 根据《公职人员伦理法》第三条之二设立的公职相关团体；

（二）"行政机关等"指中央行政机关、地方自治团体①、根据《公共机关运行法》第四条设立的机关，以及根据法令具有行政机关权限或是通过授权、委托获得权限的法人、团体、机关或个人。

（三）"公职人员"指下列各项中的任意一种：

1. 根据《国家公务员法》和《地方公务员法》所规定的公务员，以及根据其他法律在资格、任用、教育培训、服务、报酬、身份保障等领域被认定为公务员的人员；

2. 第一款第四项中有关公共服务相关团体的长官及职员；

（四）"腐败行为"指下列各项中的任意一种：

1. 公职人员利用相关职务，滥用权力或违反法律为自己或第三者谋取利益的行为；

2. 在公共机关的预算使用、公共机关获取、管理和处置财产，或是公共机关作为当事人参与的合同签订及履行过程中，违反法律给公共机关造成财产损失的行为；

3. 胁迫、劝说、提议、引诱实施前两项中所列的行为或包庇该行为；

（五）"国民诉求"指国民因对行政机关等的违法、不当或者消极处理（包括事实行为和不作为），以及由于不合理的行政制度而侵害了国民的权利，或者给国民造成不便或不当的事件的申诉和要求（包括现役官兵和军队关联义务服务者的国民诉求）。②

（六）"申请人"指根据本法向国民权益委员会或国民诉求处理委员会

---

① 韩国把地方政府机构称为地方自治团体。

② 고충민원的英语解释是"civil petition for grievance"，对应的汉字为"苦衷民愿"。此概念类似中国的信访，但其含义比信访更宽泛，与"上访"、"维权"的含义也有差异，故译为"国民诉求"。国民诉求往往涉及公共权力机构对公民正当权益的侵害或不公正待遇，诉求目的则在于维护正当权益并获得因侵害而遭受的损失。国民诉求也包括对公职人员腐败行为的举报等内容。

申请“国民诉求”的个人、法人和团体。

（七）“市民社会团体”指根据《非营利民间团体支援法》第4条，向主管部门长官或是市长、道知事登记的非营利民间团体。

（八）“国民诉求处理委员会”指为了处理对地方自治团体[①]及其所属机关（包括根据法令获得对地方自治团体或其所属机关权限的授权或委托的法人、团体以及机关或个人，下同）的国民诉求进行相关制度改善，从而根据第32条设立的机关。

【实行日期：2016.9.30】第二条

第三条（公共机关的职责） 公共机关有责任为了确立健全的社会伦理而致力于防止腐败。

公共机关为了防止腐败，当确认法令、制度以及行政上存在矛盾或者其他有必要改善的事项时，应立即改善或者纠正。

公共机关应通过教育、宣传等适当的方法，致力于强化所属职员和国民抵制腐败的意识。

公共机关为了防止腐败应积极努力开展国际交流与合作。

第四条（政党的职责） 根据《政党法》登记的政党和所属党员要致力于营造清廉透明的政治文化；

政党和所属党员要巩固正确的选举文化，确保政党及政治资金募集和使用的透明化。

第五条（企业的义务） 企业为了确立健全的交易秩序，防止一切腐败行为，需要制定必要的措施。

第六条（国民的义务） 所有国民要积极配合公共机关防止腐败的政策。

第七条（公职人员的清廉义务） 公职人员须遵循法令，亲切、公正

① 即地方政府机构。

地执行公务，不得出现一切腐败行为和损害品行的行为。

第七条之二（禁止公职人员利用业务秘密） 公职人员不得利用业务处理过程中掌握的秘密，谋取或使第三人取得财物和财产上的利益。（2009.1.7 新设本条）

第八条（公职人员行为准则） 根据第七条，公职人员应当遵循的行为准则由总统令、国会规则、大法院规则、宪法裁判所规则、中央选举委员会规则或是公共服务相关组织的内部规则来规定。

根据第一款，公职人员行为准则规定下列事项：

（一）禁止、限制收受职务相关者的款待或财物等的行为相关事项；

（二）禁止、限制利用职务进行人事关照、权力介入、斡旋、请托行为相关事项；

（三）为了营造公正的人事任免等健全廉洁的风气，公职人员需要遵守的事项；

（四）其他为了防止腐败和培养公职人员职务清廉及高尚品格等所需要的事项；

公职人员违反第一款所列的行为准则时，可以对其进行惩戒处分。

依据第三款进行惩戒时，其种类、程序和效力等，按照规定该公职人员所属机关、团体惩戒事项的法令或是内部规定执行。

第九条（公职人员的生活保障） 国家及地方自治团体为保障公职人员奉公守法，必须努力保障其正常生活，采取措施提高其报酬和待遇。

第十条（请求权利救济机关等的协助） 国民权益委员会或是国民诉求处理委员会认为业务需要时，可根据法律规定，要求以救济国民权益为目的，或以增进社会正义和公益目的而改善法令、制度为目的的国家人权委员会等行政机关或法人、团体予以协助。

第二章　国民权益委员会

第十一条（国民权益委员会的设置） 为了处理国民诉求及改善与此相关的不合理的行政制度、防止和有效控制腐败行为，设立国民权益委员会（下称“委员会”），归国务总理管辖。

第十二条（职能） 委员会履行如下职能：（2010.1.25 修订）

（一）制定并执行保护国民权益、权利救济及防止腐败相关政策；

（二）调查和处理国民诉求，并提出对与此相关的纠正建议或发表意见；

（三）当认为引发国民诉求的行政制度及其运行需要改善时，对其提出建议和发表意见；

（四）对委员会处理国民诉求的结果及行政制度的改善进行调查和评价；

（五）制定防止公共机关腐败行为的政策及建议制度改善事项，并对公共机关进行调查；

（六）对公共机关的反腐政策的执行和推进状况进行调查和评价；

（七）制定并执行反腐及权利救济相关的教育和宣传计划；

（八）为支援民间非营利性团体的反腐行动，委员会和相关的个人、法人和团体开展合作，并对其予以支援；

（九）委员会就相关活动开展国际合作；

（十）对贪腐行为的举报进行指导、咨询和受理；

（十一）对举报者进行保护和补偿；

（十二）对相关法令等分析有无引发腐败的因素；

（十三）收集、管理和分析防止腐败及权利救济相关资料；

（十四）接受、处理对公职人员行为准则的实施和运行，以及违反准则的行为的举报，并保护举报者；

（十五）指导、商谈有关的诉求事项，并对诉求事项的处理情况进行确认和指导；

（十六）整合运营国民在线参与门户网站，设立和运行政府的国民诉求热线服务中心；

（十七）与国民诉求处理委员会活动相关的合作、支援和教育；

（十八）仲裁和调解群体性矛盾相关的事务，调查和处理企业诉求以解决企业的难题；

（十九）根据《行政审判法》，与中央行政审判委员会的运行相关的事项；

（二十）根据其他法令属于委员会所管辖的事项；

（二十一）为保护国民权益，国务总理交付委员会讨论的其他事项。

第十三条（委员会的构成） 委员会由含 1 名委员长的 15 名委员构成（其中副委员长 3 名，常任委员 3 名）。副委员长分别负责国民诉求、反腐业务和中央行政审判委员会的相关业务，协助委员长工作。但中央行政审判委员会的构成相关事项，由《行政审判法》另行规定。（2010.1.25 修订）

委员长、副委员长和委员由公认能够公正、独立地处理诉求和反腐相关业务的人士担任，可从下列人员中任命或委任：

（一）现任或曾任大学或公认的研究机构副教授及以上职务 8 年以上者；

（二）现任或曾任法官、检察官或律师职务 10 年以上者；

（三）3 级以上公务员，或是现任或曾任高级公务员群体中一职者；

（四）持有建筑师、税务师、注册会计师、工程师、专利代理人资格并从事或曾从事相关行业工作 10 年以上者；

（五）依据第三十三条第一款委任为国民诉求处理委员会委员并任职 4

年以上者；

（六）其他社会声望高、对行政工作有见识和经验，并获得公民社会团体推荐的人士。

委员长和副委员长由国务总理提名，总统任命。常任委员由委员长提名，总统任命。非常任委员由总统任命或委派，此时非常任委员中 3 名由国会推荐，3 名由大法院院长推荐。（2012.2.17 修订）

委员长和副委员长视为政务职，常任委员视为属于高级公务员群体的一般公务员，依据《国家公务员法》第二十六条之五，视为任期制公务员。（2014.5.28 修订）

委员出缺时，需及时任命或委派新的委员。新任委员任期重新计算。

第十四条（委员长） 委员长代表委员会。

委员长因不可抗事由而无法执行职务时，由委员长指定的副委员长代行其职务。

第十五条（不具备委员资格的事由） 下列人员不得担任委员：

（一）不属于大韩民国国民；

（二）属于《国家公务员法》第三十三条规定的人员；

（三）政党党员；

（四）根据《公职选举法》在选举中登记为候选人者。

委员符合第一款中所列任何一项时取消委员资格。

第十六条（独立执行公务和人身保障） 委员会独立执行其所属权限内的业务。

委员长和委员的任期各三年，可连任一次。

除非委员符合下列情形之一，否则不得违反其意愿免除其职务：

（一）符合第十五条第一款所列情形；

（二）因身心障碍明显不能胜任工作；

（三）违反第十七条禁止兼职义务的情况。

符合第三款第二项时，经三分之二以上的委员赞成形成决议，由委员长提请总统或国务总理罢免其职务。

第十七条（委员的兼职禁止等） 委员任职期间禁止兼任下列各项职务：

（一）国会议员及地方议会议员；

（二）与行政机关等具有总统令规定的特定利害关系的个人或法人、团体的职员。

第十八条（委员的排斥、回避） 委员遇到下列情形之一时，须回避委员会的相关审议和决议：

（一）委员或其配偶或曾经的配偶是案件的当事人、共同权利人或共同义务人；

（二）委员与案件申请人存在或曾经存在亲属关系；

（三）委员为案件提供证人证言、鉴定、法律咨询或损害鉴定的情形；

（四）在担任委员之前，参与相关案件的审计、侦查或调查的情形；

（五）委员以申请人的代理人参与或曾经参与过相关案件的情形。

有利害关系的当事人认为委员在委员会审议、决议中难以保持公正时，可申请该委委员回避。

委员属于第一款和第二款的情形，可自请回避相关案件的审议和决议。

第十九条（委员会的决议） 委员会在职委员半数以上参加时可召开会议，半数以上的出席委员赞成时可以做出决议。但是，对第二十条第一款第四项须获得半数以上在职委员赞成方可形成决议。

依据第十八条不得参与审议、决议的委员，在计算第十九条第一款所述在职委员数时将其排除在外。

其他与委员会业务和运行相关的事项由总统令决定。

第二十条（小委员会） 委员会在处理和介入国民诉求时，审议和决议不属于下列情况之一的事项时可组成三人委员会（以下称“小委员会”）：

（一）根据第四十六条提出纠正建议的情况中，与多数人存在利害关系的案件等由总统令决定的事项；

（二）依据第四十七条建议进行制度改善的事项；

（三）依据第五十一条作出委托审计决定的事项；

（四）需要对委员会以往的决议进行变更的事项；

（五）小委员会决议交由委员会直接处理的事项；

（六）委员长认为需要由委员会来处理的其他事项。

小委员会会议需全体委员出席且全体出席委员赞成才能做出决议 。

其他和小委员会业务及运行相关的事项由总统令决定。

第二十一条（分科委员会） 委员会为了有效履行相关业务，可按领域分别设立分科委员会。

第二十二条（专门委员） 委员长为了有效支持委员会业务、进行专门的调查研究，必要时可在委员会设置专门委员，由学界、社会团体及其他相关领导的专家担任。

第一款所说的专门委员由委员长任命或委派。

第二十三条（设立事务处） 委员会为了处理日常事务设立事务处。

事务处设处长 1 名，由委员长指定的副委员长兼任，在委员长领导下管理委员会所属事务，指挥并监督所属职员。

与事务处的组织和运行相关的本法未尽事宜由总统令决定。

第二十四条（咨询机构） 委员会为咨询执行业务相关必要事项，可以设置咨询机构。

第一款中的咨询机构的组织和运行相关事宜由总统令决定。

第二十五条（派遣公务员等） 委员会在业务执行过程中认为有需要，可以向国家机关、地方自治团体及《公共机关运营法》第四条规定的机关、相关法人或团体要求派遣所属公务员或职员。

依据第一款向委员会派遣公务员或职员的国家机关、地方自治团体及《公共机关运营法》第四条规定的机关、相关法人或团体的负责人，必须保证被派遣人员在人事、待遇等方面获得优待。

第二十六条（运行情况的报告和公布等） 委员会应每年就国民诉求的运行情况向国会和总统提交报告并对外公布。

除第一款所说的报告之外，委员会认为有必要向总统和国会报告时，可提交特别报告。

第二十七条（制度改善建议） 委员会认为有必要时，可就反腐制度的改善向公共机关长官提出建议。

收到第一款制度改善建议的公共机关长官需将此建议纳入制度改善措施中，并向委员会通报制度改善情况。委员会可就履行状况进行确认和检查。

收到第一款制度改善建议的公共机关长官认为难以按照委员会建议采取措施的，应提请委员会重新审议。委员会对此应进行重新审议。

第二十七条之二（对公共机关的腐败调查、评价） 为了量化评价公共机关的腐败情况，委员会应当设计公正而又客观的评价指标。

委员会可利用第一款规定的评价指标，对公共机关是否腐败进行调查、评价，并公布其结果。

委员会可基于第二款规定的调查、评价结果，对公共机关进行防止腐败的咨询等必要的支援。

【2016.3.29 新设本条】【实行日期：2016.9.30】第二十七条之二

第二十七条之三（公开调查、评价结果） 委员会根据第二十七条之二进行调查和评价的公共机关的长官应当在其官网上公开调查、评价结果。

第一款的调查、评价结果的公开所必需的事项由总统令决定。

【2016.3.29 新设本条】【实行日期：2016.9.30】第二十七条之三

第二十八条（审核法令等中诱发腐败的因素） 委员会研究分析法律、总统令、总理令、部门令及由这些法令授权的制定的训令、惯例、告示、公告、条例和规则中诱发腐败的因素后，可就此向相关机构的长官提出修改建议。

对第一款所说的诱发腐败因素进行核查的程序和办法，由总统令决定。

第二十九条（意见听取等） 委员会履行本法第十二条第五款至第十四款规定的职能时，如有必要可采取下列措施：

（一）要求公共机关进行说明、提供文件材料，并对其情况进行调查；

（二）要求利害关系人、第三人或相关公职人员出席并做意见陈述。

委员会遇到下列情形之一时，不能采取第一款的措施：

（一）有关国家机密的事项；

（二）与侦查、审判及刑罚或处分执行（含治安处分、治安观察处分、保护处分、保护观察处分、保护监护处分、治疗监护处分、社会服务令等）是否恰当有关的事项，或是审计院已着手审计的事项；

（三）对行政审判及诉讼、宪法裁判所的审判、宪法诉愿或是审计院的审计要求，以及根据其他法律正在进行的不服救济程序；

（四）根据法令，以协调当事人之间的利益为目的，正在进行和解、斡旋、调解、仲裁等程序的事项；

（五）依据判决、决定、裁决、和解、调解、仲裁等确定的事项，或是审计委员会根据《审计院法》做出决议的事项。

委员会对于第一款的各项措施，应限于在执行本法第十二条规定的职能时在必要的范围内实施，且应注意不得妨碍公共机关履行职务。

公共机关的长官应诚实应对并协助第一款规定的提供资料要求及情况调查，如果不能作出回应，则应说明理由。

公共机关的长官在制度改善等关联事务中，可要求所属职员或有关专家出席委员会会议，陈述意见或提供相关的材料。

第三十条（禁止泄露秘密） 委员会委员、专门委员、现任职员或曾经任职者，以及被派遣到委员会的人员，或是由委员会委派执行或曾经执行委员会业务的人员，不得泄露业务处理中所掌握的秘密。

第三十一条（处罚规则参照公务员） 委员会中非公务员的委员和专门委员、受派遣的职员，因委员会业务而受到刑法及其他惩罚时，参照公务员处理。

第三章　市民诉求处理委员会

第三十二条（国民诉求处理委员会的设立） 为了处理对地方自治团体及所属机构国民诉求事务及行政制度的改善，可在各地方自治团体设立市民诉求处理委员会。

市民诉求处理委员会履行如下职责：

（一）调查和处理对地方自治团体及其所属机构的国民诉求；

（二）提出与诉求相关的更正建议和意见；

（三）在处理与诉求相关的事务时，认为有必要改善某项行政制度及其运行时，向相关机构提出建议和意见；

（四）市民诉求处理委员会对诉求事件处理结果及行政制度的改善进行情况调查和评价；

（五）就诉求事项进行指导、咨询及协助处理诉求事务；

（六）对市民诉求处理委员会的相关活动进行培训和宣传；

（七）与市民诉求处理委员会活动相关的国际机构或是国际救助机构等进行交流与合作；

（八）与市民诉求处理委员会活动相关的个人、法人或团体相互合作和支持；

（九）根据法令授权市民诉求处理委员会处理的其他事项。

第三十三条（市民诉求处理委员会委员的任职资格等） 地方自治团体长官对于认为可以公正、独立地处理诉求相关业务且符合下列情况之一的人员，经地方议会同意后，可委任其担任市诉求处理委员会委员；

（一）现任或曾任大学或公认的研究机构副教授及以上者职务者；

（二）现任或曾任法官、检察官和律师职务者；

（三）现任或曾任 4 级以上公务员者；

（四）持有建筑师、税务师、注册会计师、工程师、专利代理人资格并从事或曾从事相关行业工作 5 年以上者；

（五）其他社会声望高，对行政工作有见识和经验，并获得公民社会团体推荐的人士。

市民诉求处理委员会委员任期四年，不得连任。

地方自治团体长官在市民诉求处理委员会委员任期结束或者任期内出缺时，应在任期结束或出缺之日起 30 日内委派继任者。

因市民诉求处理委员会委员出缺而补充委派的委员，其任期重新计算。

第三十四条（活动经费支援） 市民诉求处理委员会处理本法第三十二条第二款规定的业务时所必需的经费，应由设立该委员会的地方自治团体长官支援。

第三十五条（委员会规定的适用） 本法第十五条、第十六条第三款、第十七条、第十八条、第二十五条、第三十一条适用于市民诉求处理委员会。

第三十六条（事务机构） 地方自治团体长官为了支持市民诉求处理委员会的事务，设立相关的事务机构。

事务机构设本机构的长官及必要的若干职员。

第三十七条（运行情况报告及公布） 市民诉求处理委员会应每年就该委员会的运行情况向地方自治团体长官及地方议会报告并公布。

除第一款所说的报告之外，市民诉求处理委员会认为有必要向地方自治团体长官和地方议会报告时，可做特别报告形式向其报告。

第三十八条（市民诉求处理委员会的组织及运行相关事项） 除本法规定的事项之外，市民诉求处理委员会的组织及运行相关必要事项则由地方自治团体的相关条例决定。

第四章　国民诉求事务的处理

第三十九条（国民诉求申请及接收） 任何人（包括国内居住的外国人）均可向委员会及市民诉求处理委员会（以下各章中称为“权益委员会”）提出诉求申请。向某一权益委员会提出诉求申请的申请人可同时向其他权益委员会提出诉求申请。

向权益委员会提出诉求申请需以书面形式（含电子文书）提出，且需注明下列各项内容。但是，因特殊情况不能以书面形式提出申请时，可以口头形式提出申请：

（一）申请人姓名和居住地（法人或团体则注明其机构名称、主要的办公场所所在地及代表人姓名）；

（二）申请人提出诉求申请的宗旨、事由及相应的事实内容；

（三）相关的行政机构名称等其他由总统令决定的事项。

申请人除法定代理人之外，可选择下列任一人员为代理人。代理人资格应以书面形式授权：

（一）申请人的配偶、直系亲属、兄弟姊妹；

（二）法人作为申请人时，其董事或职员；

（三）律师；

（四）根据其他法律可代理诉求申请的人员；

（五）除第（一）项至（四）项所列之外，其他获得权益委员会许可的人员。

除非其他法律有特殊规定，否则权益委员会不得截留或者拒收申请，不得对收到的诉求文件做退回处理。如果权益委员会要截留、拒收或退回国民诉求申请材料，必须及时向申请人通报理由。

第四十条（诉求事务的移交等） 权益委员会认为收到的国民诉求由与此相关的行政机关处理更为妥当时，可移交该行政机关。权益委员会如有要求，接受移交的行政机关长官应向权益委员会通报处理结果。

行政机关长官认为由权益委员会处理更为妥当的诉求，可移交权益委员会处理。被移交的国民诉求自移交时起视为由权益委员会受理的案件。

权益委员会按照第一款规定移交诉求时，应及时向申请人通报其事由。权益委员会如认为有必要，可向申请人告知权利救济相关的程序和措施。

申请人按照第三十九条第一款规定就同一诉求向委员会和市民诉求处理委员会提出申请时，各权益委员会应及时相互通报相关情况，并相互合作处理该国民诉求。

第四十一条（国民诉求调查） 权益委员会受理国民诉求后应及时展开调查。但符合下列情形之一的可不做调查：

（一）符合第四十三条第一款各项中的任一项；

（二）认为存在虚假的诉求内容或无正当理由的情况；

（三）认为不属于国民诉求等权益委员会认为不宜调查的其他事项。

权益委员会开始调查后，发现第一款各项事由等认为无需继续调查时，可终止或中断调查。

权益委员会对受理的诉求不予调查或终止、中断调查时，应及时向申请人通报理由。

第四十二条（调查方法） 权益委员会根据第四十一条进行调查时认为有必要，可采取下列措施：

（一）要求相关行政机关等进行说明、提供相关材料和文件等；

（二）要求相关行政机关的职员、申请人、利益关系人或第三人出席并作意见陈述等；

（三）对认为与调查事项有关的场所、设施等进行实地调查；

（四）委托相关鉴定。

权益委员会职员按照第一款进行实地调查或听取陈述时，应佩戴并向相关人员展示标明其权限的凭证。

相关行政机关长官对权益委员会根据第一款规定提出的要求或调查应诚实应对，并予以配合。

第四十三条（驳回国民诉求等） 权益委员会收到的国民诉求符合下列情形之一时，可驳回申请或移送相关机构：

（一）需要做出高级别的政治性判断，或是涉及国家机密或公务秘密的事项；

（二）国会、法院、宪法裁判所、选举管理委员会、审计院、地方议会相关事项；

（三）如侦查、刑罚执行等权益委员会认为由相关主管机构处理这宜的事项，或是审计院已着手审计的事项；

（四）行政审判、行政诉讼、宪法裁判所的审判或审计院的审计请求，以及根据其他法律正在进行的不服救助程序；

（五）根据法令，以协调当事人之间的利益为目的，正在进行和解、斡旋、调解、仲裁等程序的事项；

（六）依据判决、决定、裁决、和解、调解、仲裁等确定了权利关系的事项，审计院要求处理的事项；

（七）私人之间的权利关系或是个人隐私相关的事项；

（八）与行政机关职员的人事行政行为相关的事项。

权益委员会根据第一款驳回或移送国民诉求后，应及时向申请人通报其事由。权益委员会如认为有必要，可向申请人告知权利救济相关的程序和措施。

相关行政机关长官如得知权益委员会着手调查的国民诉求符合第一款中的任意一项，应及时向权益委员会通报相关事实。

第四十四条（提出协商建议） 为了公正地解决调查进行中或已完结的国民诉求，权益委员会可以向当事人提示必要的措施并建议协商解决。

第四十五条（调解） 权益委员会认为诉求案件涉及人数众多或社会影响较大、需要迅速、公正地解决案件时，可根据当事人申请或是依职权进行调解。

当事人在达成合意的调停书上签字盖章，并经权益委员会确认后，调解即生效。

按照第二款达成的调解与《民法》上的调解具有同等效力。

第四十六条（纠正建议及意见表达） 权益委员会经调查，认为有充分的理由可以认定处分等结果存在违法或不当情况时，可向相关行政机关长官提出适当纠正的建议。

权益委员会经对诉求案件调查，认为理由充分，可向相关行政机关长官表达意见。

第四十七条（制度改善建议及意见表达） 权益委员会在诉求事务调查、处理过程中，认为法令、制度或政策需要改善，可向相关行政机构长官提出合理的改善建议或意见。

第四十八条（赋予提出意见的机会） 权益委员会按照第四十六条、第四十七条向相关行政机关的长官提出纠正或制度改善建议之前，应为相关行政机关、申请人以及利害关系人提供表达意见的机会。

相关行政机关等的职员、申请人以及利益关系人可出席权益委员会召开会议并陈述意见或提供必要的材料。

第四十九条（决定通知） 权益委员会应及时向申请人及行政机关长官通知诉求案件的决定内容。

第五十条（处理结果通报） 相关行政机关长官应充分重视依据第四十六条和第四十七条的规定而收到的建议、意见，并在接到建议或意见之日起 30 日之内向权益委员会通报处理结果。

相关行政机关长官收到第一款所说的建议内容而不能履行时，应书面向权益委员会通报其理由。

权益委员会收到第一款或第二款规定的通报时，应及时向申请人通报该内容。

第五十一条（委托审计）市民诉求处理委员会 在调查和处理国民诉求过程中，如发现相关行政机关职员故意或者重大过失导致违法、不当处理业务的事实时，可委托对应的地方自治团体审计院对其进行审计。

第五十二条（劝告等履行状况的确认、检查） 权益委员会可对依据第四十六条、第四十七条做出的建议和意见的履行状况进行确认和检查。

第五十三条（公示） 权益委员会可对下列事项予以公示。但如果其他法律限制公示，或是公示可能侵犯个人隐私时，不予公示：

（一）第四十六条、第四十七条规定的建议和意见内容；

（二）第五十条第一款规定的处理结果；

（三）第五十条第二款规定的不履行建议的事由。

第五十四条（权益委员会之间的关系） 委员会和各市民诉求处理委员会相互独立履行职务，互相接到协助邀请时，如无正当理由应积极配合。

委员会应积极支持各国民诉求处理委员会的活动。

第五章　腐败行为等的举报及对举报者的保护

第五十五条（腐败行为的举报） 任何人发现腐败行为时均可向委员会举报。

第五十六条（公职人员的腐败行为举报义务） 公职人员在其职务履行过程中如果得知其他公职人员的腐败行为，或者强迫、暗示其从事腐败行为时，应及时向调查机关、审计院或是委员会举报。

第五十七条（举报者的诚实义务） 举报者明知或应知举报内容虚假却依然举报的，不受本法保护。

第五十八条（举报方法） 举报腐败行为时应以记名书面形式进行，写明举报者的个人信息、举报目的及原因，并提供举报对象和腐败行为的证据等。

第五十九条（举报的处理） 委员会在接到举报事项后可向举报者确认下列各事项：

（一）举报者的个人信息、举报的经过、目的等举报所必需的特定内容；

（二）举报内容是否符合第二十九条第二款的任何一项情况。

委员会在确认第一项款规定的事项真伪时，可在必要范围内要求举报者提供必要的材料。

委员会收到的举报事项需要调查时，应向审计院、侦查机关或是相关公共机关的监督机构（无监督机构时则指相应的公共机关，以下称“调查机关”）移交。但是，如果举报事项中包含国家机密，则按照总统令的规定处理。

委员会受理的腐败行为嫌疑人是下列高级公职人员之一，且如需对有腐败嫌疑的情况进行刑事调查及提起公诉时，应以委员会名义向检察机关检举：

（一）副部长级以上的公职人员；

（二）特别市长[①]、广域市长[②]及道知事[③]；

（三）警务官级以上的警察公务员；

（四）法官及检察官；

（五）将官级将校；

（六）国会议员。

按照第四款检举时，检察院应向委员会通报侦察结果。委员会检举的案件正在进行侦察，或是与侦察中的案件有关的，参照执行。

委员会受理举报事项之日起 60 日内处理。如果为了补充确认本条第一款第一项的内容而有必要，则最多可延长 30 日。

第六十条（调查结果的处理） 调查机关需在接手移交的举报之日起 60 日内终结审计、搜查和调查。但是，如有正当理由时可延长期限，并向委员会通报原因及需要延长的期限。

调查机关根据第五十九条接手移交的举报时，应在审计、搜查或调查结束后 10 日内向委员会通报其结果。委员会在接到通报后应即时向举报者通知相关的审计、搜查或调查结果的要点。

委员会认为有必要时，可要求调查机关对第二款规定的通报内容作出说明。

委员会认为调查机关的审计、搜查或调查不够充分时，可在接到结果之日起 30 日内，通过提出新的证据材料等合理理由，要求调查机关二次调查。依据第二款接到通知的举报者可就审计、搜查或调查结果向委员会提出异议。

---

① 即首尔市长。

② 相当于中国的直辖市长。

③ 相当于中国的省长。

接到二次调查要求的调查机关应在二次调查结束之日起 7 日内，向委员会通报其结果。委员会在接到通报后应即时向举报者通报二次调查结果的要点。

第六十一条（裁定申请） 第五十九条第四款、第五款规定的嫌疑人的腐败嫌疑触犯了《刑法》第一百二十九条至第一百三十三条、第三百五十五条至第三百五十七条（包括根据其他法律需要加重处罚的情况），从而由委员会直接向检察机关检举时，如果检举事件正在调查或是与调查中的其他事件有关，而检察官通报不予提起公诉的通报的，委员会可向与检察官所属的高等检察厅相对应的高等法院申请对该案是否恰当做出裁定。

依据第一款做出的裁定申请适用《刑事诉讼法》第二百六十条第二款至第四款、第二百六十一条、第二百六十二条、第二百六十二条之四、第二百六十四条及第二百六十四条之二。

对于依据第一款做出的裁定申请，检察官在公诉时效结束前 10 日内不提起公诉时，委员会按照第五十九条第四款规定委托调查的，如果检察官在委托调查之日起 3 个月内不提起公诉，则 3 个月期满时即视为从检察官处已获得不提起公诉的通知。

第六十二条（身份保障等） 任何人不因本法规定的举报、做出陈述或提供材料等，受到其所属机构、团体、企业以此为由的惩戒等措施等造成其不利身份或工作条件上的歧视。

任何人因举报而曾遭受或可能遭受人身侵害或工作上的歧视时，可向委员会申请采取对不利于本人的处分恢复原状、调职或保留惩戒等身份保障措施，及其他必要的措施。

任何人因举报导致撤销许可、解除合同等经济上、行政上的不利处境时，可申请委员会采取必要措施恢复原状或是暂时维持许可、合同等的效力。

如有第二款或第三款的申请时，委员会应着手调查。

委员会可通过下列方法展开第四款所说的调查：

（一）要求申请人、第三人出席并听取其陈述或要求提供陈述书；

（二）要求申请人、第三人以及相关机构提供与调查事项有关的材料；

（三）向申请人、第三人及相关机构询问认为与调查事项有关的事实或信息。

收到第五款规定的要求、询问、措施的人，应诚实回应。

委员会通过调查认为所申请的内容合理时，可要求申请者所在机关的长官、相关机构的长官或申请者所属企业、团体等的长官采取适当措施。接到委员会要求的机构、企业、团体长官如无正当理由，必须按照要求执行。

作为公职人员的举报者向委员会申请调职、调入或调出、工作派遣等人事上的措施时，如果委员会认为其申请合理，可向人事革新处长或相关机构长官要求采取相应措施。收到委员会要求的人事革新处长或相关机构长官应优先考虑该要求，并向委员会通报结果。（2013.3.23 和 2014.11.19 修订）

对违反第一款规定者，委员会可向具备惩戒权者提出惩戒要求。

第六十二条之二（暂停不利处分程序） 委员长认为有下列情况之一、对其放任不管则有可能造成难以挽回的损失，且时间紧迫、无法等待委员会根据第六十二条第二款及第三款规定对要求人的措施、要求作出决定时，可根据要求人的申请或职权，要求要求人所属机关的长官等在 45 日以内的限定期限内暂停不利处分程序：

（一）因要求人根据本法规定举报，预计对其实施不利处分或是正在进行；

（二）因要求人根据本法规定举报，已对其实施不利处分，但预计对其追加实施不利处分或是正在进行。

收到第一款规定之要求的所属机关长官等没有正当理由时应作出处理。

【2016.3.29 新设本条】【实行日期：2016.9.30】第六十二条之二

第六十三条（利益侵害推定） 举报者根据本法举报后又按照第六十二条第二款或第三款的规定向委员会要求原状恢复等，或者向法院提起恢复原状等的诉讼时，可推定举报者因举报而受到了相关的利益侵害。

第六十四条（人身保护等） 委员会及依据第五十九条第三款规定收到移交举报的调查机关的工作人员在未得到举报者的同意时，不得透露或暗示举报者的身份。

举报者因举报而使自身、亲属或同居者可能面临人身危险时，可向委员会要求采取人身保护措施。对此，委员会认为必要时可要求警察厅长、辖下的地方警察厅长、辖下的警察署长为其提供人身保护。

收到第二款规定的人身保护要求的警察厅长、辖下的地方警察厅长、辖下的警察署长，应根据总统令的规定及时采取人身保护措施。

举报者因举报而受到侵害，或有充分的理由认为可能受到侵害时，举报以及与该举报相关的调查和刑事程序可适用《特定犯罪举报者保护法》第七条（个人信息记载省略）、第九条（阅览身份管理卡）以及第十二条（诉讼执行协议等）的规定。

任何人知道第三款、第四款保护的腐败行为举报人时，都不得将其个人信息或能够推定其为举报人的相关事实告知他人、公开或报道。

第六十五条（保护协助者） 任何人依据本法，通过陈述或提供相关材料等方法，协助对举报内容的审计、搜查和调查的，其身份保障和人身保护问题适用第六十二条、第六十四条及第六十六条。

第六十六条（责任的减免等） 依据本法进行举报者如被发现与举报相关的犯罪行为时，可减轻或免除其刑事处罚。

第一款规定也适用于公共机关的惩戒处分。

依据本法举报的，不论其他法令、团体协定或就业规定等如何规定，都视为不违反职务上的保密义务。

第六十七条（参照适用） 第六十二、第六十二条之二、第六十三条至第六十六条的规定也可适用下列情况：（2016.3.29 修订）

（一）被举报者向所属机关举报腐败行为；

（二）向被举报者所属机关、团体或企业的指导、监督机关举报腐败行为；

（三）举报公职人员的行为违反行为准则的情况。

【实行日期：2016.9.30】第六十七条

第六十八条（奖励及补偿） 依据本法进行的举报使公共机关在财产上明显获利或避免了损失，又或者明显提高了公共利益时，委员会可根据《奖励法》等规定推荐举报者获得奖励，并根据总统令的规定支付奖金。

腐败行为举报者依据本法进行的举报使公共机关的直接收入有所恢复或增加，又或使公共机关节省了费用或与其相关的法律关系得以明确时，可向委员会申请支付补偿金。补偿金中可包括对受到的利益损失恢复原状等所需要的费用。

委员会收到第二款规定的补偿金支付申请时，经第六十九条规定的补偿审议委员会审议、表决后，由总统令决定支付补偿金。但如果公职人员的举报与其自身职务有关，可减少或不予支付补偿金。

第二款规定的必须在知道公共机关的收入恢复或增加、费用的节省等的法律关系确定之日起两年内支付。

第六十九条（补偿审议委员会） 委员会为了对第六十八条第一款、第二款规定的奖金、补偿金进行审核和决议，成立补偿审议委员会。

补偿审议委员会审议表决下列各事项：

（一）奖金及补偿金支付条件相关事项；

（二）奖金及补偿金支付金额相关事项；

（三）其他有关奖金和补偿金的事项。

补偿审议委员会的构成及运行所需事项由总统令确定。

第七十条（补偿金的支付决定等） 委员会在收到第六十八条规定的补偿金支付申请时，如无特别理由，应在接到申请之日起 90 日内做出是否支付及支付多少的决定。

委员会按照第一款做出支付决定时，应及时通知申请人。

第七十一条（与其他法令的关系） 可根据第六十八条获得补偿金的人，也可依据其他法令申请其他补偿金。

应当获得补偿金的人，因同一原因已获得本法规定的奖金或是其他法令规定的补偿的，如果获得的奖金或补偿金金额等于或大于本法规定应当获得的补偿金时，则不支付补偿金。如果应当获得的补偿金小于本法规定应当获得的补偿金时，则减去已获得的奖金或补偿金后确定其金额。

依据本法已经获得补偿金的人，因同一原因而根据其他法令应当获得补偿金时，须减去依据本法已获得的补偿金后确定根据其他法令应当获得的补偿金。

第六章　国民审计请求

第七十二条（审计请求权） 公共机关处理事务时违反法令或腐败行为而明显损害了公共利益时，总统令规定的一定人数以上的 19 周岁以上国民可联名，向审计院提出审计请求。但有关国会、法院、宪法裁判所、选举管理委员会和审计院的事务，应向国会议长、大法院院长、宪法裁判所所长、中央选举管理委员会委员长以及审计院长（以下称相关机关长官）请求审计。（2009.1.7 修订）

下列各项不受第一款规定的限制，可从审计对象中排除：

（一）事关国家机密和安全保障的事项；

（二）与侦查、审判及刑罚执行相关联的事项（治安处分、治安观察处分、保护处分、保护观察处分、保护监护处分、治疗监护处分、社会服务令等）；

（三）个人的权利关系或是隐私权相关事项；

（四）在其他机构曾经审计或正在审计的事项。但即使其他机构做了审计，如果发现有新的事项需要审计或者此前的审计中遗漏了重要事项的情况，不可排除；

（五）其他由总统令确定的、认为有正当理由不适合进行审计的事项。

对地方自治团体及其长官所管辖的事务提出审计请求时，不受第一款规定的限制，而是根据《地方自治法》第十六条执行。

第七十三条（审计请求的方法） 提出审计请求时，应按照总统令的决定，以记名的书面形式进行，写明请求者的个人信息、审计请求的目的及理由。

第七十四条（实施审计的决定） 根据审计院规则，对依据第七十二条第一款前段规定请求审计的事项，由国民审计请求审查委员会决定是否实施审计。

依据第七十二条第一款但书规定由相关机构的长官受理审计请求时，应当自受理之日起 30 日内根据国会规则、大法院规则、宪法裁判所规则、中央选举管理委员会规则以及审计院规则来决定是否进行审计。

审计院及相关机构长官如果认为审计请求理由不充分，可驳回请求，并在决定驳回之日起 10 日内将该事实向审计请求人通报。

第七十五条（依据审计请求进行的审计） 审计院或者相关机构的长官应当在决定进行审计之日起 60 日内完成审计。如果有正当的理由，可延长审计期限。

审计院或者相关机构长官应在审计结束后 10 日内，将结果通报给审计请求人。

第七十六条（运营） 除本法规定的事项之外，其他有关国民审计请求的事项按照国会规则、大法院规则、宪法裁判所规则、中央选举管理委员会规则以及审计院规则执行。

第七章　补充规定

第七十七条（有关制度改善的提案等） 委员会在处理国民诉求的过程中，如果发现存在不合理的制度或其他认为有必要改善的情况时，可向总统或是国会提出改善的建议。

委员会、市民诉求处理委员会在处理国民诉求过程中认为相关的法律和条例存在明显不合理的情况，可向国会或地方议会提出修改或废除相关法律和条例的意见。

第七十八条（国民诉求事务的信息保护） 委员会、市民诉求处理委员会以及相关的行政机关应尽力避免国民诉求相关信息泄露而对申请人和利害关系人造成利益损失。

第七十九条（国民诉求申请事项的告示等） 委员会、市民诉求处理委员会和相关行政机构长官应当通过告示、简报等形式尽可能为申请人提供诉求申请所需要的事项。

委员会、市民诉求处理委员在处理国民诉求业务时，应尽可能为申请人提供方便，由负责接待的职员直接确认申请材料、办理与相关行政机关的协调所需手续等。

第八十条（与相关行政机关的协调） 委员会、市民诉求处理委员会在执行其业务过程中，如果认为有必要，可向相关行政机关请求协助。

相关行政机关在收到委员会、市民诉求处理委员会协助请求时，如无正当理由应对此诚实回应。

第八十一条（教育和宣传等） 委员会、市民诉求处理委员会可以开展必要的教育和宣传，使所有人都了解自己的权利以及在权利受到侵害时可以获得救助。

委员会、市民诉求处理委员会为了支援学校开展国民诉求的处理和权利救助，以及腐败防止相关内容的教育，可与教育部长进行协商。（2013.3.23 修订）

委员会、市民诉求处理委员会为了使国民诉求制度和腐败防止相关内容包含在公务员培训课程中，可与相关行政机关长官进行协商。

第八十一条之二（公职人员的反腐教育） 公共机关长官应当开展反腐教育，并向委员会提交其结果。

委员会应根据第一款规定检查是否开展了反腐教育。

委员会应当要求相关机关、团体的长官将第二款规定的检查结果反映到下列各项评价中：

（一）根据《政府业务评价基本法》第十四条第一款及第十八条第一款进行的中央行政机关及地方自治团体的自我评价，及根据该法第二十一条第一款进行的地方自治团体的联合评价；

（二）根据《公共机关运营法》第四十八条第一款进行的公企业、准政府机构的经营业绩评价；

（三）根据《地方公企业法》第七十八条第一款进行的地方公企业经营评价；

（四）根据《初、中等教育法》第九条第二款进行的市、道教育厅评价。

第一款规定的教育的内容、方法、结果及提出，以及第二款规定的检查等所必需的事项由总统令决定。

【2016.3.29 新设本条】【实行日期：2016.9.30】第八十一条之二

第八十二条（非法行为被免职者等的就业限制） 非法行为被免职者等是指符合下列情况之一的人：（2016.3.29 修订）

（一）因任职期间发生与职务相关的腐败行为而被辞退、罢免或解雇的公职人员；

（二）曾经的公职人员因任职期间与职务有关的腐败行为而受到300万韩元以上刑罚宣告的人。

非法行为被免职者等被辞退、罢免或解雇者自离职之日起5年内，受到300万韩元以上刑罚宣告者自该刑罚执行完毕（包括视为执行完毕的情况）或是决定不予执行之日起5年内，不得在下列就业限制机构中就业：〈2016.3.29 新设〉

（一）公共机关；

（二）由总统令规定的腐败行为相关机关；

（三）与离职前5年内任职的部门或是机关的业务密切相关的营利性私企等（包括下列法人等）：

1.《律师法》第四十条规定的法务法人、第五十八条之二规定的法务法人（有限）、第五十八条之十八规定的法务组合，以及第八十九条之六第三款规定的法律事务所；

2.《注册会计师法》第二十三条第一款规定的会计法人；

3.《税务法》第十六条之三第一款规定的税务法人；

4.《外国法咨询师法》第二条第四项规定的外国法咨询法律事务所；

5.《公共机关营运法》第五条第三款第一项第1个规定的市场型公企业；

6. 执行由总统令规定的安全监督、许可或限制，或是采购等业务的公职相关团体；

7. 根据《高等教育法》第二条各项规定设立并运营学校的学校法人，以及学校法人设立运营的私立学校；但是，如果就业审查对象是根据总统令的规定以教师形式就业的，其学校法人或学校排除在外；

8.《医疗法》第三条之三规定的综合医院，根据该法条三十三条第二款第三项设立综合医院的医疗法人，以及同款第四项规定的非营利性法人；

9.《社会福利事业法》第二条第三项规定的社会福利法人，及该条第四项规定的运营社会福利设施的非营利性法人。

（四）与营利性私企有共同利益或者相互合作关系的法人或团体（以下称“协会”）。

根据第二款规定判断就业与否时，不论是否担任《商法》规定的社外理事、顾问或是咨询委员等职位或职责，也不限于合同形式，只要其处理就业限制机构的业务，或是提供意见或咨询建议等支援，并周期性或是定期收取相应对价之工资、报酬等，这种情况视为就业。〈2016.3.29 新设〉

对第二款第三项规定的离职前任职的部门或机关的业务与营利性私企等之间的密切关系的范围界定，适用《公职人员伦理法》第十七条第二款、第三款、第五款及第八款。（2016.3.29 修订）

【2016.3.29 修订条目名称】【实行日期：2016.9.30】第八十二条

第八十二条之二（要求提交资料） 为了确认是否违反第八十二条就业限制规定，委员会可根据《刑罚失效相关法律》第二条第五项第一个规定要求提供犯罪记录等由总统令决定的资料。接受要求的相关公共机关长官如无正当理由必须履行。

【2016.3.29 新设本条】【实行日期：2016.9.30】第八十二条之二

第八十三条（就业者的解雇要求） 如有违反第八十二条第二款的规定任职于公共机关者，委员会应向该公共机关的长官提出解雇要求。接到解雇要求的公共机关长官如无正当理由，必须对此做出处理。（2016.3.29 修订）

如有违反第八十二条第二款的规定任职于总统令规定的腐败行为相关机关、营利性私企等或者协会者，委员会应向相关公共机关长官要求对该就业者采取强制解雇措施。接到要求的公共机关长官应要求就业者所在的腐败行为相关机关、营利性私企等或协会的长官解雇该就业者。接到解雇要求的腐败行为相关机关、营利性私企等或协会的长官如无正当理由，应

及时做出处理。（2016.3.29 修订）

【实行日期：2016.9.30】第八十三条

第八十四条（国会等机构的特例） 国会、法院、宪法裁判所、中央选举管理委员会以及审计院为了防止本机构发生腐败，应自主认真开展第十二条第五款至第八款规定的业务。

第八十五条（与其他法律的关系） 除本法规定之外的行政审判相关事项，则依据《行政审判法》执行。

本法规定的事项之外，与本法执行相关的事项则由总统令、国会规则、大法院规则、宪法裁判所规则、中央选举管理委员会规则以及审计院规则决定。

第八章　罚　则

第八十六条（利用业务秘密罪） 公职人员违反第七条之二的，处 7 年以下徒刑或 7000 万韩元以下的罚金。（2009.1.7，2014.5.28 修订）

第一款规定的徒刑和罚金可并罚。

犯了第一款规定罪行的罪犯或是第三者因第一款的罪行而受益时，可没收或追偿其非法取得的财务所财产性利益。

第八十七条（泄密罪） 违反第三十条规定泄露在处理反腐败业务中所知秘密者，处 5 年以下徒刑或 3000 万韩元以下罚金。

第八十八条（违反禁止公开个人信息罪） 违反第六十四条第五款（包括适用第六十七条的情况）者，处三年以下徒刑或 1000 万韩元以下的罚金。

第八十九条（违反被免职人员等就业限制罪） 第八十二条第一款规定的因非法行为被免职人员等任职于该条第二款规定的就业限制机构就业时，可对其处 2 年以下徒刑或 2000 万以下罚金。（2016.3.29 修订）

【2016.3.29 修订条目名称】【实行日期：2016.9.30】第八十九条

第九十条（要求采取措施不履行罪） 做出第六十二条第一款规定的人身侵害或工作条件上的歧视的，如果不履行第六十二条第七款（包括适用第六十七条的情况）规定的采取措施的要求，可对其处 1 年以下徒刑或 1000 万韩元以下罚金。（2016.3.29 修订）

做出第六十二条第一款规定的人身侵害或工作条件上的歧视的，如果不履行第六十二条之二第一款（包括适用第六十七条的情况）规定的采取措施的要求，可对其处 6 个月以下徒刑或 500 万韩元以下罚金。

【2016.3.29 新设】【实行日期：2016.9.30】

第九十一条（渎职罚款） 符合下列各项之一的，对其处 1000 万韩元以下罚款：（2009.1.7, 2016.3.29 修订）

（一）依据第六十二条第一款（包括适用第六十七条的情况）使申请人受到人身侵害或在工作条件上受歧视者；

（二）违反第六十二条第六款（包括适用第六十七条的情况），对该条第五款规定的要求、询问、措施拒不回应者；

（三）无正当理由拒不履行委员会依据第六十二条第七款（包括适用第六十七条的情况）做出的措施要求者（依据第六十二条第一款使申请人受到人身侵害或在工作条件上受歧视者除外）。

（四）无正当理由拒不履行第八十三条第一款、第二款要求的限制就业机构的长官。

符合下列各项之一的，对其处 500 万韩元以下罚款：（2016.3.29 修订）

（一）无正当理由，依据第四十二条妨害、拒绝或逃避业务执行，或者故意拖延执行者；

（二）无正当理由拒不履行第八十二条之二要求提供资料的公共机关长官。

第一款及第二款的罚款由总统令决定，由委员会征收。

删除第四、五、六、七、八款（2009.1.7）

【实行日期：2016.9.30】

附 则（法律第 14145 号，2016.3.29）

第一条（实行日期） 本法自公布之日起 6 个月后实行。

第二条（非法行为被免职者等的就业限制等相关适用例） 修订后的第八十二条第一款第二项规定自本法实行后第一个被免职的公职人员开始适用。

第三条（非法行为被免职者等的就业限制相关经过措施） 虽然修订了第八十二条第二款至第四款规定，但本法实行前因与职务有关的腐败行为而被辞退、罢免或是解雇的公职人员的就业限制适用修订前的规定。

（翻译：马得勇　审校：孙汉基）

부패방지 및 국민권익위원회의 설치와 운씁에 관한 법률 (약칭 : 부패방지권익위법)

[시행 2016.9.30.] [법률 제 14145 호 , 2016.3.29., 일부개정]

제 1 장 총칙

제 1 조 (목적) 이 법은 국민권익위원회를 설치하여 고충민원의 처리와 이에 관련된 불합리한 행정제도를 개선하고, 부패 의 발생을 예방하며 부패행위를 효율적으로 규제함으로써 국민의 기본적 권익을 보호하고 행정의 적정성을 확보하 며 청렴한 공직 및 사회풍토의 확립에 이바지함을 그 목적으로 한다.

제 2 조 (정의) 이 법에서 사용하는 용어의 뜻은 다음과 같다. 〈개정 2009.2.3., 2016.3.29.〉

1. "공공기관" 이란 다음 각 목의 어느 하나에 해당하는 기관 · 단체를 말한다.

가.「정부조직법」에 따른 각급 행정기관과「지방자치법」에 따른 지방자치단체의 집행기관 및 지방의회 나.「지방교육자치에 관한 법률」에 따른 교육감, 교육청 및 교육위원회

다.「국회법」에 따른 국회,「법원조직법」에 따른 각급 법원,「헌법재판소법」에 따른 헌법재판소,「선거관 리위원회법」에 따른 각급 선거관리위원회,「감사원법」에 따른 감사원

라.「공직자윤리법」제 3 조의 2 에 따른 공직유관단체

2. "행정기관등" 이란 중앙행정기관, 지방자치단체,「공공기관의 운씁에 관한 법률」제 4 조에 따른 기관 및 법령에 따라 행정기관의 권한을 가지고 있거나 그 권한을 위임·위탁받은 법인·단체 또는 그 기관이나 개인을 말한다.

3. "공직자" 란 다음 각 목의 어느 하나에 해당하는 자를 말한다.

가.「국가공무원법」및「지방공무원법」에 따른 공무원과 그 밖의 다른 법률에 따라 그 자격·임용·교육훈련 ·복무·보수·신분보장 등에 있어서 공무원으로 인정된 자

나. 제 1 호 라목에 따른 공직유관단체의 장 및 그 직원

4. "부패행위" 란 다음 각 목의 어느 하나에 해당하는 행위를 말한다.

가. 공직자가 직무와 관련하여 그 지위 또는 권한을 남용하거나 법령을 위반하여 자기 또는 제 3 자의 이익을 도모 하는 행위

나. 공공기관의 예산사용, 공공기관 재산의 취득·관리·처분 또는 공공기관을 당사자로 하는 계약의 체결 및 그 이행에 있어서 법령에 위반하여 공공기관에 대하여 재산상 손해를 가하는 행위

다. 가목과 나목에 따른 행위나 그 은폐를 강요, 권고, 제의, 유인하는 행위

5. "고충민원" 이란 행정기관등의 위법·부당하거나 소극적인 처분(사실행위 및 부작위를 포함한다) 및 불합리한 행 정제도로 인하여 국민의 권리를 침해하거나 국민에게 불편 또는 부담을 주는 사항에 관한 민원(현역장병 및 군 관 련 의무복무자의 고충민원을 포함한다)을 말한다.

6. "신청인" 이란 이 법에 따른 국민권익위원회 또는 시민고충처리위원회에 대하여 고충민원을 신청한 개인·법인 또는 단체를 말한다.

7. "시민사회단체" 란「비씁리민간단체 지원법」제 4 조에 따라 주무장관 또는 시·도지사에게 등록을 한 비씁리민 간단체를 말한다.

8. "시민고충처리위원회" 란 지방자치단체 및 그 소속 기관(법령에 따라 지방자치단체나 그 소속 기관의 권한을 위 임 또는 위탁받은 법인·단체 또는

그 기관이나 개인을 포함한다. 이하 같다)에 대한 고충민원의 처리와 이에 관련된 제도개선을 위하여 제 32 조에 따라 설치되는 기관을 말한다.

제 3 조(공공기관의 책무)

① 공공기관은 건전한 사회윤리를 확립하기 위하여 부패방지에 노력할 책무를 진다.

② 공공기관은 부패를 방지하기 위하여 법령상, 제도상 또는 행정상의 모순이 있거나 그 밖에 개선할 사항이 있다고

인정할 때에는 즉시 이를 개선 또는 시정하여야 한다.

③ 공공기관은 교육·홍보 등 적절한 방법으로 소속 직원과 국민의 부패척결에 대한 의식을 고취하기 위하여 적극 노력하여야 한다.

④ 공공기관은 부패방지를 위한 국제적 교류와 협력에 적극 노력하여야 한다.

제 4 조(정당의 책무)

①「정당법」에 따라 등록된 정당과 소속 당원은 깨끗하고 투명한 정치문화를 만들기 위하여 노력 하여야 한다.

② 정당 및 소속 당원은 올바른 선거문화를 정착하게 하고 정당운씁 및 정치자금의 모집과 사용을 투명하게 하여야 한다.

제 5 조(기업의 의무) 기업은 건전한 거래질서와 기업윤리를 확립하고 일체의 부패를 방지하기 위하여 필요한 조치를 강 구하여야 한다.

제 6 조(국민의 의무) 모든 국민은 공공기관의 부패방지시책에 적극 협력하여야 한다.

제 7 조(공직자의 청렴의무) 공직자는 법령을 준수하고 친절하고 공정하게 집무하여야 하며 일체의 부패행위와 품위를 손상하는 행위를 하여서는 아니 된다.

제 7 조의 2(공직자의 업무상 비뫼이용 금지) 공직자는 업무처리 중 알게 된 비뫼을 이용하여 재물 또는 재산상의 이익을 취득하거나 제 3 자로 하여금 취득하게 하여서는 아니 된다.[본조신설 2009.1.7.]

제 8 조 (공직자 행동강령)

① 제 7 조에 따라 공직자가 준수하여야 할 행동강령은 대통령령 · 국회규칙 · 대법원규칙 · 헌법 재판소규칙 · 중앙선거관리위원회규칙 또는 공직유관단체의 내부규정으로 정한다 .

② 제 1 항에 따른 공직자 행동강령은 다음 각 호의 사항을 규정한다 .

1. 직무관련자로부터의 향응 · 금품 등을 받는 행위의 금지 · 제한에 관한 사항

2. 직위를 이용한 인사관여 · 이권개입 · 알선 · 청탁행위의 금지 · 제한에 관한 사항

3. 공정한 인사 등 건전한 공직풍토 조성을 위하여 공직자가 지켜야 할 사항

4. 그 밖에 부패의 방지와 공직자의 직무의 청렴성 및 품위유지 등을 위하여 필요한 사항

③ 공직자가 제 1 항에 따른 공직자 행동강령을 위반한 때에는 징계처분을 할 수 있다 .

④ 제 3 항에 따른 징계의 종류 , 절차 및 효력 등은 당해 공직자가 소속된 기관 또는 단체의 징계관련 사항을 규정한 법령 또는 내부규정이 정하는 바에 따른다 .

제 9 조 (공직자의 생활보장) 국가 및 지방자치단체는 공직자가 공직에 헌신할 수 있도록 공직자의 생활보장을 위하여 노 력하여야 하고 그 보수와 처우의 향상에 필요한 조치를 취하여야 한다 .

제 10 조 (권익구제기관 등에의 협조 요청) 국민권익위원회 또는 시민고충처리위원회는 업무의 수행에 필요하다고 인정 하는 경우에는 법률에 따라 국민의 권익을 구제하거나 사회정의와 공익증진을 위한 법령 · 제도의 개선을 목적으로 하는 국가인권위원회 등 행정기관 또는 법인 · 단체에 협조를 요청할 수 있다 .

제 2 장 국민권익위원회

제 11 조 (국민권익위원회의 설치) 고충민원의 처리와 이에 관련된 불합리한 행정제도를 개선하고 , 부패의 발생을 예방하 며 부패행위를 효율적으로 규제하도록 하기 위하여 국무총리 소속으로 국민권익위원회 (이하 "위원회" 라 한다) 를 둔 다 .

제 12 조 (기능) 위원회는 다음 각호의 업무를 수행한다 . 〈 개정 2010.1.25.〉

1. 국민의 권리보호 · 권익구제 및 부패방지를 위한 정책의 수립 및 시행
2. 고충민원의 조사와 처리 및 이와 관련된 시정권고 또는 의견표명
3. 고충민원을 유발하는 관련 행정제도 및 그 제도의 운쓥에 개선이 필요하다고 판단되는 경우 이에 대한 권고 또는 의견표명
4. 위원회가 처리한 고충민원의 결과 및 행정제도의 개선에 관한 실태조사와 평가
5. 공공기관의 부패방지를 위한 시책 및 제도개선 사항의 수립 · 권고와 이를 위한 공공기관에 대한 실태조사
6. 공공기관의 부패방지시책 추진상황에 대한 실태조사 · 평가
7. 부패방지 및 권익구제 교육 · 홍보 계획의 수립 · 시행
8. 비쓥리 민간단체의 부패방지활동 지원 등 위원회의 활동과 관련된 개인 · 법인 또는 단체와의 협력 및 지원
9. 위원회의 활동과 관련된 국제협력
10. 부패행위 신고 안내 · 상담 및 접수 등
11. 신고자의 보호 및 보상
12. 법령 등에 대한 부패유발요인 검토
13. 부패방지 및 권익구제와 관련된 자료의 수집 · 관리 및 분석
14. 공직자 행동강령의 시행 · 운쓥 및 그 위반행위에 대한 신고의 접수 · 처리 및 신고자의 보호

15. 민원사항에 관한 안내 · 상담 및 민원사항 처리실태 확인 · 지도

16. 온라인 국민참여포털의 통합 운영과 정부민원안내콜센터의 설치 · 운영

17. 시민고충처리위원회의 활동과 관련한 협력 · 지원 및 교육

18. 다수인 관련 갈등 사항에 대한 중재 · 조정 및 기업애로 해소를 위한 기업고충민원의 조사 · 처리

19.「행정심판법」에 따른 중앙행정심판위원회의 운영에 관한 사항

20. 다른 법령에 따라 위원회의 소관으로 규정된 사항

21. 그 밖에 국민권익 향상을 위하여 국무총리가 위원회에 부의하는 사항

제 13 조 (위원회의 구성)

① 위원회는 위원장 1 명을 포함한 15 명의 위원 (부위원장 3 명과 상임위원 3 명을 포함한다) 으 로 구성한다 . 이 경우 부위원장은 각각 고충민원 , 부패방지 업무 및 중앙행정심판위원회의 운영업무로 분장하여 위 원장을 보좌한다 . 다만 , 중앙행정심판위원회의 구성에 관한 사항은「행정심판법」에서 정하는 바에 따른다 . 〈 개정 2010.1.25.〉

② 위원장 , 부위원장과 위원은 고충민원과 부패방지에 관한 업무를 공정하고 독립적으로 수행할 수 있다고 인정되 는 자로서 다음 각 호의 어느 하나에 해당하는 자 중에서 임명 또는 위촉한다 .

1. 대학이나 공인된 연구기관에서 부교수 이상 또는 이에 상당하는 직에 8 년 이상 있거나 있었던 자

2. 판사 · 검사 또는 변호사의 직에 10 년 이상 있거나 있었던 자

3. 3 급 이상 공무원 또는 고위공무원단에 속하는 공무원의 직에 있거나 있었던 자

4. 건축사 · 세무사 · 공인회계사 · 기술사 · 변리사의 자격을 소지하고 해당 직종에서 10 년 이상 있거나 있었던 자

5. 제 33 조제 1 항에 따라 시민고충처리위원회 위원으로 위촉되어 그 직에 4 년 이상 있었던 자

6. 그 밖에 사회적 신망이 높고 행정에 관한 식견과 경험이 있는 자로서 시민사회단체로부터 추천을 받은 자

③ 위원장 및 부위원장은 국무총리의 제청으로 대통령이 임명하고, 상임위원은 위원장의 제청으로 대통령이 임명하 며, 상임이 아닌 위원은 대통령이 임명 또는 위촉한다. 이 경우 상임이 아닌 위원 중 3 명은 국회가, 3 명은 대법원장 이 각각 추천하는 자를 임명 또는 위촉한다.〈 개정 2012.2.17.〉

④ 위원장과 부위원장은 각각 정무직으로 보하고, 상임위원은 고위공무원단에 속하는 일반직공무원으로서「국가 공무원법」제 26 조의 5 에 따른 임기제공무원으로 보한다.〈 개정 2014.5.28.〉

⑤ 위원이 궐위된 때에는 지체 없이 새로운 위원을 임명 또는 위촉하여야 한다. 이 경우 후임으로 임명 또는 위촉된 위원의 임기는 새로이 개시된다.

제 14 조 (위원장)

① 위원장은 위원회를 대표한다.

② 위원장이 부득이한 사유로 직무를 수행할 수 없는 때에는 위원장이 지명한 부위원장이 그 직무를 대행한다.

제 15 조 (위원의 결격사유)

① 다음 각 호의 어느 하나에 해당하는 자는 위원이 될 수 없다.

1. 대한민국 국민이 아닌 자

2.「국가공무원법」제 33 조 각 호의 어느 하나에 해당하는 자

3. 정당의 당원

4.「공직선거법」에 따라 실시하는 선거에 후보자로 등록한 자

② 위원이 제 1 항 각 호의 어느 하나에 해당하게 된 때에는 당연히 퇴직된다.

제 16 조 (직무상 독립과 신분보장)

① 위원회는 그 권한에 속하는 업무를 독립적으로 수행한다.

② 위원장과 위원의 임기는 각각 3 년으로 하되 1 차에 한하여 연임할 수 있다.

③ 위원은 다음 각 호의 어느 하나에 해당하는 경우를 제외하고는 그 의사에 반하여 면직 또는 해촉되지 아니한다 .

1. 제 15 조제 1 항 각 호의 어느 하나에 해당하는 때

2. 심신상의 장애로 직무수행이 현저히 곤란하게 된 때

3. 제 17 조에 따른 겸직금지의무에 위반한 경우

④ 제 3 항제 2 호의 경우에는 전체 위원 3 분의 2 이상의 찬성에 의한 의결을 거쳐 위원장의 제청으로 대통령 또는 국 무총리가 면직 또는 해촉한다 .

제 17 조 (위원의 겸직금지 등) 위원은 재직 중 다음 각 호의 직을 겸할 수 없다 .

1. 국회의원 또는 지방의회의원

2. 행정기관등과 대통령령으로 정하는 특별한 이해관계가 있는 개인이나 법인 또는 단체의 임 · 직원

제 18 조 (위원의 제척 · 기피 · 회피)

① 위원은 다음 각 호의 어느 하나에 해당하는 경우에는 해당 위원회의 심의 · 의결 에서 제척된다 .

1. 위원 또는 그 배우자나 배우자쓥던 자가 당해 사안에 관하여 당사자이거나 공동권리자 또는 공동의무자인 경우

2. 위원이 당해 사안의 신청인과 친족 관계에 있거나 있었던 경우

3. 위원이 당해 사안에 관하여 증언 , 감정 , 법률자문 또는 손해사정을 한 경우

4. 위원이 되기 전에 당해 사안에 대하여 감사 , 수사 또는 조사에 관여한 사항

5. 위원이 당해 사안에 관하여 신청인의 대리인으로 관여하거나 관여하쓥던 경우

② 위원회 심의 · 의결의 이해당사자는 위원에게 공정을 기대하기 어려운 특별한 사정이 있는 경우에는 기피신청을 할 수 있다 .

③ 위원 본인이 제 1 항 또는 제 2 항의 사유에 해당하는 경우에는 스스로 그 사안의 심의 · 의결을 회피할 수 있다 .

제 19 조 (위원회의 의결)

① 위원회는 재적위원 과반수의 출석으로 개의하고 출석위원 과반수의 찬성으로 의결한다 . 다 만 , 제 20 조제 1 항제 4 호의 사항은 재적위원 과반수의 찬성으로 의결한다 .

② 제 18 조에 따라 심의 · 의결에 관여하지 못한 위원은 제 19 조제 1 항에 따른 재적위원수의 계산에 있어서 이를 제외 한다 .

③ 그 밖에 위원회의 업무 및 운씁에 관하여 필요한 사항은 대통령령으로 정한다 .

제 20 조 (소위원회)

① 위원회는 고충민원의 처리와 관련하여 다음 각 호의 어느 하나에 해당되지 아니하는 사항을 심의 · 의결하게 하기 위하여 3 인의 위원으로 구성하는 위원회 (이하 "소위원회" 라 한다) 를 둘 수 있다 .

1. 제 46 조에 따른 시정을 권고하는 사항 중 다수인의 이해와 관련된 사안 등 대통령령으로 정하는 사항

2. 제 47 조에 따른 제도개선을 권고하는 사항

3. 제 51 조에 따른 감사의뢰의 결정에 관한 사항

4. 위원회의 종전 의결례를 변경할 필요가 있는 사항

5. 소위원회가 위원회에서 직접 처리하도록 의결한 사항

6. 그 밖에 위원회에서 처리하는 것이 필요하다고 위원장이 인정하는 사항

② 소위원회의 회의는 구성위원 전원의 출석과 출석위원 전원의 찬성으로 의결한다 .

③ 그 밖에 소위원회의 업무 및 운씁에 관하여 필요한 사항은 대통령령으로 정한다 .

제 21 조 (분과위원회) 위원회의 업무를 효율적으로 수행하기 위하여 위원회에 분야별로 분과위원회를 둘 수 있다 .

제 22 조 (전문위원)

① 위원장은 위원회의 업무를 효율적으로 지원하고 전문적인 조사 및

연구업무를 수행하기 위하여 필요하다고 인정할 때에는 위원회에 학계, 사회단체 그 밖에 관련분야의 전문가를 전문위원으로 둘 수 있다.

② 제 1 항에 따른 전문위원은 위원장이 임명 또는 위촉한다.

제 23 조 (사무처의 설치)

① 위원회의 사무를 처리하기 위하여 위원회에 사무처를 둔다.

② 사무처에 사무처장 1 명을 두되, 사무처장은 위원장이 지명한 부위원장이 겸직하고, 위원장의 지휘를 받아 위원 회의 소관 사무를 관장하며 소속 직원을 지휘 · 감독한다.

③ 이 법에 규정된 사항 외에 사무처의 조직 및 운씁에 관하여 필요한 사항은 대통령령으로 정한다.

제 24 조 (자문기구)

① 위원회는 그 업무수행에 필요한 사항의 자문을 위하여 자문기구를 둘 수 있다.

② 제 1 항에 따른 자문기구의 조직과 운씁에 관하여 필요한 사항은 대통령령으로 정한다.

제 25 조 (공무원 등의 파견)

① 위원회는 그 업무수행을 위하여 필요하다고 인정하는 경우에는 국가기관 · 지방자치단체 · 「공공기관의 운씁에 관한 법률」 제 4 조에 따른 기관 또는 관련 법인이나 단체에 대하여 그 소속 공무원 또는 직원 의 파견을 요청할 수 있다.

② 제 1 항 에 따 라 위 원 회 에 공 무 원 이 나 직 원 을 파 견 한 국가기관 · 지방자치단체 · 「공공기관의 운씁에 관한 법률」 제 4 조에 따른 기관 또는 관련 법인이나 단체의 장은 위원회에 파견된 자에 대하여 인사 · 처우 등에 있어서 우대조 치를 강구하여야 한다.

제 26 조 (운씁상황의 보고 및 공표 등)

① 위원회는 매년 고충민원과 관련하여 위원회의 운씁상황을 대통령과

국회에 보 고하고 이를 공표하여야 한다 .

② 위원회는 제 1 항에 따른 보고 외에 필요하다고 인정하는 경우에는 대통령과 국회에 특별보고를 할 수 있다 .

제 27 조 (제도개선의 권고)

① 위원회는 필요하다고 인정하는 경우 공공기관의 장에게 부패방지를 위한 제도의 개선을 권고할 수 있다 .

② 제 1 항에 따라 제도개선의 권고를 받은 공공기관의 장은 이를 제도개선에 반씁하여 그 조치결과를 위원회에 통보 하여야 하며 , 위원회는 이에 대한 이행실태를 확인 · 점검할 수 있다 .

③ 제 1 항에 따라 제도개선의 권고를 받은 공공기관의 장은 위원회의 권고대로 조치하기가 곤란하다고 인정되는 경 우에는 위원회에 재심의를 요청하여야 하며 , 이 경우 위원회는 이를 재심의 하여야 한다 .

제 27 조의 2(공공기관 부패에 관한 조사 · 평가)

① 위원회는 공공기관의 부패를 계량적으로 측정할 수 있는 공정하고 객관적인 평가지표를 개발하여야 한다 .

② 위원회는 제 1 항에 따른 평가지표를 활용하여 공공기관의 부패에 관하여 조사 · 평가하고 그 결과를 공표할 수 있 다 .

③ 위원회는 제 2 항에 따른 조사 · 평가결과를 바탕으로 공공기관에 대하여 부패방지를 위한 컨설팅 등 필요한 지원 을 할 수 있다 .

[본조신설 2016.3.29.]

제 27 조의 3(조사 · 평가결과의 공개)

① 제 27 조의 2 에 따라 위원회의 조사 · 평가를 받은 공공기관의 장은 그 조사 · 평 가결과를 인터넷 홈페이지에 공개하여야 한다 .

② 제 1 항에 따른 조사 · 평가결과 공개에 필요한 사항은 대통령령으로 정한다 .

[본조신설 2016.3.29.]

제 28 조 (법령 등에 대한 부패유발요인 검토)

① 위원회는 법률 · 대통령령 · 총리령 · 부령 및 그 위임에 따른 훈령 · 예규 · 고시 · 공고와 조례 · 규칙의 부패유발요인을 분석 · 검토하여 그 법령 등의 소관 기관의 장에게 그 개선을 위하여 필요한 사항을 권고할 수 있다 .

② 제 1 항에 따른 부패유발요인 검토의 절차와 방법에 관하여 필요한 항은 대통령령으로 정한다 .

제 29 조 (의견청취 등)

① 위원회는 제 12 조제 5 호부터 제 14 호에 따른 기능을 수행함에 있어서 필요한 경우 다음 각 호의 조치를 할 수 있다 .

1. 공공기관에 대한 설명 또는 자료 · 서류 등의 제출요구 및 실태조사

2. 이해관계인 · 참고인 또는 관계 공직자의 출석 및 의견진술 요구

② 위원회는 다음 각 호의 어느 하나에 해당하는 사항에 대하여는 제 1 항에 따른 조치를 하여서는 아니 된다 .

1. 국가기밀에 관한 사항

2. 수사 · 재판 및 형집행 (보안처분 · 보안관찰처분 · 보호처분 · 보호관찰처분 · 보호감호처분 · 치료감호처분 · 사회 봉사명령을 포함한다) 의 당부에 관한 사항 또는 감사원의 감사가 착수된 사항

3. 행정심판 · 소송 , 헌법재판소의 심판 , 헌법소원이나 감사원의 심사청구 그 밖의 다른 법률에 따른 불복구제절차가 진행 중인 사항

4. 법령에 따라 화해 · 알선 · 조정 · 중재 등 당사자간의 이해조정을 목적으로 행하는 절차가 진행 중인 사항

5. 판결 · 결정 · 재결 · 화해 · 조정 · 중재 등에 따라 확정된 사항 또는 「감사원법」 에 따른 감사위원회의에서 의결 된 사항

③ 제 1 항 각 호의 조치는 제 12 조 각 호에 따른 위원회의 기능을 수행하기 위하여 필요한 범위에 그쳐야 하며 공공 기관의 업무수행에 지장이 없도록 유의하여야 한다 .

④ 공공기관의 장은 제 1 항에 따른 자료의 제출이나 실태조사 등에 성실하게 응하고 이에 협조하여야 하며 , 이에 불 응하는 경우에는 그 이유를 소명하여야 한다 .

⑤ 공공기관의 장은 제도의 개선 등과 관련하여 소속 직원 또는 관계 전문가로 하여금 위원회에 출석하여 그 의견을 진술하게 하거나 필요한 자료를 제출할 수 있다 .

제 30 조 (비뮌누설의 금지)　위원회의 위원 , 전문위원 또는 직원이나 그 직에 있었던 자 및 위원회에 파견되거나 위원회의 위촉에 의하여 위원회의 업무를 수행하거나 수행하씀던 자는 업무처리 중 알게 된 비뮌을 누설하여서는 아니 된다 .

제 31 조 (벌칙적용에 있어서 공무원 의제)　위원회의 위원 중 공무원이 아닌 위원과 전문위원 , 파견받은 직원은 위원회의 업무와 관련하여「형법」그 밖의 법률에 따른 벌칙의 적용에 있어서 이를 공무원으로 본다 .

제 3 장　시민고충처리위원회

제 32 조 (시민고충처리위원회의 설치)

① 지방자치단체 및 그 소속 기관에 관한 고충민원의 처리와 행정제도의 개선 등 을 위하여 각 지방자치단체에 시민고충처리위원회를 둘 수 있다 .

② 시민고충처리위원회는 다음 각 호의 업무를 수행한다 .

1. 지방자치단체 및 그 소속 기관에 관한 고충민원의 조사와 처리

2. 고충민원과 관련된 시정권고 또는 의견표명

3. 고충민원의 처리과정에서 관련 행정제도 및 그 제도의 운씁에 개선이 필요하다고 판단되는 경우 이에 대한 권고 또는 의견표명

4. 시민고충처리위원회가 처리한 고충민원의 결과 및 행정제도의 개선에 관한 실태조사와 평가

5. 민원사항에 관한 안내 , 상담 및 민원처리 지원

6. 시민고충처리위원회의 활동과 관련한 교육 및 홍보

7. 시민고충처리위원회의 활동과 관련된 국제기구 또는 외국의 권익구제기관 등과의 교류 및 협력

8. 시민고충처리위원회의 활동과 관련된 개인 · 법인 또는 단체와의 협력 및 지원

9. 그 밖에 다른 법령에 따라 시민고충처리위원회에 위탁된 사항

제 33 조 (시민고충처리위원회 위원의 자격요건 등)

① 시민고충처리위원회 위원은 고충민원 처리업무를 공정하고 독립 적으로 수행할 수 있다고 인정되는 자로서 다음 각 호의 어느 하나에 해당하는 자 중에서 지방자치단체의 장이 지방 의회의 동의를 거쳐 위촉한다 .

1. 대학이나 공인된 연구기관에서 부교수 이상 또는 이에 상당하는 직에 있거나 있었던 자

2. 판사 · 검사 또는 변호사의 직에 있거나 있었던 자

3. 4 급 이상 공무원의 직에 있거나 있었던 자

4. 건축사 · 세무사 · 공인회계사 · 기술사 · 변리사의 자격을 소지하고 해당 직종에서 5 년 이상 있거나 있었던 자

5. 사회적 신망이 높고 행정에 관한 식견과 경험이 있는 자로서 시민사회단체로부터 추천을 받은 자

② 시민고충처리위원회 위원의 임기는 4 년으로 하되 , 연임할 수 없다 .

③ 지방자치단체의 장은 시민고충처리위원회 위원의 임기가 만료되거나 임기 중 결원된 경우에는 임기만료 또는 결 원된 날부터 30 일 이내에 후임자를 위촉하여야 한다 .

④ 결원된 시민고충처리위원회 위원의 후임으로 위촉된 시민고충처리위원회 위원의 임기는 새로이 개시된다 .

제 34 조 (활동비 지원) 시민고충처리위원회가 설치된 지방자치단체의 장은 시민고충처리위원회가 제 32 조제 2 항의 업무 를 처리하는데 필요한 경비를

지원하여야 한다.

제 35 조 (위원회에 관한 규정의 준용) 제 15 조, 제 16 조제 3 항, 제 17 조, 제 18 조, 제 25 조 및 제 31 조는 시민고충처리위원회 에 관하여 이를 준용한다.

제 36 조 (사무기구)

① 지방자치단체의 장은 시민고충처리위원회의 사무를 지원하기 위하여 사무기구를 둔다.

② 사무기구에는 사무기구의 장과 그 밖의 필요한 직원을 둔다.

제 37 조 (운씁상황의 보고 및 공표 등)

① 시민고충처리위원회는 매년 그 시민고충처리위원회의 운씁상황을 지방자치단 체의 장과 지방의회에 보고하고 이를 공표하여야 한다.

② 시민고충처리위원회는 제 1 항에 따른 보고 외에 필요하다고 인정하는 경우에는 지방자치단체의 장과 지방의회에 특별보고를 할 수 있다.

제 38 조 (시민고충처리위원회의 조직 및 운씁에 관한 사항) 이 법에 규정된 사항 외에 시민고충처리위원회의 조직 및 운 씁에 관하여 필요한 사항은 해당 지방자치단체의 조례로 정한다.

제 4 장 고충민원의 처리

제 39 조 (고충민원의 신청 및 접수)

① 누구든지 (국내에 거주하는 외국인을 포함한다) 위원회 또는 시민고충처리위원회 (이하 이 장에서 "권익위원회" 라 한다) 에 고충민원을 신청할 수 있다. 이 경우 하나의 권익위원회에 대하여 고충민원 을 제기한 신청인은 다른 권익위원회에 대하여도 고충민원을 신청할 수 있다.

② 권익위원회에 고충민원을 신청하고자 하는 자는 다음 각 호의 사항을 기재하여 문서 (전자문서를 포함한다. 이하

갈다) 로 이를 신청하여야 한다. 다만, 문서에 의할 수 없는 특별한 사정이

있는 경우에는 구술로 신청할 수 있다.

1. 신청인의 이름과 주소(법인 또는 단체의 경우에는 그 명칭 및 주된 사무소의 소재지와 대표자의 이름)

2. 신청의 취지·이유와 고충민원신청의 원인이 된 사실내용

3. 그 밖에 관계 행정기관의 명칭 등 대통령령으로 정하는 사항

③ 신청인은 법정대리인 외에 다음 각 호의 어느 하나에 해당하는 자를 대리인으로 선임할 수 있다. 이 경우 대리인 의 자격은 서면으로 소명하여야 한다.

1. 신청인의 배우자, 직계 존·비속 또는 형제자매

2. 신청인인 법인의 임원 또는 직원

3. 변호사

4. 다른 법률의 규정에 따라 고충민원신청의 대리를 할 수 있는 자

5. 제 1 호부터 제 4 호까지의 규정 외의 자로서 권익위원회의 허가를 받은 자

④ 권익위원회는 고충민원의 신청이 있는 경우에는 다른 법령에 특별한 규정이 있는 경우를 제외하고는 그 접수를 보류하거나 거부할 수 없으며, 접수된 고충민원서류를 부당하게 되돌려 보내서는 아니 된다. 다만, 권익위원회가 고 충민원서류를 보류·거부 또는 반려하는 경우에는 지체 없이 그 사유를 신청인에게 통보하여야 한다.

제 40 조(고충민원의 이첩 등)

① 권익위원회는 접수된 고충민원 중 관계 행정기관등에서 처리하는 것이 타당하다고 인 정되는 사항은 이를 관계 행정기관등에 이첩할 수 있다. 이 경우 이첩받은 관계 행정기관등의 장은 권익위원회의 요 청이 있는 때에는 그 처리결과를 권익위원회에 통보하여야 한다.

② 권익위원회는 관계 행정기관등의 장이 권익위원회에서 처리하는 것이 타당하다고 인정하여 권익위원회에 이첩 한 고충민원을 처리할 수 있다. 이 경우 이첩받은 고충민원은 이첩된 때에 권익위원회에 접수된 것으로 본다.

③ 권익위원회는 제 1 항에 따라 고충민원을 이첩한 경우에는 지체 없이

그 사유를 명시하여 신청인에게 통보하여야 한다. 이 경우 권익위원회는 필요하다고 인정하는 때에는 신청인에게 권리의 구제에 필요한 절차와 조치에 관하여 안내할 수 있다.

④ 신청인이 제 39 조제 1 항에 따라 위원회와 시민고충처리위원회에 대하여 동일한 고충민원을 신청한 경우 각 권익 위원회는 지체 없이 사실을 상호 통보하여야 한다. 이 경우 각 권익위원회는 상호 협력하여 고충민원을 처리하여야 한다.

제 41 조 (고충민원의 조사)

① 권익위원회는 고충민원을 접수한 경우에는 지체 없이 그 내용에 관하여 필요한 조사를 하 여야 한다. 다만, 다음 각 호의 어느 하나에 해당하는 경우에는 조사를 하지 아니할 수 있다.

1. 제 43 조제 1 항 각 호의 어느 하나에 해당하는 사항

2. 고충민원의 내용이 거짓이거나 정당한 사유가 없다고 인정되는 사항

3. 그 밖에 고충민원에 해당하지 아니하는 경우 등 권익위원회가 조사하는 것이 적절하지 아니하다고 인정하는 사 항

② 권익위원회는 조사를 개시한 후에도 제 1 항 각 호에 해당하는 사유 등 조사를 계속할 필요가 없다고 인정하는 경 우에는 이를 중지 또는 중단할 수 있다.

③ 권익위원회는 접수된 민원에 관하여 조사를 하지 아니하거나 조사를 중지 또는 중단한 경우에는 지체 없이 그 사 유를 신청인에게 통보하여야 한다.

제 42 조 (조사의 방법)

① 권익위원회는 제 41 조에 따라 조사를 함에 있어서 필요하다고 인정하는 경우에는 다음 각 호의 조치를 할 수 있다.

1. 관계 행정기관등에 대한 설명요구 또는 관련 자료 · 서류 등의 제출요구

2. 관계 행정기관등의 직원 · 신청인 · 이해관계인이나 참고인의 출석 및 의견진술 등의 요구

3. 조사사항과 관계있다고 인정되는 장소 · 시설 등에 대한 실지조사

4. 감정의 의뢰

② 권익위원회의 직원이 제 1 항에 따라 실지조사를 하거나 진술을 듣는 경우에는 그 권한을 표시하는 증표를 지니고 이를 관계인에게 내보여야 한다.

③ 관계 행정기관등의 장은 제 1 항에 따른 권익위원회의 요구나 조사에 성실하게 응하고 이에 협조하여야 한다.

제 43 조 (고충민원의 각하 등)

① 권익위원회는 접수된 고충민원이 다음 각 호의 어느 하나에 해당하는 경우에는 그 고충 민원을 각하하거나 관계 기관에 이송할 수 있다.

1. 고도의 정치적 판단을 요하거나 국가기밀 또는 공무상 비밀에 관한 사항

2. 국회 · 법원 · 헌법재판소 · 선거관리위원회 · 감사원 · 지방의회에 관한 사항

3. 수사 및 형집행에 관한 사항으로서 그 관장기관에서 처리하는 것이 적당하다고 판단되는 사항 또는 감사원의 감 사가 착수된 사항

4. 행정심판, 행정소송, 헌법재판소의 심판이나 감사원의 심사청구 그 밖에 다른 법률에 따른 불복구제절차가 진행 중인 사항

5. 법령에 따라 화해 · 알선 · 조정 · 중재 등 당사자간의 이해조정을 목적으로 행하는 절차가 진행 중인 사항

6. 판결 · 결정 · 재결 · 화해 · 조정 · 중재 등에 따라 확정된 권리관계에 관한 사항 또는 감사원이 처분을 요구한 사 항

7. 사인간의 권리관계 또는 개인의 사생활에 관한 사항

8. 행정기관등의 직원에 관한 인사행정상의 행위에 관한 사항

② 권익위원회는 제 1 항에 따라 고충민원을 각하 또는 이송한 경우에는 지체 없이 그 사유를 명시하여 신청인에게 통보하여야 한다. 이 경우 필요하다고 인정하는 때에는 신청인에게 권리의 구제에 필요한 절차와 조치에 관하여 안내할 수 있다.

③ 관계 행정기관등의 장은 권익위원회의 조사가 착수된 고충민원이 제 1 항

각 호의 어느 하나에 해당하는 사항임을 알게 된 경우에는 지체 없이 그 사실을 권익위원회에 통보하여야 한다.

제 44 조(합의의 권고) 권익위원회는 조사 중이거나 조사가 끝난 고충민원에 대한 공정한 해결을 위하여 필요한 조치를 당사자에게 제시하고 합의를 권고할 수 있다.

제 45 조(조정)

① 권익위원회는 다수인이 관련되거나 사회적 파급효과가 크다고 인정되는 고충민원의 신속하고 공정한 해결을 위하여 필요하다고 인정하는 경우에는 당사자의 신청 또는 직권에 의하여 조정을 할 수 있다.

② 조정은 당사자가 합의한 사항을 조정서에 기재한 후 당사자가 기명날인하고 권익위원회가 이를 확인함으로써 성 립한다.

③ 제 2 항에 따른 조정은「민법」상의 화해와 같은 효력이 있다.

제 46 조(시정의 권고 및 의견의 표명)

① 권익위원회는 고충민원에 대한 조사결과 처분 등이 위법·부당하다고 인정할 만한 상당한 이유가 있는 경우에는 관계 행정기관등의 장에게 적절한 시정을 권고할 수 있다.

② 권익위원회는 고충민원에 대한 조사결과 신청인의 주장이 상당한 이유가 있다고 인정되는 사안에 대하여는 관계 행정기관등의 장에게 의견을 표명할 수 있다.

제 47 조(제도개선의 권고 및 의견의 표명) 권익위원회는 고충민원을 조사·처리하는 과정에서 법령 그 밖의 제도나 정 책 등의 개선이 필요하다고 인정되는 경우에는 관계 행정기관등의 장에게 이에 대한 합리적인 개선을 권고하거나 의 견을 표명할 수 있다.

제 48 조(의견제출 기회의 부여)

① 권익위원회는 제 46 조 또는 제 47 조에 따라 관계 행정기관등의 장에게 시정 또는 제 도개선의 권고를 하기 전에 그 행정기관등과 신청인 또는

이해관계인에게 미리 의견을 제출할 기회를 주어야 한다.

② 관계 행정기관등의 직원 · 신청인 또는 이해관계인은 권익위원회가 개최하는 회의에 출석하여 의견을 진술하거

나 필요한 자료를 제출할 수 있다.

제 49 조 (결정의 통지) 권익위원회는 고충민원의 결정내용을 지체 없이 신청인 및 관계 행정기관등의 장에게 통지하여야 한다.

제 50 조 (처리결과의 통보 등)

① 제 46 조 또는 제 47 조에 따른 권고 또는 의견을 받은 관계 행정기관등의 장은 이를 존중 하여야 하며, 그 권고 또는 의견을 받은 날부터 30 일 이내에 그 처리결과를 권익위원회에 통보하여야 한다.

② 제 1 항에 따른 권고를 받은 관계 행정기관등의 장이 그 권고내용을 이행하지 아니하는 경우에는 그 이유를 권익 위원회에 문서로 통보하여야 한다.

③ 권익위원회는 제 1 항 또는 제 2 항에 따른 통보를 받은 경우에는 신청인에게 그 내용을 지체 없이 통보하여야 한다

제 51 조 (감사의 의뢰) 고충민원의 조사 · 처리과정에서 관계 행정기관등의 직원이 고의 또는 중대한 과실로 위법 · 부당 하게 업무를 처리한 사실을 발견한 경우 위원회는 감사원에, 시민고충처리위원회는 당해 지방자치단체에 감사를 의 뢰할 수 있다.

제 52 조 (권고 등 이행실태의 확인 · 점검) 권익위원회는 제 46 조 및 제 47 조에 따른 권고 또는 의견의 이행실태를 확인 · 점검할 수 있다.

제 53 조 (공표) 권익위원회는 다음 각 호의 사항을 공표할 수 있다. 다만, 다른 법률의 규정에 따라 공표가 제한되거나 개 인의 사생활의 비밀이 침해될 우려가 있는 경우에는 그러하지 아니하다.

1. 제 46 조 및 제 47 조에 따른 권고 또는 의견표명의 내용
2. 제 50 조제 1 항에 따른 처리결과
3. 제 50 조제 2 항에 따른 권고내용의 불이행사유

제 54 조 (권익위원회 상호간의 관계)

① 위원회 또는 각 시민고충처리위원회는 상호 독립하여 업무를 수행하고 , 상호 협 의 또는 지원을 요청받은 경우 정당한 사유가 없는 한 이에 협조하여야 한다 .

② 위원회는 시민고충처리위원회의 활동을 적극 지원하여야 한다 .

제 5 장　부패행위 등의 신고 및 신고자 등 보호

제 55 조 (부패행위의 신고)　누구든지 부패행위를 알게 된 때에는 이를 위원회에 신고할 수 있다 .

제 56 조 (공직자의 부패행위 신고의무)　공직자는 그 직무를 행함에 있어 다른 공직자가 부패행위를 한 사실을 알게 되었 거나 부패행위를 강요 또는 제의받은 경우에는 지체 없이 이를 수사기관 · 감사원 또는 위원회에 신고하여야 한다 .

제 57 조 (신고자의 성실의무)　신고자가 신고의 내용이 허위라는 사실을 알았거나 알 수 있었음에도 불구하고 신고한 경 우에는 이 법의 보호를 받지 못한다 .

제 58 조 (신고의 방법)　부패행위를 신고하고자 하는 자는 신고자의 인적사항과 신고취지 및 이유를 기재한 기명의 문서 로써 하여야 하며 , 신고대상과 부패행위의 증거 등을 함께 제시하여야 한다 .

제 59 조 (신고의 처리)

① 위원회는 접수된 신고사항에 대하여 신고자를 상대로 다음 각 호의 사항을 확인할 수 있다 .

1. 신고자의 인적사항 , 신고의 경위 및 취지 등 신고내용의 특정에 필요한 사항

2. 신고내용이 제 29 조제 2 항 각 호의 어느 하나에 해당하는지의 여부에 관한 사항

② 위원회는 제 1 항의 사항에 대한 진위여부를 확인하는데 필요한 범위에서 신고자에게 필요한 자료의 제출을 요구 할 수 있다 .

③ 위원회는 접수된 신고사항에 대하여 조사가 필요한 경우 이를 감사원, 수사기관 또는 해당 공공기관의 감독기관 (감독기관이 없는 경우에는 해당 공공기관을 말한다. 이하 "조사기관" 이라 한다) 에 이첩하여야 한다. 다만, 국가기 뮌이 포함된 신고사항에 대하여는 대통령령으로 정하는 바에 따라 처리한다.

④ 위원회에 신고가 접수된 당해 부패행위의 혐의대상자가 다음 각 호에 해당하는 고위공직자로서 부패혐의의 내용 이 형사처벌을 위한 수사 및 공소제기의 필요성이 있는 경우에는 위원회의 명의로 검찰에 고발을 하여야 한다.

1. 차관급 이상의 공직자
2. 특별시장·광역시장 및 도지사
3. 경무관급 이상의 경찰공무원
4. 법관 및 검사
5. 장관급 장교
6. 국회의원

⑤ 제 4 항에 따라 고발한 경우 검찰은 수사결과를 위원회에 통보하여야 한다. 위원회가 고발한 사건이 이미 수사 중 이거나 수사 중인 사건과 관련된 사건인 경우에도 또한 같다.

⑥ 위원회는 접수된 신고사항을 그 접수일부터 60 일 이내에 처리하여야 한다. 이 경우 동조 제 1 항제 1 호에 따른 보 완 등을 위하여 필요하다고 인정되는 경우에는 그 기간을 30 일 이내에서 연장할 수 있다.

제 59 조 (신고의 처리)

① 위원회는 접수된 신고사항에 대하여 신고자를 상대로 다음 각 호의 사항을 확인할 수 있다.

1. 신고자의 인적사항, 신고의 경위 및 취지 등 신고내용의 특정에 필요한 사항
2. 신고내용이 제 29 조제 2 항 각 호의 어느 하나에 해당하는지의 여부에 관한 사항

② 위원회는 제 1 항의 사항에 대한 진위여부를 확인하는데 필요한 범위에서 신고자에게 필요한 자료의 제출을 요구 할 수 있다 .

③ 위원회는 접수된 신고사항에 대하여 조사가 필요한 경우 이를 감사원, 수사기관 또는 해당 공공기관의 감독기관 (감독기관이 없는 경우에는 해당 공공기관을 말한다 . 이하 "조사기관" 이라 한다) 에 이첩하여야 한다 . 다만, 국가기 뫈이 포함된 신고사항에 대하여는 대통령령으로 정하는 바에 따라 처리한다 .

④ 위원회에 신고가 접수된 당해 부패행위의 혐의대상자가 다음 각 호에 해당하는 고위공직자로서 부패혐의의 내용 이 형사처벌을 위한 수사 및 공소제기의 필요성이 있는 경우에는 위원회의 명의로 검찰에 고발을 하여야 한다 .〈 개 정 2017.3.21.〉

1. 차관급 이상의 공직자
2. 특별시장 · 광역시장 및 도지사
3. 경무관급 이상의 경찰공무원
4. 법관 및 검사
5. 장성급 (將星級) 장교
6. 국회의원

⑤ 제 4 항에 따라 고발한 경우 검찰은 수사결과를 위원회에 통보하여야 한다 . 위원회가 고발한 사건이 이미 수사 중 이거나 수사 중인 사건과 관련된 사건인 경우에도 또한 같다 .

⑥ 위원회는 접수된 신고사항을 그 접수일부터 60 일 이내에 처리하여야 한다 . 이 경우 동조 제 1 항제 1 호에 따른 보 완 등을 위하여 필요하다고 인정되는 경우에는 그 기간을 30 일 이내에서 연장할 수 있다 .

[시행일 : 2017.6.22.] 제 59 조

제 60 조 (조사결과의 처리)

① 조사기관은 신고를 이첩받은 날부터 60 일 이내에 감사 · 수사 또는 조사를

종결하여야 한 다. 다만, 정당한 사유가 있는 경우에는 그 기간을 연장할 수 있으며, 위원회에 그 연장사유 및 연장기간을 통보하여 야 한다.

② 제 59 조에 따라 신고를 이첩받은 조사기관은 감사 · 수사 또는 조사결과를 감사 · 수사 또는 조사 종료 후 10 일 이 내에 위원회에 통보하여야 한다. 이 경우 위원회는 통보를 받은 즉시 신고자에게 감사 · 수사 또는 조사결과의 요지를 통지하여야 한다.

③ 위원회는 필요하다고 인정하는 경우 조사기관에 대하여 제 2 항의 통보내용에 대한 설명을 요구할 수 있다.

④ 위원회는 조사기관의 감사 · 수사 또는 조사가 충분하지 아니하다고 인정되는 경우에는 감사 · 수사 또는 조사결 과를 통보받은 날부터 30 일 이내에 새로운 증거자료의 제출 등 합리적인 이유를 들어 조사기관에 대하여 재조사를 요구할 수 있다. 제 2 항 후단에 따른 통지를 받은 신고자는 위원회에 대하여 감사 · 수사 또는 조사결과에 대한 이의 를 신청할 수 있다.

⑤ 재조사를 요구받은 조사기관은 재조사를 종료한 날부터 7 일 이내에 그 결과를 위원회에 통보하여야 한다. 이 경 우 위원회는 통보를 받은 즉시 신고자에게 재조사 결과의 요지를 통지하여야 한다.

제 61 조 (재정신청)

① 제 59 조제 4 항 및 제 5 항에 따른 협의대상자의 부패혐의가 「형법」 제 129 조부터 제 133 조까지와 제 355 조부터 제 357 조까지 (다른 법률에 따라 가중처벌되는 경우를 포함한다) 에 해당되어 위원회가 직접 검찰에 고 발한 경우, 그 고발한 사건과 동일한 사건이 이미 수사 중에 있거나 수사 중인 사건과 관련된 경우에는 그 사건 또는 그 사건과 관련된 사건에 대하여 위원회가 검사로부터 공소를 제기하지 아니한다는 통보를 받았을 때에는 위원회는 그 검사 소속의 고등검찰청에 대응하는 고등법원에 그 당부에 관한 재정을 신청할 수 있다.

② 제 1 항에 따른 재정신청에 관하여는 「형사소송법」 제 260 조제 2 항부터

제 4 항까지 , 제 261 조 , 제 262 조 , 제 262 조의 4, 제 264 조 및 제 264 조의 2 를 적용한다 .

③ 제 1 항에 따른 재정신청에 관하여는 검사가 당해 범죄의 공소시효 만료일전 10 일까지 공소를 제기하지 아니한 때는 그 때 , 제 59 조제 4 항에 따라 위원회가 수사의뢰한 때에는 수사의뢰한 날부터 3 개월까지 검사가 공소를 제기하 지 아니한 때에는 그 3 개월이 경과한 때 각각 검사로부터 공소를 제기하지 아니한다는 통지가 있는 것으로 본다 .

제 62 조 (신분보장 등)

① 누구든지 이 법에 따른 신고나 이와 관련한 진술 그 밖에 자료 제출 등을 한 이유로 소속기관 · 단체 · 기업 등으로부터 징계조치 등 어떠한 신분상 불이익이나 근무조건상의 차별을 받지 아니한다 .

② 누구든지 신고를 한 이유로 신분상 불이익이나 근무조건상의 차별을 당하씀거나 당할 것으로 예상되는 때에는 위원회에 해당 불이익처분의 원상회복 · 전직 · 징계의 보류 등 신분보장조치와 그 밖에 필요한 조치를 요구할 수 있 다 .

③ 누구든지 신고로 인하여 인 · 허가 등의 취소, 계약의 해지 등 경제적 · 행정적 불이익을 당한 때에는 위원회에 원 상회복 또는 시정을 위하여 인 · 허가 , 계약 등의 잠정적인 효력유지 등 필요한 조치를 요구할 수 있다 .

④ 제 2 항 또는 제 3 항에 따른 요구가 있는 경우 위원회는 조사에 착수하여야 한다 .

⑤ 위원회는 다음 각 호의 방법으로 제 4 항에 따른 조사를 할 수 있다 .

1. 요구인 또는 참고인에 대한 출석요구 및 진술청취 또는 진술서 제출요구

2. 요구인 , 참고인 또는 관계기관 등에 대하여 조사사항과 관련이 있다고 인정되는 자료 등의 제출요구

3. 요구인 , 참고인 또는 관계기관 등에 대하여 조사사항과 관련이 있다고 인정되는 사실 또는 정보에 대한 조회

⑥ 제 5 항 각 호의 요구 · 조회 · 조치를 받은 사람은 이에 성실히 응하여야 한다 .

⑦ 위원회는 조사결과 요구된 내용이 타당하다고 인정한 때에는 요구자의 소속기관의 장, 관계 기관의 장 또는 요구 자가 소속한 단체·기업 등의 장에게 적절한 조치를 요구할 수 있다. 이 경우 위원회로부터 요구를 받은 소속기관의 장, 관계 기관의 장 또는 요구자가 소속한 단체·기업 등의 장은 정당한 사유가 없는 한 이에 따라야 한다.

⑧ 공직자인 신고자가 위원회에 전직, 전출·전입, 파견근무 등의 인사에 관한 조치를 요구한 경우 위원회는 그 요 구내용이 타당하다고 인정하는 때에는 인사혁신처장 또는 관련 기관의 장에게 필요한 조치를 요구할 수 있다. 이 경 우 위원회로부터 요구를 받은 인사혁신처장 또는 관련 기관의 장은 이를 우선적으로 고려하여야 하며, 그 결과를 위 원회에 통보하여야 한다.〈개정 2013.3.23., 2014.11.19.〉

⑨ 위원회는 제 1 항을 위반한 자에 대하여 징계권자에게 징계요구를 할 수 있다.

제 62 조의 2(불이익처분 절차의 일시정지)

① 위원장은 다음 각 호의 어느 하나에 해당하는 사유가 있고, 이를 방치할 경우 회복하기 어려운 피해가 발생할 우려가 있으며, 제 62 조제 2 항 및 제 3 항에 따른 요구인의 조치 요구에 대한 위원회 의 결정을 기다릴 시간적인 여유가 없다고 인정되면 요구인의 신청에 따라 또는 직권으로 45 일 이내의 기간을 정하 여 요구인의 소속기관의 장 등에게 불이익처분 절차의 잠정적인 중지 조치를 요구할 수 있다.

1. 이 법에 따른 신고로 인하여 요구인에 대한 불이익처분 절차가 예정되어 있거나 이미 진행 중인 경우

2. 이 법에 따른 신고로 인하여 요구인에 대한 불이익처분이 행하여졌고 추가적인 불이익처분 절차가 예정되어 있 거나 이미 진행 중인 경우

② 제 1 항에 따른 요구를 받은 소속기관의 장 등은 정당한 사유가 없으면 이에 따라야 한다. [본조신설 2016.3.29.]

제 63 조(불이익 추정) 신고자가 이 법에 의하여 신고한 뒤 제 62 조제 2 항

또는 제 3 항에 따라 위원회에 원상회복 등을 요 구하거나 법원에 원상회복 등에 관한 소를 제기하는 경우 해당 신고와 관련하여 불이익을 당한 것으로 추정한다 .

제 64 조 (신변보호 등)

① 위원회 및 제 59 조제 3 항에 따라 신고사항을 이첩받은 조사기관의 종사자는 신고자의 동의 없 이 그 신분을 밝히거나 암시하여서는 아니 된다 .

② 신고자는 신고를 한 이유로 자신과 친족 또는 동거인의 신변에 불안이 있는 경우에는 위원회에 신변보호조치를 요구할 수 있다 . 이 경우 위원회는 필요하다고 인정한 때에는 경찰청장 , 관할 지방경찰청장 , 관할 경찰서장에게 신 변보호조치를 요구할 수 있다 .

③ 제 2 항에 따른 신변보호조치를 요구받은 경찰청장 , 관할 지방경찰청장 , 관할 경찰서장은 대통령령으로 정하는 바 에 따라 즉시 신변보호조치를 취하여야 한다 .

④ 신고자가 신고를 이유로 피해를 입거나 입을 우려가 있다고 인정할 만한 상당한 이유가 있는 경우 해당 신고와 관련한 조사 및 형사절차에서 「특정범죄신고자 등 보호법」 제 7 조 (인적 사항의 기재생략) 및 제 9 조 (신원관리카드 의 열람) 내지 제 12 조 (소송진행의 협의등) 의 규정을 준용한다 .

⑤ 누구든지 제 3 항 및 제 4 항에 따라 보호되고 있는 부패행위신고자 등이라는 사정을 알면서 그 인적사항 또는 부패 행위신고자 등임을 미루어 알 수 있는 사실을 다른 사람에게 알려주거나 공개 또는 보도하여서는 아니 된다 .

제 65 조 (협조자 보호) 이 법에 의한 신고와 관련하여 신고자 외에 진술 그 밖에 자료제출 등의 방법으로 신고내용의 감 사 · 수사 또는 조사에 조력한 자의 신분보장 및 신변보호에 관하여는 제 62 조 , 제 64 조 및 제 66 조를 준용한다 .

제 66 조 (책임의 감면 등)

① 이 법에 의한 신고를 함으로써 그와 관련된 자신의 범죄가 발견된 경우 그

신고자에 대하여 형을 감경 또는 면제할 수 있다.

② 제 1 항은 공공기관의 징계처분에 관하여 이를 준용한다.

③ 이 법에 의하여 신고한 경우에는 다른 법령, 단체협약 또는 취업규칙 등의 관련 규정에 불구하고 직무상 비뮌준 수의무를 위반하지 않는 것으로 본다.

제 67 조 (준용규정) 제 62 조, 제 62 조의 2, 제 63 조부터 제 66 조까지는 다음 각 호의 경우에 준용한다. 〈 개정 2016.3.29.〉

1. 피신고자가 소속된 공공기관에 부패행위를 신고한 경우

2. 피신고자의 소속기관 · 단체 또는 기업 등을 지도 · 감독하는 공공기관에 부패행위를 신고한 경우

3. 공직자 행동강령을 위반하는 행위를 신고한 경우

제 68 조 (포상 및 보상)

① 위원회는 이 법에 따른 신고에 의하여 현저히 공공기관에 재산상 이익을 가져오거나 손실을 방지한 경우 또는 공익의 증진을 가져온 경우에는 신고를 한 자에 대하여 상훈법 등의 규정에 따라 포상을 추천할 수 있으며, 대통령령으로 정하는 바에 따라 포상금을 지급할 수 있다.

② 부패행위의 신고자는 이 법에 따른 신고로 인하여 직접적인 공공기관 수입의 회복이나 증대 또는 비용의 절감을

가져오거나 그에 관한 법률관계가 확정된 때에는 위원회에 보상금의 지급을 신청할 수 있다. 이 경우 보상금은 불이 익처분에 대한 원상회복 등에 소요된 비용을 포함한다.

③ 위원회는 제 2 항에 따른 보상금의 지급신청을 받은 때에는 제 69 조에 따른 보상심의위원회의 심의 · 의결을 거쳐 대통령령으로 정하는 바에 따라 보상금을 지급하여야 한다. 다만, 공직자가 자기 직무와 관련하여 신고한 사항에 대 하여는 보상금을 감액하거나 지급하지 아니할 수 있다.

④ 제 2 항에 따른 보상금의 지급신청은 공공기관 수입의 회복이나 증대 또는 비용의 절감에 관한 법률관계가 확정되 었음을 안 날부터 2 년 이내에

하여야 한다 .

제 69 조 (보상심의위원회)

① 위원회는 제 68 조제 1 항 및 제 2 항에 따른 포상금 및 보상금의 지급에 관한 사항을 심의 · 의 결하기 위하여 보상심의위원회를 둔다 .

② 보상심의위원회는 다음 각 호의 사항을 심의 · 의결한다 .

1. 포상금 및 보상금 지급요건에 관한 사항
2. 포상금 및 보상금 지급액에 관한 사항
3. 그 밖에 포상금 및 보상금 지급에 관한 사항

③ 보상심의위원회의 구성 및 운쓥에 관하여 필요한 사항은 대통령령으로 정한다 .

제 70 조 (보상금의 지급결정 등)

① 위원회는 제 68 조에 따른 보상금의 지급신청이 있는 때에는 특별한 사유가 없는 한 신청일부터 90 일 이내에 그 지급여부 및 지급금액을 결정하여야 한다 .

② 위원회는 제 1 항에 따른 보상금 지급결정이 있은 때에는 즉시 이를 신청인에게 통지하여야 한다 .

제 71 조 (다른 법령과의 관계)

① 제 68 조에 따른 보상금을 지급받을 자는 다른 법령에 따라 보상금을 청구하는 것이 금 지되지 아니한다 .

② 보상금을 지급받을 자가 동일한 원인에 기하여 이 법에 의한 포상금을 받았거나 또는 다른 법령에 따라 보상을 받은 경우 그 포상금 또는 보상금의 액수가 이 법에 따라 받을 보상금의 액수와 같거나 이를 초과하는 때에는 보상금을 지급하지 아니하며 , 그 포상금 또는 보상금의 액수가 이 법에 의하여 지급받을 보상금의 액수보다 적은 때에는 그 금액을 공제하고 보상금의 액수를 정하여야 한다 .

③ 다른 법령에 따라 보상을 받을 자가 동일한 원인에 기하여 이 법에 따른

보상금을 지급받았을 때에는 그 보상금 의 액수를 공제하고 다른 법령에 따른 보상금의 액수를 정하여야 한다.

제 6 장　국민감사청구

제 72 조 (감사청구권)

① 19 세 이상의 국민은 공공기관의 사무처리가 법령위반 또는 부패행위로 인하여 공익을 현저히 해하는 경우 대통령령으로 정하는 일정한 수 이상의 국민의 연서로 감사원에 감사를 청구할 수 있다. 다만, 국회 · 법 원 · 헌법재판소 · 선거관리위원회 또는 감사원의 사무에 대하여는 국회의장 · 대법원장 · 헌법재판소장 · 중앙선거관 리위원회 위원장 또는 감사원장 (이하 "당해 기관의 장" 이라 한다) 에게 감사를 청구하여야 한다. 〈 개정 2009.1.7.〉

② 제 1 항에도 불구하고 다음 각호의 어느 하나에 해당하는 사항은 감사청구의 대상에서 제외한다.

1. 국가의 기밀 및 안전보장에 관한 사항

2. 수사 · 재판 및 형집행 (보안처분 · 보안관찰처분 · 보호처분 · 보호관찰처분 · 보호감호처분 · 치료감호처분 · 사회 봉사명령을 포함한다) 에 관한 사항

3. 사적인 권리관계 또는 개인의 사생활에 관한 사항

4. 다른 기관에서 감사하씁거나 감사중인 사항. 다만, 다른 기관에서 감사한 사항이라도 새로운 사항이 발견되거나 중요사항이 감사에서 누락된 경우에는 그러하지 아니하다.

5. 그 밖에 감사를 실시하는 것이 적절하지 아니한 정당한 사유가 있는 경우로서 대통령령이 정하는 사항

③ 제 1 항에도 불구하고 지방자치단체와 그 장의 권한에 속하는 사무의 처리에 대한 감사청구는「지방자치법」제 16 조에 따른다.

제 73 조 (감사청구의 방법) 감사청구를 하고자 하는 자는 대통령령으로 정하는 바에 따라 청구인의 인적사항과 감사청구 의 취지 및 이유를 기재한 기명의 문서로 하여야 한다 .

제 74 조 (감사실시의 결정)

① 제 72 조제 1 항 본문에 따라 감사청구된 사항에 대하여는 감사원규칙으로 정하는 국민감사 청구심사위원회에서 감사실시 여부를 결정하여야 한다 .

② 제 72 조제 1 항 단서에 따라 당해 기관의 장이 감사청구를 접수한 때에는 그 접수한 날부터 30 일 이내에 국회규칙 · 대법원규칙 · 헌법재판소 규칙 · 중앙선거관리위원회규칙 또는 감사원규칙으로 정하는 바에 따라 감사실시 여부를 결정하여야 한다 .

③ 감사원 또는 당해 기관의 장은 감사청구가 이유 없다고 인정하는 때에는 이를 기각하고 , 기각을 결정한 날부터 10 일 이내에 그 사실을 감사청구인에게 통보하여야 한다 .

제 75 조 (감사청구에 의한 감사)

① 감사원 또는 당해 기관의 장은 감사를 실시하기로 결정한 날부터 60 일 이내에 감사 를 종결하여야 한다 . 다만 , 정당한 사유가 있는 경우에는 그 기간을 연장할 수 있다 .

② 감사원 또는 당해 기관의 장은 감사가 종결된 날부터 10 일 이내에 그 결과를 감사청구인에게 통보하여야 한다 .

제 76 조 (운씁) 이 법에서 정한 사항 외에 국민감사청구에 관하여 필요한 사항은 국회규칙 · 대법원규칙 · 헌법재판소규 칙 · 중앙선거관리위원회규칙 또는 감사원규칙으로 정하는 바에 따른다 .

제 7 장 보칙

제 77 조 (제도개선에 대한 제안 등)

① 위원회는 고충민원의 처리과정에서 불합리한 제도를 발견하거나 그 밖에 개선이 필요하다고 인정되는 사항이 있는 경우에는 대통령 또는 국회에 그에 대한 의견을 제출할 수 있다.

② 위원회 또는 시민고충처리위원회는 고충민원의 처리과정에서 관련 법률 또는 조례가 현저히 불합리하다고 인정 하는 경우에는 그 법률 또는 조례의 개정 또는 폐지 등에 관한 의견을 국회 또는 지방의회에 제출할 수 있다.

제 78 조 (고충민원사무의 정보보호) 위원회 또는 시민고충처리위원회와 관계 행정기관등은 고충민원과 관련된 정보의 유출로 인하여 신청인과 이해관계인의 이익이 침해되지 아니하도록 노력하여야 한다.

제 79 조 (고충민원 신청사항의 게시 등)

① 위원회 또는 시민고충처리위원회와 관계 행정기관등의 장은 고충민원의 신청 에 필요한 사항을 게시하거나 편람을 비치하는 등 가능한 모든 편의를 제공하여야 한다.

② 위원회 또는 시민고충처리위원회는 고충민원업무를 처리함에 있어서 자체적으로 할 수 있는 자료의 확인 또는 관계 행정기관등과의 협조 등에 관하여 필요한 절차를 담당직원이 직접 행하도록 하는 등 신청인의 편의를 위하여 노력하여야 한다.

제 80 조 (관계 행정기관등과의 협조)

① 위원회 또는 시민고충처리위원회는 그 업무를 수행하기 위하여 필요하다고 인정 하는 경우 관계 행정기관등에 협조를 요청할 수 있다.

② 위원회 또는 시민고충처리위원회의 협조를 요청받은 관계 행정기관등은 정당한 사유가 없는 한 이에 성실히 응 하여야 한다.

제 81 조 (교육과 홍보 등)

① 위원회 또는 시민고충처리위원회는 모든 사람이 자신의 권리를 인지하고 권리의 침해가 발 생한 경우 이를 구제받을 수 있도록 하기 위하여 필요한 교육과 홍보를 할 수 있다.

② 위원회 또는 시민고충처리위원회는 학교에서 고충민원의 처리와 권리구제 및 부패방지에 관한 내용이 교육될 수

있도록 지원하기 위하여 교육부장관과 협의할 수 있다 .〈 개정 2013.3.23.〉

③ 위원회 또는 시민고충처리위원회는 공무원의 교육훈련과정에 고충민원 제도 및 부패방지에 관한 내용이 포함될 수 있도록 관계 행정기관등의 장과 협의할 수 있다 .

제 81 조의 2(공직자 부패방지교육)

① 공공기관의 장은 부패방지교육을 실시하고 그 결과를 위원회에 제출하여야 한다 .

② 위원회는 제 1 항에 따른 부패방지교육 실시 여부에 대한 점검을 실시하여야 한다 .

③ 위원회는 제 2 항에 따른 점검결과를 다음 각 호의 평가에 반씁하도록 해당 기관 · 단체의 장에게 요구할 수 있다 .

1.「정부업무평가 기본법」 제 14 조제 1 항 및 제 18 조제 1 항에 따른 중앙행정기관 및 지방자치단체의 자체평가와 같 은 법 제 21 조제 1 항에 따른 지방자치단체 합동평가

2.「공공기관의 운씁에 관한 법률」 제 48 조 제 1 항 에 따 른 공기업 · 준정부기관의 경씁실적 평가

3.「지방공기업법」 제 78 조제 1 항에 따른 지방공기업의 경씁평가

4.「초 · 중등교육법」 제 9 조제 2 항에 따른 시 · 도교육청평가

④ 제 1 항에 따른 교육의 내용 · 방법 , 결과 제출 및 제 2 항에 따른 점검 등에 필요한 사항은 대통령령으로 정한다 . [본조신설 2016.3.29.]

제 82 조 (비위면직자 등의 취업제한)

① 비위면직자 등은 다음 각 호의 어느 하나에 해당하는 자를 말한다 . 〈 개정 2016.3.29.〉

1. 공직자가 재직 중 직무와 관련된 부패행위로 당연퇴직 , 파면 또는 해임된 자

2. 공직자씀던 자가 재직 중 직무와 관련된 부패행위로 벌금 300 만원 이상의 형의 선고를 받은 자

② 비위면직자 등은 당연퇴직 , 파면 , 해임된 경우에는 퇴직일 , 벌금 300 만원 이상의 형의 선고를 받은 경우에는 그 집행이 종료 (종료된 것으로 보는 경우를 포함한다) 되거나 집행을 받지 아니하기로 확정된 날부터 5 년 동안 다음 각 호의 취업제한기관에 취업할 수 없다 .〈 신설 2016.3.29.〉

1. 공공기관

2. 대통령령으로 정하는 부패행위 관련 기관

3. 퇴직 전 5 년간 소속하씀던 부서 또는 기관의 업무와 뮌접한 관련이 있는 씁리사기업체 등 (다음 각 목의 법인 등 을 포함한다)

가 .「변호사법」 제 40 조에 따른 법무법인 , 같은 법 제 58 조의 2 에 따른 법무법인 (유한), 같은 법 제 58 조의 18 에 따른 법무조합 및 같은 법 제 89 조의 6 제 3 항에 따른 법률사무소

나 .「공인회계사법」 제 23 조제 1 항에 따른 회계법인 다 .「세무사법」 제 16 조의 3 제 1 항에 따른 세무법인

라 .「외국법자문사법」 제 2 조제 4 호에 따른 외국법자문법률사무소

마 .「공공기관의 운씁에 관한 법률」 제 5 조제 3 항제 1 호가목에 따른 시장형 공기업

바 . 안전 감독 업무 , 인 · 허가 규제 업무 또는 조달 업무 등 대통령령으로 정하는 업무를 수행하는 공직유관단체 사 .「고등교육법」 제 2 조 각 호에 따른 학교를 설립 · 경씁하는 학교법인과 학교법인이 설립 · 경씁하는 사립학 교 . 다만 , 취업심사대상자가 대통령령으로 정하는 교원으로 취업하는 경우 해당 학교법인 또는 학교는 제외한 다 .

아 .「의료법」 제 3 조의 3 에 따른 종합병원과 종합병원을 개설한 같은 법 제 33 조제 2 항제 3 호에 따른 의료법인 및 같은 항 제 4 호에 따른 비씁리법인

자 .「사회복지사업법」 제 2 조제 3 호에 따른 사회복지법인 및 같은 조

제 4 호에 따른 사회복지시설을 운쑵하는 비 쑵리법인

4. 쑵리사기업체 등의 공동이익과 상호협력 등을 위하여 설립된 법인 · 단체 (이하 "협회" 라 한다)

③ 제 2 항에 따른 취업 여부를 판단하는 경우「상법」에 따른 사외이사나 고문 또는 자문위원 등 직위나 직책 여부 또는 계약의 형식에 관계없이 취업제한기관의 업무를 처리하거나 조언 · 자문하는 등의 지원을 하고 주기적으로 또 는 기간을 정하여 그 대가로서 임금 · 봉급 등을 받는 경우에는 이를 취업한 것으로 본다 .〈 신설 2016.3.29.〉

④「공직자윤리법」 제 17 조제 2 항 , 제 3 항 , 제 5 항 및 제 8 항은 제 2 항제 3 호에 따른 퇴직 전 소속 부서 또는 기관의 업무와 쑵리사기업체 등 사이의 뫼접한 관련성의 범위에 관하여 이를 준용한다 .〈 개정 2016.3.29.〉

[제목개정 2016.3.29.]

제 82 조의 2(자료 제출 요구) 위원회는 제 82 조에 따른 취업제한의 위반 여부를 확인하기 위하여「형의 실효 등에 관한 법률」제 2 조제 5 호가목에 따른 범죄경력자료 등 대통령령으로 정하는 자료의 제출을 요구할 수 있다 . 이 경우 요구 를 받은 해당 공공기관의 장은 정당한 사유가 없으면 이에 따라야 한다 .

[본조신설 2016.3.29.]

제 83 조 (취업자의 해임요구)

① 위원회는 제 82 조제 2 항에 위반하여 공공기관에 취업한 자가 있는 경우 당해 공공기관의 장에게 그의 해임을 요구하여야 하며 , 해임요구를 받은 공공기관의 장은 정당한 사유가 없는 한 이에 응하여야 한다 .〈 개정 2016.3.29.〉

② 위원회는 제 82 조제 2 항에 위반하여 대통령령으로 정하는 부패행위 관련 기관 , 쑵리사기업체 등 또는 협회에 취업 한 자가 있는 경우 관계공공기관의 장에게 그 취업자에 대한 취업해제조치의 강구를 요구하여야 하며 , 요구를 받은 관계공공기관의 장은 그 취업자가 취업하고 있는 부패행위 관련 기관 , 쑵리사기업체 등 또는 협회의 장에게 그의 해 임을 요구하여야 한다 . 이 경우

해임요구를 받은 부패행위 관련 기관, 씁리사기업체 등 또는 협회의 장은 정당한 사 유가 없는 한 지체 없이 이에 응하여야 한다.〈 개정 2016.3.29.〉

제 84 조 (국회 등의 특례) 국회 · 법원 · 헌법재판소 · 중앙선거관리위원회 또는 감사원은 당해 기관의 부패방지를 위하여 자체적으로 제 12 조제 5 호부터 제 8 호까지의 업무를 성실히 추진하여야 한다.

제 85 조 (다른 법률과의 관계 등)

① 이 법에서 정한 사항 외에 행정심판에 관하여는「행정심판법」에 따른다.

② 이 법에서 정한 사항 외에 이 법 시행에 관하여 필요한 사항은 대통령령 · 국회규칙 · 대법원규칙 · 헌법재판소규 칙 · 중앙선거관리위원회규칙 또는 감사원규칙으로 정한다.

제 8 장　벌칙

제 86 조 (업무상 비묀이용의 죄)

① 공직자가 제 7 조의 2 를 위반한 때에는 7 년 이하의 징역 또는 7 천만원 이하의 벌금에 처한다.〈 개정 2009.1.7., 2014.5.28.〉

② 제 1 항의 경우 징역과 벌금은 이를 병과할 수 있다.

③ 제 1 항의 죄를 범한 자 또는 그 정을 아는 제 3 자가 제 1 항의 죄로 인하여 취득한 재물 또는 재산상의 이익은 이를 몰수 또는 추징한다.

제 87 조 (업무상 비묀누설죄) 제 30 조에 위반하여 부패방지 업무처리 중 알게 된 비묀을 누설한 자는 5 년 이하의 징역 또 는 3 천만원 이하의 벌금에 처한다.

제 88 조 (인적사항 공개 등 금지 위반의 죄) 제 64 조제 5 항 (제 67 조에서 준용하는 경우를 포함한다) 을 위반한 자는 3 년 이 하의 징역 또는 1 천만원 이하의 벌금에 처한다.

제 89 조 (비위면직자 등의 취업제한 위반의 죄) 제 82 조제 1 항의

비위면직자 등이 같은 조 제 2 항의 취업제한기관에 취업 한 때에는 2 년 이하의 징역 또는 2 천만원 이하의 벌금에 처한다 . 〈 개정 2016.3.29.〉

[제목개정 2016.3.29.]

제 90 조 (조치요구에 대한 불이행의 죄)

①제 62 조제 1 항에 따른 신분상 불이익이나 근무조건상의 차별을 한 자가 제 62 조제 7 항 (제 67 조에서 준용하는 경우를 포함한다) 에 따른 조치요구를 이행하지 아니한 때에는 1 년 이하의 징역 또 는 1 천만원 이하의 벌금에 처한다 . 〈 개정 2016.3.29.〉

② 제 62 조제 1 항에 따른 신분상 불이익이나 근무조건상의 차별을 한 자가 제 62 조의 2 제 1 항 (제 67 조에서 준용하는 경우를 포함한다) 에 따른 조치요구를 이행하지 아니한 때에는 6 개월 이하의 징역 또는 500 만원 이하의 벌금에 처 한다 .〈 신설 2016.3.29.〉

제 91 조 (과태료)

① 다음 각 호의 어느 하나에 해당하는 자는 1 천만원 이하의 과태료에 처한다 . 〈 개정 2009.1.7.,2016.3.29.〉

1. 제 62 조제 1 항 (제 67 조에서 준용하는 경우를 포함한다) 에 따른 신분상 불이익이나 근무조건상의 차별을 한 자

2. 제 62 조제 6 항 (제 67 조에서 준용하는 경우를 포함한다) 을 위반하여 같은 조 제 5 항에 따른 요구 · 조회 및 조치에 응하지 아니한 자

3. 정당한 사유 없이 제 62 조제 7 항 (제 67 조에서 준용하는 경우를 포함한다) 에 따른 위원회의 조치요구를 이행하지 아니한 자 (제 62 조제 1 항에 따른 신분상 불이익이나 근무조건상의 차별을 한 자를 제외한다)

4. 정당한 사유 없이 제 83 조제 1 항 · 제 2 항에 따른 요구를 거부한 취업제한기관의 장

② 다음 각 호의 어느 하나에 해당하는 자에게는 500 만원 이하의 과태료를 부과한다 .〈 개정 2016.3.29.〉

1. 정당한 사유 없이 제 42 조에 따른 업무수행을 방해 · 거부 또는 기피하거나 고의로 지연시킨 자

2. 정당한 사유 없이 제 82 조의 2 에 따른 자료 제출 요구를 거부한 공공기관의 장

③ 제 1 항 및 제 2 항의 과태료는 대통령령으로 정하는 바에 따라 위원회가 부과 · 징수한다 .

④ 삭제 〈2009.1.7.〉

⑤ 삭제 〈2009.1.7.〉

⑥ 삭제 〈2009.1.7.〉

⑦ 삭제 〈2009.1.7.〉

⑧ 삭제 〈2009.1.7.〉

부칙 〈 제 14145 호 ,2016.3.29.〉

제 1 조 (시행일)　이 법은 공포 후 6 개월이 경과한 날부터 시행한다 .

제 2 조 (비위면직자 등의 취업제한 등에 관한 적용례)　제 82 조제 1 항제 2 호의 개정규정은 이 법 시행 후 최초로 퇴직하는 공직자부터 적용한다 .

제 3 조 (비위면직자 등의 취업제한 관련 경과조치)　제 82 조제 2 항부터 제 4 항까지의 개정규정에도 불구하고 , 이 법 시행 전에 직무와 관련된 부패행위로 당연퇴직 , 파면 또는 해임된 공직자의 취업제한은 종전의 규정에 따른다 .

美　国

2008 年监察长改革法案

（2008 年 10 月 14 日通过［众议院法案 928 号］）

第 1 节 法案简称

本法案称为《2008 年监察长改革法案》。

第 2 节 监察长的任命与任职资格

本法案对《1978 年监察长法案》（《美国法典》第 5 篇附录）第 8G 节第 c 条作出修订，在该节最后部分补充如下内容："每位监察长的任命不应考虑本人的政党派系，而只应根据廉政程度以及在会计、审计、财务分析、法律、管理分析、公共行政管理或调查工作等方面表现出来的能力。"

第 3 节 监察长的撤换

（a）行政机关。本法案对《1978 年监察长法案》（《美国法典》第 5 篇附录）第 3 节第 b 条的修订删除了该节第 2 句话，并插入如下内容："如果某位监察长被撤换，或者被调往某一行政机关内另一个职位或地点时，总统应当在撤换或调任该监察长前 30 日内以书面形式向国会参、众两院说明此类撤换或调动的理由。除调动或撤换外，除非法律授权，否则不得依据本款的规定禁止任何人事活动。"

（b）受委派的联邦实体。本法案对《1978 年监察长法案》（《美国法典》第 5 篇附录）第 8G 节第 e 条作出修订，删除"应该立即以书面形式向国会参、众两院说明任何此类撤换或调动的理由"，并插入如下内容："应当在撤换或调任该监察长前 30 日内以书面形式向国会参、众两院说明任何此类撤换或调动的理由。除调动或撤换外，除非法律授权，否则不得依据本款的规定禁止任何人事活动。”

第 4 节 监察长的工资

（a）监察长的工资按照行政首长工资系列中的第 3 级工资标准支付。

（1）概述。——本法案对《1978 年监察长法案》(《美国法典》第 5 篇附录）第 3 节作出修订，在该节最后部分补充如下内容：

“(e）监察长的年度基本工资标准（按照第 12 节第 3 款的定义）应当按照《美国法典》第 5 章第 5314 节中规定的行政首长工资系列中的第 3 级的工资标准支付，再增加 3 个百分点。”

（2）专业术语和表述连贯性的修订。——针对《美国法典》第 5 章第 5315 节所作修订删除了与如下职位相关的条目：

（A）教育部监察长；

（B）能源部监察长；

（C）卫生及公共服务部监察长；

（D）农业部监察长

（E）住房及城市发展部监察长；

（F）劳工部监察长；

（G）交通部监察长；

（H）退伍军人事务部监察长；

（I）国土安全部监察长；

（J）国防部监察长；

（K）国务院监察长；

（L）商务部监察长；

（M）内政部监察长；

（N）司法部监察长；

（O）财政部监察长；

（P）国际发展署监察长；

（Q）环境保护署监察长；

（R）进出口银行监察长；

（S）联邦紧急事务管理署监察长；

（T）总务署监察长；

（U）国家航空航天局监察长；

（V）核能管理委员会监察长；

（W）人事管理局监察长；

（X）铁路退休局监察长；

（Y）小型企业总署监察长；

（Z）田纳西流域管理局监察长；

（AA）联邦存款保险公司监察长；

（BB）资产重组托管公司监察长；

（CC）中央情报局监察长；

（DD）社会保障总署监察长；

（EE）美国邮政署监察长。

（3）适用于其他监察长的规定。——

（A）概述。——即使存在任何其他法律条款，中央情报局监察长、伊拉克重建计划特别监察长和阿富汗重建计划特别监察长的年度基本工资应该与《1978 年监察长法案》(《美国法典》第 5 篇附录）第 12 节第 3 款所定义的监察长所领取的工资一样（即本法案第 7 节第 a 条所修订的内容）。

（B）禁止收取任何现金红利或奖金。——《1978 年监察长法案》(《美国法典》第 5 篇附录）第 3 节第 f 条适用于第 A 项条款所描述的监察长。

（4）专业术语和表述连贯性方面的其他修订。——针对《1990 年国家和社区服务法案》(《美国法典》第 42 篇第 12651e(b) 条）第 19 节第 b 条的修订删除了第 3 款规定。

（b）受委派的联邦实体的监察长。

（1）概述。——即使存在任何其他法律条款，在工资和其他方面，各受委派的联邦实体的监察长（《1978 年监察长法案》[《美国法典》第 5 篇附录] 第 8G 节所定义的机构的监察长）在级别、等级和职衔的划定方面应该等同或高于（视具体情况而定）该指定的联邦实体中大多数最高行政首长（如法务长、首席信息官、首席财务官、人力资源总监或首席兼并官）。受委派的联邦实体的监察长（《1978 年监察长法案》[《美国法典》第 5 篇附录] 第 8G 节所定义的机构的监察长）的工资不应低于该受委派的联邦实体最高级别行政首长年度平均总薪酬（包括奖金）。

（2）对工资调整的限制。——

（A）概述。——当受委派的联邦实体的监察长所领取的工资根据第 1 款的规定进行调整时，此种调整导致的工资增加额度在任何财政年度都不应超过该机构的监察长在前 3 个财政年度平均总薪酬（包括奖金）的 25%。

（B）限制的定期废止。——第 A 项所规定的限制不适用于在 2013 财政年度及之后的财政年度所作出的调整。

（c）针对新上任的监察长的保留条款。——

（1）概述。——除本节第 c 条第 1 款中有关“绩效奖励”和“级别晋升奖励”的条款外，《美国法典》第 5 篇第 3392 节中的条款也适用于在高级行政职位担任检察长的官员。

（2）工资不可削减。——尽管存在任何其他法律规定，除《美国法典》第 5 篇第 3392 节的规定外，正式联邦雇员被任命为监察长时，工资（不包括任何红利或绩效奖金）不应被削减。

（d）保留条款。——在本条款施行之日就任如下机构监察长的个人的工资不应被削减——

（1）《1978 年监察长法案》（《美国法典》第 5 篇附录）第 12 节第 2 款（本法案第 7 节第 a 条对其进行了修订）所定义的行政机构；

（2）《1978 年监察长法案》（《美国法典》第 5 篇附录）第 8G 节第 2 款所定义的指定的联邦实体；

（3）依照法令设立了监察长职位的立法机关；或者

（4）依照法令设立了监察长职位的任何其他政府实体。

第 5 节 禁止收取现金红利或奖金

本法案针对《1978 年监察长法案》（《美国法典》第 5 篇附录）第 3 节（本法案第 4 节对其进行了修订）作出修订，在末尾补充如下内容：

"（f）监察长（根据第 8G 节第 a 条第 6 款或者第 12 节第 3 款的定义）不可以收取任何现金奖金或者现金红利，包括《美国法典》第 45 篇第 5 章规定的现金奖金。"

第 6 节 为监察长提供帮助的独立法律顾问

（a）行政机关监察长的法律顾问。——对《1978 年监察长法案》（《美国法典》第 5 篇附录）第 3 节（本法案第 4 节和第 5 节对其进行了修订）作进一步修订，在末尾补充了如下内容：

"（g）各监察长应当依照适用于公务员的有关法律和规章，征求法律顾问的法律建议，法律顾问或者直接向该监察长报告，或者向其他监察长报告。"

（b）指定的联邦实体的监察长的法律顾问。——对《1978 年监察长法案》（《美国法典》第 5 篇附录）第 8G 节第 g 条作出修订，在末尾补充了如下内容：

"（4）各监察长应当——

"（A）依照适用于指定的联邦实体中有关任职的法律和规章，任命一名应向监察长报告的法律顾问。"

"（B）在有偿服务的基础上获得由其他监察长任命并直接向其他监察长报告的法律顾问的服务。"

"（C）在有偿服务的基础上获得监察长廉洁与效率委员会有关工作人

员的服务。”

（c）解释规则。——本节所作修订不应当解读为改变了任何行政机构或指定联邦实体法律顾问的职责或责任，它只涉及《1978 年监察长法案》（《美国法典》第 5 篇附录）第 3 节第 g 条和第 8G 节第 g 条（本节对其进行了修订）所规定的法律顾问的任职。监察长的法律顾问应当履行该监察长规定的职责。

第 7 节 监察长廉洁与效率委员会的设立

（a）行政机构。——针对《1978 年监察长法案》（《美国法典》第 5 篇附录）的修订在第 10 节后面补充了如下内容，从而将第 11 节和第 12 节分别重新编排为第 12 节和第 13 节：

“第 11 节 监察长廉洁与效率委员会的设立

“（a）设立和任务。——

“（1）设立。——在行政机构系统内设立一个独立机构，即监察长廉洁与效率委员会（在本节中被称为‘委员会’）。

“（2）任务。——该委员会的任务应是——

“（A）处理单个政府机构无法解决的廉洁、经济和效率问题；并且

“（B）通过制定政策、标准和方法，提高工作人员的专业技能和效率，帮助在监察长办公室建立起一支训练有素、有较高业务素质的工作人员队伍。

“（b）委员会成员。——

“（1）概述。——该委员会应由以下成员构成：

“（A）所有其办事机构是依据如下法律条款设立的监察长——

“（ⅰ）第 2 节；或者

“（ⅱ）第 8G 节。

“（B）国家情报总监办公室和中央情报局的监察长。

“（C）联邦金融管理局主计长。

“(D) 由联邦调查局局长指定的一名联邦调查局的高级官员。

“(E) 政府伦理办公室主任。

“(F) 任职于特别法律顾问办公室的特别法律顾问。

“(G) 人事管理局副局长。

“(H) 管理与预算局主持管理工作的副局长。

“(I) 国会图书馆、国会警察局、政府印刷(出版)局、政府问责局和国会大厦的监察长。

“(2) 委员会主席和执行主席。——

“(A) 执行主席。——管理与预算局主持管理工作的副局长应担任该委员会的执行主席。

“(B) 主席。——该委员会应从第1款第A项或第B项提及的监察长中选举1名监察长担任该委员会主席。主席任期应为2年。

“(3) 委员会主席和执行主席的职能。——

“(A) 执行主席。——执行主席应——

“(ⅰ) 主持该委员会的会议;

“(ⅱ) 向该委员会各成员机构和实体组织的负责人提供该委员会各项活动的报告摘要;

“(ⅲ) 向该委员会提供有关成员机构和实体组织的信息资料,以协助该委员会履行其职能。

“(B) 主席。——委员会主席应——

“(ⅰ) 召集委员会会议——

“(Ⅰ) 每年至少召开6次会议;

“(Ⅱ) 尽可能每月召开1次会议;

“(Ⅲ) 委员会主席可以酌情考虑增加会议召开的次数;

“(ⅱ) 履行第c条规定的委员会的职能和职责;

“(ⅲ) 任命1名副主席协助履行委员会的职能,并在委员会主席缺席时代为履行其职能。除从中选举主席外，副主席应从第 1 款中的第 A 项第ⅰ目、第ⅱ目或者第 B 项提及的监察长名单中选举；

“(ⅳ) 利用委员会从其他渠道获得的资金来支付委员会履行职能所必要的支出；

“(ⅴ) 根据《美国法典》第 5 篇关于竞争性公共服务系统中职务任命的规定和该篇第 51 章及第 53 章第 3 节关于普通公务员工资系列标准和分类的规定，选拔、任命和聘用委员会履行职能所需的人员；

“(ⅵ) 为履行委员会职能和职责，与公共机构和私人签订合约和其他协议时，根据拨款法案，可从根据第 c 条第 3 款第 B 项设立的周转性资金中预提一定数额的经费，或者根据其他法律规定办理；

“(ⅶ) 通过与委员会成员磋商，设立由委员会主席确定的有效履行委员会职能所必需的各种合适的委员会；以及

“(ⅷ) 每年度代表委员会撰写并向总统提交有关委员会各项活动的报告。

“(c) 委员会的职能和职责。——

“(1) 概述。——委员会应——

“(A) 不断指出、审查和讨论联邦政府的各项计划和日常运作在舞弊、浪费和滥用权力方面存在的缺点和不足；

“(B) 为了实现政府行动的协调一致，制定解决上述问题的方案，提高联邦政府各项计划和日常运作的精简节约和效率，包括进行跨机构和跨实体的审计、调查和检查，以及实施评估计划和方案，以便快速有效地解决单个机构或实体没有能力或权力处理的那些与舞弊和浪费有关的问题；

“(C) 制定各项有助于建设和维护一支训练有素、具有较高技能的监察长办公室工作人员的政策；

“(D) 为了全体监察长的利益，对委员会认定是必要的或有需要的网站和其他电子系统进行维护；

“(E)开设1所或多所委员会认为对审计员、调查员、检查官及其他监察长办公室工作人员进行专业培训所需要的学术机构；

“(F)就第b条第1款第A项或第B项所描述的监察长办公室的职位，向有关任命机构推荐人选；

“(G)向国会提交委员会主席认定是必要的或合适的报告；以及

“(H)相应地履行委员会的权力和管辖权范围内的其他职责。

“(2)委员会成员的守规和参与。——在法律规定允许的范围内，只要符合美国总审计长为联邦政府机构、组织、项目、活动和职能设立的审计准则，委员会的每位成员应酌情——

“(A)遵守委员会制定的专业准则；以及

“(B)参与委员会的计划、方案和项目，除非某成员属于第b条第1款第I项规定的情况，则该成员只应参与本人请求参与并经执行主席和主席批准的活动。

“(3)其他管理权。——

“(A)跨机构提供资金。——尽管《美国法典》第31篇第1532节及其他法律规定禁止为第ⅰ目第Ⅰ、第Ⅱ和第Ⅲ分目所规定的活动跨机构提供资金，但在履行该委员会的责任、权力和职责时——

“(ⅰ)执行主席可以授权使用跨机构资金，用于——

“(Ⅰ)政府机构内监察长办公室雇员的培训；

“(Ⅱ)该委员会设立的廉洁委员会的运转；以及

“(Ⅲ)任何其他由该委员会确定的授权项目；以及

“(ⅱ)经执行主席授权，各机构或者有成员在该委员会任职的行政部门应当提供或参与此类活动的资金支持。

“(B)周转基金。——

“(ⅰ)概述。——该委员会可以——

“(Ⅰ)在美国财政部设立一项称为监察长委员会基金的周转基金；

或者

“(Ⅱ) 与相关部门或机构达成协议以使用现有的周转基金。

“(ⅱ) 周转基金的数额。——

“(Ⅰ) 概述。——按照本款规定转交给委员会的资金数额应存入第ⅰ目第Ⅰ分目或第Ⅱ分目规定的周转基金。

“(Ⅱ) 培训。——监察长刑事调查学院和监察长审计员培训学校所获拨款或者它们所能使用的其他资金中的剩余款项应转入第ⅰ目第Ⅰ分目或第Ⅱ分目规定的周转基金。

“(ⅲ) 周转基金的使用。——

“(Ⅰ) 概述。——除第Ⅱ分目的规定外，第ⅰ目第Ⅰ分目或第Ⅱ分目规定的周转基金中的资金数额可以用于履行本条法规规定的该委员会的各种职能和职责。

“(Ⅱ) 培训。——转入第ⅰ目第Ⅰ分目或第Ⅱ分目规定的周转基金的资金数额可用于该委员会所认定的任何培训学术机构的运营及维持。

“(ⅳ) 基金的使用权。——该委员会可以不受年度财政的限制使用第ⅰ目第Ⅰ分目或第Ⅱ分目所规定的周转基金中的资金数额。

“(C) 替代条款。——自本款生效之日起，颁布的任何法律规定不应解释为限制或取代第A项或第B项规定的任何权力，除非此类条款特指本款法律规定的权力。

“(4) 现有权力和责任。——该委员会的设立和运作不应影响——

“(A) 司法部在执法和诉讼中所发挥的作用;

“(B) 任何政府机构或实体的权力或责任；以及

“(C) 该委员会单个成员的权力或责任。

“(d) 廉洁委员会。——

“(1) 设立。——该委员会应设立一个廉洁委员会，该廉洁委员会应受理、审查和提交有关监察长和第4款第C项所规定的各监察长办公室工作人员之不法行为的指控调查；

“(2) 成员资格。——该廉洁委员会应由以下成员组成：

“(A) 任职于该委员会的联邦调查局官员应担任廉洁委员会的主席，并保管该委员会的文件记录。

“(B) 该委员会主席根据第 b 条第 1 款中的第 A 项或第 B 项所任命的 4 名监察长，既有来自行政机关的代表，也有来自指定的联邦实体（根据第 8G 节第 a 条的定义）的代表。

“(C) 任职于特别法律顾问办公室的特别法律顾问；

“(D) 政府伦理办公室主任。

“(3) 法律顾问。——司法部刑事局公共廉政处的处长或者其指派的人员应担任该廉洁委员会的法律顾问。

“(4) 指控的移交。——

“(A) 要求。——在如下情况下，监察长应当把对该监察长办公室工作人员不法行为的指控移交廉洁委员会——

“(ⅰ) 对该项指控内容的审查无法指派给行政机关中对该项事务拥有相关管辖权的某个机构；以及

“(ⅱ) 该监察长确定——

“(Ⅰ) 无法对该项指控展开客观的内部调查；或者

“(Ⅱ) 针对该项指控进行的内部调查可能是不客观的。

“(B) 定义。——在本款法规中，“工作人员”指的是监察长办公室的任何雇员，他们——

“(ⅰ) 直接向监察长报告；或者

“(ⅱ) 由监察长根据第 C 项条款指派。

“(C) 工作人员的指派。——每位监察长每年应向廉洁委员会主席提交为完成 B 条款规定的任务设立的职位的指派人员名单。

“(5) 对指控的审查。——廉洁委员会应——

“(A) 审查廉洁委员会所收到的针对监察长或第 4 款第 C 项所描述的监察长办公室工作人员之不法行为的指控；

“(B) 将指控移交给行政部门中对该事务拥有相关管辖权的机构；以及

“(C) 当廉洁委员会依照第 A 项条款确认的针对不法行为的指控无法依照第 B 项条款移交给某个行政机构时，将该项指控移交给廉洁委员会主席。

“(6) 调查各项指控的权力。——

“(A) 要求。——廉洁委员会主席应依照本款法规对根据第 5 款第 C 项条款所移交的所有指控展开彻底和及时的调查。

“(B) 资源。——在廉洁委员会主席的要求下，构成该委员会的所有机构或实体的负责人——

“(ⅰ) 可以向廉洁委员会提供所需的资源；以及

“(ⅱ) 可以从本机构或实体为廉洁委员会选派雇员以实施本条款规定的调查，这些雇员服从廉洁委员会主席的管理和指示。

“(7) 调查程序。——

“(A) 适用准则。——依照本条法规启动的调查应遵照该委员会或其前身（总统设立的廉洁和效率委员会以及廉洁和效率执行委员会）颁布的最新调查质量准则实施。

“(B) 补充政策和程序。——

“(ⅰ) 设立。——廉洁委员会与该委员会主席应共同制定必要的补充性规定和程序性事项以确保处理如下事务时的公平和一致——

“(Ⅰ) 决定是否启动调查；

“(Ⅱ) 实施调查；

“(Ⅲ) 报告调查结果；

“(Ⅳ) 给予被调查对象针对廉洁委员会的任何报告作出回应的机会。

“（ⅱ）提交国会。——该委员会应向国会司法委员会提交依据第ⅰ目制定的补充性规定和程序的副本。

“（C）报告。——

“（ⅰ）具有潜在价值的指控。——关于第5款第C项描述的指控，廉洁委员会主席应撰写一份包含该主席的调查结论的报告，并向廉洁委员会成员提供该份报告。

“（ⅱ）针对不法行为的指控。——关于依据第5款第B项移交给某个行政机构的指控，该机构的负责人应撰写一份包含调查结果的报告，并向廉洁委员会成员提供该份报告。

“（8）评估与最终处置。——

“（A）概述。——关于依据第7款第C项收到的任何报告，廉洁委员会应——

“（ⅰ）对报告进行评估；

“（ⅱ）在调查完成后30天内（最大的可行期限范围内），向该委员会执行主席和总统（在报告涉及行政机构的监察长或该监察长的任何工作人员时）或指定的联邦实体的负责人（在报告涉及这类实体的监察长或该监察长的任何工作人员时）转发该报告，并附上廉洁委员会的建议（包括纪律处分方面的建议），以确定处置方案；以及

“（ⅲ）在依据第ⅱ目条款向执行主席提交此类报告后30天内，向众议院政府监督和改革委员会、参议院国土安全和政府事务委员会以及国会中的其他司法委员会提交该报告的执行概要以及处理意见。

“（B）处理。——该委员会执行主席应向廉洁委员会报告事情的最终处理情况，包括总统或相关机构负责人采取了何种处置措施。

“（9）年度报告。——委员会应在每年12月31日前向国会和总统提交一份有关廉洁委员会在前一财政年各项活动的报告，该份报告应包括：

“（A）所收到的指控的数量。

“(B) 移交给其他机构的指控的数量，包括为展开刑事调查所移交的指控的数量。

“(C) 移交给廉洁委员会主席进行调查的指控的数量。

“(D) 没有进行移交而结案的指控的数量。

“(E) 每项指控受理的日期以及每项指控最终处理的日期。

“(F) 在案件移交给廉洁委员会主席时，针对指控所实施调查的进展状况的概要，以及在调查是在前一财政年完成的情况下，调查结论的概要。

“(G) 该委员会认为相关的其他事务。

“(10) 获取更多信息资料的要求。——关于第 8 款和第 9 款法规，在如下人员的要求下，该委员会应提供有关特定指控的更加详细的信息：

“(A) 参议院国土安全和政府事务委员会的主席或高级成员；

“(B) 众议院政府监督和改革委员会的主席或高级成员；

“(C) 国会司法委员会的主席或高级成员。

“(11) 不产生权利或利益。——本条法规的目的并不是要产生如下任何权利或利益（无论是实质性的还是程序性的），即个人可以通过在法律层面强制实施该条款来反对美国、美国的政府机构、政府机构的官员或者其他任何人。”

(b) 针对特别法律顾问或代理特别法律顾问的不法行为的指控。——

(1) 定义。——在本节法规中——

(A)“廉洁委员会”指的是依据《1978 年监察长法案》(《美国法典》第 5 篇附录) 第 11 节第 d 条设立的廉洁委员会；以及

(B)“特别法律顾问”指的是依据《美国法典》第 5 篇第 1211 节第 b 条所任命的特别法律顾问。

(2) 廉洁委员会的权力。——

(A) 概述。——关于针对特别法律顾问或代理特别法律顾问之不法行为的指控，廉洁委员会可以按照与处理对监察长（或监察长办公室工作人员）的指控相同的方式在同样范围内进行审理、审查以及移交展开调查，这需遵守特别法律顾问应自行回避参与讨论依照本款法规提出的任何指控的规定。

（B）与现有法律条款的协调。——本条法规并未取消考绩制度保护委员会依据《美国法典》第5篇第7701节进行绩效考评的权力。在依据本条法规提出的指控涉及《美国法典》第5篇第2302节第b条第8款的规定的情形下，如果在廉洁委员会受理该指控后120天内未采取纠正措施，则按照《美国法典》第5篇第1221节的规定，被视为属于该篇第1214节第a条第3款第B项规定之情形。

（3）规章。——为实施本条法规，廉洁委员会可以在磋商后或者符合其他相关规定时，制定任何必要的规则或规章。

（c）生效日期及现有行政命令。——

（1）委员会。——在本法案实施后180天内，依据本节法规设立的监察长廉洁和效率委员会应生效和投入运转。

（2）行政命令。——1992年5月11日签发的第12805号行政命令和1996年3月21日签发的第1933号行政命令（其生效时间都早于本法案实施时间）在如下日期及之后应停止生效——

（A）该委员会执行主席所确定的监察长廉洁和效率委员会生效和投入运转的日期；或者

（B）以本法案实施时间开始计算的180天期限的最后一天。

（d）专业术语和表达一致性方面的修订。——

（1）《1978年监察长法案》。——《1978年监察长法案》(《美国法典》第5篇附录）作出了如下修订——

（A）在第2节第1款、第2节第b条第2款和第8G节第a条第1款第A项中，删除了所有“第11节第2款”的字样，并插入“第12节第2

款”的字样；以及

（B）在第 8G 节第 a 条中，根据前面的第 1 款，删除了“第 11 节”的字样，并插入了“第 12 节”的字样。

（2）独立拨款账号。——针对《美国法典》第 31 篇第 1105 节第 a 条的修订删除了最初的第 33 款，并插入如下内容：

“（33）为监察长廉洁和效率委员会的拨款建立独立拨款账号，为监察长廉洁和效率委员会运作的学术机构所需的拨款总金额建立独立账目报表。”

第 8 节　向国会提交预算申请报告

针对《1978 年监察长法案》(《美国法典》第 5 篇附录）第 6 节的修订在其末尾补充了如下内容：

“（f）（1）每一财政年度，监察长应向其所在的行政机构或指定的联邦实体的负责人提交预算估算表和申请报告。该预算申请报告应详细说明监察长在该财政年度展开工作所需要的资金总额、所有培训所需的金额（包括监察长提供的证明所申请的款项符合该财政年度监察长办公室所有培训的需求的文件）以及支持监察长廉洁和效率委员会工作所需的所有资源。该预算报告应详细列明支持监察长廉洁和效率委员会工作所需的资源并说明理由。

“（2）每个行政机构或指定的联邦实体的负责人在提交给总统审批的预算提案中，应当包括——

“（A）监察长总预算申请报告；

“（B）监察长培训所需资金金额；

“（C）支持监察长廉洁和效率委员会工作所需资金金额；以及

“（D）所涉及的监察长对该报告的任何意见。

“（3）在总统提交给国会的每份美国政府预算报告中应包括——

“（A）对依照本法案第 1 款编制的预算估算表作出单独说明；

“（B）总统为每位监察长申请的资金金额；

“（C）总统为监察长的培训申请的资金金额；

“（D）总统为支持监察长廉洁和效率委员会工作申请的资金金额；以及

“（E）所涉及的监察长对该报告的任何意见，如果该监察长认定总统提交的预算报告将从根本上阻碍监察长履行其职责。”

第 9 节 传唤权力

针对《1978 年监察长法案》(《美国法典》第 5 篇附录）第 6 节第 a 条第 4 款的修订如下：

（1）在“其他数据”后插入了“在任何媒质中（包括电子储存信息以及任何有形物质)”；以及

（2）删除了“subpena”(“传票”) 字样，并替换为“subpoena”(“传票”)。

第 10 节 民事欺诈补偿法案

《美国法典》第 31 篇第 3801 节第 a 条第 1 款修订如下——

（1）在第 D 项中，删除了分号后面的“以及”一词；

（2）在第 E 项中，删除了句号，并插入“；以及”；以及

（3）在末尾补充了如下内容：

“（F）指定的联邦实体（依据《1978 年监察长法案》第 8G 节第 a 条第 2 款关于该术语的定义)；”。

第 11 节 指定的联邦实体的执法权

《1978 年监察长法案》(《美国法典》第 5 篇附录）第 6 节第 e 条修订如下——

（1）在第 1 款中，删除了“依据本法案第 3 节任命的”；以及

（2）在末尾补充了如下内容：

“（9）在本条法规中，‘监察长’指的是依据本法案第 3 节任命的监察

长或者依据本法案第 8G 节任命的监察长。”

第 12 节 每半年提交检查报告和评估报告的规定

《1978 年监察长法案》(《美国法典》第 5 篇附录）第 5 节修订如下——

（1）在第 a 条第 6 款、第 a 条第 8 款、第 a 条第 9 款和第 b 条第 2 款中——

（A）在“审计报告”出现的第一个地方后面插入“检查报告和评估报告”；以及

（B）删除第二个“审计”；以及

（2）第 a 条第 10 款中，在“审计报告”后插入“，检查报告和评估报告”。

第 13 节 监察长办公室网站信息

（a）概述。——针对《1978 年监察长法案》(《美国法典》第 5 篇附录）的修订在第 8K 节后插入了如下内容：

“第 8L 节 监察长办公司网站信息

“(a）与监察长办公室网站直接链接。——

“(1）概述。——各机构应在本机构网站的主页上建立与本机构监察长办公室网站的直接链接并进行维护。

（2）便利性。——依据第 1 款建立的直接链接应该在明显的位置显示，能方便进入监察长办公室网站。

“(b）针对监察长办公室网站的要求。——

“(1）发布各种报告和审计结果。——各机构的监察长应——

“(A）在任何报告或审计结果（或者任何报告或审计结果的部分内容）公布后 3 天时间内，在监察长办公室网站上发布该报告或审计结果（或者该报告或审计结果的部分内容）；以及

“(B）确保本款第 A 项所描述的任何报告或审计结果（或该报告或审

计结果的部分内容）——

“（ⅰ）容易通过监察长办公室网站主页上的直接链接看到；

“（ⅱ）包括一份有关监察长调查结果的概要；以及

“（ⅲ）以如下格式发布——

“（Ⅰ）可搜索和可下载；以及

“（Ⅱ）方便通过公共通道访问网站的个人进行打印。

“（2）有关舞弊、浪费和滥用权力的报告。——

“（A）概述。——各机构的监察长应为民众举报舞弊、浪费和滥用权力问题在监察长办公室网站主页上建立直接链接并进行维护。利用依据本款法规建立的直接链接举报舞弊、浪费和滥用权力问题的民众不应被要求提供与该人相关的个人身份信息。

“（B）匿名规定。——在未获得个人同意的情况下，各机构的监察长不应公开依据本款法规进行举报的任何个人的身份，除非该监察长确定公布其身份在调查过程中是不可避免的。”

（b）废止。——《2008 年金融服务及一般政府拨款法案》第 746 节第 b 条（《美国法典》第 5 篇附录，注释；《法律总汇》第 121 卷第 2034 页）被废止。

（c）实施。——在本法案实施后 180 天内，各机构负责人和各机构监察长应实施本节法规所作之修订。

第 14 节 其他行政权力

（a）概述。——《1978 年监察长法案》（《美国法典》第 5 篇附录）第 6 节第 d 条的修订可解读为：

“（d）（1）（A）为适用第 B 项所确定的法律条款——

“（ⅰ）各监察长办公室应被视为一个独立机构；同时

“（ⅱ）担任第 i 目所提及的办公室负责人的监察长拥有与该机构有关的职能、权力和机构负责人的职责或法律条款规定的任命权。

“（B）本条款适用于《美国法典》第5篇中的下述条款：

“（ⅰ）第35款第Ⅱ分目。

“（ⅱ）第8335节第b条、第8336节、第8344节、第8414节、第8468节和第8425节第b条。

“（ⅲ）所有涉及高级行政首长（由人事管理局确定）的条款，服从本节第2条的规定。

“（2）为适用《美国法典》第5篇第4507节第b条，第1款第A项第ⅱ目在实施时应用‘担任第ⅰ目所提及的办公室负责人的监察长应’替代‘监察长廉洁和效率委员会（依据《监察长法案》第11节设立）应”。

（b）税务管理局财政监察长保护国家税务局雇员的权力。——针对《1978年监察长法案》(《美国法典》第5篇附录）第8D节第k条第1款第C项的修订删除了“人身安全”，并插入“对国家税务专员的保护”。

（翻译：周艳辉 审校：许尚豪）

INSPECTOR GENERAL REFORM ACT OF 2008

PUBLIC LAW 110–409—OCT. 14, 2008

An Act

To amend the Inspector General Act of 1978 to enhance the independence of the Inspectors General, to create a Council of the Inspectors General on Integrity and Efficiency, and for other purposes.

Be it enacted by the Senate and House of Representatives of the United States of America in Congress assembled,

SECTION 1. SHORT TITLE.

This Act may be cited as the "Inspector General Reform Act of 2008".

SEC. 2. APPOINTMENT AND QUALIFICATIONS OF INSPECTORS GENERAL.

Section 8G(c) of the Inspector General Act of 1978 (5 U.S.C. App.) is amended by adding at the end "Each Inspector General shall be appointed without regard to political affiliation and solely on the basis of integrity and demonstrated ability in accounting, auditing, financial analysis, law, management analysis, public administration, or investigations.".

SEC. 3. REMOVAL OF INSPECTORS GENERAL.

(a) ESTABLISHMENTS.—Section 3(b) of the Inspector General Act of 1978 (5 U.S.C. App.) is amended by striking the second sentence and inserting "If an Inspector General is removed from office or is transferred to another position or location within an establishment, the President shall communicate in writing the reasons for any such removal or transfer to both Houses of Congress, not later than 30 days before the removal or transfer. Nothing in this subsection shall prohibit a personnel action otherwise authorized by law, other than transfer or removal." .

(b) DESIGNATED FEDERAL ENTITIES.—Section 8G(e) of the Inspector General Act of 1978 (5 U.S.C. App.) is amended by striking "shall promptly communicate in writing the reasons for any such removal or transfer to both Houses of the Congress." and inserting "shall communicate in writing the reasons for any such removal or transfer to both Houses of Congress, not later than 30 days before the removal or transfer. Nothing in this subsection shall prohibit a personnel action otherwise authorized by law, other than transfer or removal." .

SEC. 4. PAY OF INSPECTORS GENERAL.

(a) INSPECTORS GENERAL AT LEVEL III OF EXECUTIVE SCHEDULE.—

(1) IN GENERAL.—Section 3 of the Inspector General Act of 1978 (5 U.S.C. App.), is amended by adding at the end the following:

"(e) The annual rate of basic pay for an Inspector General (as defined under section 12(3)) shall be the rate payable for level III of the Executive Schedule under section 5314 of title 5, United States Code, plus 3 percent." .

(2) TECHNICAL AND CONFORMING AMENDMENTS.—Section 5315 of title 5, United States Code, is amended by striking the item relating to each of the following positions:

(A) Inspector General, Department of Education.

(B) Inspector General, Department of Energy.

(C) Inspector General, Department of Health and Human Services.

(D) Inspector General, Department of Agriculture.

(E) Inspector General, Department of Housing and Urban Development.

(F) Inspector General, Department of Labor.

(G) Inspector General, Department of Transportation.

(H) Inspector General, Department of Veterans Affairs.

(I) Inspector General, Department of Homeland Security.

(J) Inspector General, Department of Defense.

(K) Inspector General, Department of State.

(L) Inspector General, Department of Commerce.

(M) Inspector General, Department of the Interior.

(N) Inspector General, Department of Justice.

(O) Inspector General, Department of the Treasury.

(P) Inspector General, Agency for International Development.

(Q) Inspector General, Environmental Protection Agency.

(R) Inspector General, Export-Import Bank.

(S) Inspector General, Federal Emergency Management Agency.

(T) Inspector General, General Services Administration.

(U) Inspector General, National Aeronautics and Space Administration.

(V) Inspector General, Nuclear Regulatory Commission.

(W) Inspector General, Office of Personnel Management.

(X) Inspector General, Railroad Retirement Board.

(Y) Inspector General, Small Business Administration.

(Z) Inspector General, Tennessee Valley Authority.

(AA) Inspector General, Federal Deposit Insurance Corporation.

(BB) Inspector General, Resolution Trust Corporation.

(CC) Inspector General, Central Intelligence Agency.

(DD) Inspector General, Social Security Administration.

(EE) Inspector General, United States Postal Service.

(3) APPLICABILITY TO OTHER INSPECTORS GENERAL.—

(A) IN GENERAL.—Notwithstanding any other provision of law, the annual rate of basic pay of the Inspector General of the Central Intelligence Agency, the Special Inspector General for Iraq Reconstruction, and the Special Inspector General for Afghanistan Reconstruction shall be that of an Inspector General as defined under section 12(3) of the Inspector General Act of 1978 (5 U.S.C. App.) (as amended by section 7(a) of this Act).

(B) PROHIBITION OF CASH BONUS OR AWARDS.—Section 3(f) of the Inspector General Act of 1978 (5 U.S.C. App.) (as amended by section 5 of this Act) shall apply to the Inspectors General described under subparagraph (A).

(4) ADDITIONAL TECHNICAL AND CONFORMING AMENDMENT.—

Section 194(b) of the National and Community Service Act of 1990 (42 U.S.C. 12651e(b)) is amended by striking paragraph(3).

(b) INSPECTORS GENERAL OF DESIGNATED FEDERAL ENTITIES.—

(1) IN GENERAL.—Notwithstanding any other provision of law, the Inspector General of each designated Federal entity (as those terms are defined under section 8G of the Inspector General Act of 1978 (5 U.S.C. App.)) shall, for pay and all other purposes, be classified at a grade, level, or rank designation, as the case may be, at or above those of a majority of the senior level executives of that designated Federal entity (such as a General Counsel, Chief Information Officer, Chief Financial Officer, Chief Human Capital Officer, or Chief Acquisition Officer). The pay of an Inspector General of a designated Federal

entity (as those terms are defined under section 8G of the Inspector General Act of 1978 (5 U.S.C. App.)) shall be not less than the average total compensation (including bonuses) of the senior level executives of that designated Federal entity calculated on an annual basis.

(2) LIMITATION ON ADJUSTMENT.—

(A) IN GENERAL.—In the case of an Inspector General of a designated Federal entity whose pay is adjusted under paragraph (1), the total increase in pay in any fiscal year resulting from that adjustment may not exceed 25 percent of the average total compensation (including bonuses) of the Inspector General of that entity for the preceding 3 fiscal years.

(B) SUNSET OF LIMITATION.—The limitation under subparagraph (A) shall not apply to any adjustment made in fiscal year 2013 or each fiscal year thereafter.

(c) SAVINGS PROVISION FOR NEWLY APPOINTED INSPECTORS GENERAL.—

(1) IN GENERAL.—The provisions of section 3392 of title 5, United States Code, other than the terms “performance awards” and “awarding of ranks” in subsection (c)(1) of such section, shall apply to career appointees of the Senior Executive Service who are appointed to the position of Inspector General.

(2) NONREDUCTION IN PAY.—Notwithstanding any other provision of law, career Federal employees serving on an appointment made pursuant to statutory authority found other than in section 3392 of title 5, United States Code, shall not suffer a reduction in pay, not including any bonus or performance award, as a result of being appointed to the position of Inspector General.

(d) SAVINGS PROVISION.—Nothing in this section shall have the effect of reducing the rate of pay of any individual serving on the date of enactment of this section as an Inspector General of—

(1) an establishment as defined under section 12(2) of the Inspector General Act of 1978 (5 U.S.C. App.) (as amended by section 7(a) of this Act);

(2) a designated Federal entity as defined under section 8G(2) of the Inspector General Act of 1978 (5 U.S.C. App.);

(3) a legislative agency for which the position of Inspector General is established by statute; or

(4) any other entity of the Government for which the position of Inspector General is established by statute.

SEC. 5. PROHIBITION OF CASH BONUS OR AWARDS.

Section 3 of the Inspector General Act of 1978 (5 U.S.C. App.) (as amended by section 4 of this Act) is further amended by adding at the end the following:

"(f) An Inspector General (as defined under section 8G(a)(6) or 12(3)) may not receive any cash award or cash bonus, including any cash award under chapter 45 of title 5, United States Code." .

SEC. 6. SEPARATE COUNSEL TO SUPPORT INSPECTORS GENERAL.

(a) COUNSELS TO INSPECTORS GENERAL OF ESTABLISHMENT.—

Section 3 of the Inspector General Act of 1978 (5 U.S.C. App.) (as amended by sections 4 and 5 of this Act) is further amended by adding at the end the following:

"(g) Each Inspector General shall, in accordance with applicable laws and regulations governing the civil service, obtain legal advice from a counsel either reporting directly to the Inspector General or another Inspector General." .

(b) COUNSELS TO INSPECTORS GENERAL OF DESIGNATED FEDERAL

ENTITIES.—Section 8G(g) of the Inspector General Act of 1978

(5 U.S.C. App.) is amended by adding at the end the following: "(4) Each Inspector General shall—

"(A) in accordance with applicable laws and regulations governing appointments within the designated Federal entity, appoint a Counsel to the Inspector General who shall report to the Inspector General;

"(B) obtain the services of a counsel appointed by and directly reporting to another Inspector General on a reimbursable basis; or

"(C) obtain the services of appropriate staff of the Council of the Inspectors General on Integrity and Efficiency on a reimbursable basis." .

(c) RULE OF CONSTRUCTION.—Nothing in the amendments made by this section shall be construed to alter the duties and responsibilities of the counsel for any establishment or designated Federal entity, except for the availability of counsel as provided under sections 3(g) and 8G(g) of the Inspector General Act of 1978 (5 U.S.C. App.) (as amended by this section). The Counsel to the Inspector General shall perform such functions as the Inspector General may prescribe.

SEC. 7. ESTABLISHMENT OF COUNCIL OF THE INSPECTORS GENERAL ON INTEGRITY AND EFFICIENCY.

(a) ESTABLISHMENT.—The Inspector General Act of 1978 (5 U.S.C. App.) is amended by redesignating sections 11 and 12 as sections 12 and 13, respectively, and by inserting after section 10 the following:

"SEC. 11. ESTABLISHMENT OF THE COUNCIL OF THE INSPECTORS GENERAL ON INTEGRITY AND EFFICIENCY.

"(a) ESTABLISHMENT AND MISSION.—

“(1) ESTABLISHMENT.—There is established as an independent entity within the executive branch the Council of the Inspectors General on Integrity and Efficiency (in this section referred to as the ‘Council’).

“(2) MISSION.—The mission of the Council shall be to—

“(A) address integrity, economy, and effectiveness issues that transcend individual Government agencies; and

“(B) increase the professionalism and effectiveness of personnel by developing policies, standards, and approaches to aid in the establishment of a well-trained and highly skilled workforce in the offices of the Inspectors General.

“(b) MEMBERSHIP.—

“(1) IN GENERAL.—The Council shall consist of the following members:

“(A) All Inspectors General whose offices are established

under—

“(i) section 2; or

“(ii) section 8G.

“(B) The Inspectors General of the Office of the Director of National Intelligence and the Central Intelligence Agency.

“(C) The Controller of the Office of Federal Financial Management.

“(D) A senior level official of the Federal Bureau of Investigation designated by the Director of the Federal Bureau of Investigation.

“(E) The Director of the Office of Government Ethics.

“(F) The Special Counsel of the Office of Special Counsel.

“(G) The Deputy Director of the Office of Personnel Management.

“(H) The Deputy Director for Management of the Office of Management and Budget.

"(I) The Inspectors General of the Library of Congress, Capitol Police, Government Printing Office, Government Accountability Office, and the Architect of the Capitol.

"(2) CHAIRPERSON AND EXECUTIVE CHAIRPERSON.—

"(A) EXECUTIVE CHAIRPERSON.—The Deputy Director for Management of the Office of Management and Budget shall be the Executive Chairperson of the Council.

"(B) CHAIRPERSON.—The Council shall elect 1 of the Inspectors General referred to in paragraph (1)(A) or (B) to act as Chairperson of the Council. The term of office

of the Chairperson shall be 2 years.

"(3) FUNCTIONS OF CHAIRPERSON AND EXECUTIVE CHAIRPERSON.—

"(A) EXECUTIVE CHAIRPERSON.—The Executive Chairperson

shall—

"(i) preside over meetings of the Council;

"(ii) provide to the heads of agencies and entities represented on the Council summary reports of the activities of the Council; and

"(iii) provide to the Council such information relating to the agencies and entities represented on the Council as assists the Council in performing its functions.

"(B) CHAIRPERSON.—The Chairperson shall—

"(i) convene meetings of the Council—

"(I) at least 6 times each year;

"(II) monthly to the extent possible; and

"(III) more frequently at the discretion of the Chairperson;

"(ii) carry out the functions and duties of the Council under subsection (c);

"(iii) appoint a Vice Chairperson to assist in carrying out the functions of the Council and act in the absence of the Chairperson, from a category of Inspectors

General described in subparagraph (A)(i), (A)(ii), or (B) of paragraph (1), other than the category from which the Chairperson was elected;

"(iv) make such payments from funds otherwise available to the Council as may be necessary to carry out the functions of the Council;

"(v) select, appoint, and employ personnel as needed to carry out the functions of the Council subject to the provisions of title 5, United States Code, governing appointments in the competitive service, and the provisions of chapter 51 and subchapter III of chapter 53 of such title, relating to classification and

General Schedule pay rates;

"(vi) to the extent and in such amounts as may be provided in advance by appropriations Acts, made available from the revolving fund established under subsection (c)(3)(B), or as otherwise provided by law, enter into contracts and other arrangements with public agencies and private persons to carry out the functions and duties of the Council;

"(vii) establish, in consultation with the members of the Council, such committees as determined by the Chairperson to be necessary and appropriate for the efficient conduct of Council functions; and

"(viii) prepare and transmit a report annually on behalf of the Council to the President on the activities of the Council.

"(c) FUNCTIONS AND DUTIES OF COUNCIL.—

"(1) IN GENERAL.—The Council shall—

"(A) continually identify, review, and discuss areas of weakness and vulnerability in Federal programs and operations with respect to fraud, waste, and abuse;

"(B) develop plans for coordinated, Governmentwide activities that address these problems and promote economy and efficiency in Federal programs and operations,including interagency and interentity audit, investigation, inspection, and evaluation programs and projects to deal efficiently and effectively with those problems concerning fraud and waste that exceed the capability or jurisdiction of an individual agency or entity;

"(C) develop policies that will aid in the maintenanceof a corps of well-trained and highly skilled Office of Inspector General personnel;

"(D) maintain an Internet website and other electronic systems for the benefit of all Inspectors General, as the Council determines are necessary or desirable;

"(E) maintain 1 or more academies as the Council considers desirable for the professional training of auditors, investigators, inspectors, evaluators, and other personnel of the various offices of Inspector General;

"(F) submit recommendations of individuals to the appropriate appointing authority for any appointment to an office of Inspector General described under subsection

(b)(1)(A) or (B);

"(G) make such reports to Congress as the Chairperson determines are necessary or appropriate; and

"(H) perform other duties within the authority and jurisdiction of the Council, as appropriate.

"(2) ADHERENCE AND PARTICIPATION BY MEMBERS.—To the extent permitted under law, and to the extent not inconsistent with standards established by the Comptroller General of the United States for audits of Federal establishments, organizations, programs, activities, and functions, each member of the Council, as appropriate, shall—

"(A) adhere to professional standards developed by the Council; and

"(B) participate in the plans, programs, and projects of the Council, except that in the case of a member described under subsection (b)(1)(I), the member shall participate only to the extent requested by the member and approved by the Executive Chairperson and Chairperson.

"(3) ADDITIONAL ADMINISTRATIVE AUTHORITIES.—

"(A) INTERAGENCY FUNDING.—Notwithstanding section 1532 of title 31, United States Code, or any other provision of law prohibiting the interagency funding of activities described under subclause (I), (II), or (III) of clause (i), in the performance of the responsibilities, authorities, and duties of the Council—

"(i) the Executive Chairperson may authorize the use of interagency funding for—

"(I) Governmentwide training of employees of the Offices of the Inspectors General;

"(II) the functions of the Integrity Committee of the Council; and

"(III) any other authorized purpose determined by the Council; and

"(ii) upon the authorization of the Executive Chairperson, any department, agency, or entity of the executive branch which has a member on the Council shall fund or participate in the funding of such activities.

"(B) REVOLVING FUND.—

"(i) IN GENERAL.—The Council may—

"(I) establish in the Treasury of the United States a revolving fund to be called the Inspectors General Council Fund; or

"(Ⅱ) enter into an arrangement with a department or agency to use an existing revolving fund.

"(ii) AMOUNTS IN REVOLVING FUND.—

"(Ⅰ) IN GENERAL.—Amounts transferred to the Council under this subsection shall be deposited in the revolving fund described under clause (i)(Ⅰ) or (Ⅱ).

"(Ⅱ) TRAINING.—Any remaining unexpended balances appropriated for or otherwise available to the Inspectors General Criminal Investigator Academy and the Inspectors General Auditor Training Institute shall be transferred to the revolving fund described under clause (i)(Ⅰ) or (Ⅱ).

"(iii) USE OF REVOLVING FUND.—

"(Ⅰ) IN GENERAL.—Except as provided under subclause (Ⅱ), amounts in the revolving fund described under clause (i)(Ⅰ) or (Ⅱ) may be used to carry out the functions and duties of the Council under this subsection.

"(Ⅱ) TRAINING.—Amounts transferred into the revolving fund described under clause (i)(Ⅰ) or (Ⅱ) may be used for the purpose of maintaining any training academy as determined by the Council.

"(iv) AVAILABILITY OF FUNDS.—Amounts in the revolving fund described under clause (i)(Ⅰ) or (Ⅱ) shall remain available to the Council without fiscal year limitation.

"(C) SUPERSEDING PROVISIONS.—No provision of law enacted after the date of enactment of this subsection shall be construed to limit or supersede any authority under subparagraph (A) or (B), unless such provision makes specific reference to the authority in that paragraph.

"(4) EXISTING AUTHORITIES AND RESPONSIBILITIES.—The establishment and operation of the Council shall not affect—

"(A) the role of the Department of Justice in law enforcement and litigation;

"(B) the authority or responsibilities of any Government agency or entity; and

"(C) the authority or responsibilities of individual members of the Council.

"(d) INTEGRITY COMMITTEE.—

"(1) ESTABLISHMENT.—The Council shall have an Integrity Committee, which shall receive, review, and refer for investigation allegations of wrongdoing that are made against Inspectors General and staff members of the various Offices of Inspector General described under paragraph (4)(C).

"(2) MEMBERSHIP.—The Integrity Committee shall consist of the following members:

"(A) The official of the Federal Bureau of Investigation serving on the Council, who shall serve as Chairperson of the Integrity Committee, and maintain the records of

the Committee.

"(B) Four Inspectors General described in subparagraph (A) or (B) of subsection (b)(1) appointed by the Chairperson of the Council, representing both establishments

and designated Federal entities (as that term is defined in section 8G(a)).

"(C) The Special Counsel of the Office of Special Counsel.

"(D) The Director of the Office of Government Ethics.

"(3) LEGAL ADVISOR.—The Chief of the Public Integrity Section of the Criminal Division of the Department of Justice, or his designee, shall serve as a legal advisor to the Integrity Committee.

"(4) REFERRAL OF ALLEGATIONS.—

“(A) REQUIREMENT.—An Inspector General shall refer to the Integrity Committee any allegation of wrongdoing against a staff member of the office of that Inspector General,

if—

“(i) review of the substance of the allegation cannot be assigned to an agency of the executive branch with appropriate jurisdiction over the matter; and

“(ii) the Inspector General determines that—

“(I) an objective internal investigation of the allegation is not feasible; or

“(II) an internal investigation of the allegation may appear not to be objective.

“(B) DEFINITION.—In this paragraph the term ‘staff member’ means any employee of an Office of Inspector General who—

“(i) reports directly to an Inspector General; or

“(ii) is designated by an Inspector General under subparagraph (C).

“(C) DESIGNATION OF STAFF MEMBERS.—Each Inspector General shall annually submit to the Chairperson of the Integrity Committee a designation of positions whose holders are staff members for purposes of subparagraph (B).

“(5) REVIEW OF ALLEGATIONS.—The Integrity Committee shall—

“(A) review all allegations of wrongdoing the Integrity Committee receives against an Inspector General, or against a staff member of an Office of Inspector General

described under paragraph (4)(C);

“(B) refer any allegation of wrongdoing to the agency of the executive branch with appropriate jurisdiction over the matter; and

“(C) refer to the Chairperson of the Integrity Committee any allegation of wrongdoing determined by the Integrity Committee under subparagraph (A) to be potentially meritorious that cannot be referred to an agency under subparagraph (B).

"(6) AUTHORITY TO INVESTIGATE ALLEGATIONS.—

"(A) REQUIREMENT.—The Chairperson of the Integrity Committee shall cause a thorough and timely investigation of each allegation referred under paragraph (5)(C) to be conducted in accordance with this paragraph.

"(B) RESOURCES.—At the request of the Chairperson of the Integrity Committee, the head of each agency or entity represented on the Council—

"(i) may provide resources necessary to the Integrity Committee; and

"(ii) may detail employees from that agency or entity to the Integrity Committee, subject to the control and direction of the Chairperson, to conduct an investigation under this subsection.

"(7) PROCEDURES FOR INVESTIGATIONS.—

"(A) STANDARDS APPLICABLE.—Investigations initiated under this subsection shall be conducted in accordance with the most current Quality Standards for Investigations issued by the Council or by its predecessors (the President's Council on Integrity and Efficiency and the Executive Council on Integrity and Efficiency).

"(B) ADDITIONAL POLICIES AND PROCEDURES.—

"(i) ESTABLISHMENT.—The Integrity Committee, in conjunction with the Chairperson of the Council, shall establish additional policies and procedures necessary to ensure fairness and consistency in—

"(Ⅰ) determining whether to initiate an investigation;

"(Ⅱ) conducting investigations;

"(Ⅲ) reporting the results of an investigation; and

"(Ⅳ) providing the person who is the subject of an investigation with an opportunity to respond to any Integrity Committee report.

"(ⅱ) SUBMISSION TO CONGRESS.—The Council shall submit a copy of the policies and procedures established under clause (ⅰ) to the congressional committees

of jurisdiction.

"(C) REPORTS.—

"(ⅰ) POTENTIALLY MERITORIOUS ALLEGATIONS.—For allegations described under paragraph (5)(C), the Chairperson of the Integrity Committee shall make

a report containing the results of the investigation of the Chairperson and shall provide such report to members of the Integrity Committee.

"(ⅱ) ALLEGATIONS OF WRONGDOING.—For allegations referred to an agency under paragraph (5)(B), the head of that agency shall make a report containing the results of the investigation and shall provide such report to members of the Integrity Committee.

"(8) ASSESSMENT AND FINAL DISPOSITION.—

"(A) IN GENERAL.—With respect to any report received under paragraph (7)(C), the Integrity Committee shall—

"(ⅰ) assess the report;

"(ⅱ) forward the report, with the recommendations of the Integrity Committee, including those on disciplinary action, within 30 days (to the maximum extent practicable) after the completion of the investigation, to the Executive Chairperson of the Council and to the President (in the case of a report relating to an Inspector General of an establishment or any employee of that Inspector General) or the head of a designated Federal entity (in the case of a report relating to an Inspector General of such an entity or any employee of that Inspector General) for resolution; and

"(iii) submit to the Committee on Government Oversight and Reform of the House of Representatives, the Committee on Homeland Security and Governmental Affairs of the Senate, and other congressional committees of jurisdiction an executive summary of such report and recommendations within 30 days after the submission of such report to the Executive Chairperson under clause (ii).

"(B) DISPOSITION.—The Executive Chairperson of the Council shall report to the Integrity Committee the final disposition of the matter, including what action was taken by the President or agency head.

"(9) ANNUAL REPORT.—The Council shall submit to Congress and the President by December 31 of each year a report on the activities of the Integrity Committee during the preceding fiscal year, which shall include the following:

"(A) The number of allegations received.

"(B) The number of allegations referred to other agencies, including the number of allegations referred for criminal investigation.

"(C) The number of allegations referred to the Chairperson of the Integrity Committee for investigation.

"(D) The number of allegations closed without referral.

"(E) The date each allegation was received and the date each allegation was finally disposed of.

"(F) In the case of allegations referred to the Chairperson of the Integrity Committee, a summary of the status of the investigation of the allegations and, in the case of investigations completed during the preceding fiscal year, a summary of the findings of the investigations.

"(G) Other matters that the Council considers appropriate.

“(10) REQUESTS FOR MORE INFORMATION.—With respect to paragraphs (8) and (9), the Council shall provide more detailed information about specific allegations upon request from any of the following:

“(A) The chairperson or ranking member of the Committee on Homeland Security and Governmental Affairs of the Senate.

“(B) The chairperson or ranking member of the Committee on Oversight and Government Reform of the House of Representatives.

“(C) The chairperson or ranking member of the congressional committees of jurisdiction.

“(11) NO RIGHT OR BENEFIT.—This subsection is not intended to create any right or benefit, substantive or procedural, enforceable at law by a person against the United States, its agencies, its officers, or any person.” .

(b) ALLEGATIONS OF WRONGDOING AGAINST SPECIAL COUNSEL OR DEPUTY SPECIAL COUNSEL.—

(1) DEFINITIONS.—In this section—

(A) the term “Integrity Committee” means the Integrity Committee established under section 11(d) of the Inspector General Act of 1978 (5 U.S.C. App), as amended by this Act; and

(B) the term “Special Counsel” refers to the Special Counsel appointed under section 1211(b) of title 5, United States Code.

(2) AUTHORITY OF INTEGRITY COMMITTEE.—

(A) IN GENERAL.—An allegation of wrongdoing against the Special Counsel or the Deputy Special Counsel may be received, reviewed, and referred for investigation by the Integrity Committee to the same extent and in the same manner as in the case of an allegation against an Inspector General (or a member of the staff of an Office of Inspector General), subject to the requirement that the Special Counsel recuse himself or herself from the consideration of any allegation brought under this paragraph.

(B) COORDINATION WITH EXISTING PROVISIONS OF LAW.—This subsection does not eliminate access to the Merit Systems Protection Board for review under section 7701 of title 5, United States Code. To the extent that an allegation brought under this subsection involves section 2302(b)(8) of that title, a failure to obtain corrective action within 120 days after the date on which that allegation is received by the Integrity Committee shall, for purposes of section 1221 of such title, be considered to satisfy section 1214(a)(3)(B) of that title.

(3) REGULATIONS.—The Integrity Committee may prescribe any rules or regulations necessary to carry out this subsection, subject to such consultation or other requirements as might otherwise apply.

(c) EFFECTIVE DATE AND EXISTING EXECUTIVE ORDERS.—

(1) COUNCIL.—Not later than 180 days after the date of the enactment of this Act, the Council of the Inspectors General on Integrity and Efficiency established under this section shall become effective and operational.

(2) EXECUTIVE ORDERS.—Executive Order No. 12805, dated May 11, 1992, and Executive Order No. 12933, dated March 21, 1996 (as in effect before the date of the enactment of this Act) shall have no force or effect on and after the earlier of—

(A) the date on which the Council of the Inspectors General on Integrity and Efficiency becomes effective and operational as determined by the Executive Chairperson of the Council; or

(B) the last day of the 180-day period beginning on the date of enactment of this Act.

(d) TECHNICAL AND CONFORMING AMENDMENTS.—

(1) INSPECTOR GENERAL ACT OF 1978.—The Inspector General Act of 1978 (5 U.S.C. App.) is amended—

(A) in sections 2(1), 4(b)(2), and 8G(a)(1)(A) by striking "section 11(2)" each place it appears and inserting "section 12(2)" ; and

(B) in section 8G(a), in the matter preceding paragraph

(1), by striking "section 11" and inserting "section 12" .

(2) SEPARATE APPROPRIATIONS ACCOUNT.—Section 1105(a) of title 31, United States Code, is amended by striking the first paragraph (33) and inserting the following:

"(33) a separate appropriation account for appropriations for the Council of the Inspectors General on Integrity and Efficiency, and, included in that account, a separate statement of the aggregate amount of appropriations requested for each academy maintained by the Council of the Inspectors General on Integrity and Efficiency." .

SEC. 8. SUBMISSION OF BUDGET REQUESTS TO CONGRESS.

Section 6 of the Inspector General Act of 1978 (5 U.S.C. App.) is amended by adding at the end the following:

"(f)(1) For each fiscal year, an Inspector General shall transmit a budget estimate and request to the head of the establishment or designated Federal entity to which the Inspector General reports. The budget request shall specify the aggregate amount of funds requested for such fiscal year for the operations of that Inspector General and shall specify the amount requested for all training needs, including a certification from the Inspector General that the amount requested satisfies all training requirements for the Inspector General's office for that fiscal year, and any resources necessary to support the Council of the Inspectors General on Integrity and Efficiency. Resources necessary to support the Council of the Inspectors General on Integrity and Efficiency shall be specifically identified and justified in the budget request.

"(2) In transmitting a proposed budget to the President for approval, the head of each establishment or designated Federal entity shall include—

"(A) an aggregate request for the Inspector General;

"(B) amounts for Inspector General training;

"(C) amounts for support of the Council of the Inspectors General on Integrity and Efficiency; and

"(D) any comments of the affected Inspector General with respect to the proposal.

"(3) The President shall include in each budget of the United States Government submitted to Congress—

"(A) a separate statement of the budget estimate prepared in accordance with paragraph (1);

"(B) the amount requested by the President for each Inspector General;

"(C) the amount requested by the President for training of Inspectors General;

"(D) the amount requested by the President for support for the Council of the Inspectors General on Integrity and Efficiency; and

"(E) any comments of the affected Inspector General with respect to the proposal if the Inspector General concludes that the budget submitted by the President would substantially inhibit the Inspector General from performing the duties of the office." .

SEC. 9. SUBPOENA POWER.

Section 6(a)(4) of the Inspector General Act of 1978 (5 U.S.C. App.) is amended—

(1) by inserting "in any medium (including electronically stored information, as well as any tangible thing)" after "other data" ; and

(2) by striking "subpena" and inserting "subpoena" .

SEC. 10. PROGRAM FRAUD CIVIL REMEDIES ACT.

Section 3801(a)(1) of title 31, United States Code, is amended—

(1) in subparagraph (D), by striking "and" after the semicolon;

(2) in subparagraph (E), by striking the period and inserting "; and" ; and

(3) by adding at the end the following:

"(F) a designated Federal entity (as such term is defined under section 8G(a)(2) of the Inspector General Act of 1978); " .

SEC. 11. LAW ENFORCEMENT AUTHORITY FOR DESIGNATED FEDERAL ENTITIES.

Section 6(e) of the Inspector General Act of 1978 (5 U.S.C. App.) is amended—

(1) in paragraph (1) by striking "appointed under section 3" ; and

(2) by adding at the end the following:

"(9) In this subsection, the term 'Inspector General' means an Inspector General appointed under section 3 or an Inspector General appointed under section 8G." .

SEC. 12. APPLICATION OF SEMIANNUAL REPORTING REQUIREMENTS WITH RESPECT TO INSPECTION REPORTS AND EVALUATION REPORTS.

Section 5 of the Inspector General Act of 1978 (5 U.S.C. App.) is amended—

(1) in each of subsections (a)(6), (a)(8), (a)(9), (b)(2), and (b)(3)—

(A) by inserting ", inspection reports, and evaluation reports" after "audit reports" the first place it appears; and

(B) by striking "audit" the second place it appears; and

(2) in subsection (a)(10) by inserting ", inspection reports, and evaluation reports" after "audit reports" .

SEC. 13. INFORMATION ON WEBSITES OF OFFICES OF INSPECTORS GENERAL.

(a) IN GENERAL.—The Inspector General Act of 1978 (5 U.S.C. App.) is amended by inserting after section 8K the following:

"SEC. 8L. INFORMATION ON WEBSITES OF OFFICES OF INSPECTORS GENERAL.

"(a) DIRECT LINKS TO INSPECTORS GENERAL OFFICES.—

"(1) IN GENERAL.—Each agency shall establish and maintain on the homepage of the website of that agency, a direct link to the website of the Office of the Inspector General of that agency.

"(2) ACCESSIBILITY.—The direct link under paragraph (1) shall be obvious and facilitate accessibility to the website of the Office of the Inspector General.

"(b) REQUIREMENTS FOR INSPECTORS GENERAL WEBSITES.—

"(1) POSTING OF REPORTS AND AUDITS.—The Inspector General of each agency shall—

"(A) not later than 3 days after any report or audit (or portion of any report or audit) is made publicly available, post that report or audit (or portion of that report or audit) on the website of the Office of Inspector General; and

"(B) ensure that any posted report or audit (or portion of that report or audit) described under subparagraph (A)—

"(i) is easily accessible from a direct link on the homepage of the website of the Office of the Inspector General;

"(ii) includes a summary of the findings of the Inspector General; and

"(iii) is in a format that—

"(I) is searchable and downloadable; and

"(II) facilitates printing by individuals of the public accessing the website.

"(2) REPORTING OF FRAUD, WASTE, AND ABUSE.—

"(A) IN GENERAL.—The Inspector General of each agency shall establish and maintain a direct link on the homepage of the website of the Office of the Inspector General for individuals to report fraud, waste, and abuse. Individuals reporting fraud, waste, or abuse using the direct link established under this paragraph shall not be required to provide personally identifying information relating to that individual.

"(B) ANONYMITY.—The Inspector General of each agency shall not disclose the identity of any individual making a report under this paragraph without the consent of the individual unless the Inspector General determines that such a disclosure is unavoidable during the course of the investigation." .

(b) REPEAL.—Section 746(b) of the Financial Services and General Government Appropriations Act, 2008 (5 U.S.C. App. note; 121 Stat. 2034) is repealed.

(c) IMPLEMENTATION.—Not later than 180 days after the date of enactment of this Act, the head of each agency and the Inspector General of each agency shall implement the amendment made by this section.

SEC. 14. OTHER ADMINISTRATIVE AUTHORITIES.

(a) IN GENERAL.—Section 6(d) of the Inspector General Act of 1978 (5 U.S.C. App.) is amended to read as follows:

"(d)(1)(A) For purposes of applying the provisions of law identified in subparagraph (B)—

"(i) each Office of Inspector General shall be considered to be a separate agency; and

"(ii) the Inspector General who is the head of an office referred to in clause (i) shall, with respect to such office, have the functions, powers, and duties of an agency head or appointing authority under such provisions.

"(B) This paragraph applies with respect to the following provisions of title 5, United States Code:

"(i) Subchapter II of chapter 35.

"(ii) Sections 8335(b), 8336, 8344, 8414, 8468, and 8425(b).

"(iii) All provisions relating to the Senior Executive Service (as determined by the Office of Personnel Management), subject to paragraph (2).

"(2) For purposes of applying section 4507(b) of title 5, United States Code, paragraph (1)(A)(ii) shall be applied by substituting 'the Council of the Inspectors General on Integrity and Efficiency (established by section 11 of the Inspector General Act) shall' for 'the Inspector General who is the head of an office referred to in clause (i) shall, with respect to such office,' ." .

(b) AUTHORITY OF TREASURY INSPECTOR GENERAL FOR TAX ADMINISTRATION TO PROTECT INTERNAL REVENUE SERVICE EMPLOYEES.—Section 8D(k)(1)(C) of the Inspector General Act of 1978 (5 U.S.C. App.) is amended by striking "physical security" and inserting "protection to the Commissioner of Internal Revenue" . Approved October 14, 2008.

美国申诉专员协会
州政府申诉专员模范法案

本法案由美国申诉专员协会申诉专员模范法案委员会起草

于1997年2月11日由美国申诉专员协会理事会批准通过

前　言

1994年秋季，美国申诉专员协会理事会批准起草一部新的适用于州政府的申诉专员模范法案。当时许多州对申诉专员的理念产生了新的兴趣，而亚利桑那州作为其中的一员，即将通过一部申诉专员法案。人们认为，一部新的模范法案对于那些有兴趣设立申诉专员办公室的州而言是非常有用的文献，对于在其他州推广经典的申诉专员制度也是一项极为有力的工具。爱荷华州申诉专员办公室法律顾问鲁斯·库珀瑞德受邀担任模范法案起草委员会的主席。协助其工作的有内布拉斯加州申诉专员马歇尔·勒克斯、阿拉斯加州前代理申诉专员迈克尔·霍斯蒂纳、夏威夷州申诉专员卢燕以及夏威夷州申诉专员办公室首席助理诺里·汤普森。随附文件就是我们的工作成果。

虽然本模范法案是为在州政府层面的实施而设计的，但它通过修改也能适用于地方政府。对此感兴趣的政府可以联系美国申诉专员协会以获得协助。

在本法案起草过程中，委员会决定以美国律师协会标准作为基础参考对象，该标准是 1974 年在伯纳德·弗兰克的领导下建立的。美国律师协会的标准本身是以早期的各种标准为基础的，尤其是盖尔霍恩标准和哈佛标准。因此，我们的工作建立在这些令人尊重的先行者为我们准备的基础之上。

美国律师协会标准曾经（现在仍然）是一部杰出的法律文件，思虑周详，涉猎广泛，并由弗兰克先生在其法律评论性文章中进行了详细评注。我们基本维持了其原样，仅在以下范围进行了修订：

1. 对语言进行了更新和澄清，使其表述在性别方面呈中立；

2. 修订了那些在 20 多年的实践过程中被发现会导致行政管理难题或者在其他方面存在问题的条款；以及

3. 增加了新的条款以适应技术和公共管理领域的新变化。

虽然美国律师协会的标准是我们的基础参考对象，但我们也回顾了盖尔霍恩标准和哈佛标准，以便对某些观念作出进一步的澄清。我们参考了亚利桑那州最近制定的相关法规，这有助于我们了解当前有关申诉专员制度的立法思想。作为现任的或者前任的申诉专员系统从业者，我们也能够从各自在阿拉斯加州、夏威夷州、爱荷华州和内布拉斯加州践行相关法规的经历中贡献自己的看法。这种实践经验使我们拥有的条件更优于先行者，他们的参照系从本质上讲更多是理论性的。

本法案的草案被提交给美国申诉专员协会 1995 年 10 月在明尼苏达州的普利茅斯召开的年会以及 1996 年 5 月在密苏里州的圣路易斯举行的第一届北美申诉专员组织会议。每次会议后，我们都收集了与会代表以及美国申诉专员协会理事会成员对于该草案的意见。研究申诉专员制度的著名学者也被邀请发表意见。

相应地，我们从这些渠道，包括杰拉尔德·凯登、伯纳德·弗兰克和唐纳德·罗瓦特等学者那里，获得了大量非常有用的意见和建议。我们向他们所有人表示感谢。特别要指出的是，我们绝不能忽视弗兰克先生对工作草案的认真审读以及所给出的详细评论。弗兰克先生是美国律师协会申诉专员委员会的主席，该协会于1974年颁布了美国律师协会模范法案。他进一步指出，美国申诉专员协会重新审视美国律师协会模范法案、更新其中的观念并且颁布新的美国申诉专员协会模范法案来替代美国律师协会模范法案，这一做法是恰当的、及时的和合理的。我们对他的认可不胜感激。

在考虑收集到的意见和建议时，我们采取逐节审阅的方法对模范法案的草案进行了回顾。虽然这一过程使我们多花费了6个月的时间，但我们认为该模范法案的质量也因此得到了显著提升。显而易见的是，我们并没有采纳所有的建议。在很多情况下，这是因为该建议与法案其他部分所采取的措施相矛盾。或者，该建议提出的问题我们已经在内部考虑过并加以解决了。委员会本着求同存异、广开言路、兼容并包的精神开展工作，草案最终版本所呈现的法律文件也得到了其所有成员的认可。

虽然我们相信本文件所呈现的模范法案适用于所有州，但我们承认特定州的政治环境可能意味着更恰当的做法是作出某些变动。本模范法案不是一成不变的。任何人如果有兴趣对本模范法案的任何条款提出可能的替代方案，欢迎联系美国申诉专员协会。

虽然这是为州政府制定的模范法案，但美国申诉专员协会认为申诉专员制度适用于所有层级的政府并支持在更大范围内建立该制度。本模范法案所要建立的州申诉专员办公室并不是要抢先建立任何新的地方申诉专员办公室。依据本模范法案，任何地方层面的申诉专员办公室，无论是县一级的、市一级的、镇一级的还是其他级别的，只要其授权文件符合审查过程独立、公平、保密和正直的标准（这是经典的申诉专员制度所具有的特征），就应当像依照本模范法案而被授予法定豁免权的州申诉专员一样，被授予相同的法定豁免权。这种豁免权是必需的，它使地方申诉专员能够与投诉人和证人进行秘密沟通，并且使申诉专员在得出调查结论时无须担心他人通过法律诉讼对其进行干扰或报复。任何州的立法机关如果计划实施这种地方申诉专员豁免权，美国申诉专员协会将予以协助。

本模范法案的目的是在 20 世纪最后几年时间里，为建立起一套能够在当前州政府环境下有效运行的申诉专员制度做好准备。美国申诉专员协会承认，为了使本文件与时俱进，未来有必要依照法律、政府和公共管理标准以及技术领域不断发生的变化对其进行修改。美国申诉专员协会欢迎大家对该法案未来的构思提供建议。

美国申诉专员协会
州政府申诉专员模范法案

本法案用于在______设立申诉专员办公室

评注：实施条款要采取适用于该州的形式。

第 1 节　立法目的

立法机构的目的是，在任何个人依据各州法律可行使的上诉权或其他补救措施之外，建立一个独立的、中立的、州一级的办公室，该办公室方便公众联系，向立法机关负责，有权调查州一级［（此处可选）和地方性］行政机构的行为并提出合理的改革建议，目的是捍卫个人权利以及提高实施各州［（此处可选）和地方性］法律时在效力、效率和公正性方面的标准。

评注：

本节简要描述了申诉专员办公室的特征和目标。

如果要将对州的各政治分区的管辖权包含进来，则“和地方性”这一表述也应该被保留。关于使用“和地方性”这一表述是否要解读为抢先确立各州对州和地方各机构的管辖权并阻止地方政府机构设立自己的申诉专员，这一点必须要明确。

第2节 简 称

本法案可以称为“某某州申诉专员法案”。

评注：

“申诉专员”这一头衔不同于“主管”和“委员”这样的更加常见的官方头衔，它已经在美国和其他国家获得了认可。现有的各州法规并不全都使用这一头衔：夏威夷州称其为“申诉专员”，内布拉斯加州称其为公设辩护人，爱荷华州称其为公民助手，阿拉斯加州称其为“申诉专员”，亚利桑那州称其为“申诉专员—公民助手”。但是需要注意的是，这些州的公众、媒体甚至现任官员都在使用“申诉专员”这一术语，他们发现其他头衔可能会与另外的职务和概念相混淆。

只有在法律规定如下内容时，才可以使用“申诉专员”这一术语，即独立的官员受理针对政府机构的投诉，在调查后，如果该投诉是合理的，该官员可以就如何处理该投诉提出建议。

如果选用“申诉专员”之外的其他术语，则必须在整个法案中作出恰当的变动。

第3节 定 义

在本法案中使用时，

(a)“机构”指的是某某州的任何部门、组织、理事会、委员会、议会、局、行政法庭、专门机构、团体或其他政府实体，[（此处可选）依据与某某州的协议为公众提供服务、并且根据该协议条款接受申诉专员管辖的任何个人]，以及某某州的任何依据与该州的关系而采取或意图采取行动的官员、高级职员、行政听证官、雇员或工作人员，无论他们是选举产生的还是任命产生的，除了：

（1）所有法官；

（2）立法机关、立法机关的成员、立法机关的各委员会及其雇员；

（3）州长及其私人工作人员；

[（4）（可选条款 A）该州的所有政治分支机构；]

[（4）（可选条款 B）市长、市议员、法官以及任何政治分支机构的其他经选举产生的官员及其私人工作人员；]

（5）跨州的政府实体。

（b）“行政行为”指的是任何机构的一切行动、决定、裁定、不作为、玩忽职守、规章或规制、解释、建议、政策、实践或程序。

（c）“个人”指的是任何个人、个人的集合、法人、合伙人身份或者非法人团体。

（d）“记录”指的是所有记录、公文、书籍、文件、文档、照片、微缩胶卷、录音资料、录像资料、磁存储介质、计算机数据和所有其他的资料，只要是由上述任何机构或他人代表其所创造、生产、记录、获取、持有或控制的，而无论其采取何种物质形式或规格参数。

评注：

（a）本法案没有一一列举那些属于申诉专员管辖权范围内的机构名称，而是允许其管辖权涵盖所有与州政府相关的政府行为和人员（履行公共职能的），只有极少数例外情况且应当尽量缩小其范围。我们添加了一条可选条款，用来规定申诉专员的管辖权涵盖依据协议代表州政府向个人提供服务的企业、公司、个人等的情况。随着政府服务的“私人化”越来越受欢迎，政策制定者可能会需要让这些“私人”官僚机构处于申诉专员的管辖权之下，以确保公众获得与政府机构直接提供服务时同等程度的保障。如果这一可选条款得到采纳，则也有必要在各州的法规中补充有关政府采购的条款，该条款将要求所有参与政府服务“私有化”协议的机构在协议中增加一个条款，规定私人服务提供商有义务接受申诉专员的管辖。通过将与申诉专员的合作设定为签订此类协议的条件，私人订约者从一开始就会了解他们对申诉专员负有的责任，并且接受将这一安排作为与州政府签订合约的一部分。

（a）（1）将法官排除在外的做法是基于存在一项历史悠久的针对司法决议的上诉复审制度以及其他对那些行为不端或者能力不足的法官采取处罚和 / 或撤职举措的机制。将法官排除在外的做法涉及范围有限，并对如下情况进行了周密考虑，即当司法部门工作人员的行政或公派行为对于判决本身无关紧要时，申诉专员有权对这些行为进行调查。在很多情况下，影响具体判决的行政错误将会遭到质疑并且通过已有的司法程序得以解决，但是即使在这种情形下，申诉专员也能够就改善行政程序提出建议，这将产生令人期待的效果。申诉专员当然无权质疑、批评或审查任何司法命令、决议或意见的实质内容。将法官排除在外的做法只适用于政府司法部门的司法官员，这并没有将行政法庭或者行政法“法官”排除在申诉专员的管辖权之外。

（a）（2）立法机关——一个独立的政策制定者，其行为引人注目，接受公众的监督，其任期接受定期的公众审查——被排除在外。立法机关中的委员会成员及协助制定政策的职员同样被排除在外。虽然有些立法机关的雇员、机构、司局或部门也可能直接向公众提供服务，但是这些雇员和实体也被排除在申诉专员的管辖权之外，因为担心申诉专员与立法部门的密切关系会削弱申诉专员办公室在处理涉及这些雇员和机构的案件时的独立性。如果确定，将立法机关中的服务机构包含在申诉专员的管辖权范围内是值得的，那么作为替代，相关条款将表述为“（2）立法机关的成员、委员会及其直属工作人员”。

（a）（3）因与上述（a）（2）相同的原因也应该被排除在外的通过选举产生的州政府官员（例如州长、州财政部长）可以添加到（a）（3）中，但是他们必须与那些应该被包括在申诉专员管辖权范围内的其他通过选举产生的州政府官员区分开来，后者较少直接参与决策，主要从事那些很难与通常由非选举产生的官员完成的工作区分开来的行政事务。因此，适合被排除在申诉专员管辖权范围外的官员范围在每个州可能都不一样。作为替代，这一条款可以表述为“（3）按宪法选举产生的官员及其私人工作人员”。

（a）（4）可选条款 A：当不存在地方管辖权的时候，（a）（4）应表述为“[（4）州的所有政治分支机构]”。

（a）（4）可选条款 B：如果存在对政治分支机构的管辖权，那么需要引入可选条款 B，与将州政府官员排除在外的条款相对应：“[（4）市长、市议员、法官以及政治分支机构中其他通过选举产生的官员及其私人工作人员。]”在有必要的情况下，可以补充一项针对现有的市申诉专员办公室的保留条款。

（a）（5）明确将地区性交通和规划部门这样的跨州实体排除在申诉专员管辖权范围外，以及隐含地将联邦机构（包括属于联邦机构的地方部门）排除在外，这样做的依据是州政府对于这些机构拥有的主权在实践和宪法层面的有限性。

（b）“行政行为”作广义解释，包括行政委员会或行政法庭或行政法“法官”作出的决议以及制定规章的行为。

（c）“个人”作广义解释。

（d）“记录”作广义解释，以便清楚指明申诉专员有权获得各机构持有或控制的所有有记录的信息资料，不论该信息资料以任何形式存在或者以任何方式存储。

第 4 节　办公室的创立

设立申诉专员办公室。

第 5 节　提名与任命

（立法机关名称）应通过选举产生申诉专员，申诉专员要获得参议院或众议院各自到场投票的成员中 2/3 的选票才能当选。

评注：

申诉专员是由立法机关任命的官员。这一制度安排有助于确保申诉专员的独立性，如果申诉专员是由行政机关任命的，他们将不愿意批评隶属于行政机关的各机构的行为。作为立法机关的组成部分，申诉专员不仅仅是直接向公民提供服务，而且还要对属于申诉专员管辖权范围内的各机构履行立法监督的职责。由于申诉专员只是提出建议，而不能强制要求行政机关和司法机关采取实质行动，所以申诉专员的作用与分权观念是一致的。

第 6 节　任职资格

（a）申诉专员应该被公认具有判断力、客观而正直，具备分析法律、行政管理和公共政策领域问题的良好能力。

（b）任何人在担任申诉专员期间均不得：

（1）积极参与政党活动或者公开支持任何政党或竞选职位的候选人以及为其募集资金或捐款；

（2）成为任何其他通过选举产生的或任命的公共职务的候选人或担任该职务；

（3）从事其他有可能使其无法全职履行申诉专员职责，或导致利益冲突，或导致出现不得体或不公正行为的工作、职业或商业活动。

评注：

申诉专员应当是值得公众信赖的公正的全职专业人员。

（a）本条规定提出了申诉专员的核心特征和任职资格，因此它所提供的更多是对该职务的指导，而不仅仅是一个有关该职务限制条件的清单。

（b）本节（b）条第（1）款力图维持申诉专员的公正性及其在政治领域的公正形象。申诉专员保留了其作为选举人参与政治进程以及在私下发表意见的权利。

本节（b）条第（2）款禁止申诉专员利用该职务作为政治踏板。为进一步防止该职务被政治化，一些州（亚利桑那州、夏威夷州和内布拉斯加州）规定，申诉专员在担任该职务之前的一年或两年时间里，不得担任过立法机关的成员。不过，这一点可能会阻碍高素质的立法委员被任命为申诉专员。

本节（b）条第（3）款力图确保申诉专员能全职履行其职责并且保持其公正性。

第 7 节　职务任期

申诉专员担任该职务的一届任期为　年，直到其继任者得到任命并具备任职资格。申诉专员可以被再次任命担任更多的任期。

评注：

较长的任期是合适的：这使得申诉专员能够拥有充足的时间熟悉其工作职责；能够作为确保其相对于政治的独立性的措施；能够给该职务带来威望和稳定性，从而吸引优秀人才来担任该职务。任期过长（例如 15 年）会阻碍立法机关对其进行必要的定期问责。任期应当不短于 5 年。支持申诉专员这一职务应采用长任期的理由同样支持现任申诉专员在其任期结束时有资格再次获得任命。

第 8 节 撤职与空缺

（a）立法机关在参议院和众议院到场投票的成员中均获得 2/3 赞同票的情况下可以撤销申诉专员的职务，但前提条件是该申诉专员在精神或身体方面无法履行该职务的职责，或者存在其他理由，该理由已经足以支持撤销法官在州法院的职务。

（b）如果申诉专员的位置因任何原因空缺，代理申诉专员应担任执行申诉专员，直到一位任期完整的申诉专员得到任命。

评注：

（a）申诉专员在该职位上应该是稳固的，因此不能轻易撤职，撤职则需有特定的理由。这可以保护申诉专员免受无端攻击或政治威胁。作为替代条款，本节也可以规定，申诉专员的撤职应符合本州关于撤销法官或其他政府官员职务的宪法条款。

（b）在填补空缺时，更可取的做法是任命一位任期完整的申诉专员而不是完成剩余任期的申诉专员，因为这样的做法能够提供更为理想的较长职务任期。

第 9 节 薪 资

申诉专员领取的工资和福利应与［（可选条款 A）各州普通初审法院或上级法院的法官］［（可选条款 B）州政府机构负责人］［（可选条款 C）立法机构负责人］相同。申诉专员的工资在其任职期限内不应减少，除非适用于该州所有受薪官员的通用法律作出此类规定。

评注：

申诉专员属于高级官员，其领取的工资应反映该职务的重要性、责任和声望。此外，如果法律禁止申诉专员从事任何其他的工作、职业或商业活动，则应保障其高工资。

该节提出了三种可选的工资方案以供考虑。第一种方案将工资设定在至少与普通初审法院法官的工资等同。就承认申诉专员的才干以及强化申诉专员的独立性和中立性这一观念而言，将这两种职务进行比较是恰当的。第二种方案将申诉专员的工资与州政府部门负责人的工资联系起来。它同样突出了该职务所需的相关才干，并强调了如下看法，即申诉专员是作为同等级别而不是低一级别的官员来与政府机构负责人进行工作来往的。第三种方案将申诉专员与其他立法机构的负责人同等对待。这一方案可能是立法机关成员更加熟悉的参照系，它有助于在任何现有的立法机关分支机构中确保工资体系的一致性。从实际层面讲，根据这三种可选方案中任何一种方案都会得出基本相同的工资数额。

第 10 节　办公室的组织

（a）申诉专员需要选派、任命一位代理申诉专员并确定其薪资，并且可以在其认为对依据本法案履行申诉专员职责有必要的情况下，选派、任命其他类似的官员和雇员并决定其薪资。确定的薪资数额应在拨款可支付的范围内。所有这些官员和雇员应听从该申诉专员的意愿并为其服务。

（b）申诉专员可以向工作人员委派任何权利、权力或职责，这种委派权以及申诉专员依据本法案撰写报告的职责除外。在申诉专员生病、缺席、请假或无法履职的情形下，或者根据申诉专员的自行决断，存在某种不合适或不公正的迹象以及利益冲突并妨碍到该申诉专员就某一特定事务履行职责时，该申诉专员可以授权代理申诉专员代为履行职责。

（c）申诉专员及其工作人员应有权参与任何面向州政府工作人员的雇员福利或退休计划。

评注：

（a）本项工作具有敏感性，需要向下级工作人员委派大量工作并对其高度信赖，这些表明申诉专员在工作人员选择与留任方面不应受到公务员制度和政治层面的约束。不过，申诉专员在确定工作人员的工资时应参照公务员的工资表并做到与之相当，并且，在支付此类款项［参看第 11 节（j）条］时，应该当然地使用州财会系统。代理申诉专员的任命是必需的，但其他官员，包括助理申诉专员的选派，均不是强制性的。

（b）同样基于对灵活性的要求，我们应当允许申诉专员具备范围广泛的委派权。不过，申诉专员依然要对办公室的组织以及由该办公室发布的所有报告负责［第 16 节］，除非代理申诉专员已经依据本条法规承担了申诉专员的职责或者该职务空缺［第 8 节（b）条］。为了避免制造程序上的假象，申诉专员在“有理可循”地撤销相关工作人员的资格方面享有完全的自行决定权，这也是因为人们希望申诉专员能够通过适时撤销相关工作人员的职务来积极维护其有限的权力。根据法规［第 11 节（b）条］或其他规定，申诉专员可以自行决定要求以书面形式进行职责委派或者工作人员要采取宣誓的方式就职。

第 11 节　权　力

申诉专员的权力和职责包括但不限于如下几点：

（a）根据投诉或者由申诉专员自行启动，调查各机构的任一行政行为，无论该行政行为是否已经终局生效；

（b）举办和参与那些有可能改善各机构的运转或者降低出现不受欢迎

的行政行为的风险的讨论会、调查、会议或研究，或者与个人或机构在这些方面展开合作；

（c）出于履行申诉专员职责需要，对任何机构或个人进行询问并获得相关协助和信息。各机构不应限制申诉专员接触本机构的工作人员；

（d）即使存在任何其他的州法律条款，也有权在无需支付费用的情况下获得、检查以及复制任何机构的记录，包括根据该州的法律属于保密性质的记录。申诉专员不得公开保密记录，如非法或在未授权的情况下公布此类记录，申诉专员将受到与这些记录的法定保管人在同样情形下相同的处罚；

（e）无需提前通知到任何机构的场所进行检查；

（f）传唤任何人到场提供与被调查事务有合理关系的宣誓证词、文书材料或是其他证据；

（g）对与投诉和调查有关的任何事务进行保密，包括投诉人和证人的身份信息，除非申诉专员认定公开此类信息对履行申诉专员的职责是必要的；

（h）为执行本法案的条款，向（法院名称）提起诉讼；

（i）为履行申诉专员职责，采纳、颁布、修订和撤销相关规则和规定，包括接收和处理投诉、展开调查以及报告调查结果、结论和建议。但申诉专员不可为提交和调查投诉征收任何费用；

（j）为申诉专员办公室编制和执行预算；

评注：

本节清楚列举了申诉专员的一般权力和职责；但本节并未穷尽列举委派给申诉专员的所有权力和职责。第 10、15 和 16 节包含了与工作人员安排、权力和职责委派、建议和报告有关的其他条款。

（a）申诉专员的调查权限于各机构的行政行为［第 3 节（b）条］。申诉专员可以受理和考虑来自任何渠道的投诉。当其他人不愿意主动提出投诉或者申诉专员发现某事务有必要进行调查时，申诉专员就可以自行启动调查。

（b）尽管申诉专员的大部分时间将用于处理个人的投诉，但申诉专员可以展开整体性的研究以提高相关机构的效率或者改善相关机构为公众提供的服务，这种研究可以独立进行，也可以与其他政府部门或非政府研究机构合作进行。

（c）申诉专员享有从机构或个人那里获得任何类型的信息的广泛权力，各机构也不能限制本机构人员协助申诉专员或为其提供信息。尽管申诉专员可以在收集陈述时让提供人宣誓，但并不要求其举行正式的对质性证据类听证会。如果证词被采纳，这应该被理解为一个纯粹的调查事项，该过程不需要与正式的判决听证会通常所要求的内容相匹配。

（d）申诉专员可以在不支付任何费用的情况下检查和复制任何机构的记录或获得其副本，包括那些根据州法律属于保密性质的记录。但申诉专员及其工作人员对任何机构提供的保密记录负有与该记录的法定保管人同样的保密责任。

（e）申诉专员有权力在没有通知的情况下对任何机构进行检查，因为提前通知可能使这种视察失去其价值。在视察现场收集的信息可以为申诉专员自行决定展开的调查提供调查对象。

（f）申诉专员可以通过发送传票强制要求任何个人提供证词、文书材料或其他证据。这也暗示申诉专员及其工作人员有权要求证人进行宣誓。第 18 节规定了证人应受到的保护和享有的权益，无论该证人是否被传唤。如果有人拒绝接受传唤，则申诉专员可以依据第 11 节（h）条寻求强制执行。

（g）为了促进信息的收集，申诉专员可以自行决定对任一投诉或调查信息进行保密。申诉专员可以公布此类信息，前提条件是申诉专员认为这对于履行申诉专员的职责是必要的或合适的。

（h）申诉专员可以就涉及其权力实施的事务提起诉讼，包括如下行为：为获得［第3节（a）条和第11节（a）条所规定的］管辖权作出的宣判式判决；进入各机构进行检查［第11节（e）条］；为被传唤后没有露面说明原因［第11节（f）条］；实施保密条款［第13节（d）条和第13节（e）条］。

（i）申诉专员在规章方面被赋予了广泛的规章自治权来确定履行办公室职能的程序。申诉专员可以通过规则或规定列明提交投诉的方式（可以包括传真或电子邮件）并在有充足理由的情况下要求某些类型的投诉要以书面形式提交。为了确保公众利用这一途径的权利（以及避免对贫困人口的歧视），申诉专员的服务不应收取费用。

（j）为了确保申诉专员的预算不依赖于外部（机构）的管理，制定有关预算权的条款在一些州是必要的，在其他州也是有帮助的。

第12节 投诉的调查

（a）申诉专员应对适合作为调查对象的投诉展开合适的调查。申诉专员展开调查的合适对象包括申诉专员认为可能符合以下情形的任何行政行为：

（1）违反法律或规定；

（2）基于错误事实或不相关的考虑；

（3）没有充分的理由作为支撑；

（4）其执行方式缺少效率；

（5）即使不违反法律，但是不合理、不公正或者在其他方面不受欢迎；或者

（6）存在其他错误。

（b）申诉专员可以因为如下情形而自行决定不启动调查：

（1）有理由认为投诉人能够利用其他措施或渠道解决问题；

（2）投诉没有价值、过于琐碎、无理纠缠或者居心不良；

（3）投诉被耽搁时间过长，以至于当前没有合法理由展开调查；

（4）投诉人本人并未因投诉对象受到权利侵害；

（5）现有资源不足以展开全面调查；或者

（6）其他投诉更加值得关注。

（c）申诉专员拒绝调查某一投诉的举动不会阻碍该申诉专员自主调查某一行政行为，无论该投诉是否涉及此行政行为。

评注：

（a）申诉专员有责任调查（a）条所描述的投诉，尽管他／她可以基于（b）条给出的理由而拒绝启动调查。列举出的投诉表明了会导致向申诉专员办公室投诉的行政行为的类别。如包罗万象的（a）条第6款，还有（c）条，该条法规旨在成为一种指导，而不是要限制申诉专员能够对其展开调查的投诉的种类。

（b）即使法规允许他／她拒绝，申诉专员仍然可以选择就某一投诉展开调查。例如，依据（b）条第1款，如果申诉专员认为诉诸行政或法律方面的救济措施对于投诉人而言是无用的或者会造成过重的负担，申诉专员仍然可以针对该投诉启动调查。同样，申诉专员可以决定对公众关注的投诉启动调查，即使投诉人本人并未遭受权利侵害。

（c）有些投诉不适于展开调查，然而这些投诉仍然可以揭露那些申诉专员可自行决定进行调查的行政行为［第11节第a条］。

第13节　投诉人的权利——与投诉人的沟通

（a）在申诉专员已经决定是否就某一投诉启动调查后，该申诉专员应以适当方式告知投诉人。

（b）如投诉人要求，申诉专员应以适当方式向投诉人报告其对投诉所作调查的进展状况；

（c）在完成对投诉的调查后，申诉专员应以适当方式告知投诉人申诉专员的调查结论或建议，以及在合适的情况下，告知其相关机构已经采取或即将采取的行动。

（d）处于某个机构监管（包括拘留、监禁和医院收容）中的个人写给申诉专员的信件应在密封状态下及时转交给申诉专员。申诉专员写给此类人员的信件应在密封状态下及时投递给相关个人。申诉专员与处于监管中的个人之间的电话和私人会面不应受到禁止或监视。

评注：

（a）、（b）、（c）三条规定了申诉专员在告知投诉人其投诉进展情况方面的一般义务。申诉专员的经验和判断将决定其将作出的适当回应。

第 14 节 机构的权利

在正式发布对某机构提出了重大批评或明显不利于某机构的调查结论或建议之前，申诉专员应与该机构进行磋商并允许该机构获得合理的申辩机会。如果申诉专员允许相关机构获知相关调查结论或建议，以便于其进行申辩，则该机构应对此调查结论或建议保密，不能向公众透露，除非申诉专员将其公之于众。

评注：

本节通过要求申诉专员在发布批评性调查结论之前与相关机构进行磋商并给予其合理时间就重大批评事项进行申辩，为各机构及其官员和雇员提供了保护。申诉专员可以自主决定允许相关机构获知全部或部分调查结论以便进行申辩。因为申诉专员在对相关机构的申辩进行审查后可以修改其调查结论，包括撤销保密信息以及吸纳该机构的回应［第 15 节（b）

条], 所以, 公布并非由申诉专员发布的调查结论是违反法律的, 将依据现有的记录资料保密条款受到处理。

将申诉专员启动调查的决议进行告知并不是必需的, 因为这种程序: 与申诉专员作为对受到各类程序制约的救济措施之替代方案的身份以及申诉专员办公室的有限资源是不符的; 它的意义更多是形式上的, 因为申诉专员在调查过程中不可避免地会与相关机构接触; 并不是正当程序所要求的, 因为考虑到申诉专员不具备强制实施其建议的权力, 以及在建议被公布之前, 必须给予相关机构发表意见的机会这一事实。

如果无论如何提前通知的条款是必需的, 它应该规定: 允许在没有进行通知的情况下展开非正式的或者初步的询问, 因为经验显示对绝大多数投诉的处理是快速的和非正式的; 如果通知会阻碍调查, 则不予以通知; 允许通知形式上的灵活性以避免法律程序上的争议, 例如, "如果申诉专员在完成初步询问后决定启动调查, 则该申诉专员应以适当方式告知相关机构, 除非申诉专员有理由认为提前通知将明显阻碍调查或者降低调查的效率。申诉专员可以通过口头形式或书面形式告知相关机构"。

第 15 节　调查完成后的程序

(a) 如果调查完成后, 申诉专员的意见是某个机构应该:

(1) 进一步考虑相关事项,

(2) 修正或撤销某项行为,

(3) 修改某项规章、惯例或规则,

(4) 对遭到质疑的行为作出更全面的解释,

(5) 纠正玩忽职守行为, 或者

(6) 采取其他任何行动,

则申诉专员应向该机构陈述所有的调查结论、建议和理由。如果申诉专员要求，则相关机构应在指定时间内，将其根据建议所采取的行动或者没有遵照其建议的理由告知申诉专员。

（b）在一段合理的时间之后，申诉专员可以向立法机关、州长、大陪审团、公众或任何其他有关方面公布其调查结论或建议。如果相关机构依据本法案要求获得申辩机会，则申诉专员应将该机构提出的任何简要说明都包括在其结论或建议内。

（c）如果申诉专员确信法律已经指明某项行为的结果是不公正的或不受欢迎的，并且可以通过立法行为得到纠正，则申诉专员应将法律需要作出的修改通知（立法机关名称）以及相关机构。

（d）如果申诉专员确信任何机构的官员或工作人员的行为已经有必要启动刑事程序或纪律程序，则申诉专员应在不通知该人的情况下将该事务移交给相关部门。

评注：

（a）虽然在相关机构所实施的行为或者因疏忽没有实施的行为中没有违法之处的时候，申诉专员几乎没有理由提出建议，但即使相关机构的现有做法在法律上是允许的，申诉专员依然可以提出建议以改进相关机构的工作方法或政策。因此，申诉专员可以推动一个机构学习和利用其他机构的经验。可以说，本条法规所专注的不是得出某种裁决，而只是申诉专员的意见表述。申诉专员不是处在指挥位置的高级官员，无法强制要求改变某项行政行为。不过，申诉专员的建议会促使某个机构在行使其所拥有的任何权力时纠正那些曾经被申诉专员指出的错误、做到正确行使权力。

（b）如果依据第 14 节，申诉专员被要求给予相关机构以申辩机会，并且相关机构进行了这种申辩，则申诉专员必须将其写进发布的调查结论中。该条款不是允许申诉专员对申辩进行概述，而是规定申辩仅限为一种“简要的”说明，该说明将按原样予以公布；第 11 节（i）条对“简要”的标准作出了规定。

（c）有的情况下，某个机构是按照现有法律实施行为的，但该法律自身导致了不公正的结果。申诉专员有责任使立法机关和相关机构的官员关注到这一情况；如果情况允许，申诉专员可以就法律的修改提出意见或建议。

（d）申诉专员揭露错误行为的责任涉及不法官员。本条法规明确指出，申诉专员可以在不事先通知涉事人员（如果过早收到通知，该人员可能逃出该州或者破坏相关证据）的情况下提出对错误行为的指控。这可以避免在该条法规与第 14 节结合起来解读时可能导致的任何含义不明。

如果个人在申诉专员面前作证，则此类证言与法庭上的证言具有同样的效力［第 18 节］。

第 16 节　报　告

申诉专员可以不定时地向州长、立法机关、其任一委员会、公众以及其自行决定的机构报告其活动，但年度报告是必需的。

评注：

当相关机构拒绝采取纠正措施时，申诉专员纠正其错误行为的唯一方式就是公开提出批评和建议。

年度报告是强制性的，其发布日期由申诉专员决定［第 11 节（i）条］。提交特殊的［第 15 节（b）条］或一般的临时报告则由申诉专员自行决定。

第 17 节　申诉专员的豁免权

（a）任何法庭不得对申诉专员或其工作人员发布的任何调查结果、结论、建议或报告的实质内容进行复审。

（b）申诉专员及其工作人员享有与州法官同样的民事责任和刑事责任豁免权。

（c）除非出于实施本法案的需要，否则不得强迫申诉专员及其工作人员在与其行使职权有任何关联的司法或行政程序中作证或提供证据。

评注：

（a）&（b）作为公共监督者，申诉专员可以自由而坦率地表达其立场而无需害怕任何压力或报复。授予申诉专员司法豁免权是为了在其处理有争议的问题或者作出不受欢迎的决议时，保护其免受侵扰。虽然申诉专员的调查结果只有在进行充分考虑后才予以发布，但也无法保证它是绝对正确的，申诉专员的调查结果、结论和建议经常遭到政府官员以及社会公众的批评。既然申诉专员不拥有任何强制执行权，而任何调查结果和意见都只具有建议的性质，所以法庭无权命令申诉专员对其观点的表述作出改动。

（c）申诉专员可以与投诉人和证人达成某些特定的秘密交易。本条法规旨在保护这些保密关系以便鼓励投诉人接受申诉专员的服务以及鼓励证人与申诉专员合作，如果不是如此，他们可能不愿意这么做。

第 18 节　证人的权益

任何依据本法案规定提供信息的个人均可以由其自己选择的法律顾问陪同并接受其建议，其将与应（法院名称）要求出庭作证的证人一样，获取相同的酬金和差旅津贴，并享有同样的权益和豁免权。但依据本法案规定提供信息的某一机构的代表，如果是在工作时间内提供信息，则其无权获得此类酬金和津贴。

评注：

虽然申诉专员展开的调查无关于存在争议的案件，也不涉及对权利或利益的裁定，并且几乎所有的作证都是私下的和保密的，但出面作证的证人（不管是否是被传唤的）均被赋予了司法权益和豁免权。依据本法案规定向申诉专员提供信息的个人，也必须向其支付证人报酬和差旅津贴。我们还设置了在工作时间提供信息的某个机构的代表无权获得此类报酬和津贴的条款，这是为了避免可能出现的公务员在工作时间领取双份薪资的情况。

第 19 节　妨碍公务行为

任何蓄意妨碍或干扰申诉专员合理合法行使其权力，或者在申诉专员的询问中蓄意误导或试图误导申诉专员的个人，应被判定犯有（指明犯罪程度）罪。

评注：

各州必须明确，是否有必要指明提出诉讼的法庭以及由谁提起诉讼。由于针对触犯法规的行为的罚款在各州之间存在不同，并且可能会定期发生变化，所以更为可取的做法是明确触犯法规的程度而不是确定违反法规的罚款。

第 20 节　禁止报复

（a）不得在工作方面处罚、制裁或制约任何依照本法案提出投诉、参与调查或相关程序的个人，或者因为此类行为取消其权利、权益或福利。

（b）声称在这一方面受到侵害的个人可以就解除相关的禁令、实际损害和惩罚性赔偿提起民事诉讼。惩罚性赔偿不应超过 1 万美金。

评注：

本节旨在保护投诉人和证人，使其不因参与了申诉专员的调查而在工作场所遭遇报复或者被剥夺其他权利或权益。

第 21 节 与其他法律的关系

本法案的条款是作为补充，而不是用来以任何方式限制或影响那些规定任何个人有权采取纠错措施或行使上诉权的其他法律条款，以及那些用于询问和调查任何事务的相关程序。即使已经存在法律条款规定何种行政行为是终局的或不可上诉的，申诉专员依然可以行使其被赋予的各项权力。

评注：

本节明确指出，申诉专员制度是一种补充性的纠错措施，是对其他纠错措施或上诉权利的补充，这一原则也包括在论及本法案立法目的的第1节中。本节还确立了如下原则，即申诉专员不会因为法律规定某些行政行为是终局的或不可上诉的而被阻止行使权力。

第 22 节 拨 款

为实现本法案之目的，州财政向申诉专员办公室拨款总计　美金，或者与　财政年度所需要的金额相同。

评注：

在申诉专员法规得以实施之前，必须为申诉专员办公室准备供其使用的资金。本节规定了提供资金的机制。在财务管理规定或惯例存在这一要求的各州，本节的内容应当被保留在法案中。如果无需使用本节内容，则可以将其删除。

第 23 节 生效日期

本法案获得通过即刻生效。

评注：

这是标准的立法用语。本法案实际上只有在拨款到位并且申诉专员就职后才能生效。

第 24 节 可分割性

本法案的各条款是可分割的，如果任何条款因任何原因失效，本法案其余条款的有效性将不会受到影响。

评注：

法案里并不一定要包括本节的内容。现有的各州申诉专员法规中都没有这一规定。制定可分割条款的必要性并不明确，但在立法机关对本法案进行表决时，它可能有助于减缓可能引发的法律层面的担忧。

参考资料

我们提出的申诉专员模范法案主要以《美国律师协会州政府申诉专员标准法规》为基础。带有评注的美国律师协会标准以及伯纳德·弗兰克的大量评述可以在伯纳德·弗兰克撰写的《美国各州申诉专员立法》(《迈阿密大学法学评论》第 29 卷第 3 期，1975 年春季号，第 379—445 页）一文中看到。有关美国申诉专员制度的发展历史以及申诉专员立法背后的原则，我们可以从该文获得极其全面的信息。

反过来，美国律师协会的标准建立在沃尔特·盖尔霍恩教授晚年所提出的标准的基础上。参见沃尔特·盖尔霍恩:《申诉专员标准法规评注》，载《美国政府的申诉专员》，斯坦利·安德森编，新学徒出版社，1968年。

盖尔霍恩教授的标准形成的来源之一是哈佛学生立法参考局所提出的哈佛标准。参见《创建申诉专员办公室的州级法规》，载《哈佛立法杂志》第2卷第2期，1965年6月，第213—238页。

我们也参考了现有的州申诉专员法规，比较它们的异同。感兴趣的读者可以查看这些资料来源以进一步了解有关申诉专员法规可能采取的不同形式和替代形式的信息。阿拉斯加州申诉专员的授权依据的是阿拉斯加州法规的第24篇第55章。在亚利桑那州，《亚利桑那州修订法规评注版》第41篇第8章第5条设立了申诉专员/公民助手办公室。《夏威夷州修订法规》第96章是夏威夷州的申诉专员法规。在爱荷华州，根据《爱荷华州法典评注版》第2C章，申诉专员被称为公民助手。依照《内布拉斯加州修订法规》第81-8240节至第81-8254节，内布拉斯加州使用的称呼是公设辩护人。

（翻译：周艳辉　审校：许尚豪）

United States Ombudsman Association

Model Ombudsman Act for State Governments
February 1997

PREFATORY NOTE

In the Fall of 1994, the board of directors of the United States Ombudsman Association authorized the preparation of an updated model ombudsman act appropriate for state government. There had been renewed interest in the ombudsman concept in a number of states and one, Arizona, was on the verge of enacting an ombudsman bill. It was felt that an updated model act would be a useful document for those states interested in establishing an ombudsman office as well as a useful tool to promote the classical ombudsman institution in other states. Ruth Cooperrider, legal counsel in the Iowa ombudsman's office, was asked to chair a committee to draft the model act. She was assisted in this endeavor by Marshall Lux, the Nebraska ombudsman, Mike Hostina, former deputy ombudsman from Alaska, and Yen Lew and Norrie Thompson, the Hawaii ombudsman and first assistant. The accompanying document is the result of our work.

While this model act was designed for use at the state government level, it can also be adapted for local government. Those so interested may contact the USOA for assistance.

In drafting the act, the committee decided to use as our basic reference the American Bar Association model which was completed under the leadership of Bernard Frank in 1974. The ABA model itself was based on earlier models, notably the Gellhorn model and the Harvard model. Thus, we are building on the foundations prepared for us by these worthy predecessors.

The ABA model was (and is) an excellent document, well thought-out, comprehensive in scope and meticulously annotated by Mr. Frank in his law review article presentation. We left it essentially intact, limiting our revisions to the following areas:

1. Updating and clarifying the language and making it gender neutral;

2. Amending those provisions which over the course of more than two decades of practical experience were found to lead to administrative difficulties or were otherwise problematic; and

3. Adding new provisions to accommodate recent changes in technology and public administration.

While the ABA model was our basic reference, we also reviewed the Gellhorn and Harvard models for additional clarification on certain points. The recently enacted Arizona statute was consulted to help us understand current legislative thinking about the ombudsman institution. Being either current or former ombudsman practitioners, we were also able to contribute insights from our experiences with our own respective statutes in Alaska, Hawaii, Iowa and Nebraska. This practical experience gave us an advantage over our predecessors whose frame of reference was more theoretical in nature.

Working drafts of the bill were presented at the October, 1995 USOA annual conference in Plymouth, Minnesota and the First North American Conference of ombudsman organizations held in May, 1996 in St. Louis,

Missouri. After each conference, comments on the drafts were solicited from conference delegates and the members of the USOA board. Noted ombudsman scholars were also invited to comment.

We received in return a number of very useful comments and suggestions from all these sources, including scholars such as Gerald C. Caiden, Bernard Frank and Donald C. Rowat. Our thanks to all of them. In particular, we would be remiss if we did not acknowledge Mr. Frank's careful review of our draft and his detailed commentary. Mr. Frank, the chair of the ABA ombudsman committee which had issued the ABA model act in 1974, further stated it was appropriate, timely, and logical for the USOA to review and update the ABA model and issue a new USOA model to supersede the ABA model. We are grateful for his endorsement.

In considering the comments and suggestions we received, we undertook a section-by-section review of the draft model act. While that process took an additional six months, it is our feeling that the model act was significantly strengthened as a result. Obviously not all suggestions were accepted. In many cases, this was because the suggestion was at variance with the approach taken in another part of the act. Or, the suggestion raised an issue that we had already considered and resolved among ourselves. This final draft represents a document that is acceptable to all members of the committee, where individual differences and preferences were subsumed in a spirit of consensus and where suggestions from other individuals were incorporated as deemed appropriate.

While we believe that the model act as here presented is suitable for all states, we recognize that political circumstances in a given state may mean that some variations may be more appropriate. This model act is not cast in stone. Those who may be interested in possible alternatives to any of the provisions of this model act are invited to contact the USOA.

Although this is a model act for state governments, the USOA believes the ombudsman institution is applicable at all levels of government and encourages its wider establishment. The state ombudsman office created by this model act is not intended to preempt the establishment of any new local ombudsman office. Any local ombudsman office - whether at the county, municipal, township or other level - whose enabling document meets the standards of independence, fairness, confidentiality, and integrity of the review process which characterize a classical ombudsman, should have statutory immunity similar to that granted to the state ombudsman under this model act. Such immunity is necessary to enable local ombudsmen to have confidential communications with complainants and witnesses and to make findings without fear of interference or retaliation through legal proceedings. The USOA will assist any state legislature considering the enactment of such local ombudsman immunity.

This model act is intended to provide for the establishment of an ombudsman who is able to operate effectively in the context of contemporary state government in this, the final years of the twentieth century. The USOA recognizes that future revisions may be necessary to keep this document up-to-date in light of ongoing changes in the law, in standards of government and public administration and in technology. The USOA welcomes suggestions for future consideration.

United States Ombudsman Association Model Ombudsman Act for State Governments

An Act to establish the office of Ombudsman in__________________

COMMENT:

Enactment clause would be in an appropriate form for the state.

Section 1 Legislative Purpose

It is the intent of the legislature to establish, in addition to other remedies or rights of appeal of any person under state law, an independent, impartial, state office, readily available to the public, responsible to the legislature, empowered to investigate the acts of state [(Alternate) and local] administrative agencies and to recommend appropriate changes toward the goals of safeguarding the rights of persons and of promoting higher standards of competency, efficiency and justice in the administration of state [(Alternate) and local] laws.

COMMENT:

This section provides a concise description of the characteristics of the office and its goals.

If jurisdiction over political subdivisions of the state is included, the phrase "and local" should be included. It must be determined whether the inclusion of the phrase "and local" will be interpreted as pre-empting state jurisdiction over both state and local agencies and preventing local governmental units from establishing their own Ombudsmen.

Section 2 Short Title

This Act may be cited as "The (name of state) Ombudsman Act."

COMMENT:

The title "Ombudsman" is distinctive from the more usual official titles such as "director" and "commissioner" and has gained recognition in the United States and other countries. The existing state statutes do not all use the title: Hawaii - "Ombudsman" ; Nebraska - "Public Counsel" ; Iowa - "Citizens' Aide" ; Alaska - "Ombudsman" ; Arizona - "Ombudsman-Citizens' Aide." But it should be noted the term "Ombudsman" is used in these states by the public, the media, and even by the incumbents, who found other titles could be confused with other offices and concepts.

The term "Ombudsman" should be used only when the legislation provides for an independent official who receives complaints against government agencies and who, after investigation, may, if the complaints are justified, make recommendations to remedy the complaints.

If a term other than "Ombudsman" is selected, appropriate changes must be made throughout this Act.

Section 3 Definitions

As used in this Act,

(a) "Agency" means any department, organization, board, commission, council, bureau, administrative tribunal, facility, institution or other governmental entity of (name of state), [(Alternate) any person who is providing services to individuals under contract with (name of state) and as a term of that contract is subject to the Ombudsman's jurisdiction], and any official, officer, administrative hearing examiner, employee or member of (name of state), whether elected or appointed, acting or purporting to act by reason of connection with (name of state), except:

(1) any judge;

(2) the legislature, its members, its committees and its employees;

(3) the governor and the governor's personal staff;

[(4) (Alternate A) any political subdivision of the state;]

[(4) (Alternate B) mayors, council members, judges, and any other elected officials of any political subdivision and their personal staff;]

(5) any multi-state governmental entity.

(b) "Administrative act" means any action, decision, adjudication, failure to act, omission, rule or regulation, interpretation, recommendation, policy, practice or procedure of any agency.

(c) "Person" means any individual, aggregate of individuals, corporation, partnership, or unincorporated association.

(d) "Record" means all records, documents, books, papers, files, photographs, microfilms, sound recordings, video recordings, magnetic storage media, computer data and all other materials, regardless of physical form or characteristics, created, generated, recorded, received, possessed or controlled by or on behalf of any agency.

COMMENT:

(a) Rather than specifying by name those agencies under the Ombudsman's jurisdiction, the Act permits jurisdiction over all state-related governmental operations and personnel (in pursuance of public function) with certain limited exceptions which should be minimized. An alternative clause has been added to provide that the Ombudsman's jurisdiction would include businesses, corporations, persons, etc., under contract to provide services to individuals on behalf of the state. With the increasing popularity of "privatizing" government services, policy-makers may feel the need to bring these "private" bureaucracies under the Ombudsman's jurisdiction, in order to insure that the public receives the same level of protection afforded when the services are provided directly by state agencies. If this alternative is adopted, then it would also be necessary to add to the state's statutes relating to procurement a provision to require all agencies entering into a contract for the "privatization" of governmental services to include in that contract a clause obligating the private service provider to submit to the Ombudsman's jurisdiction. By making cooperation with the Ombudsman a condition of the contract, the private contractors will understand from the outset their responsibilities to the Ombudsman and will accept that arrangement as a part of the agreement with the state.

(a)(1) The exclusion of judges is based upon the existence of the long established system of appellate review of judicial decisions and upon the existence of other mechanisms for the sanctioning and/or the removal of judges who act unethically or who are incapacitated. The exclusion is narrow and contemplates that the Ombudsman

would have jurisdiction to investigate administrative or ministerial acts by employees of the judicial branch, when those acts are peripheral to the adjudication itself. In many instances, administrative errors affecting a particular adjudication would have to be challenged and resolved through the established judicial process, but even in those cases, the Ombudsman could make recommendations for improving administrative procedures that would have a prospective effect. The Ombudsman would not, of course, have the jurisdiction to question, criticize or review the substantive content of any judicial order, decision or opinion. The exclusion of judges would pertain only to judicial officers of the judicial branch of government and would not exclude administrative tribunals or administrative law "judges" from the Ombudsman's jurisdiction.

(a)(2) The Legislature--an independent policy making body, whose actions are conspicuous and subject to public scrutiny, and whose tenure is subject to periodic popular review--is excluded. Committees and staff members who assist in policy formation are, likewise, excluded. Although there may be legislative employees, agencies, bureaus or divisions that provide direct services to the public, those employees and entities are also excluded from the Ombudsman's jurisdiction, because of concerns that the Ombudsman's close relationship with the legislative branch would compromise the independence of the office in dealing with cases involving those employees, agencies, etc. If it is determined that it is desirable to include these legislative service agencies within the Ombudsman's jurisdiction, then as an alternative the exclusion might read, "(2) the members and committees of the legislature and their immediate staff."

(a)(3) Elected state officials (e.g., Lt. Governor, Treasurer) who deserve exclusion for the same reasons as (a)(2) above, may be added to (a)(3) but they must be distinguished from other elected state officials who should be included and who are less immediately involved in policy-making and are engaged chiefly in administrative matters indistinguishable from those performed by non-elected officials generally. Thus, appropriate officials to be excluded may vary from state to state. Alternatively, this exclusion might read, "(3) elected constitutional officials and their personal staff; ” .

(a)(4) Alternate A: Where local jurisdiction is not included, (a)(4) should read, “[(4) any political subdivision of the state;].”

(a)(4) Alternate B: If jurisdiction over a political subdivision is included, Alternate B should be used to give an exclusion parallel to that for state officials: “[(4) mayors, council members, judges, and other elected officials of political subdivisions and their personal staff;].” A saving clause for existing municipal Ombudsman offices may be added if necessary and desirable.

(a)(5) The specific exclusion of multi-state entities, such as regional transportation and planning authorities, and implicit exclusion of federal agencies (including the local offices thereof), are based on practical and constitutional limitations on sovereign power of the state over such agencies.

(b) “Administrative Act” is broadly defined and includes decisions by administrative boards or tribunals or administrative law “judges” and rule-making activities.

(c) “Person” is defined broadly.

(d) “Record” is broadly defined to make it clear that the Ombudsman is intended to have access to all recorded information possessed or controlled by agencies, regardless of the form or manner of storage of that information.

Section 4 Creation of Office

The office of Ombudsman is established.

Section 5 Nomination and Appointment

The (insert name of legislative body) shall elect the Ombudsman by a two-thirds vote of the members of each house present and voting.

COMMENT:

The Ombudsman is an appointed officer of the legislative branch of government. This arrangement helps to guarantee the independence of the Ombudsman, who might be reluctant to criticize the actions of agencies that are responsible to the executive, if he or she were an executive appointee. As part of the legislative branch of government, the Ombudsman is not only providing a direct service to citizens, but is also performing a role in legislative oversight of the agencies under the Ombudsman's jurisdiction. Since the Ombudsman may only make recommendations, and may not compel the executive and judicial agencies to take substantive actions, the Ombudsman's role is consistent with the concept of separation of powers.

Section 6 Qualifications

(a) The Ombudsman shall be a person of recognized judgment, objectivity and integrity who is well-equipped to analyze problems of law, administration, and public policy.

(b) No person while serving as Ombudsman:

(1) shall be actively involved in political party activities or publicly endorse, solicit funds for or make contributions to political parties or candidates for elective office;

(2) shall be a candidate for or hold any other elective or appointive public office;

(3) shall engage in any other occupation, business, or profession likely to detract from the full-time performance of his or her duties as Ombudsman or to result in a conflict of interest or an appearance of impropriety or partiality.

COMMENT:

The Ombudsman should be a full-time impartial expert in whom the public can have confidence.

(a) This subsection gives the core characteristics and qualifications for an Ombudsman and hence provides more guidance than a mere listing of restrictions on the official.

(b) Paragraph (b)(1) seeks to preserve the Ombudsman's impartiality and the appearance of impartiality in the political arena. The Ombudsman retains the right to participate in the political process as a voter and to express his or her opinion privately.

Paragraph (b)(2) inhibits an Ombudsman from using the office as a political stepping-stone. To further protect the office from politicization, some states (Arizona, Hawaii, and Nebraska) provide that the Ombudsman shall not have served as a member of the Legislature for one or two years prior to his or her appointment. However, this could prevent the appointment of a highly qualified legislator.

Paragraph (b)(3) seeks to assure that the Ombudsman's work is performed on a full-time basis, and that the Ombudsman remains impartial.

Section 7 Term of Office

The Ombudsman shall serve for a term of years and until his or her successor is appointed and qualified. He or she may be reappointed for additional terms.

COMMENT:

A long term is desirable: to permit the Ombudsman sufficient time to become proficient at his or her duties; to provide a measure of independence from politics; and to provide prestige and security to attract qualified persons to the position. An excessively long term (e.g., 15 years) prevents the desired periodic accountability to the Legislature. The term should not be less than five years. The same points that argue for a long term of office for the Ombudsman also support the concept that the incumbent should be eligible for reappointment at the end of his or her term.

Section 8 Removal and Vacancy

(a) The Legislature by a vote of two-thirds of the members of each house present and voting may remove the Ombudsman from office, but only for mental or physical incapacity to perform the duties of the office, or other grounds sufficient for removal of a judge from state court.

(b) If the position of Ombudsman becomes vacant for any reason, the Deputy Ombudsman shall serve as Acting Ombudsman until an Ombudsman has been appointed for a full term.

COMMENT:

(a) The Ombudsman should be secure in the position, so removal is made difficult and must be for cause. This protects the Ombudsman from groundless attacks or political threats. As an alternative, this subsection might provide that the Ombudsman could be removed from office according to state constitutional provisions for removal of judges or other public officials.

(b) In filling vacancies, full term appointment is preferable to remainder-of-term appointment as it provides the desirable longer term of office.

Section 9 Compensation

The Ombudsman shall receive the same salary and benefits as [(Alternate A) a state judge at the general trial court or higher level.] [(Alternate B) a state department head.] [(Alternate C) a legislative agency head.] The salary of the Ombudsman shall not be diminished during the Ombudsman's term of office, unless by general law applying to all salaried officers of the state.

COMMENT:

The Ombudsman is a high-level official who should receive a salary that reflects the importance, responsibility and prestige of the office. Also, a high salary is warranted if the Ombudsman is prohibited by law from engaging in any other occupation, business, or profession.

Three alternative salary proposals are offered for consideration. The first sets the salary at least equal to that of a general trial court judge. The comparison between the two offices is apt in terms of recognizing the Ombudsman's stature as well as reinforcing the

concept of the Ombudsman's independence and neutrality. The second ties the Ombudsman's salary to that of the state department heads. This also provides appropriate stature to the office and emphasizes the point that the Ombudsman deals with department heads as an equal rather than as a lower level official. The third equates the Ombudsman with other legislative agency heads. This approach may be a more familiar frame of reference to legislators and it would help assure consistency within any existing legislative branch salary system. Practically speaking, any of the three alternatives should result in fairly similar salary amounts.

Section 10 Organization of Office

(a) The Ombudsman shall select, appoint and fix the compensation of a person as Deputy Ombudsman and may select, appoint and fix the compensation of such other officers and employees as the Ombudsman may deem necessary to discharge the Ombudsman's responsibilities under this Act. Compensation shall be fixed within the amount available by appropriation. All officers and employees shall serve at the Ombudsman's pleasure.

(b) The Ombudsman may delegate to staff members any authority, power or duty except this power of delegation and the Ombudsman's duty to make any report under this Act. However, the Ombudsman may authorize the Deputy Ombudsman to act in the Ombudsman's stead in the event of illness, absence, leave or disability, or when, in the Ombudsman's sole discretion, an appearance of impropriety or partiality or a conflict of interest prevents the Ombudsman from discharging his or her duty in a particular matter.

(c) The Ombudsman and his or her staff shall be entitled to participate in any employee benefit or retirement plan available to state employees.

COMMENT:

(a) The sensitive nature of the work and the high degree of delegation to and confidence in staff that will be required dictate that the Ombudsman be free of civil service and political constraints in staff selection and retention. The Ombudsman, however, should refer to civil service salary schedules in setting comparable salaries for staff, and would naturally use state accounting facilities for payment of such [cf., section 11(j)]. The appointment of a Deputy Ombudsman is compulsory while selection of other officials, including an Assistant Ombudsman or Ombudsmen, is optional.

(b) This same desire for flexibility should permit a broad delegation of powers. The Ombudsman, however, remains responsible for the organization of the office and for whatever reports leave the office [section 16] -- unless the Deputy Ombudsman has assumed the Ombudsman's duties under this sub-section or when the office is vacant [section 8(b)]. The Ombudsman has complete discretion with respect to recusal for "cause" in order to avoid procedural smoke screens and because the Ombudsman can be expected to diligently maintain his or her limited authority through appropriate recusal. The Ombudsman has discretion to require, by regulation [section 11(b)] or otherwise, that a delegation be in writing or that staff members take an oath of office.

Section 11 Powers

The Ombudsman's powers and duties include but are not limited to the following:

(a) to investigate, on complaint or on the Ombudsman's own initiative, any administrative act of an agency, without regard to the finality of the administrative act;

(b) to undertake, participate in or cooperate with persons and agencies in such conferences, inquiries, meetings, or studies which might improve the functioning of agencies or lessen the risks that objectionable administrative acts will occur;

(c) to make such inquiries and obtain such assistance and information from any agency or person as the Ombudsman shall require for the discharge of the Ombudsman's duties. Agencies shall not restrict the Ombudsman's access to agency personnel;

(d) notwithstanding any other provision of state law, to have access to and to examine and copy, without payment of a fee, any agency records, including records which are confidential by state law. The Ombudsman shall not disclose confidential records and shall be subject to the same penalties as the legal custodian of the records for any unlawful or unauthorized disclosure;

(e) to enter and inspect without prior notice the premises of any agency;

(f) to subpoena any person to appear, to give sworn testimony or to produce documentary or other evidence that is reasonably relevant to the matters under investigation;

(g) to maintain confidential any matter related to complaints and investigations, including the identities of the complainants and witnesses, except as the Ombudsman deems necessary to discharge the Ombudsman's duties;

(h) to bring suit in (name of court) to enforce the provisions of this Act;

(i) to adopt, promulgate, amend and rescind rules and regulations required for the discharge of the Ombudsman's duties, including procedures for receiving and processing complaints, conducting investigations, and reporting findings, conclusions and recommendations. However, the Ombudsman may not levy any fees for the submission or investigation of complaints;

(j) to prepare and administer a budget for the office of the Ombudsman;

COMMENT:

The general powers and duties of the Ombudsman are enumerated for clarity; however, this section is not an exhaustive listing of all the powers and duties delegated to the Ombudsman. Additional provisions related to staffing, delegation of powers and duties, recommendations, and reports are contained in sections 10, 15, and 16.

(a) The Ombudsman's investigatory power is limited to administrative acts of agencies [section 3(b)]. The Ombudsman may receive and consider complaints from any source. The Ombudsman can initiate an investigation when others are unwilling to come forward with a complaint or when the Ombudsman discovers a matter warranting investigation.

(b) Although most of the Ombudsman's time will be occupied with individual complaints, the Ombudsman can conduct studies of a general nature to improve agency efficiency or service to the public, either independently or jointly with other governmental bodies or non-governmental research enterprises.

(c) The Ombudsman has broad access to any type of information from an agency or person, and an agency may not restrict agency personnel from assisting or providing information to the Ombudsman. There is no requirement to conduct formal evidentiary hearings of an adversary nature, although the Ombudsman can take statements from persons under oath. If testimony is taken, it should be perceived purely as an investigatory proceeding, and the procedure need not comport with what is normally required in a formal adjudication hearing.

(d) The Ombudsman can examine and copy or obtain a copy of any agency record, including records which are confidential under state law, without the payment of any fee. However, the Ombudsman and the Ombudsman's staff are obligated to maintain the confidentiality of any confidential records provided by an agency to the same extent as the legal custodian of the records.

(e) The Ombudsman has the power to inspect any agency without notice, as advance notice might negate the value of such a visit. Information gathered on site visits may provide subjects for investigation on the Ombudsman's own motion.

(f) The Ombudsman can compel any person to provide testimonial, documentary, or other evidence through issuance of a subpoena. Implicitly, the Ombudsman and his or her staff are empowered to administer oaths to such witnesses. Protections and privileges for witnesses, regardless of whether or not they have been subpoenaed, are provided in section 18. If a person refuses to comply with the subpoena, the Ombudsman can seek enforcement under section 11(h).

(g) To facilitate the gathering of information, the Ombudsman has discretion to keep confidential any complaint or investigative information. The Ombudsman may disclose such information as the Ombudsman deems necessary or appropriate in carrying out the Ombudsman's duties.

(h) The Ombudsman may bring suit regarding the exercise of his or her powers, including actions: for a declaratory judgment to obtain jurisdiction [under sections 3(a) and 11(a)]; to enter and inspect agencies [section 11(e)]; to show cause for not appearing after being subpoenaed [section 11(f)]; and to enforce confidentiality provisions [sections 13(d) and 13(e)].

(i) The Ombudsman is given broad regulatory discretion to determine the procedures for carrying out the office's functions. The Ombudsman may through rules or regulations specify the means by which complaints may be submitted (which may include fax or electronic mail) and require for good reason that certain types of complaints be in writing. To insure accessibility (and avoid discrimination against the poor), a fee may not be imposed for the Ombudsman's services.

(j) A provision for budgetary powers may be necessary in some states and useful in others, to insure that the Ombudsman's budget is independent of outside (agency) administration.

Section 12 Investigation of Complaints

(a) The Ombudsman shall conduct a suitable investigation of a complaint that is an appropriate subject for investigation. An appropriate subject for investigation by the Ombudsman includes any administrative act which the Ombudsman believes might be:

(1) Contrary to law or regulation;

(2) Based on mistaken facts or irrelevant considerations;

(3) Unsupported by an adequate statement of reasons;

(4) Performed in an inefficient manner;

(5) Unreasonable, unfair, or otherwise objectionable, even though in accordance with law; or

(6) Otherwise erroneous.

(b) The Ombudsman in the Ombudsman's discretion may decide not to investigate because:

(1) The complainant could reasonably be expected to use another remedy or channel;

(2) The complaint is trivial, frivolous, vexatious, or not made in good faith;

(3) The complaint has been too long delayed to justify present examination;

(4) The complainant is not personally aggrieved by the subject matter of the complaint;

(5) Resources are insufficient for adequate investigation; or

(6) Other complaints are more worthy of attention.

(c) The Ombudsman's declining to investigate a complaint shall not bar the Ombudsman from proceeding on his or her own initiative to investigate an administrative act whether or not included in the complaint.

COMMENT:

(a) The Ombudsman has a duty to investigate the complaints described in subsection (a), although he or she may decline to investigate for the reasons given in subsection (b). The enumerated complaints indicate the kinds of administrative acts that generate complaints to the Ombudsman's office. As shown by paragraph (a)(6), which is a catchall, and subsection (c), the statute is intended as a guide to and not a limitation on the complaints which the Ombudsman can investigate.

(b) The Ombudsman may choose to investigate a complaint even though the statute permits him or her to refuse. For instance, under paragraph (b)(1), if the Ombudsman believes that recourse to an administrative or legal remedy would be futile or overly burdensome to the complainant, the Ombudsman may investigate the complaint. Similarly, the Ombudsman may decide to investigate a complaint of public concern even though the complainant was not personally aggrieved.

(c) Complaints which are inappropriate for investigation may nevertheless reveal administrative acts which the Ombudsman may decide to investigate on his or her own initiative [section 11(a)].

Section 13 Rights of Complainant-Communication With Complainant

(a) After the Ombudsman has decided whether or not to investigate a complaint, the Ombudsman shall suitably inform the complainant.

(b) The Ombudsman shall, if requested by the complainant, suitably report the status of his or her investigation to the complainant.

(c) After investigation of a complaint, the Ombudsman shall suitably inform the complainant of his or her conclusion or recommendation and, if appropriate, any action taken or to be taken by the agency involved.

(d) A letter to the Ombudsman from a person held in custody--including by detention, incarceration and hospitalization--by an agency shall be forwarded immediately, unopened, to the Ombudsman. A letter from the Ombudsman to such person shall be immediately delivered, unopened, to the person. Telephone and personal contacts between the Ombudsman and a person in custody shall not be prohibited or monitored.

COMMENT:

Subsections (a), (b) and (c) give the Ombudsman a general duty to inform the complainant of the status of his complaint. The experience and judgment of the Ombudsman will determine the suitable response to be made.

Section 14 Rights of Agency

Before formally issuing a conclusion or recommendation that is significantly critical or adverse to an agency, the Ombudsman shall have consulted with that agency and permitted the agency reasonable opportunity to reply. If the Ombudsman makes a conclusion or recommendation available to the agency to facilitate a reply, the conclusion or recommendation is confidential and may not be disclosed to the public by the agency unless the Ombudsman releases it.

COMMENT:

This section protects agencies, their officers and employees by requiring consultation and giving them reasonable time to reply to significant criticism before the Ombudsman issues critical findings. The Ombudsman has the discretion to make all or part of his or her findings available to facilitate a reply. Because the Ombudsman may modify findings, which may include removal of confidential information and incorporation of the agency's response [section 15(b)], after reviewing the agency's reply, disclosure of findings not released by the Ombudsman is a violation of law, which may be dealt with under existing records confidentiality provisions.

Notice of the Ombudsman's decision to investigate is not required because such formalities: are inconsistent with the role of the Ombudsman as an alternative to procedure-bound remedies and the limited resources of the office; are largely ceremonial in that the Ombudsman will inevitably contact the agency during an investigation; and are not required by due process given the absence of Ombudsman power to enforce recommendations and the fact that an opportunity to be heard is required before publication.

If an advance notice provision is nonetheless desired, it should provide for: informal or preliminary inquiries without notice, since experience shows that the vast majority of complaints are handled expeditiously and informally; withholding notice when notice would hinder investigation; and flexibility of form to avoid legalistic procedural wrangling, e.g. "If after making preliminary inquiries the Ombudsman decides to investigate, the Ombudsman shall suitably inform the agency involved unless the Ombudsman reasonably believes that advance notice will unduly hinder the investigation or make it ineffectual. The Ombudsman may inform the agency verbally or in writing."

Section 15 Procedure after Investigation

(a) If, after investigation, the Ombudsman is of the opinion that an agency should:

(1) consider the matter further,

(2) modify or cancel an act,

(3) alter a regulation, practice or ruling,

(4) explain more fully the act in question,

(5) rectify an omission, or

(6) take any other action,

the Ombudsman shall state any conclusions, recommendations and reasons therefore to the agency. If the Ombudsman so requests, the agency shall, within the time specified, inform the Ombudsman about the action taken on recommendations or the reasons for not complying with them.

(b) After a reasonable period of time has elapsed, the Ombudsman may issue his or her conclusions or recommendations to the legislature, the governor, a grand jury, the public, or any other appropriate authority. The Ombudsman shall include any brief statement the agency may provide if an opportunity to reply is required by this Act.

(c) If the Ombudsman believes that an action has been dictated by laws whose results are unfair or otherwise objectionable, and could be revised by legislative action, the Ombudsman shall notify the (insert name of legislative body) and the agency of desirable statutory change.

(d) If the Ombudsman believes that any agency official or employee has acted in a manner warranting criminal or disciplinary proceedings, the Ombudsman shall refer the matter to the appropriate authorities without notice to that person.

COMMENT:

(a) Though the Ombudsman will rarely have reason to make a recommendation if there is no error in what the agency has done or neglected to do, the Ombudsman should remain free to suggest improvements in method or policy even when the existing practice may be legally permissible. Thus the Ombudsman may facilitate one agency's learning about and taking advantage of the experience of another. This subsection contemplates no entry of judgment, as it were, but simply the expression of opinion by the Ombudsman. The Ombudsman is not a superior official, in a position of command, and cannot compel a change in an administrative act. The Ombudsman's recommendation may, however, induce an agency to exercise whatever power it may possess to right what the Ombudsman points out as a past mistake.

(b) If the Ombudsman is required to provide an opportunity to reply under section 14 and a reply is forthcoming, the Ombudsman must include it when issuing findings. Rather than permitting the Ombudsman to summarize replies, replies are limited to a "brief" statement which shall be printed unedited; regulations as to what is "brief" might be promulgated under section 11(i).

(c) There may be instances where an agency acted in accordance with existing law, but the law itself produces unjust results. The Ombudsman has the duty to bring these situations to the attention of the legislature and appropriate agency officials; if appropriate, the Ombudsman may comment on or recommend changes in legislation.

(d) The Ombudsman's duty to report wrongdoing pertains to miscreant officials. This subsection makes it clear that the Ombudsman may report allegations of wrongdoing without having to first notify the person involved (who may otherwise flee the state or destroy pertinent evidence if tipped off prematurely). This avoids any ambiguity which may arise if this subsection is read in conjunction with section 14.

If the person has testified before the Ombudsman, such testimony would bear the same privileges as testimony in court [section 18].

Section 16 Reports

The Ombudsman may from time to time and shall annually report on his or her activities to the Governor, to the Legislature, or any of its committees, to the public and, in the Ombudsman's discretion, to agencies.

COMMENT:

The Ombudsman's sole means of correcting flawed practices when agencies refuse to do so is to publish criticism and recommendations.

The annual report, whose release date would be set by the Ombudsman [section 11(i)], is mandatory. Special [section 15(b)] or general interim reports are discretionary with the Ombudsman.

Section 17 Ombudsman's Immunities

(a) The substantive content of any finding, conclusion, recommendation, or report of the Ombudsman or member of the Ombudsman's staff shall not be reviewable in any court.

(b) The Ombudsman and the Ombudsman's staff have the same immunities from civil and criminal liabilities as a judge of this state.

(c) The Ombudsman and the Ombudsman's staff shall not be compelled to testify or produce evidence in any judicial or administrative proceeding with respect to any matter involving the exercise of their official duties except as may be necessary to enforce this Act.

COMMENT:

(a) & (b) As a public watchdog, the Ombudsman should be able to state his or her position freely and candidly without fear of pressure or reprisal. The judicial immunities afforded the Ombudsman are intended to protect against harassment when the Ombudsman deals with controversial issues or makes an unpopular decision. While the Ombudsman's findings are presented only after due consideration, no claim of infallibility is made and the Ombudsman's findings, conclusions and recommendations are always subject to criticism by government officials as well as members of the public. Since the Ombudsman has no enforcement power and any findings and recommendations are only advisory in nature, the courts should have no authority to order that an expression of opinion be changed.

(c) Certain dealings that the Ombudsman has with complainants and witnesses may be confidential in nature. This subsection is meant to protect these confidential relationships so as to encourage complainants to avail themselves of the Ombudsman's services and witnesses to cooperate with the Ombudsman, where they may be otherwise reluctant to do so.

Section 18 Witnesses' Privileges

Any person who provides information under this Act may be accompanied and advised by counsel of his or her choice and shall be paid the same fees and travel allowances and accorded the same privileges and immunities as witnesses whose attendance has been required in the (name of court). However, a representative of an agency providing information under this Act during business hours shall not be entitled to receive such fees and allowances

COMMENT:

Although investigations conducted by the Ombudsman are not contested cases or adjudications of rights or interests, and although nearly all testimony will be private and confidential, witnesses who testify (whether or not by subpoena) are given judicial privileges and immunities. Witness fees and travel allowances are also required for persons who provide information to the Ombudsman under the Act. A provision that a representative of an agency during business hours shall not be entitled to such fees and allowances is included to avoid possible double payment of public servants during working hours.

Section 19 Obstruction

Any person who willfully obstructs or hinders the proper and lawful exercise of the Ombudsman's powers, or willfully misleads or attempts to mislead the Ombudsman in the Ombudsman's inquiries, shall be guilty of a (specify the level of offense).

COMMENT:

It must be determined in each state whether necessity exists for indicating the court in which proceedings are to be brought and upon whose initiative. Since fines for offenses vary from state to state and may be subject to periodic changes, it is preferable to specify the offense rather than a set amount of fine for a violation.

Section 20 Reprisals Prohibited

(a) No person who files a complaint or participates in any investigation or proceeding pursuant to this chapter shall be subject to any penalties, sanctions or restrictions in connection with his or her employment or be denied any right, privilege, or benefit because of such action.

(b) A person who alleges a violation of this part may bring a civil action for appropriate injunctive relief, actual damages, and punitive damages. Punitive damages shall not exceed $10,000.

COMMENT:

This section provides protection to complainants and witnesses from reprisals at their place of employment or the deprivation of other rights or privileges because of their participation in Ombudsman investigations.

Section 21 Relation to Other Laws

The provisions of this Act are in addition to and do not in any manner limit or affect any other provisions of law under which any remedy or right of appeal is provided for any person, or any procedure is provided for the inquiry into or investigation of any matter. The powers conferred on the Ombudsman may be exercised notwithstanding any provision of law to the effect that any administrative action shall be final or unappealable.

COMMENT:

This section clearly sets forth that the Ombudsman office is a supplemental remedy and is in addition to other remedies or rights of appeal--a principle also covered in section 1 with respect to legislative purpose. This section also establishes the principle that the Ombudsman powers are not inhibited by statutory enactments providing that any administrative action shall be final or unappealable.

Section 22 Appropriation

There is appropriated out of the general revenues of the state the sum of $_________, or so much thereof as may be necessary for fiscal year_________, to the office of the Ombudsman to carry out the purposes of this Act.

COMMENT:

Before an Ombudsman statute can be implemented, funding needs to be made available to pay for the expense of the office. This section provides the mechanism to do this. This section should be included where required by the fiscal regulations or practice of the state. If inclusion of such section is not necessary, it can be omitted.

Section 23 Effective Date

This Act shall take effect upon its approval.

COMMENT:

This is standard enactment language. The Act actually becomes effective only after appropriation has been made and an Ombudsman has taken office.

Section 24 Severability

The provisions of this Act are declared severable, and if any provision thereof is held to be invalid for any reason, the validity of the remainder of the Act shall not be affected.

COMMENT:

The inclusion of this section is optional. It is not in any of the existing state Ombudsman statutes. The need for a severability clause is unclear, but it may be helpful to assuage any legal concerns that may be raised when the bill is being voted on in the legislature.

REFERENCES

Our proposed model ombudsman act is based primarily on the American Bar Association Model Ombudsman Statute for State Governments. The annotated ABA model, together with Bernard Frank's extensive commentary, may be found in Bernard Frank, "State Ombudsman Legislation in the United

States," *University of Miami Law Review* 29, no. 3 (Spring 1975), 379-445. This is an extremely comprehensive source of information about the history of the ombudsman institution in the United States as well as on the principles behind ombudsman legislation.

In turn, the ABA model was based on the model prepared by the late Professor Walter Gellhorn. See Walter Gellhorn, "Annotated Model Ombudsman Statute." In *Ombudsman for American Government?* Edited by Stanley V. Anderson. Englewood Cliffs, NJ: Prentice-Hall, Inc., 1968.

One of the sources that Professor Gellhorn used for his model was the Harvard model prepared by the Harvard Student Legislative Reference Bureau. See "A State Statute to Create the Office of Ombudsman," *Harvard Journal on Legislation* 2, no. 2 (June 1965), 213-238.

We also consulted the current state ombudsman statutes to compare the differences and similarities among them. Interested readers are directed to those sources for further information about possible statutory variations and alternatives. The Alaska ombudsman is authorized under Title 24, Chapter 55 of the Alaska Statutes. In Arizona, Title 41, Chapter 8, Article 5 of the Arizona Revised Statutes Annotated establishes the office of the ombudsman-citizens aide. Chapter 96, Hawaii Revised Statutes, is the ombudsman statute for Hawaii. In Iowa, the ombudsman is known as the citizens' aide pursuant to Chapter 2C, Iowa Code Annotated. Public Counsel is the title used in Nebraska in accordance with Sections 81-8,240 to 81-8,254, Revised Statutes of Nebraska.

亚利桑那州修订法规（第 41 篇）

第 5 章 申诉专员 / 公民助手办公室

41-1371. 定义

在本条中，除有其他规定：

1.“行政行为”指的是某个机构的行动、决议、不作为、建议、实践、政策或程序，但不包括法律的起草和提交或者司法命令、司法决议或司法意见的实质内容。

2.“机构”指的是州政府行政机关的部门、办公室、公司、权力机关、组织、委员会、政务会或理事会，不受州政府的行政机关或立法机关管辖的州政府所下属的部门、办公室、专门机构、权力机关、组织、委员会、特定委员会、政务会或理事会，或者在行使公职时采取行动或意图采取行动的某机构官员、雇员或成员。机构不包括州政府的司法部门、评议委员会、大学或社区大学。

3.“记录”指的是所有文件、照片、胶片、展览品或其他依法制作或接收的物品以及与官方事务往来有关联的物品，法律代理人的工作成果、受代理人—委托人保密特权保护的通信以及第 41-1378 节第 D 条第 4 款所定义的保密信息除外。

41-1372. 豁免情况

本条款不适用于：

1. 任何选举产生的州政府官员；

2. 与如下官员维持着直接的、机密的顾问关系的高级顾问：

（a）州长

（b）州务卿

（c）州首席检察官

（d）州财政部长

（e）州矿井巡视长

（f）州教育厅厅长

（g）州公司委员会委员

3. 与如下人员维持着代理人—委托人关系的机构代理人：

（a）正在履行职责的某机构官员或工作人员。

（b）第 2 条所列举的选举产生的官员。

4. 立法机关的全体人员。

41-1373. 申诉专员 / 公民助手选举委员会

A. 在申诉专员 / 公民助手办公室出现职位空缺的情况下，或者在职务任期结束前的 12 个月的时间内，由以下人员组成申诉专员 / 公民助手选举委员会：

1. 由州参议院议长指定的两名参议员，两党各占一个名额；

2. 由州众议院议长指定的两名众议院，两党各占一个名额；

3. 由州参议院议长指定的作为本州辖区内某大型企业代表人的一名公民；

4. 由州众议院议长指定的作为本州辖区内某小型企业代表人的一名公民；

5. 由州长指定的三名成员，他们代表着：

（a）不受本州管理的消费者团体；

（b）担任管理职务的州政府雇员；

（c）担任非管理职务的州政府雇员。

B. 在申诉专员 / 公民助手办公室出现职位空缺的情况下，拥有任命权的官员应就该委员会的成员作出任命。该委员会应按照其所采纳的程序，受理相关申请并在获得 2/3 投票通过的情况下提名一位申诉专员 / 公民助手候选人。依据这一提名对申诉专员 / 公民助手的任命需要该议案在州参众两院按照记名投票的方式以 2/3 的赞成票获得通过。任命获得通过，则申诉专员 / 公民助手选举委员会成员的任期就此结束。如果州长不同意该议案，则州长应将该议案退回到提出该议案的立法机构。如果再次讨论后，该议案重新在州参众两院按照记名投票的方式以 3/4 的赞成票获得通过，即使州长反对，该议案也应成为法律。

C. 该委员会的会议向公众开放，与候选人面谈的会议以及在候选人之间进行初选的会议除外。就被提名人进行投票表决的会议向公众开放。

D. 应公布所有候选人的身份。

E. 依照第 38 篇第 4 章第 2 条规定，委员会成员可以报销相关开支，但不能领取薪酬。

41-1374. 任职资格

担任过选举产生的州政府官员的个人必须在任期结束一年后才可担任申诉专员 / 公民助手。作为最低要求，申诉专员 / 公民助手成为本州常住居民的时间至少应为 6 个月，年满 25 周岁并具备调查经验。

41-1375. 申诉专员 / 公民助手；任期；薪资

A．设立申诉专员 / 公民助手办公室。

B．依据第 41-1373 节的规定所任命并获得通过的申诉专员 / 公民助手应全职履行其职能，作为政府官员，应遵守第 38 篇第 3 章第 8 条有关利益冲突的法律条款。

C．申诉专员 / 公民助手职务的任期为 5 年，从任命之日起开始计算。除本节第 D 条所规定的情况外，申诉专员 / 公民助手的任职时间不得超过 3 个完整任期。

D．如果在没有任命继任者的情况下，申诉专员 / 公民助手的任职时间到期，则现任申诉专员 / 公民助手可以继续任职，直到：

1. 任命了继任者。

2. 依照本节第 E 条规定，该申诉专员 / 公民助手被撤职。

E．在相关共同决议案在州参众两院都获得了 2/3 的议员的同意后，申诉专员 / 公民助手随时可以被撤职，但撤职只能是因为申诉专员 / 公民助手疏忽职守、确定其以不恰当的方式泄露了保密信息、行为不端或者无法履行职责。依照第 38-510 节的规定，申诉专员 / 公民助手可以在没有采取立法行动的情况下主动辞职。在申诉专员 / 公民助手被撤职、辞职、死亡或者无法履职的情况下，代理申诉专员可以担任执行申诉专员 / 公民助手，直到任命新一任申诉专员 / 公民助手。

F．依据第 38-611 节规定，申诉专员 / 公民助手有资格领取相应薪资。

G．在拨款允许范围内，申诉专员 / 公民助手为履行本章规定的职责可以支出必要费用。立法委员会应从拨给该委员会的款项中为申诉专员 / 公民助手的支出提供资金。立法委员会应将该项支出作为一个项目列入拨款总法案。

41-1376. 权力和职责

A. 申诉专员 / 公民助手应：

1. 依照第 41-1377 节第 A 条和第 B 条调查各机构的行政行为，第 41-1377 节第 C 条、第 D 条和第 E 条规定除外。申诉专员 / 公民助手可以调查任一机构的行政行为，即使该行政行为是终局性的。

2. 在每年 1 月 1 日之前向州长、立法机关和公众提交一份书面报告，该报告包括有关申诉专员 / 公民助手在前一财政年的活动的概要。申诉专员 / 公民助手应每半年向立法委员会提交此类报告，并将该报告的副本分发给战略规划和预算州长办公室主任、联合立法预算委员会主席以及行政规章监督委员会联合主席。该报告应包括：

（a）有关申诉专员 / 公民助手使命的说明；

（b）第 41-1379 节第 B 条所规定的所有类别范围内事务的数量；

（c）影响申诉专员 / 公民助手的立法议题；

（d）有选择的案例研究，以说明申诉专员 / 公民助手的工作以及投诉的理由；

（e）申诉专员 / 公民助手与他人联系方面的统计数据；

（f)申诉专员 / 公民助手的工作人员。

3. 在开展初步调查之前，采用如下规则，即确保所收集的保密信息不会被公布。

4. 任命一位代理申诉专员并对工作人员的职责作出规定，或者，在拨款允许范围内，为获得履行申诉专员 / 公民助手的职责所需的服务与独立承包商签订协议。所有工作人员服务于申诉专员 / 公民助手，他们不受本篇第 4 章第 5 条和第 6 条法规的管制。所有工作人员应遵守第 38 篇第 3 章第 8 条有关利益冲突的法律条款。

5. 在开展初步调查前，应通过建立如下程序的条例：受理投诉（包括确定每位投诉人已经尝试了该机构内其他所有合理解决渠道的方针）、开展调查、将相关机构的回应纳入建议以及公布调查结论。

6. 在撰写调查计划时，通知相关机构的主管领导或负责人，除非此类通知会过度阻碍调查或导致调查无效。

7. 任命一位助理协助申诉专员 / 公民助手调查与经济安全部门中的儿童保护服务处有关的投诉。该助手应具备儿童保护服务程序和法律方面的专业知识。即使存在其他与此不一致的法律规定，申诉专员 / 公民助手及其助理有权使用经济安全部门中儿童保护服务处的记录以及儿童保护服务处所使用的任何自动化案件管理系统。

B．在依据第 41-1379 节对调查进行结案并通知相关机构的负责人之后，申诉专员 / 公民助手可以将申诉专员 / 公民助手的意见和建议向州长、立法机关、相关公诉机构或者公众公布，或者向他们中的任何多个部门或个人公布。申诉专员 / 公民助手的意见应包括相关机构的回应，包括那些因申诉专员 / 公民助手的初步意见或建议而得到解决的问题。

41-1376.01．其他的权力和职责；定义

A．除第 41-1376 节所规定的权力和职责，申诉专员 / 公民助手应任命两名助理（其中一位应为律师）协助申诉专员 / 公民助手调查涉及某个机构的与公众获取权有关的投诉以及与依据本条款遵守相关报告制度有关的投诉。这两名助理应依据公众获取权方面的法律就公众的权利和公共机构的责任对政府官员进行培训并对公众开展教育。这两名助理应与申诉专员 / 公民助手合作共同准备解释性的和用于教育的资料和节目，应向选举产生或任命产生的政府官员分发公众获取权方面的法律文件以及与公众获取权方面的法律有关的教育资料。

B．申诉专员 / 公民助手的年度报告应包括下列有关公众获取权的信息：

1. 所受理的来自公众、媒体和政府机构的询问的数量。

2. 所受理的关于州政府机构、县政府机构、市或镇政府机构、学区以及其他管辖区域的询问的数量。

3. 所受理的涉及公共记录和公共会议的请求的数量。

4. 所展开的调查的数量以及调查的结果。

C．为依据本节规定展开调查，申诉专员 / 公民助手可以：

1. 遵照第 41-1377 节的规定展开询问并获得必要的信息。

2. 在没有通知的情况下，对相关机构的场所以及该场所内的工作人员展开检查。

3. 举行听证会。

4. 即使存在其他法律规定，有权获得所有机构的记录，包括保密记录，以下记录除外：

（a）没有传票的密封的法庭记录。

（b）正在进行的刑事调查的记录。

（c）可能导致保密中的警方线人的身份暴露的记录。

（d）受代理人—委托人保密特权保护的代理律师的工作和通信。

（e）第 42-2001 节所定义的保密信息，第 42-2003 节第 M 条所规定的内容除外。

（f）受《国内税收法典》第 6103 节第 d 条、第 6103 节第 p 条或第 7213 节保护的信息。

（g）涉及第 36-2903 节第 I 条、第 36-2917 节、第 36-2932 节第 F 条或第 36-2972 节的保密信息。

（h）涉及第 36-507 节、第 36-509 节和第 36-2220 节的保密信息。

（i）受《2002 年关键基础设施信息保护法》第 214 节（《美国法典》

第 6 篇第 133 节第 A 条）或《美国联邦法规》第 49 篇第 1520 节保护的文件。

（j）受《2002 年关键基础设施信息保护法》第 214 节（《美国法典》第 6 篇第 133 节第 A 条）或《美国联邦法规》第 49 篇第 1520 节保护的信息或者第 41-1801 节（该节法规涉及的是被联邦政府划归为关键基础设施的政府所有的设施）或第 41-1801 节定义的关键基础设施信息。

5. 如有必要，可以发送传票以强制要求证人出庭作证并强制获得申诉专员 / 公民助手依据本条第 4 款有权获得的书籍、记录、文件和其他证据。申诉专员 / 公民助手只有在如下情况下可以发送传票，即申诉专员 / 公民助手之前已经要求获得相关证词或证据，但被要求提供相关证词或证据的个人或机构没能在合理时间内满足相关要求。

D. 如果任何机构或代表机构的个人因为某人与申诉专员 / 公民助手或其工作人员合作或为其提供信息而对该人采取不利行为作为报复，则此行为违背本州的政府政策。

E. 就本节而言：

1. “机构”的意义与第 41-1371 节的规定相同，但还包括第 39-121.01 节第 A 条第 2 款定义的公共实体。

2. “公众获取权法律”指的是：

（a）第 39 篇第 1 章。

（b）第 38 篇第 3 章第 3.1 条。

（c）涉及参与公共会议或获得公共记录的权利的本州任何其他的法规或规章。

41-1377. 调查的范围

A. 收到投诉后，申诉专员 / 公民助手可以对其有理由认为存在如下情况的相关机构的行政行为进行调查：

1．违反法律。

2．不合理的、不公正的、压迫性的、武断的、任意妄为的、滥用自决权的或者存在不必要的差别对待的，即使它们不违反法律。

3．以错误的事实为依据。

4．以不恰当或无关的理由为依据。

5．没有充分的理由作为支撑。

6．行为低效或者不得当。

7．存在其他方面的错误。

B．收到投诉后，申诉专员 / 公民助手可以展开调查以找到恰当的纠正措施。

C．收到投诉后，申诉专员 / 公民助手在如下情况下可以拒绝对依据本节第 A 款原本符合调查条件的相关机构的行政行为展开调查：

1．短期内就可以采取充分的纠正措施来解决该投诉反映的不满。

2．该投诉涉及的事务不属于申诉专员 / 公民助手的职责范围。

3．该投诉涉及的行政行为是投诉人在提出投诉之前已经认识到的，且这之间的时间跨度超出了合理范围。

4．投诉人与投诉对象之间缺乏足够的个人利害关系。

5．投诉没有价值或者存在欺诈。

6．申诉专员 / 公民助手办公室的资源不足以对该投诉展开彻底调查。

D．申诉专员 / 公民助手应拒绝调查处于本州惩教部门监管下的个人提出的投诉。

E．收到涉及第 42-2001 节所定义的保密信息的投诉后，申诉专员 / 公民助手应该：

1．与处理税收问题的官员所在部门或有权获取纳税人保密信息的税收部门的工作人员合作。

2．从纳税人那里获得代理人权力，以税收部门可以接受的方式获得特定投诉人的保密信息。

F．收到涉及与第 36-2903 节第 I 条、第 36-2917 节、第 36-2932 节第 F 条或第 36-2972 节有关的保密信息的投诉后，申诉专员 / 公民助手应该：

1．与有权获取保密信息的亚利桑那州医疗保健费用控制系统管理局的工作人员合作。

2．从投诉人那里获得代理人权力，以亚利桑那州医疗保健费用控制系统管理局可以接受的方式获得投诉人本人的保密信息。

G．收到涉及与第 36-507 节、第 36-509 节和第 36-2220 节有关的保密信息的投诉后，申诉专员 / 公民助手应该：

1．与有权获取保密信息的卫生服务部门的工作人员合作。

2．从投诉人那里获得代理人权力，以卫生服务部门可以接受的方式获得投诉人本人的保密信息。

41-1378. 投诉；调查；调查权；违反规定；分类

A．所有投诉应交由申诉专员 / 公民助手处理。如果某个机构收到投诉人与申诉专员 / 公民助手之间的信件，它应对信件进行保管并及时将未开封的信件转交给申诉专员 / 公民助手。

B．在收到投诉后的 30 天时间内，申诉专员 / 公民助手应告知投诉人是否就投诉展开调查的决定。如果申诉专员 / 公民助手决定不开展调查，并且投诉人提出要求，则申诉专员 / 公民助手应以书面形式提供不开展调查的理由。

C．申诉专员 / 公民助手不可以因调查或投诉收取任何费用。

D．在调查过程中，申诉专员 / 公民助手可以：

1．遵照第 41-1377 节的规定进行询问和获取必要的信息。

2．在没有通知的情况下对相关机构的场所以及该场所中的机构工作人员进行检查。

3．举行听证会。

4．即使存在其他法律规定，依然有权获取州政府所有机构的记录，包括保密记录，但以下记录除外：

（a）没有传票的密封的法庭记录。

（b）正在进行的刑事调查的记录。

（c）可能导致保密中的警方线人的身份暴露的记录。

（d）受代理人—委托人保密特权保护的代理律师的工作和通信。

（e）第 42-2001 节所定义的保密信息，第 42-2003 节第 M 条规定的内容除外。

（f）受《国内税收法典》第 6103 节第 d 条、第 6103 节第 p 条第 8 款或第 7213 节保护的信息。

（g）涉及第 36-2903 节第 I 条、第 36-2917 节、第 36-2932 节第 F 条或第 36-2972 节的保密信息。

（h）涉及第 36-507 节、第 36-509 节和第 36-2220 节的保密信息。

5．如有必要，可以发送传票强制要求证人出庭作证并强制获得申诉专员 / 公民助手依据本条第 4 款有权获得的书籍、记录、文件和其他证据。只有当申诉专员 / 公民助手之前已经要求获得相关证词或证据，但被要求提供相关证词或证据的个人或机构没能在合理时间内听从相关要求时，申诉专员 / 公民助手才可以发传票。

E．如果任何机构或代表机构的个人因为某人与申诉专员 / 公民助手或申诉专员 / 公民助手的工作人员合作或为其提供信息而对该人采取不利行为作为报复，则该行为违背本州的政府政策。

F．如果投诉人或证人要求，则申诉专员 / 公民助手有必要对相关信息进行保密，以便保护投诉人或证人的身份。申诉专员 / 公民助手应确保保密记录不被申诉专员 / 公民助手或者申诉专员 / 公民助手的工作人员所泄露。申诉专员 / 公民助手应对相关机构的记录进行保密。针对依据第 39 篇第 1 章第 2 条所提出的获取信息的要求或其他获取信息的要求，申诉专员 / 公民助手在处理其从相关保管机构获得的所有记录时所采取的方式应与相关保管机构在面对同样的要求时所采取的方式一样。

G. 如果申诉专员 / 公民助手或申诉专员 / 公民助手的工作人员或其他雇员故意以法律不允许的方式泄露或者公开任何法律禁止披露的记录、文件或信息的细节，将被判定为 5 级重罪。

41-1379. 调查完成后的程序

A. 如果申诉专员 / 公民助手的意见或建议对个人或机构而言是负面的，则该申诉专员 / 公民助手在提交该意见或建议之前应先与相关个人或机构进行磋商。最初的意见或最初的建议要进行保密，任何一方不得公开披露。

B. 如果申诉专员 / 公民助手在调查后发现存在如下情况，则申诉专员 / 公民助手应向相关机构报告其意见和建议：

1. 该机构应对某事务作进一步考虑。

2. 某事务应移交给参众两院的议长以便进行进一步的调查或采取立法行动。

3. 应修订某项行政行为所依据的法规或规章。

4. 应纠正或取消某项行政行为。

5. 应为某项行政行为提供理由。

6. 该机构的行为没有任何依据或缺少充分依据。

7. 该机构应采取其他行为。

8. 该机构的行为是武断的或者任意妄为的，滥用自决权或者没有遵守法律。

C. 申诉专员 / 公民助手可以要求相关机构在指定时间内向申诉专员 / 公民助手办公室报告其依照申诉专员 / 公民助手的建议所采取的任何行动。

D. 申诉专员 / 公民助手应将其建议以及相关机构采取的行动告知投诉人。

E. 如果申诉专员 / 公民助手认为某机构的官员或工作人员在履行职责的过程中存在失职或行为不当的现象，则申诉专员 / 公民助手应将该事务移交给该机构的主管领导、州参众两院的负责人、公诉人办公室或者其他相关官员或机构。

41-1380. 申诉专员 / 公民助手的保护

A. 不能因为申诉专员 / 公民助手或申诉专员 / 公民助手的工作人员在依据本款法规履行职责时所采取的行动或没有采取的行动而对其提起民事诉讼，除非出现第 38 篇第 3 章第 8 条的规定之外的严重玩忽职守行为或不法行为。

B. 申诉专员 / 公民助手提起的诉讼或作出的决议可以在最高法院进行复审的前提是，复审的目的只是决定该诉讼或决议是否违背本条款规定。

C. 申诉专员 / 公民助手和申诉专员 / 公民助手的工作人员不应被要求在法庭上就他们在履行职责过程中所关注的事务提供证明，除非此类证明是实施本条法规所必需的。

D. 由申诉专员 / 公民助手持有的记录和文档不属于公开记录，因而不受第 39 篇第 1 章的管制。为依据本条法规所进行的调查所准备的记录和文档包含的信息不应被披露，只有在调查已经依据第 41-1379 节移交给司法部长或县检察官的情况下，才可将相关信息披露给该司法部长或县检察官。就本条法规而言，“记录和文档”指的是经济安全部门和申诉专员/公民助手办公室在儿童保护服务调查过程中所收集的所有信息，此类调查是依据本条法规所进行的，调查从立案一直持续到结案。记录和文档不包括儿童福利机构授权许可记录中的信息。

41-1381．申诉专员/公民助手的政治行为

申诉专员/公民助手和申诉专员/公民助手的工作人员可以表达其个人意见，可以依据其党派为投票进行登记，可以投票，但不可以从事其他政治活动。如果申诉专员/公民助手或申诉专员/公民助手的任何工作人员或雇员成为了政府职务的候选人，则此人需辞去自身职务。

41-1382．申诉专员/公民助手办公室

申诉专员/公民助手办公室不应位于州政府办公大楼内或者与其他任何州政府机构毗邻。

41-1383．违反规定；分类

任何个人故意阻拦申诉专员/公民助手或申诉专员/公民助手的工作人员的合法行为，或者故意不听从他们的合法要求，将被判定为1级轻罪。

（翻译：周艳辉　审校：许尚豪）

ARIZONA REVISED STATUTES, TITLE 41

ARTICLE 5 OFFICE OF THE OMBUDSMAN-CITIZENS AIDE

41-1371. Definitions

In this article, unless the context otherwise requires:

1. "Administrative act" means an action, decision, omission, recommendation, practice, policy or procedure of an agency but does not include the preparation or presentation of legislation or the substantive content of a judicial order, decision or opinion.

2. "Agency" means a department, office, corporation, authority, organization, commission, council or board of the executive branch of state government, a department, office, institution, authority, organization, commission, committee, council or board of state government that is independent of the executive or legislative branches of state government or an officer, employee or member of an agency acting or purporting to act in the exercise of official duties. Agency does not mean the judicial department of state government, the board of regents, universities or community college districts.

3. "Record" means any document, photograph, film, exhibit or other item developed or received under law or in connection with the transaction of official

business except an attorney's work product, communications that are protected under the attorney-client privilege and confidential information as defined in section 41-1378, subsection D, paragraph 4.

41-1372. Exemptions

This article does not apply to:

1. Any elected state official.

2. Chief advisors who maintain a direct, confidential and advisory relationship with:

(a) The governor.

(b) The secretary of state.

(c) The attorney general.

(d) The state treasurer.

(e) The state mine inspector.

(f) The superintendent of public instruction.

(g) A commissioner of the corporation commission.

3. An agency attorney who maintains an attorney-client relationship with either:

(a) An officer or employee of an agency acting in the exercise of the officer's or employee's duty.

(b) An elected official who is listed under paragraph 2.

4. The staff of the legislature.

41-1373. Ombudsman-citizens aide selection committee

A. When there is a vacancy in the office of ombudsman-citizens aide, or within twelve months before the expiration of the term of office, the ombudsman citizens aide selection committee is established consisting of:

1. Two members of the senate appointed by the president of the senate. One member shall be from each political party.

2. Two members of the house of representatives appointed by the speaker of the house of representatives. One member shall be from each political party.

3. One public member who is appointed by the president of the senate and who represents a large business that is regulated by this state.

4. One public member who is appointed by the speaker of the house of representatives and who represents a small business that is regulated by this state.

5. Three members who are appointed by the governor and who represent:

(a) A consumer group that is not regulated by this state.

(b) State employees who hold managerial positions.

(c) State employees who hold non-managerial positions.

B. The appointing officers shall appoint the members of the committee when a vacancy occurs in the office of ombudsman-citizens aide. The committee shall receive applications and nominate by a two-thirds vote one candidate for ombudsman-citizens aide according to its adopted procedures. The appointment of the ombudsman-citizens aide from this nomination is made by passage of a bill on a roll call vote of two-thirds of the membership of each house of the legislature. Membership on the ombudsman-citizens aide selection committee expires when the appointment is approved. If the governor disapproves the bill, he shall return it to the house in which it originated. If after reconsideration, it again passes on a roll call vote of three-fourths of the membership of each house of the legislature, it shall become law notwithstanding the governor's objection.

C. Meetings of the committee are open to the public except for meetings to interview candidates and to make preliminary choices among the candidates. The meeting held to vote for the nominee is open to the public.

D. The identity of all candidates shall be public.

E. Committee members are eligible to receive reimbursement of expenses pursuant to title 38, chapter 4, article 2 but are not eligible to receive compensation.

41-1374. Qualifications

A person may not serve as ombudsman-citizens aide within one year of the last day the person served as a state elected officer. As minimum qualifications, the ombudsman-citizens aide shall be a resident of this state for at least six months, shall be at least twenty-five years of age and shall have investigatory experience.

41-1375. Ombudsman-citizens aide; term; compensation

A. The office of ombudsman-citizens aide is established.

B. The ombudsman-citizens aide who is appointed and approved under section 41-1373 shall serve full time and shall be a public officer subject to the conflict of interest provisions of title 38, chapter 3, article 8.

C. The term of office of the ombudsman-citizens aide is five years beginning on the date of appointment. Except as provided in subsection D of this section, the ombudsman-citizens aide shall not serve more than three full terms.

D. If the term of the ombudsman-citizens aide expires without the appointment of a successor, the incumbent ombudsman-citizens aide may continue in office until either:

1. A successor is appointed.

2. The ombudsman-citizens aide is removed from office pursuant to subsection E of this section.

E. The ombudsman-citizens aide may be removed from office at any time by a concurrent resolution approved by two-thirds of the membership of each house of the legislature, but only for neglect of duty, conviction of improperly divulging confidential information, misconduct or disability. The ombudsman-citizens aide may forfeit the office of ombudsman-citizens aide without legislative action pursuant to section 38-510. If the ombudsman-citizens aide is removed, resigns, dies or becomes incapacitated, a deputy ombudsman may serve as acting ombudsman-citizens aide until a new ombudsman-citizens aide is appointed.

F. The ombudsman-citizens aide is eligible to receive compensation as determined pursuant to section 38-611.

G. The ombudsman-citizens aide may incur, subject to appropriation, expenses that are necessary to carry out the duties under this chapter. The legislative council shall fund the expenses of the ombudsman-citizens aide from the monies appropriated to the council. The legislative council shall include the expenses as a line item in the general appropriations act.

41-1376. Powers and duties

A. The ombudsman-citizens aide shall:

1. Investigate the administrative acts of agencies pursuant to section 41-1377, subsections A and B except as provided in section 41-1377, subsections C, D and E. The ombudsman-citizens aide shall investigate the administrative acts of an agency without regard to the finality of the administrative act.

2. Annually before January 1 prepare a written report to the governor, the legislature and the public that contains a summary of the ombudsman citizens aide's activities during the previous fiscal year. The ombudsman citizens aide shall semiannually present this report before the legislative council and distribute copies of the report to the director of the governor's office of strategic planning and budgeting, the chairperson of the joint legislative budget committee and the cochairpersons of the administrative rules oversight committee. This report shall include:

(a) The ombudsman-citizens aide's mission statement.

(b) The number of matters that were within each of the categories specified in section 41-1379, subsection B.

(c) Legislative issues affecting the ombudsman-citizens aide.

(d) Selected case studies that illustrate the ombudsman-citizens aide's work and reasons for complaints.

(e) Ombudsman-citizens aide's contact statistics.

(f) Ombudsman-citizens aide's staff.

3. Before conducting the first investigation adopt rules that ensure that confidential information that is gathered will not be disclosed.

4. Appoint a deputy ombudsman and prescribe the duties of employees or, subject to appropriation, contract for the services of independent contractors necessary to administer the duties of the office of ombudsman-citizens aide. All staff serves at the pleasure of the ombudsman-citizens aide, and they are exempt from chapter 4, articles 5 and 6 of this title. All staff shall be subject to the conflict of interest provisions of title 38, chapter 3, article 8.

5. Before conducting the first investigation, adopt rules that establish procedures for receiving and processing complaints, including guidelines to ensure each complainant has exhausted all reasonable alternatives within the agency, conducting investigations, incorporating agency responses into recommendations and reporting findings.

6. Notify the chief executive or administrative officer of the agency in writing of the intention to investigate unless notification would unduly hinder the investigation or make the investigation ineffectual.

7. Appoint an assistant to help the ombudsman-citizens aide investigate complaints relating to child protective services in the department of economic security. The assistant shall have expertise in child protective services procedures and laws. Notwithstanding any law to the contrary, the ombudsman-citizens aide and the assistant have access to child protective services records and to any automated case management system used by child protective services in the department of economic security.

B. After the conclusion of an investigation and notice to the head of the agency pursuant to section 41-1379, the ombudsman-citizens aide may present the ombudsman-citizens aide's opinion and recommendations to the governor, the legislature, the office of the appropriate prosecutor or the public, or any combination of these persons. The ombudsman-citizens aide shall include in the opinion the reply of the agency, including those issues that were resolved as a result of the ombudsman-citizens aide's preliminary opinion or recommendation.

41-1376.01. Additional powers and duties; definitions

A. In addition to the powers and duties prescribed in section 41-1376, the ombudsman-citizens aide shall appoint two assistants, one of whom shall be an attorney, to help the ombudsman-citizens aide investigate complaints relating to public access laws involving an agency and complaints and compliance with reporting requirements pursuant to this article. The assistants shall train public officials and educate the public on the rights of the public and the responsibilities of public agencies under the public access laws. The assistants shall prepare interpretive and educational materials and programs in cooperation with the ombudsman-citizens aide and shall distribute to elected or appointed public officials the public access laws and educational materials concerning the public access laws.

B. The annual report of the ombudsman-citizens aide shall include the following information about public access:

1. The number of inquiries that are received from the public, the media and government agencies.

2. The number of inquiries that are received about state agencies, county agencies, city or town agencies, school districts and other local jurisdictions.

3. The number of requests that are received concerning public records and public meetings.

4. The number of investigations that are conducted and the results of the investigations.

C. For investigations made pursuant to this section, the ombudsman-citizens aide may:

1. Make inquiries and obtain information considered necessary subject to the restrictions in section 41-1377.

2. Enter without notice to inspect agency premises with agency staff on the premises.

3. Hold hearings.

4. Notwithstanding any other law, have access to all agency records, including confidential records, except:

(a) Sealed court records without a subpoena.

(b) Active criminal investigation records.

(c) Records that could lead to the identity of confidential police informants.

(d) Attorney work product and communications that are protected under attorney-client privilege.

(e) Confidential information as defined in section 42-2001, except as provided in section 42-2003, subsection M.

(f) Information protected by section 6103(d), 6103(p) or 7213 of the internal revenue code.

(g) Confidential information relating to section 36-2903, subsection I, section 36-2917, section 36-2932, subsection F or section 36- 2972.

(h) Confidential information relating to sections 36-507, 36-509 and 36-2220.

(i) Documents that are protected by section 214 of the critical infrastructure information act of 2002 (6 United States Code section 133(A) or by 49 Code of Federal Regulations part 1520.

(j) Information that is protected by section 214 of the critical infrastructure information act of 2002 (6 United States Code section 133(A) or 49 Code of Federal Regulations part 1520 or critical infrastructure information as defined by section 41-1801 on government owned facilities that are classified as critical infrastructure by the federal government or as defined by section 41-1801.

5. Issue subpoenas if necessary to compel the attendance and testimony of witnesses and the production of books, records, documents and other evidence to which the ombudsman-citizens aide may have access pursuant to paragraph 4 of this subsection. The ombudsman-citizens aide may only issue a subpoena if the ombudsman-citizens aide has previously requested testimony or evidence and the person or agency to which the request was made has failed to comply with the request in a reasonable amount of time.

D. It is contrary to the public policy of this state for any agency or any individual acting for an agency to take any adverse action against an individual in retaliation because the individual cooperated with or provided information to the ombudsman-citizens aide or the ombudsman-citizens aide's staff.

E. For the purposes of this section:

1. "Agency" has the same meaning prescribed in section 41-1371 but includes a public body as defined in section 39-121.01, subsection A, paragraph 2.

2. "Public access laws" means:

(a) Title 39, chapter 1.

(b) Title 38, chapter 3, article 3.1.

(c) Any other state statute or rule governing access to public meetings or public records.

41-1377. Scope of investigations

A. On receiving a complaint the ombudsman-citizens aide may investigate administrative acts of agencies that the ombudsman-citizens aide has reason to believe may be:

1. Contrary to law.

2. Unreasonable, unfair, oppressive, arbitrary, capricious, an abuse of discretion or unnecessarily discriminatory, even though they may be in accordance with law.

3. Based on a mistake of fact.

4. Based on improper or irrelevant grounds.

5. Unsupported by an adequate statement of reasons.

6. Performed in an inefficient or discourteous manner.

7. Otherwise erroneous.

B. On receiving a complaint the ombudsman-citizens aide may investigate to find an appropriate remedy.

C. On receiving a complaint the ombudsman-citizens aide may refuse to investigate an administrative act of an agency that otherwise qualifies for investigation under subsection A of this section if:

1. There is presently available an adequate remedy for the grievance stated in the complaint.

2. The complaint relates to a matter that is outside the duties of the ombudsman-citizens aide.

3. The complaint relates to an administrative act that the complainant has had knowledge of for an unreasonable time period before filing the

complaint.

4. The complainant does not have a sufficient personal interest in the subject matter of the complaint.

5. The complaint is trivial or made in bad faith.

6. The resources of the office of ombudsman-citizens aide are insufficient to adequately investigate the complaint.

D. The ombudsman-citizens aide shall refuse to investigate complaints filed by a person in the custody of the state department of corrections.

E. On receiving a complaint that involves confidential information as defined in section 42-2001, the ombudsman-citizens aide shall either:

1. Work with the department of revenue problem resolution officer or an employee of the department of revenue who is authorized to access confidential taxpayer information.

2. Obtain a power of attorney from the taxpayer to access confidential information specific to the complainant in a form acceptable to the department of revenue.

F. On receiving a complaint that involves confidential information relating to section 36-2903, subsection I, section 36-2917, section 36-2932, subsection F or section 36-2972, the ombudsman-citizens aide shall either:

1. Work with the Arizona health care cost containment system administration employee who is authorized to access confidential information.

2. Obtain a power of attorney from the complainant to access confidential information specific to the complainant in a form acceptable to the Arizona health care cost containment system administration. G. On receiving a complaint that involves confidential information relating to sections 36-507, 36-509 and 36-2220, the ombudsman-citizens aide shall either:

1. Work with the department of health services employee who is authorized to access confidential information.

2. Obtain a power of attorney from the complainant to access confidential information specific to the complainant in a form acceptable to the department of health services.

41-1378. Complaint; investigation; investigative authority; violation; classification

A. All complaints shall be addressed to the ombudsman-citizens aide. If an agency receives correspondence between a complainant and the ombudsman-citizens aide, it shall hold that correspondence in trust and shall promptly forward the correspondence, unopened, to the ombudsman-citizens aide.

B. Within thirty days of receipt of the complaint, the ombudsman-citizens aide shall notify the complainant of the decision to investigate or not to investigate the complaint. If the ombudsman-citizens aide decides not to investigate and if requested by the complainant, the ombudsman-citizens aide shall provide the reasons for not investigating in writing.

C. The ombudsman-citizens aide shall not charge any fees for investigations or complaints.

D. In an investigation, the ombudsman-citizens aide may:

1. Make inquiries and obtain information considered necessary subject to the restrictions in section 41-1377.

2. Enter without notice to inspect agency premises with agency staff on the premises.

3. Hold hearings.

4. Notwithstanding any other law, have access to all state agency records, including confidential records, except:

(a) Sealed court records without a subpoena.

(b) Active criminal investigation records.

(c) Records that could lead to the identity of confidential police informants.

(d) Attorney work product and communications that are protected under the attorney-client privilege.

(e) Confidential information as defined in section 42-2001, except as provided in section 42-2003, subsection M.

(f) Information protected by section 6103(d), 6103(p)(8) or 7213 of the internal revenue code.

(g) Confidential information relating to section 36-2903, subsection I, section 36-2917, section 36-2932, subsection F or section 36-2972.

(h) Confidential information relating to sections 36-507, 36-509 and 36-2220.

5. Issue subpoenas if necessary to compel the attendance and testimony of witnesses and the production of books, records, documents and other evidence to which the ombudsman-citizens aide may have access pursuant to paragraph 4 of this subsection. The ombudsman-citizens

aide may only issue a subpoena if the ombudsman-citizens aide has previously requested testimony or evidence and the person or agency to which the request was made has failed to comply with the request in a reasonable amount of time.

E. It is contrary to the public policy of this state for any state agency or any individual acting for a state agency to take any adverse action against an individual in retaliation because the individual cooperated with or provided information to the ombudsman-citizens aide or the ombudsman-citizens aide's staff.

F. If requested by the complainants or witnesses, the ombudsman-citizens aide shall maintain confidentiality with respect to those matters necessary to protect the identities of the complainants or witnesses. The ombudsman-citizens aide shall ensure that confidential records are not disclosed by either the ombudsman-citizens aide or staff to the ombudsman-citizens aide. The ombudsman-citizens aide shall maintain the confidentiality of an agency record.

With respect to requests made pursuant to title 39, chapter 1, article 2 or other requests for information, the ombudsman-citizens aide shall maintain all records that are received from a custodial agency in the same manner as the custodial agency would if it had received the request.

G. The ombudsman-citizens aide or any staff member or other employee of the ombudsman-citizens aide who knowingly divulges or makes known in any manner not permitted by law any particulars of any record, document or information for which the law restricts disclosure is guilty of a class 5 felony.

41-1379. Procedures after an investigation

A. If an opinion or recommendation of the ombudsman-citizens aide is critical of a person or agency, the ombudsman-citizens aide shall first consult with the person or agency before rendering the opinion or recommendation. A preliminary opinion or preliminary recommendation is confidential and shall not be publicly disclosed by any party.

B. The ombudsman-citizens aide shall report the ombudsman-citizens aide's opinion and recommendations to an agency, if the ombudsman-citizens aide finds, after investigation, that:

1. A matter should be further considered by that agency.

2. A matter should be referred to the presiding officers of both houses of the legislature for further investigation or legislative action.

3. A statute or rule on which an administrative act is based should be amended.

4. An administrative act should be modified or cancelled.

5. Reasons should be given for an administrative act.

6. There are no grounds or there are insufficient grounds for action by the agency.

7. Any other action should be taken by the agency.

8. The agency's action was arbitrary or capricious, constituted an abuse of discretion or was not according to law.

C. The ombudsman-citizens aide may request the agency to notify the office within a specified time of any action taken on his recommendations.

D. The ombudsman-citizens aide shall notify the complainant of the ombudsman-citizens aide's recommendations and the actions taken by the agency.

E. If the ombudsman-citizens aide believes there is a breach of duty or misconduct by an officer or employee of an agency in the conduct of the officer's or employee's duty, the ombudsman-citizens aide shall refer the matter to the chief executive officer of the agency, to the presiding officer of both houses of the legislature, to a prosecutor's office or to another appropriate official or agency.

41-1380. Ombudsman-citizens aide protections

A. A civil action may not be brought against the ombudsman-citizens aide or the staff of the ombudsman-citizens aide for any action or omission in performing the duties under this article except for gross negligence or intentional wrongful acts or omissions except as provided in title 38, chapter 3, article 8.

B. A proceeding or decision of the ombudsman-citizens aide may be reviewed in superior court only to determine if it is contrary to this article.

C. The ombudsman-citizens aide and the staff of the ombudsman-citizens aide shall not be required to testify in court regarding matters that come to their attention in the exercise of their duties except as may be necessary to enforce this article.

D. Records and files maintained by the ombudsman-citizens aide are not public records and are exempt from title 39, chapter 1. The information contained in these records and files that were prepared pursuant to an investigation conducted under this article are not subject to disclosure except to the attorney general or any county attorney in connection with an investigation that has been referred to the attorney general or a county attorney pursuant to section 41- 1379. For the purposes of this subsection, "records and files" means all information the department of economic security and the office of the ombudsman-citizens aide gathers during the course of a child protective services investigation conducted under this article from the time a file is opened and until it is closed. Records and files do not include information that is contained in child welfare agency licensing records.

41-1381. Ombudsman-citizens aide political activity

The ombudsman-citizens aide and the staff of the ombudsman-citizens aide may express a private opinion, may register to vote as to party and may vote but may not engage in any other political activity. If the ombudsman-citizens aide or any staff member or employee of the ombudsman-citizens aide becomes a candidate for political office, that person shall resign.

41-1382. Ombudsman-citizens aide office

The office of ombudsman-citizens aide shall not be located within the state office building complex or adjacent or contiguous to any other state agency.

41-1383. Violation; classification

A person who knowingly hinders the lawful actions of the ombudsman-citizens aide or the staff of the ombudsman-citizens aide or who knowingly refuses to comply with their lawful demands is guilty of a class 1 misdemeanor.

夏威夷州修订法规第 96 章
申诉专员

（2007 年 2 月 7 日修订）

96-1 定义。（a）“机构”包括所有永久性政府实体、部门、组织或专门机构以及所有的官员、雇员或者采取行动或意图采取行动以履行官员、雇员或相关人员职责的人员，以下机构和人员除外：

（1）法官及其工作人员；

（2）立法机关、立法机关的委员会及其工作人员；

（3）组成联邦政府的实体；

（4）跨州的政府实体；

（5）州长及州长的私人工作人员；

（6）副州长及副州长的私人工作人员；

（7）各县市的市长；以及

（8）各县市的市政服务机构。

（b）“行政行为”包括所有作为、不作为、决议、建议、实践或程序，但不包括法律法规的起草或提交。

96-2 申诉专员；办公室的设立、人员任命、任期、撤职、任职资格、薪资、职位空缺。设立申诉专员办公室。在参众两院联席会议上获得多数赞成票的情况下，立法机关应任命一位申诉专员，其任期为 6 年，直到其继任者获得任命。申诉专员可以被再次任命，但其任职时间不得超过 3 个任期。在参众两院联席会议上获得 2/3 赞成票的情况下，立法机关可以撤销申诉专员的职务或暂停其任职，前提是申诉专员出现玩忽职守、行为不当或无法履职的情况。

任何担任过立法机关成员的个人、州政府机关职务的候选人或承担该职务的个人或者从事其他可以领取奖金或红利职务的个人，只有在卸任两年后才可以担任申诉专员。2005 年 7 月 1 日生效的法规规定，申诉专员的薪资应与州卫生局局长的薪资一样。申诉专员的薪资在其任期内不应被削减，除非适用于所有受薪的州政府官员的一般法律作出此类规定。

如果申诉专员死亡、辞职、失去任职资格或者被撤销职务或被暂停职务，则申诉专员的首席助理成为执行申诉专员，直到任命新一任全职申诉专员。

96-3 助理、工作人员、代表、资金。（a）申诉专员应任命一位首席助理以及其他必要的官员和雇员，以便履行本章所规定的职责。所有雇员，包括首席助理，应由申诉专员录用并为申诉专员服务。

（b）在设定每位雇员的薪资时，申诉专员应与人力资源发展部门进行磋商，并应尽可能严格地依照该部门的建议行事。2007 年 7 月 1 日生效的法规规定，首席助理的薪资不得高于申诉专员薪资的 92%。

（c）申诉专员和申诉专员的全职工作人员应有权参与所有的雇员福利计划。

（d）申诉专员可以将申诉专员的任何职责委任给申诉专员指定的人员，第 96-12 节和第 96-13 节所指定的职责除外；如果申诉专员不在瓦胡岛或者申诉专员暂时无法履行其权力和职责，则第 96-12 节和第 96-13 节所规定的权力和职责应在申诉专员缺席或无法履职期间移交给首席助理。

（e）支持申诉专员办公室运转的资金应来自为立法机关的支出所提供的资金。

96-4 程序。申诉专员应为受理投诉、展开调查以及公布申诉专员调查结果设立程序。但申诉专员不可因提交或调查投诉征收费用。

96-5 管辖权。申诉专员有权调查各机构的行政行为，即使行政行为是终局性的，申诉专员也可以行使其权力。

96-6 投诉的调查。（a）申诉专员可以对其确定属于第 96-8 节所规定的合适的调查对象的投诉展开调查。

（b）如果申诉专员有理由认为存在第 96-8 节所描述的合适的调查对象，申诉专员可以自行决定展开调查。

96-7 告知投诉人和相关机构。如果申诉专员决定不开展调查，则他应通知投诉人其决定并说明其理由。

如果申诉专员决定开展调查，则他应通知投诉人其决议并同时告知相关机构其调查计划。

96-8 合适的调查对象。合适的调查对象指的是符合如下情况的某机构的行政行为：

（1）违反法律；

（2）不合理的、不公正的、压迫性的、存在不必要的差别对待的，即使不违反法律；

（3）以错误事实为依据；

（4）以不恰当或无关的理由为依据；

（5）没有充分的理由作为支撑；

（6）行为方式低效；或者

（7）存在其他方面的错误。

申诉专员可以展开调查以便找到合适的纠正措施。

96-9 调查程序。（a）在调查中，申诉专员可以进行询问和获取其认为必要的信息，可以在没有通知的情况下对某机构的场所进行检查，以及可以举行秘密的听证会。

（b）申诉专员被要求对所有事务以及与申诉专员会晤过的投诉人或证人的身份保密，除非公开此类信息对于申诉专员履行其职责以及支持申诉专员的建议必不可少。

96-10 权力。在尊重证人在本州法庭上拥有的权益的情况下，申诉专员可以：

（1）通过发送传票强制要求任何个人在指定时间和地点出庭并发誓作证，只要申诉专员有理由认为该人可以提供与正在调查的事务有关的信息；以及

（2）强制要求任何个人提供申诉专员有理由认为与正在调查的事务有关的资料、文件或物品。

申诉专员可以在本州的相关法庭提起诉讼以实施这些权力。

96-11 与相关机构的磋商。在提出任何关于某机构或个人的负面的意见或建议之前，申诉专员应与该机构或个人进行磋商。

96-12 调查完成后的程序。调查完成后，如果申诉专员发现：

（1）该机构应对某事务作进一步考虑；

（2）应纠正或取消某项行政行为；

（3）应修改某项行政行为所依据的法规或规章；

（4）应为某项行政行为提供理由；或者

（5）该机构应采取其他行为；

则申诉专员应将申诉专员的意见和建议报告给该机构。申诉专员可以要求该机构在指定时间内告知申诉专员其依照申诉专员的建议所采取的行动。

96-13 建议的公布。在合理时间段过后，申诉专员可以将申诉专员的意见和建议提交给州长、立法机关、公众或其他人员和机构。申诉专员提交的意见应包括相关机构作出的回应。

96-14 告知投诉人。在合理时间段过后，申诉专员应将申诉专员和相关机构所采取的行动告知投诉人。

96-15 相关机构人员的不当行为。如果申诉专员有合理依据认为某机

构的官员或雇员存在失职或行为不当的情况，则申诉专员可以在不告知该人的情况下将该事务移交给相关权力部门。

96-16　年度报告。申诉专员应向立法机关和公众提交年度报告，该年度报告应详细描述申诉专员依据本章法规所采取的行动。

96-17　司法复审、豁免权。申诉专员的任何诉讼或决定不可以在任何法庭接受复审，除非该诉讼或决定与本章法规相违背。申诉专员在民事责任和刑事责任方面享有与本州法官相同的豁免权。申诉专员或申诉专员的工作人员无需在任何法庭就其在履行职责中所关注的事务作出证明，除非出于实施本章法规的需要。

96-18　各机构不可拆看申诉专员的信件。处于被某机构监管状态下的个人写给申诉专员的信件应在未开封的状况下及时转交给申诉专员。

96-19　对妨碍公务行为的惩罚。任何个人故意阻扰申诉专员或申诉专员的工作人员的合法行动，或者故意拒绝听从其合法要求，将处以 1000 美金以下罚款。

（翻译：周艳辉　审校：许尚豪）

CHAPTER 96 HAWAII REVISED STATUTES THE OMBUDSMAN

§96-1 Definitions. (a) "Agency" includes any permanent governmental entity, department, organization, or institution, and any officer, employee, or member thereof acting or purporting to act in the exercise of the officer's, employee's, or member's official duties, except:

(1) The judiciary and its staff;

(2) The legislature, its committees, and its staff;

(3) An entity of the federal government;

(4) A multistate governmental entity;

(5) The governor and the governor's personal staff;

(6) The lieutenant governor and the lieutenant governor's personal staff;

(7) The mayors of the various counties; and

(8) The councils of the various counties.

(b) "Administrative act" includes any action, omission, decision, recommendation, practice, or procedure, but does not include the preparation or presentation of legislation. [L 1967, c 306, § 2; HRS § 96-1; am L 1974, c 46, § 1; gen ch 1985]

§96-2 Ombudsman; office established, appointment, tenure, removal, qualifications, salary, vacancy. The office of ombudsman is established. The legislature, by a majority vote of each house in joint session, shall appoint an ombudsman who shall serve for a period of six years and thereafter until a successor shall have been appointed. An ombudsman may be reappointed but may not serve for more than three terms. The legislature, by two-thirds vote of the members in joint session, may remove or suspend the ombudsman from office, but only for neglect of duty, misconduct, or disability.

No person may serve as ombudsman within two years of the last day on which the person served as a member of the legislature, or while the person is a candidate for or holds any other state office, or while the person is engaged in any other occupation for reward or profit. Effective July 1, 2005, the salary of the ombudsman shall be the same as the salary of the director of health. The salary of the ombudsman shall not be diminished during the ombudsman's term of office, unless by general law applying to all salaried officers of the State.

If the ombudsman dies, resigns, becomes ineligible to serve, or is removed or suspended from office, the first assistant to the ombudsman becomes the acting ombudsman until a new ombudsman is appointed for a full term. [L 1967, c 306, §3; HRS §96-2; am L 1969, c 127, §6; am L 1974, c 46, §2; am L 1975, c 58, §33; am L 1982, c 129, §32 (1); gen ch 1985; am L 1986, c 128, §30(1); am L 1989, c 329, §20(1); am L 2005, c 225, §6]

§96-3 Assistance, staff, delegation, funding. (a) The ombudsman shall appoint a first assistant and other officers and employees as may be necessary to carry out this chapter. All employees, including the first assistant, shall be hired by the ombudsman and shall serve at the ombudsman's pleasure.

(b) In determining the salary of each employee, the ombudsman shall consult with the department of human resources development and shall follow as closely as possible the recommendations of the department. Effective July 1, 2007, the first assistant's salary shall be not more than ninety-two per cent of the salary of the ombudsman.

(c) The ombudsman and the ombudsman's full-time staff shall be entitled to participate in any employee benefit plan.

(d) The ombudsman may delegate to the ombudsman's appointees any of the ombudsman's duties except those specified in sections 96-12 and 96-13; provided that during the absence of the ombudsman from the island of Oahu, or the ombudsman's temporary inability to exercise and discharge the powers and duties of the ombudsman's office, the powers and duties as contained in sections 96-12 and 96-13 shall devolve upon the first assistant during the ombudsman's absence or inability.

(e) The funds for the support of the office of the ombudsman shall be provided for in the act providing for the expenses of the legislature. [L 1967, c 306, § 4; HRS § 96-3; am L 1974, c 46, § 3; am L 1975, c 58, § 34; am L 1982, c 129, § 32(2); gen ch 1985; am L 1986, c 128, § 30(2); am L 1989, c 329, § 20(2); am L 1994, c 56, § 21; am L 2005, c 225, § 7; am L 2007, c 63, § 3]

§96-4 Procedure. The ombudsman may establish procedures for receiving and processing complaints, conducting investigations, and reporting the ombudsman's findings. However, the ombudsman may not levy fees for the submission or investigation of complaints. [L 1967, c 306, §5; HRS §96-4; gen ch 1985]

§96-5 Jurisdiction. The ombudsman has jurisdiction to investigate the administrative acts of agencies and the ombudsman may exercise the ombudsman's powers without regard to the finality of any administrative act. [L 1967, c 306, §6; HRS §96-5; gen ch 1985]

§96-6 Investigation of complaints. (a) The ombudsman may investigate any complaint which the ombudsman determines to be an appropriate subject for investigation under section 96-8.

(b) The ombudsman may investigate on the ombudsman's own motion if the ombudsman reasonably believes that an appropriate subject for investigation under section 96-8 exists. [L 1967, c 306, § 7; HRS § 96-6; am L 1974, c 46, § 4; gen ch 1985]

§96-7 Notice to complainant and agency. If the ombudsman decides not to investigate, he shall inform the complainant of that decision and shall state his reasons.

If the ombudsman decides to investigate, he shall notify the complainant of his decision and he shall also notify the agency of his intention to investigate. [L 1967, c 306, § 8; HRS § 96-7]

§96-8 Appropriate subjects for investigation. An appropriate subject for investigation is an administrative act of an agency which might be:

(1) Contrary to law;

(2) Unreasonable, unfair, oppressive, or unnecessarily discriminatory, even though in accordance with law;

(3) Based on a mistake of fact;

(4) Based on improper or irrelevant grounds;

(5) Unaccompanied by an adequate statement of reasons;

(6) Performed in an inefficient manner; or

(7) Otherwise erroneous.

The ombudsman may investigate to find an appropriate remedy. [L 1967, c 306, § 9; HRS § 96-8]

§96-9 Investigation procedures. (a) In an investigation, the ombudsman may make inquiries and obtain information as the ombudsman thinks fit, enter without notice to inspect the premises of an agency, and hold private hearings.

(b) The ombudsman is required to maintain secrecy in respect to all matters and the identities of the complainants or witnesses coming before the ombudsman except so far as disclosures may be necessary to enable the ombudsman to carry out the ombudsman's duties and to support the ombudsman's recommendations. [L 1967, c 306, § 10; HRS § 96-9; gen ch 1985]

§96-10 Powers. Subject to the privileges which witnesses have in the courts of this State, the ombudsman may:

(1) Compel at a specified time and place, by a subpoena, the appearance and sworn testimony of any person who the ombudsman reasonably believes may be able to give information relating to a matter under investigation; and

(2) Compel any person to produce documents, papers, or objects which the ombudsman reasonably believes may relate to a matter under investigation.

The ombudsman may bring suit in an appropriate state court to enforce these powers. [L 1967, c 306, § 11; HRS § 96-10]

§96-11 Consultation with agency. Before giving any opinion or recommendation that is critical of an agency or person, the ombudsman shall consult with that agency or person. [L 1967, c 306, §12; HRS §96-11]

§96-12 Procedure after investigation. If, after investigation, the ombudsman finds that:

(1) A matter should be further considered by the agency;

(2) An administrative act should be modified or cancelled;

(3) A statute or regulation on which an administrative act is based should be altered;

(4) Reasons should be given for an administrative act; or

(5) Any other action should be taken by the agency;

the ombudsman shall report the ombudsman's opinion and

recommendations to the agency. The ombudsman may request the agency to notify the ombudsman, within a specified time, of any action taken on the ombudsman's recommendations. [L 1967, c 306, § 13; HRS § 96-12; gen ch 1985]

§96-13 Publication of recommendations. After a reasonable time has elapsed, the ombudsman may present the ombudsman's opinion and recommendations to the governor, the legislature, the public, or any of these. The ombudsman shall include with this opinion any reply made by the agency. [L 1967, c 306, §14; HRS §96-13; gen ch 1985]

§96-14 Notice to the complainant. After a reasonable time has elapsed, the ombudsman shall notify the complainant of the actions taken by the ombudsman and by the agency. [L 1967, c 306, §15; HRS §96-14; gen ch 1985]

§96-15 Misconduct by agency personnel. If the ombudsman has a reasonable basis to believe that there may be a breach of duty or misconduct by any officer or employee of an agency, the ombudsman may refer the matter to the appropriate authorities without notice to that person. [L 1967, c 306, §16; HRS §96-15; gen ch 1985; am L 1996, c 52, §2]

§96-16 Annual report. The ombudsman shall submit to the legislature and the public an annual report discussing the ombudsman's activities under this chapter. [L 1967, c 306, §17; HRS §96-16; gen ch 1985]

§96-17 Judicial review, immunity. No proceeding or decision of the ombudsman may be reviewed in any court, unless it contravenes the provisions of this chapter. The ombudsman has the same immunities from civil and criminal liability as a judge of this State. The ombudsman and the ombudsman's staff shall not testify in any court with respect to matters coming to their attention in the exercise or purported exercise of their official duties except as may be necessary to enforce the provisions of this chapter. [L 1967, c 306, §18; HRS §96-17; gen ch 1985]

§96-18 Agencies may not open letters to ombudsman. A letter to the ombudsman from a person held in custody by an agency shall be forwarded immediately, unopened, to the ombudsman. [L 1967, c 306, §19; HRS §96-18]

§96-19 Penalty for obstruction. A person who willfully hinders the lawful actions of the ombudsman or the ombudsman's staff, or willfully refuses to comply with their lawful demands, shall be fined not more than $1,000. [L 1967, c 306, §20; HRS §96-19; gen ch 1985]

(Revised 02/07/07)

日　本

总务省组织令（部分）

（平成12年6月7日政令第246号）

最终修改：平成27年5月20日政令第234号

第一章 本 省[①]

第一节 秘书官

（秘书官的定员数）

第一条 秘书官的定员数为一人。

第二节 内设部局等

第一款 大臣官房、局及政策总括官的设置等

（大臣官房、局及政策总括官的设置等）

第二条 本省内设大臣官房和如下九个局，以及政策总括官二人。

行政管理局；

① 日本法律序列为篇、章、节、款、目、条、项（首项不加序号、2、3……）、号（一、二、三……）、（イ、ロ、ハ……）

——对应中文翻译顺序为：篇、章、节、款、目、条、项（相当于中国法规范中的“款”。首款不加序号，后接2、3、……）、号[相当于中国法规范中的“项”。译文中以“(1)、(2)、(3)……”替代原文的“一、二、三……”]、（①②③……）（代替原文“イ、ロ、ハ……”）。

行政评价局；

自治行政局；

自治财政局；

自治税务局；

信息通讯国际战略局；

信息流通行政局；

综合通讯基础局；

统计局。

2. 自治行政局内设公务员部及选举部，信息流通行政局内设邮政行政部，综合通讯基础局内设电信事业部及电波部，统计局内设统计调查部。

（行政评价局掌管的事务）

第六条 行政评价局掌管下列事务：

（1）关于对政策评价［指根据《国家行政组织法》第二条第2项及《内阁府设置法》（平成11年法律第89号）第五条第2项的规定进行的评价。以下同此］的基本事项进行规划与立项，以及对有关政策评价的各府省的事务进行总括的事务；

（2）对各府省的政策进行统一性、综合性的评价，或者为保证政策评价的客观且严格的实施而进行评价的事务；

（3）对各行政机关的业务实施状况进行评价（对该行政机关的政策的评价除外）及监视的事务；

（4）与根据第2号的规定进行评价以及根据前号的规定进行评价及监视（以下将该类评价及监视统称为“行政评价等”）相关联，对下列业务的实施状况进行必要的调查：

① 独立行政法人的业务；

② 前条第7号所规定的法人的业务；

③ 根据特别的法律而设立且其设立需要得到行政机关认可的法人

（限于其资本金的二分之一以上是由国家出资且从事与国家补助相关业务的法人）的业务；

④ 与国家的委任或者补助相关的业务。

（5）与行政评价等相关联，除了该当前号④所规定的调查的事务之外，还要对该当《地方自治法》（昭和22年法律第67号）第二条第9项第1号所规定的法定受托事务的地方公共团体的业务（限于有必要与各行政机关的业务作为一体来把握的业务）的实施状况进行调查；

（6）关于对各行政机关的业务、第4号所规定的业务以及前号所规定的地方公共团体业务的苦情申诉，进行必要的斡旋；

（7）关于行政咨询委员的事务。

第三款　科的设置等

第四目　行政评价局

（行政评价局内设的科等）

第四十条　行政评价局内设如下四个科，并配设评价监督官七人。

总务科；

规划科；

政策评价科；

行政咨询科。

（总务科掌管的事务）

第四十一条　总务科掌管下列事务：

（1）关于对行政评价局所掌管事务进行综合协调等事务；

（2）除前号所列事项之外，其他不属于规划科、政策评价科、行政咨询科职责范围内各项局内业务。

（规划科掌管的事务）

第四十一条之二　规划科掌管下列事务：

（1）关于对行政评价局所掌管事务的综合性政策，进行规划及立项的事务；

（2）关于政策评价审议会的总务的事务。

（政策评价科掌管的事务）

第四十二条 政策评价科掌管下列事务：

（1）关于对与政策评价相关的基本事项进行规划及立项，以及对与政策评价相关对各府省事务进行总括的事务；

（2）关于为确保政策评价的客观性及严格的实施，对与评价的实施相关的基本事项进行规划与立项，以及对其实施进行协调的事务。

（行政咨询科掌管的事务）

第四十三条 行政咨询科掌管下列事务：

（1）关于对各行政机关的业务、第六条第 4 号所规定的业务及该条第 5 号所规定的地方公共团体的业务相关的苦情申诉，进行必要的斡旋的事务；

（2）关于行政咨询委员的事务。

（评价监视官的职务）

第四十四条 评价监视官，奉命分管下列事务：

（1）实施行政评价等事务（属于政策评价科所掌管的事务除外）；

（2）与行政评价等相关联，对第六条第 4 号所规定业务的实施状况进行必要调查的事务；

（3）与行政评价等相关联，对第六条第 5 号所规定的地方公共团体的业务的实施状况，进行调查的事务。

（翻译：范大祺 审校：杨建顺）

総務省組織令

（平成十二年六月七日政令第二百四十六号）

最終改正：平成二七年五月二〇日政令第二三四号

第一章　本　省

第一節　秘書官

（秘書官の定数）

第一条　秘書官の定数は、一人とする。

第二節　内部部局等

第一款　大臣官房及び局並びに政策統括官の設置等

（大臣官房及び局並びに政策統括官の設置等）

第二条　本省に、大臣官房及び次の九局並びに政策統括官二人を置く。

行政管理局

行政評価局

自治行政局

自治財政局

自治税務局

情報通信国際戦略局

情報流通行政局

総合通信基盤局

統計局

２　自治行政局に公務員部及び選挙部を、情報流通行政局に郵政行政部を、総合通信基盤局に電気通信事業部及び電波部を、統計局に統計調査部を置く。

（行政評価局の所掌事務）

第六条　行政評価局は、次に掲げる事務をつかさどる。

一　政策評価（国家行政組織法第二条第二項 及び内閣府設置法（平成十一年法律第八十九号）第五条第二項 の規定による評価をいう。以下同じ。）に関する基本的事項の企画及び立案並びに政策評価に関する各府省の事務の総括に関すること。

二　各府省の政策について、統一的若しくは総合的な評価を行い、又は政策評価の客観的かつ厳格な実施を担保するための評価を行うこと。

三　各行政機関の業務の実施状況の評価（当該行政機関の政策についての評価を除く。）及び監視を行うこと。

四　第二号の規定による評価並びに前号の規定による評価及び監視（以下これらの評価及び監視を「行政評価等」という。）に関連して、次に掲げる業務の実施状況に関し必要な調査を行うこと。

イ　独立行政法人の業務

ロ　前条第七号に規定する法人の業務

ハ　特別の法律により設立され、かつ、その設立に関し行政官庁の認可を要する法人（その資本金の二分の一以上が国からの出資による法人

であって、国の補助に係る業務を行うものに限る。）の業務

ニ　国の委任又は補助に係る業務

五　行政評価等に関連して、前号ニの規定による調査に該当するもののほか、地方自治法（昭和二十二年法律第六十七号）第二条第九項第一号 に規定する第一号 法定受託事務に該当する地方公共団体の業務（各行政機関の業務と一体として把握される必要があるものに限る。）の実施状況に関し調査を行うこと。

六　各行政機関の業務、第四号に規定する業務及び前号に規定する地方公共団体の業務に関する苦情の申出についての必要なあっせんに関すること。

七　行政相談委員に関すること。

第三款　課の設置等

第四目　行政評価局

（行政評価局に置く課等）

第四十条　行政評価局に、次の四課及び評価監視官七人を置く。

総務課

企画課

政策評価課

行政相談課

（総務課の所掌事務）

第四十一条　総務課は、次に掲げる事務をつかさどる。

一　行政評価局の所掌事務に関する総合調整に関すること。

二　前号に掲げるもののほか、行政評価局の所掌事務で他の所掌に属しないものに関すること。

（企画課の所掌事務）

第四十一条の二　企画課は、次に掲げる事務をつかさどる。

一　行政評価局の所掌事務に関する総合的な政策の企画及び立案に関すること。

二　政策評価審議会の庶務に関すること。

（政策評価課の所掌事務）

第四十二条　政策評価課は、次に掲げる事務をつかさどる。

一　政策評価に関する基本的事項の企画及び立案並びに政策評価に関する各府省の事務の総括に関すること。

二　政策評価の客観的かつ厳格な実施を担保するための評価の実施に関する基本的事項の企画及び立案並びにその実施の調整に関すること。

（行政相談課の所掌事務）

第四十三条　行政相談課は、次に掲げる事務をつかさどる。

一　各行政機関の業務、第六条第四号に規定する業務及び同条第五号に規定する地方公共団体の業務に関する苦情の申出についての必要なあっせんに関すること。

二　行政相談委員に関すること。

（評価監視官の職務）

第四十四条　評価監視官は、命を受けて、次に掲げる事務を分掌する。

一　行政評価等を行うこと（政策評価課の所掌に属するものを除く。）。

二　行政評価等に関連して、第六条第四号に規定する業務の実施状況に関し必要な調査を行うこと。

三　行政評価等に関連して、第六条第五号に規定する地方公共団体の業務の実施状況に関し調査を行うこと。

行政咨询委员法

（昭和 41 年 6 月 30 日法律第 99 号）

最终修改：平成 11 年 12 月 22 日法律第 160 号

（目的）

第一条　本法律的目的是，为有助于促进解决国民对行政的苦情，就与苦情的咨询相关业务的委托规定必要的事项，以期推动行政的民主性运营。

（行政咨询委员）

第二条　总务大臣可以向具有社会威望、理解并热心于行政运营改善者，委托下列业务：

（1）应对与行政机关等［是指内阁府、宫内厅以及《内阁府设置法》（平成 11 年法律第 89 号）第四十九条第 1 项和第 2 项所规定的机关，以及《国家行政组织法》（昭和 23 年法律第 120 号）第三条第 2 项规定的机关，以及《总务省设置法》（平成 11 年法律第 91 号）第四条第 19 号①至③中规定的、以政令规定的法人。以下同此］业务相关的苦情的咨询，根据总务大臣的规定，向申诉人提供必要的建议，并向总务省或者相关行政机关等通知该苦情。

（2）就根据前号之规定而进行通知的苦情，接受行政机关等的相关照会，并在认为有必要的情况下，将该行政机关等的处理结果通知申诉人。

2. 根据前项的规定进行委托，应当规定被委托者所担当的市（包括特别区。在附则第 2 项中同此）町村的区域，并且任期最长不超过两年。

3. 根据第 1 项的规定接受委托者，称为行政咨询委员（以下称

"委员")。

（广泛告知等）

第三条 总务大臣进行了根据前条第 1 项规定的委托后，为让相关居民都知晓委员的姓名及地址，应当采取适当的措施。

2. 委员应当就其业务进行启发和宣传。

（意见的陈述）

第四条 委员可以向总务大臣陈述通过业务的推行所获取的关于行政运营改善的意见。

（纪律）

第五条 委员不得泄露在履行职责过程中获知的秘密。任期期满不再担任委员时，亦同。

2. 委员不得为了政党或者政治目的而利用其地位。

3. 委员应当公平且适切地推行其业务。

（解除委托）

第六条 总务大臣在认为委员符合下列情形之一的情况下，可以解除根据第二条第 1 项的规定进行的委托。

（1）由于身心健康原因，导致履职有困难或无法承受工作压力的；

（2）业务懈怠，或者违反前条规定的；

（3）做出与委员身份不符的不正当行为的。

（指导）

第七条 委员在履职过程中应接受总务大臣的指导。

（费用）

第八条 委员在履职过程中不接受国家的报酬。

2. 委员可以在预算的范围内，接受履行职责所需要的费用的支付。

（翻译：范大祺 审校：杨建顺）

行政相談委員法

(昭和四十一年六月三十日法律第九十九号)

最終改正：平成一一年一二月二二日法律第一六〇号

(目的)

第一条 この法律は、国民の行政に関する苦情の解決の促進に資するため、苦情の相談に関する業務の委嘱について必要な事項を定め、もつて行政の民主的な運営に寄与することを目的とする。

(行政相談委員)

第二条 総務大臣は、社会的信望があり、かつ、行政運営の改善について理解と熱意を有する者に、次に掲げる業務を委嘱することができる。

一 行政機関等(内閣府、宮内庁並びに内閣府設置法(平成十一年法律第八十九号)第四十九条第一項 及び第二項 に規定する機関並びに国家行政組織法(昭和二十三年法律第百二十号)第三条第二項 に規定する機関並びに総務省設置法(平成十一年法律第九十一号)第四条第十九号 イからハまでに規定する法人で政令で定めるものをいう。以下同じ。)の業務に関する苦情の相談に応じて、総務大臣の定めるところに従い、申出人に必要な助言をし、及び総務省又は当該関係行政機関等にその苦情を通知すること。

二 前号の規定により通知をした苦情に関して、行政機関等の照会に応じ、及び必要があると認める場合に当該行政機関等における処理の結果を申出人に通知すること。

2　前項の規定による委嘱は、その委嘱をしようとする者の担当する市（特別区を含む。附則第二項において同じ。）町村の区域を定め、かつ、二年以内の期間を限つてするものとする。

3　第一項の規定により委嘱を受けた者は、行政相談委員（以下「委員」という。）と称する。

（周知等）

第三条　総務大臣は、前条第一項の規定による委嘱をしたときは、委員の氏名及び住所を関係住民に周知させるため適当な措置をとるものとする。

2　委員は、その業務に関し、啓発及び宣伝をするものとする。

（意見の陳述）

第四条　委員は、総務大臣に対して、業務の遂行を通じて得られた行政運営の改善に関する意見を述べることができる。

（規律）

第五条　委員は、業務の遂行に際して知ることのできた秘密を漏らしてはならない。その者が委員でなくなつた後も、同様とする。

2　委員は、その地位を政党又は政治的目的のために利用してはならない。

3　委員は、公平かつ適切にその業務を遂行しなければならない。

（解嘱）

第六条　総務大臣は、委員が次の各号の一に該当すると認める場合には、第二条第一項の規定による委嘱を解くことができる。

一　心身の故障のため、業務の遂行に支障があり、又はこれに堪えない場合

二　業務を怠り、又は前条の規定に違反した場合

三　委員たるにふさわしくない非行があつた場合

（指導）

第七条　委員は、その業務に関して、総務大臣の指導を受けるものとする。

（費用）

第八条　委員は、その業務に関して、国から報酬を受けない。

２　委員は、予算の範囲内において、その業務を遂行するために要する費用の支給を受けることができる。

行政苦情（投诉）斡旋处理要领

（平成13年1月6日总务省训令第65号）

（目的）

第一条 根据《总务省设置法》（平成11年法律第91号）第四条第21号的规定进行苦情的斡旋，目的是针对各行政机关等的业务（以下称为“对象业务”）的苦情申述，或者根据行政咨询委员（以下称为“委员”）的通知，进行必要的斡旋以促进其解决，以推动行政的民主化、效率化。

（苦情的受理）

第二条 苦情，关于对象业务，根据有苦情的个人或者团体的申述，或者根据来自委员的通知予以接受。

第三条 苦情的申述，以口头或者书面形式接受。但是，根据事案的性质，认为特别有必要采取书面形式的场合，应当向其说明缘由并要求其进行书面申述。

第四条 苦情，原则上由申述人的住所或者所在地最近的管区行政评价局（包括北海道管区行政评价局辖下行政评价分室、四国行政评价支局以及冲绳行政评价事务所。以下同此）或者行政评价事务所接受。但是，向总务省申述的事案中，认为适合于直接办理的场合，可由行政评价局受理。

（情况听取）

第五条 接受苦情的申述时，应当诚恳地听取情况，根据另行规定的格式，记录必要事项。

（不进行斡旋的事案）

第六条 对于已经由警察着手搜查的事件及正在法院审理中的事件相关联的事案，以及已由法院作出判决的事案，不进行斡旋。

（未达到斡旋的事案）

第七条 对基于法令等的不知晓、事实的误认的事案，诚恳地说明该情况。

第八条 对类似于关于对象业务的单纯的要求或者陈情的事案中不适合斡旋的，充分说明该情况。

第九条 对根据《行政不服审查法》（昭和 37 年法律第 160 号）及其他法令的规定，可以进行不服申诉的事案，应当说明该情况。

（实情掌握）

第十条 对于苦情事案，认为有必要时，应当通过对相关行政机关等的照会等方式，判明与苦情相关的真实情况。

（斡旋）

第十一条 认为申述或者发自委员的通知合理时，应当针对相关行政机关等，以口头或者书面的形式，联络苦情的内容，必要时附上意见，进行斡旋，促进苦情的解决。但是，对于需要高度的政策判断或者技术性判断或者因为其他事情，导致进行斡旋困难、不适当或者难以期待其效果的事案，充分说明其理由。

（对申述人或者委员的通知）

第十二条 对于通过斡旋，相关行政机关等采取了措施等的，应当将其内容通知申述人或者委员。

2 前项的通知，由接受了苦情申述的第四条规定的管区行政评价局、行政评价事务所或者行政评价局进行。

（斡旋的终止）

第十三条 对于前条的相关行政机关等所采取的措施等，即使在申述人［包括行政咨询委员法（昭和41年法律第99号）中的申述人。在下条中同此］仍然有苦情的情况下，当认为该措施等具有充分的理由时，便应当说明情况，终止斡旋。

（保密）

第十四条 对于申述人希望对自己的姓名等进行保密的，或者根据事案的性质，认为其部分内容向相关行政机关等保密为适当的，必须努力保守秘密。

（其他）

第十五条 关于本要领的实施所必要的事项，由行政评价局长规定。

附 则

本训令，自平成13年1月6日起施行。

（翻译：范大祺 审校：杨建顺）

行政苦情あっせん取扱要領

平成13年1月6日総務省訓令第65号

（目的）

オレ」アフ　総務省設置法（平成１１年法律第９１号）第４条第２１号の規定による苦情のあっせんは、各行政機関の業務（以下「対象業務」という。）に関する苦情の申出又は行政相談委員（以下「委員」という。）からの通知に応じ、必要なあっせんを行ってその解決を促進し、行政の民主化、能率化に資することを目的とする。

（苦情の受付）

第２条　苦情は、対象業務に関し苦情を有する個人若しくは団体からの申出又は委員からの通知に応じ、受け付けるものとする。

第３条　苦情の申出は、口頭又は書面により受け付けるものとする。ただし、事案の性質により特に書面による必要があると認めた場合は、その旨を説明し、書面による申出を求めるものとする。

第４条　苦情は、原則として申出人の住所又は所在地最寄りの管区行政評価局（北海道管区行政評価局に置く行政評価分室、四国行政評価支局及び沖縄行政評価事務所を含む。以下同じ。）又は行政評価事務所において受け付けるものとする。ただし、総務省に申出のあった事案で直接取り扱うことを適当と認めた場合は、行政評価局において受け付けることができる。

（事情聴取）

第5条　苦情の申出があったときは、懇切に事情を聴取し、別に定める様式に従い所要の事項を記録しなければならない。

（あっせんを行わない事案）

第6条　既に捜査に着手された事件及び現に裁判所に係属中の事件に関する事案並びに既に裁判所において判決のあった事案については、あっせんを行わない。

（あっせんに至らない事案）

第7条　法令等の不知、事実の誤認に基づく事案は、その旨を懇切に説明する。

第8条　対象業務に関する単なる要望又は陳情に類する事案であっせんに適しないものについては、その旨を十分説明する。

第9条　行政不服審査法（昭和３７年法律第１６０号）その他法令の規定により不服の申立てのできる事案いついては、その旨を説明するものとする。

（実情把握）

第10条　苦情事案に関し、必要があると認めたときは、関係行政機関等に対する照会等により苦情に係る実態を明らかにするものとする。

（あっせん）

第11条　申出又は委員からの通知に理由があると認めたときは、関係行政機関に対し、口頭又は書面により、苦情の内容を連絡し、必要あるとき意見を付して、あっせんを行い、苦情の解決を促進するものとする。ただし、特に高度の政策判断若しくは技術的判断を要し、又はその他の事情により、あっせんすることが困難若しくは不適当又はその効果を期待し難い事案については、その理由を十分説明する。

（申出人又は委員に対する通知）

第 12 条　あっせんにより、関係行政機関等がとった措置等については、その内容を申出人又は委員に通知するものとする。

２前項の通知は、苦情の申出を受け付けた第４条管区行政評価局若しくは行政評価事務所又は行政評価局が行うものとする。

（あっせんの終了）

第 13 条　前条の関係行政機関等がとった措置等について、申出人（行政相談委員法（昭和４１年法律第９９号）における申出人を含む。次条において同じ。）がなお、苦情を有する場合においても、その措置等に十分な理由があると認めた場合は、事情を説明し、あっせんを終わるものとする。

（秘密の保持）

第 14 条　申出人が、自己の氏名等を秘密にすることを希望した場合、又は事案の性質により、その内容の一部を関係行政機関に対し秘匿することを適当と認めたものについては、秘密の保持に努めなければならない。

（その他）

第 15 条　この要領の実施について必要な事項は、行政評価局長が定める。

附　則

この訓令は、平成１３年1月６日から施行する

关于行政机关实施政策评价的法律施行令

（平成 13 年 9 月 27 日政令第 323 号）

最后修改：平成 27 年 3 月 27 日政令第 95 号

内阁根据《关于行政机关实施政策评价的法律》（平成 13 年法律第 86 号）第五条第 4 项（包括在同条第 6 项所准用的情况）的规定，制定本政令。

（法第五条第 4 项的审议会等中以政令规定的）

第一条 《关于行政机关实施政策评价的法律》（以下称为“法”）第五条第 4 项（包括在同条第 6 项所准用的情况）的审议会等中以政令规定的，称为政策评价审议会。

（法第七条第 2 项第 2 号中以政令规定的期限）

第二条 法第七条第 2 项第 2 号①中以政令规定的期限，为五年。

2. 法第七条第 2 项第 2 号②中以政令规定的期限，为五年。

（法第九条中以政令规定的政策）

第三条 法第九条中以政令规定的政策，为下列政策。但是，因作为事前评价的方法尚未得以开发，或其他对不进行事前评价认为具有相当理由而由总务大臣以及作为该政策的规划及立项的行政机关首长（法第二条第 1 项第 2 号所列的机关为内阁总理大臣，同项第 4 号所列的机关为总务大臣，同项第 5 号所列的机关为环境大臣）共同发布的命令所规定的政策除外。

（1）以各研究开发（仅限于人文科学领域的研究除外。在下号中同此）预计需要十亿日元以上费用的项目实施为目的的政策；

（2）以对各研究开发预计需要十亿日元以上费用的项目的实施者，给予其实施所需费用的全部或者一部分补助为目的的政策；

（3）以整备道路、河川及其他供于公共之用的设施的事业以及其他各公共性的建设事业（设施维护与修复项目除外。在下号中简称为“各公共性的建设事业”）中，预计需要十亿日元以上费用的项目的实施为目的的政策；

（4）以对各公共性的建设事业中，预计需要十亿日元以上费用的项目的实施者，给予其实施所需费用的全部或者一部分补助为目的的政策；

（5）在各政府开发援助项目中，通过无偿的资金提供进行合作[仅限于以基于条约及其他国际约定的技术合作，或者与之具有密切关联性的事业的设施（包括船舶）之整备（包括该设施的维护及运营所必要的设备及器材的筹措）为目的而实施的合作]，该资金提供的数额预计达到十亿日元以上的项目，以及通过有偿的资金提供进行合作[限于那些为了使资金提供条件不会成为开发中地域的沉重负担，而对于利息、偿还期限等附有宽松条件的，并且对依据《独立行政法人国际合作机构法》（平成 14 年法律第 136 号）第十三条第 1 项第 2 号①的规定，由外务大臣指定的人，借贷其所进行的开发事业之实施所必要的资金的合作]，该资金提供的数额达到一百五十亿日元以上的项目，以该项目的实施为目的的政策；

（6）根据法律或者法律的委任而进行政令的制定或者修改、废止，新设定或者废止规制[指限制国民权利，或者对国民课以义务的作用（税收、审判程序、补助金的申请手续以及其他以总务省令所规定的内容相关的作用除外）。以下在本号内相同。]，或者进行规制内容变更（因应提交文件的种类、记载事项或者格式的细微变更，以及其他未被预测为对国民生活或者社会经济带来相当程度影响而由以总务省令规定的变更除外）为目的的政策；

（7）下列措施中，以通过法律或者依据法律的命令（包括告示）的修订，而采取扩充其内容的措施或者变更其期限的措施（期限提前的除外）为目的的政策：

①《关于税收特别措施适用状况透明化等的法律》（平成22年法律第8号）第三条第1项规定的法人税相关特别措施；

②《地方税法》（昭和25年法律第226号）第七百五十七条第1号规定的税负减轻措施等之中，以减少税额或者所得的金额为内容的措施［仅限于法人的道府县民税（包括都民税）、法人的事业税或者法人的市町村民税相关的部分］。

（8）除了前号所列的内容外，针对国税或者地方税，通过《租税特别措施法》（昭和32年法律第26号）或者《地方税法》的修订，以采取减少税额或者所得的金额为内容的措施［仅限于法人税、法人的道府县民税（包括都民税）、法人的事业税或者法人的市町村民税相关的部分］为目的的政策。

（翻译：范大祺　审校：杨建顺）

行政機関が行う政策の評価に関する法律施行令

（平成十三年九月二十七日政令第三百二十三号）

最終改正：平成二七年三月二七日政令第九五号

内閣は、行政機関が行う政策の評価に関する法律（平成十三年法律第八十六号）第五条第四項（同条第六項 において準用する場合を含む。）の規定に基づき、この政令を制定する。

（法第五条第四項の審議会等で政令で定めるもの）

第一条　行政機関が行う政策の評価に関する法律（以下「法」という。）第五条第四項（同条第六項 において準用する場合を含む。）の審議会等で政令で定めるものは、政策評価審議会とする。

（法第七条第二項第二号 の政令で定める期間）

第二条　法第七条第二項第二号 イの政令で定める期間は、五年とする。

2　法第七条第二項第二号 ロの政令で定める期間は、五年とする。

（法第九条 の政令で定める政策）

第三条　法第九条 の政令で定める政策は、次に掲げる政策とする。ただし、事前評価の方法が開発されていないものその他の事前評価を行わないことについて相当の理由があるものとして総務大臣並びに当該政策の企画及び立案をする行政機関の長（法第二条第一項第二号 に掲げる機関にあっては内閣総理大臣、同項第四号 に掲げる機関にあっては総務大臣、同項第五号 に掲げる機関にあっては環境大臣）が共同で発する命令で定めるものを除く。

一　個々の研究開発（人文科学のみに係るものを除く。次号において同じ。）であって十億円以上の費用を要することが見込まれるものの実施を目的とする政策

二　個々の研究開発であって十億円以上の費用を要することが見込まれるものを実施する者に対し、その実施に要する費用の全部又は一部を補助することを目的とする政策

三　道路、河川その他の公共の用に供する施設を整備する事業その他の個々の公共的な建設の事業（施設の維持又は修繕に係る事業を除く。次号において単に「個々の公共的な建設の事業」という。）であって十億円以上の費用を要することが見込まれるものの実施を目的とする政策

四　個々の公共的な建設の事業であって十億円以上の費用を要することが見込まれるものを実施する者に対し、その実施に要する費用の全部又は一部を補助することを目的とする政策

五　個々の政府開発援助のうち、無償の資金供与による協力（条約その他の国際約束に基づく技術協力又はこれに密接な関連性を有する事業のための施設（船舶を含む。）の整備（当該施設の維持及び運営に必要な設備及び資材の調達を含む。）を目的として行われるものに限る。）であって当該資金供与の額が十億円以上となることが見込まれるもの及び有償の資金供与による協力（資金の供与の条件が開発途上地域にとって重い負担にならないよう金利、償還期間等について緩やかな条件が付されているものであって、独立行政法人国際協力機構法（平成十四年法律第百三十六号）第十三条第一項第二号イの規定に基づき外務大臣が指定する者に対して、その行う開発事業の実施に必要な資金を貸し付けるものに限る。）であって当該資金供与の額が百五十億円以上となること

が見込まれるものの実施を目的とする政策

六　法律又は法律の委任に基づく政令の制定又は改廃により、規制（国民の権利を制限し、又はこれに義務を課する作用（租税、裁判手続、補助金の交付の申請手続その他の総務省令で定めるものに係る作用を除く。）をいう。以下この号において同じ。）を新設し、若しくは廃止し、又は規制の内容の変更（提出すべき書類の種類、記載事項又は様式の軽微な変更その他の国民生活又は社会経済に相当程度の影響を及ぼすことが見込まれないものとして総務省令で定める変更を除く。）をすることを目的とする政策

七　次に掲げる措置について、法律又は法律に基づく命令（告示を含む。）の改正によりその内容を拡充する措置又はその期限を変更する措置（期限を繰り上げるものを除く。）が講ぜられることを目的とする政策

イ　租税特別措置の適用状況の透明化等に関する法律（平成二十二年法律第八号）第三条第一項 に規定する法人税関係特別措置

ロ　地方税法（昭和二十五年法律第二百二十六号）第七百五十七条第一号 に規定する税負担軽減措置等のうち税額又は所得の金額を減少させることを内容とするもの（法人の道府県民税（都民税を含む。）、法人の事業税又は法人の市町村民税に係るものに限る。）

八　前号に掲げるもののほか、国税又は地方税について、租税特別措置法（昭和三十二年法律第二十六号）又は地方税法 の改正により税額又は所得の金額を減少させることを内容とする措置（法人税、法人の道府県民税（都民税を含む。）、法人の事業税又は法人の市町村民税に係るものに限る。）が講ぜられることを目的とする政策

瑞　典

政府宪章

第13章

第6条 议会申诉专员

议会选举一名到多名申诉专员，他们应在议会设定的职权范围内监督公共服务中法律和其他规定的实施情况。议会申诉专员可以对职权范围内的案件提起法律诉讼。

法院、行政管理机关以及中央政府或地方政府的雇员应向申诉专员提交他/她需要的信息和意见。接受申诉专员监察的其他人员负有类似的责任。申诉专员有权获得法院和行政管理机关的各种记录和其他文件。申诉专员要求的，公诉人必须协助申诉专员。

关于申诉专员更加具体的法律条款参见《议会法》和其他法律。

（翻译：周艳辉　审校：张万洪）

Instrument of Government

Chapter 13

Article 6 Parliamentary Ombudsmen

The Riksdag elects one or more Parliamentary Ombudsmen who shall supervise the application of laws and other regulations in the public service, under terms of reference drawn up by the Riksdag. An Ombudsman may institute legal proceedings in the cases indicated in these terms of reference.

Courts of law, administrative authorities and State or local government employees shall provide an Ombudsman with such information and opinions as he or she may request. Other persons coming under the supervision of the Ombudsman have a similar obligation. An Ombudsman has the right to access the records and other documents of courts of law and administrative authorities. A public prosecutor shall assist an Ombudsman if so requested.

More detailed provisions concerning the Ombudsmen are laid down in the Riksdag Act and elsewhere in law.

议会法

第 9 章 工作简介

议会申诉专员提交的报告

补充条款第 9 章第 17 条第 5 款

每位议会申诉专员可以向议会就监察行动中出现的问题提交报告说明情况。关于提交报告的更多规定参见《议会申诉专员指南法案》(1986：765)。

第 13 章 议会机构和委员会

议会申诉专员

议会申诉专员的组织结构和职责

第 2 条 议会依照《政府宪章》第 13 章第 6 条的规定选举申诉专员，以监督公共行为中法律和其他法规的实施。

议会申诉专员的数量应为四名，一名首席议会申诉专员和三名议会申诉专员。首席议会申诉专员应担任行政主管，决定申诉专员监察工作的重点。议会可以额外选举一名或多名代理申诉专员。代理申诉专员应担任过议会申诉专员。

宪法委员会与申诉专员的商议

补充条款第 13 章第 2 条第 1 款

宪法委员会应当与议会申诉专员就工作程序和有关组织结构的其他问题进行商议。商议可以由宪法委员会自行发起，也可以在议会申诉专员的要求下发起。

申诉专员的选举

第 3 条　议会申诉专员和代理议会申诉专员的选举独立进行。申诉专员由秘密投票选举的，申诉专员发言人的选举适用相同的程序。

议会申诉专员当选的有效期限从他 / 她当选的日期或者日后议会决定的日期起算，直到此后第四年举行新的选举，并且新当选的议会申诉专员就职为止。申诉专员的任期不得超过第四年年末。

代理申诉专员当选的有效期限是从他 / 她当选的日期或日后议会决定的日期起算的两年期间。

申诉专员选举的准备工作

补充条款第 13 章第 3 条第 1 款

宪法委员会应当准备议会申诉专员或代理申诉专员的选举。

申诉专员的免职

第 4 条　作为对宪法委员会所提建议的回应，议会可以对已经失去议会信任的申诉专员或代理申诉专员予以免职。

议会申诉专员提前退休的，议会应当及时选举继任者，以服务于新一轮的四年任期。

起诉

第 24 条　下列行政官员在履职或工作过程中有违法行为的，可以由下列机构决定提起诉讼：

（1）涉及瑞典中央银行总理事会成员或瑞典中央银行管理委员会成员

的案件，只能由金融委员决定提起诉讼；

（2）涉及瑞典议会委员会、选举复核委员会或议会上诉委员会成员的案件，或者涉及议会申诉专员、总审计长、议会秘书长的案件，只能由宪法委员会决定提起诉讼。

在第 1 款中规定的关于起诉中央银行管理委员会成员的条款不应当适用于中央银行依据《控制外汇与信贷管理法案》行使其决策权时出现的违法行为。

（翻译：周艳辉　审校：张万洪）

The Riksdag Act (Sweden)

Chapter 9 INTRODUCTION OF BUSINESS

Submissions from the Parliamentary Ombudsmen

Supplementary provision 9.17.5

Each individual Parliamentary Ombudsman may make submissions to the Riksdag on account of an issue which has arisen in their supervisory activities. Further provisions concerning such submissions are laid down in the Act with Instructions for the Parliamentary Ombudsmen (1986: 765).

Chapter 13 RIKSDAG BODIES AND BOARDS

The Parliamentary Ombudsmen

Organisation and responsibilities of the Parliamentary Ombudsmen

Art. 2. The Riksdag elects Ombudsmen under Chapter 13, Article 6 of the Instrument of Government to supervise the application of laws and other statutes in public activities.

The Parliamentary Ombudsmen shall be four in number, one Chief Parliamentary Ombudsman and three Parliamentary Ombudsmen. The Chief Parliamentary Ombudsman shall act as administrative director and shall determine the main focus of the Ombudsmen's activities. The Riksdag may in addition elect one or more Deputy Ombudsmen. A Deputy Ombudsman shall have held office previously as a Parliamentary Ombudsman.

The Committee on the Constitution's conferral with the Ombudsmen

Supplementary provision **13.2.1**

The Committee on the Constitution shall confer with a Parliamentary Ombudsman on working procedures and other matters of an organisational nature, either on its own initiative, or at the request of one of the Parliamentary Ombudsmen.

Election of Ombudsmen

Art. 3. The Parliamentary Ombudsmen and Deputy Ombudsmen are elected individually. When an Ombudsman is elected by secret ballot, the same procedure is applied as for the election of Speakers.

A Parliamentary Ombudsman is elected for the period from the date of his or her election, or a later date as determined by the Riksdag, until a new election has been held in the fourth year thereafter and the person then elected has assumed office. The election shall never be valid beyond the end of that year.

A Deputy Ombudsman is elected for a period of two years from the date of his or her election, or a later date determined by the Riksdag.

Preparation of election of Ombudsmen

Supplementary provision **13.3.1**

The Committee on the Constitution shall prepare the election of the Parliamentary Ombudsmen or Deputy Ombudsmen.

Removal from office of Ombudsmen

Art. 4. In response to a proposal from the Committee on the Constitution, the Riksdag may remove an Ombudsman or Deputy Ombudsman from office who has forfeited the confidence of the Riksdag.

If a Parliamentary Ombudsman retires ahead of time, the Riksdag shall elect a successor without delay to serve for a new four-year period.

Prosecution

Art. 24. Prosecution of officials listed below in respect of offences committed in the exercise of their assignment or employment may be decided:

1. only by the Committee on Finance in the case of prosecution of a member of the General Council of the Riksbank or a member of the Executive Board of the Riksbank; and

2. only by the Committee on the Constitution in the case of prosecution of a member of the Riksdag Board, the Election Review Board or the Riksdag Appeals Board, or one of the Parliamentary Ombudsmen, of one of the Auditors General or of the Secretary-General of the Riksdag.

The provisions laid down in paragraph one concerning prosecution of a member of the Executive Board of the Riksbank shall not apply in respect of an offence committed in the exercise of the Riksbank's decision-making powers under the Act on Exchange Control and Regulation of Credit (SFS 1992: 1602).

议会申诉专员指南法案

1986 年 11 月 13 日颁布，2014 年 9 月 1 日根据瑞典法规 SFS（2014：802）修订。

任 务

1 § 依照《议会法》第 13 章第 2 条规定，设立四名议会申诉专员：一名首席议会申诉专员和三名议会申诉专员。此外，还可设立一到多名代理申诉专员。

首席议会申诉专员和议会申诉专员在《议会法》第 13 章第 2 条规定之权限内，对依据法律和其他法规行使公共权力和履行相关职责的人员实施监察。

2 § 申诉专员监察对象如下：

1. 国家一级和市一级政府机构；

2. 就职于上述政府机构中的公务员和其他雇员；

3. 职位或工作涉及行使公共权力的其他个人，仅行使公共权力的行为适用该条款；

4. 公共企业的公务员和雇员以企业的名义开展的活动。政府通过企业的代理机构在活动中发挥决定性作用。

对武装部队军官的监察，只涉及拥有少尉及以上军衔的现役军官以及级别相当的人员。

申诉专员的监察对象不涉及：

1. 议会议员；

2. 议会行政事务委员会、议会选举复核委员会、议会投诉委员会或下议院职员；

3. 瑞典中央银行董事会成员和理事会成员，依照《货币与信贷管理法》（1992：1602）行使中央银行的决议权时除外；

4. 政府或部长；

5. 司法部长，以及

6. 市议会和县议会的议员。

申诉专员不接受其他申诉专员的监察。

本法所使用“公务员”一词所指受申诉专员监察的人员，另有说明者除外。

3 §　申诉专员要特别确保法院和公共机关的行为遵守《政府宪章》关于客观性与公正性之强制规定，确保在公共管理中不得侵犯公民的基本权利和自由权。

申诉专员在监察市一级政府机关时，要考虑市一级的自治的形式。

4 §　议会申诉专员要推动纠正立法中存在的缺陷。在展开监察行动的过程中，有充分理由对立法修改或政府采取的其他措施提出质疑的，申诉专员可以依照《议会法》第 9 章第 17 条第 5 款中规定的补充条款向议会或政府作出陈述。

在作出前款规定的陈述前，议会申诉专员需要与首席议会申诉专员进行商议。

5 §　申诉专员通过审议公众提交的申诉、监察行动以及申诉专员认为其他必要的调查来履行监察职责。申诉专员要就其计划采取的监察行动和其他调查与首席议会申诉专员进行商议。

5a § 依照 2002 年 12 月 18 签订的《联合国禁止酷刑和其他残忍、不人道或有辱人格的待遇或处罚公约》的《任择议定书》(2011：340)，议会申诉专员有责任承担国家预防机制的职责。

6 § 申诉专员在结案时要出具裁决书，就政府机关或公务员采取的措施是否违反法律、法规，是否错误或不当，陈述意见。申诉专员还可发表意见以改善法律实施的一致性和恰当性。

承担特殊公诉职责时，申诉专员可以对无视职务和工作职责构成犯罪的，而非违反《新闻自由法》或侵犯言论自由的公务员提起法律诉讼。对案件的调查使申诉专员有理由认为已经发生上述犯罪行为的，可以适用有关初步司法调查、起诉或免于起诉的法律条款，同时还要适用在公诉刑事案件中公诉人享有其他权力的法律条款。除非存在特殊理由，在地区法院提起诉讼的案件可以上诉至最高法院。

对于无视职务和工作职责犯错的公务员，能够通过纪律处分处理的，申诉专员可以将此事报告给有权决定采取此类措施的人员。具有专业资格证书或其他证书的个人在医疗领域执业（从事牙医、药品零售或兽医），专业行为出现严重的不称职问题或者在其他方面表现出明显不适合从事本行业的，申诉专员可以将其报告给有权决定撤销相关资质或证书的机构。具有上述资质的人员在其他方面滥用权力的，申诉专员可以要求相关机构限制资格证书的适用范围。具有专业资格证书或其他证书的个人在医疗领域执业（从事牙医、药品零售），专业行为暴露出不称职问题或者在其他方面表现出不适合从事本行业的，申诉专员可以要求相关机构作出暂缓执业的决定。

申诉专员认为有必要对构成犯罪或犯有重大错误或屡次犯错的公务员进行解雇或暂时停职的，可以将问题报告给有权作决定的相关机构。

申诉专员提交前述报告的，他/她有机会提交案件的补充调查，可以对其他人员调查的案件提交意见，有权出席口头询问。但是，该项规定不适用于涉及暂时停职的案件。

7 § 相关机构的决定适用于法律或其他法规中关于公务员及纪律处分的特殊规定的，或者因犯罪行为或渎职行为作出解雇或临时停职决定的，申诉专员可以将案件提交法院，申请修改相关决定。相关机构的决定涉及对医务人员或医院职员、兽医、就职于武装部队或者依照《国防纪律法案》（1994：1811）接受纪律管制的人员予以纪律处分的，相关机构的决定涉及第 6 条第 3 款规定的暂缓执业或资格证书的，申诉专员可以将案件提交法院，申请修改相关决定。关于案件移交的更加具体的规定参见相关法律或其他法规。

公务员根据相关规定向法院申请修改上述决定的，且该决定是依据申诉专员的报告作出的，申诉专员代表相关机构与公务员进行抗辩。申诉专员申请法院修改决定的，也适用该条规定。

本款所涉争议，适用于雇主的法律和其他法规的规定相应地也适用于申诉专员。但是，《劳动争议诉讼法》（1974：371）第 4 章第 7 条和第 5 章第 1 条第 1 款的规定不适用于由申诉专员提起的诉讼。

8 § 除非有特殊原因，申诉专员不应当采取措施处理没有独立权力的下属人员。

9 § 申诉专员对最高法院或最高行政法院的人员提起法律诉讼的、敦促解雇或解除职务的、要求进行身体检查的权力参见《政府宪章》的规定。

10 § 宪法委员会依照《政府宪章》第 12 章第 3 条的规定决定起诉部长的，议会委员会依照相关规定决定起诉议会人员或议会下属机构的，申诉专员有责任提起诉讼并承担起公诉人的职责，但是，涉及其他申诉专员的法律诉讼不适用该条规定。

申诉专员有责任协助议会委员会调查涉及前款所述官员的初步调查。

11 § 申诉专员每年在 11 月 15 日之前提交一份从 7 月 1 日到次年 6

月 30 日的纸质述职报告。述职报告需说明依据本法第 4 条第 1 款、第 6 条第 2—4 款和第 7 条之规定采取的行动，以及由申诉专员发布的其他重要决定。述职报告还要包含其他方面的监察活动调查。

组 织

12 § 依照《议会法》第 13 章第 2 条的规定，首席议会申诉专员是行政负责人，决定监察行动的总体方向。首席议会申诉专员向议会负责监察计划的实施，应当确保监察活动得到有效执行并符合现有法律之规定，确保对监察行动作出公正可靠的说明。同时，议会申诉专员节约使用公共资金。

在与其他议会申诉专员商议后，首席议会申诉专员以行政指令的形式就申诉专员的运行组织和每位申诉专员的职责范围颁布各种规定，批准行动计划，决定年度报告，为议会申诉专员的国家预算提出拨款计划。

关于内部审计的条款参见《财务管理规定》中涉及议会行政事务办公室、议会申诉专员和瑞典国家审计办公室的相关规定（2006：999）。

13 § 秘书处。秘书处依照人员编制聘用一位行政主管、处长和其他行政人员。如有需要，且经费允许，首席申诉专员可以任命其他工作人员、专家和审查人员。首席议会申诉专员决定工作人员的职责分配。

行政主管向首席议会申诉专员负责，领导秘书处的工作，向申诉专员提供需要的其他协助。

14 § 除了这些指示以及行政指令中的其他指示，首席议会申诉专员签发秘书处工作所需的规章制度。

首席议会申诉专员与宪法委员会商议组织方面的重大问题。

在与宪法委员会进行商议前，申诉专员要与首席议会申诉专员商议。

15 § 首席议会申诉专员可以不受行政指令的约束，作出特别决议将特定案件或者某组案件分派给自己或其他申诉专员。

此外，首席议会申诉专员可以通过行政指令或通过其他决定授权

- 申诉专员秘书处的公务员采取措施为案件做准备；
- 行政主管作出行政决定，但是不涉及处长的任命。

首席议会申诉专员决定代理申诉专员是否承担申诉专员的职责。申诉专员因为长期的疾病或者其他特殊原因无法履行职责的，或者其他原因需要代理申诉专员就职的，可以任命一位代理申诉专员履职。

16 §　首席议会申诉专员休假或者无法履行其职责的，履职时间最长的申诉专员代理其职务。两位或更多的申诉专员在职时间长度相同的，年长者优先。

申　诉

17 §　申诉必须以书面形式提出。书面申诉应当清楚载明被申诉的行政机关、申诉的具体行为、行为发生的时间、申诉人的姓名和地址。申诉人持有对案件处理和评估具有重要意义的材料的，应当一并附上。

被剥夺人身自由的人可以给申诉专员写信，不受他需要遵守的限制发送信件和其他材料的规定的约束。

申诉人要求的，秘书处应当签发申诉收据。

关于案件处理的一般规定

18 §　申诉涉及的问题在性质上适合于行政机构而非申诉专员进行调查和评议的，且相关机构没有审查过该问题的，申诉专员可以将申诉移交给该机构处理。但是，因申诉提起诉讼的案件只有在事先获得同意后才可以移交给司法部长。

申诉涉及的公务员隶属瑞典律师协会的，且申诉提出的问题可以依照

《司法程序法》第 8 章第 7 条第 4 款的规定由律师协会内部机构评议的，申诉专员可以将申诉移交该协会处理。

19 § 申诉专员应当及时告知申诉人，申诉是否已经被驳回、受理，是否依据本法第 18 条规定移交给其他机构，或者是否成为调查对象。

20 § 除非有特殊理由，申诉专员不得对两年或更长时间之前的案件提起调查。

21 § 申诉专员在评议申诉和其他案件时要采取必要的调查措施。

依照《政府宪章》的规定，除已经决定提起初步调查的案件外，申诉专员在案件中要求提供相关信息和说明的，相关机构必须遵照执行，否则可以处以不高于 1 万瑞典克朗的罚款。出现该种情形的，申诉专员可以作出处罚。

受《公共部门就业法》（1994：260）中纪律处分规定约束的公务员，有理由怀疑具有触犯纪律的渎职行为的，且有理由担心无法依照《公共部门就业法》第 17 条的规定在渎职行为发生后的两年时间内提出书面警告的，申诉专员可以签发相应的警告。本条款也适用于那些因为其他法规受到纪律处分规定约束以及受到警告和相应通报约束的公务员。

22 § 申诉专员可以授权其他人执行他 / 她已经决定发起的调查，提起和参与他 / 她已经决定的法律诉讼，除非这些措施涉及最高法院或最高行政法院的人员。

就判决或决定向上级法院提起上诉的决定只能由申诉专员作出。

涉及本法第 7 条案件的，申诉专员可以任命一名申诉专员的工作人员以申诉专员的名义提起法律诉讼。

涉及本法第 6 条第 3 款和第 4 款的案件，申诉专员可以任命一名申诉专员的工作人员执行所需要的程序措施。

申诉专员可以通过特别决定任命一名申诉专员秘书处的工作人员以申诉专员的名义开展监察行动，对申诉案件作出决议。此类授权不包括下列权力：

1. 依照本法第 4 条第 1 款的规定进行陈述；

2. 依照本法第 6 条第 1 款的规定作出说明；

3. 依照本法第 6 条第 2 款、第 3 款或第 4 款的规定对公务员采取处理措施；

4. 依照本法第 18 条的规定，将案件移交给其他政府部门；

5. 对相关机构或公务员要求提交书面说明或书面陈述后进行判决的案件作出决定。

23 §　口头陈述后结案的，申诉专员秘书处的工作人员或受特别指派的工作人员对口头陈述负责。但是，可以在没有进行口头陈述的情况下作出驳回或受理案件的决定。情况特殊的，申诉专员也可以在没有进行口头陈述的情况下对其他案件结案。

提交给议会申诉专员的与案件相关的文件在案件结案前不得归还。行政机构无权持有原始文件的，在提交经过认证的复印件后，可以返还原始文件。

24 §　要保存所有案件和与案件有关的监察日志。

所有决定的文件记录都要保存在申诉专员秘书处，载明作出决定的人员、负责口头陈述的人员、作出决定的日期和决定的内容。

要将特别指派的决定登记造册。监察期间以及其他原因需要时，要保存书面记录。

附　则

25 §　向议会提交年度报告时，应当向宪法委员会一同提交同一时段的日志、书面记录和登记记录。

26 §　申诉专员秘书处在首席议会申诉专员确定的时间段向公众开放。

27 §　除非另有特殊原因，文件免费提供。

收取费用的，应当依据行政机关确定费用的一般规则决定费用金额。

不得对收费决定提起上诉。

议会申诉专员自行支配收费所得。

28 § 首席议会申诉专员没有依照本法第 15 条的规定将任务分派给行政主管的，分派给申诉专员秘书处和其他工作人员。

29 § 关于就影响职位任命的决定或其他影响申诉专员秘书处工作人员的决定提起上诉的规定，参见议会行政事务办公室与议会各机构制定的《行政决议上诉法》(1989：186)。

（翻译：周艳辉　审校：张万洪）

The Act with Instructions for the Parliamentary Ombudsmen

(Lag [1986: 765] med instruktion för Riksdagens ombudsmän – " JO-instruktionen")(Sweden)

issued 13 November 1986, revised 1 September 2014 by SFS 2014: 802.

Pursusant to the decision of the Riksdag the following has been determined.

Tasks

1§ In accordance with 13.2 of the Riksdag Act, there are four Ombudsmen: a Chief Parliamentary Ombudsman and three Parliamentary Ombudsmen. In addition to this, there may be one of more Deputy Ombudsmen.

The Chief Parliamentary Ombudsman and the Parliamentary Ombudsmen are to supervise, to the extent laid down in Article 2, that those who exercise public authority are to obey the laws and other statutes and fulfil their obligations in other respects.

2§ Those supervised by the Ombudsmen are

1. state and municipal authorities,
2. officials and other employees of these authorities,
3. other individuals whose employment or assignment involves the exercise of public authority, insofar as this aspect of their activities is concerned,

4. officials and those employed by public enterprises, while carrying out, on behalf of such an enterprise, activities in which through the agency of the enterprise the Government exercises decisive influence

Where officers in the armed forces are concerned, however, this supervision extends only to commissioned officers with the rank of second lieutenant or above, and to those of corresponding rank.

The supervision of the Ombudsmen does not extend to

1. members of the Riksdag,

2. the Riksdag Board of Administration, the Riksdag's Election Review Board, the Riksdag's Complaints Board or the Clerk of the Chamber,

3. members of the Governing Board of the Riksbank, members of the Executive Board of the Riksbank, except to the extent of their involvement in exercise of the powers of the Riksbank to make decisions in accordance with the Act on the Regulation of Currency and Credit (1992: 1602),

4. the Government or Ministers,

5. the Chancellor of Justice, and

6. members of municipal and county council assemblies.

An Ombudsman is not subject to the supervision of any other Ombudsman.

The term official is used in this act, unless otherwise indicated by the context, to refer to those who are subject to the supervision of the Ombudsmen.

3§ The Ombudsmen are to ensure in particular that the courts and public authorities in the course of their activities obey the injunction of the Instrument of Government about objectivity and impartiality and that the fundamental rights and freedoms of citizens are not encroached upon in public administration.

In supervision of municipal authorities the Ombudsmen are to take into consideration the forms taken by municipal self-determination.

4§ The Ombudsmen are to contribute to remedying shortcomings in legislation. If, during the course of their supervisory activities, reason is given to raise the question of amending legislation or of some other measure by the State, an Ombudsman may then make such representations to the Riksdag pursuant to the supplementary provisions laid down in 9.17.5 of the Riksdag Act or to the Government.

A Parliamentary Ombudsman is to consult the Chief Parliamentary Ombudsman before making the representations referred to in the above paragraph.

5§ Supervision is exercised by the Ombudsmen in reviewing complaints made by the public and through inspections and such other inquiries as the Ombudsmen may find necessary. The Ombudsmen are to consult the Chief Parliamentary Ombudsman on the inspections and other inquiries they intend to carry out.

5a§ The Parliamentary Ombudsmen also undertake the tasks incumbent on a national preventive mechanism pursuant to the Optional Protocol of 18 December 2002 to the Convention against Torture and other Cruel, Inhuman or Degrading Treatment or Punishment. Act (2011: 340)

6§ The Ombudsmen conclude cases with an adjudication, in which an opinion is stated as to whether a measure taken by an authority or an official is in breach of the law or some other statute, or is otherwise erroneous or inappropriate. The Ombudsmen may also make statements intended to promote uniform and appropriate application of the law.

In the role of extra-ordinary prosecutor, an Ombudsman may initiate legal proceedings against an official who, in disregarding the obligations of his office or his mandate, has committed a criminal offence other than an offence against the Freedom of the Press Act or the right to freedom of expression. If an inquiry into a case gives an Ombudsman reason to believe that such a criminal offence has been committed, the stipulations in the law concerning preliminary judicial inquiries, prosecution and waiver of prosecution are to apply, together with those regarding the powers otherwise afforded to prosecutors in criminal cases subject to public prosecution. Cases brought before a district court are to be pursued to the Supreme Court only if there are exceptional grounds for doing so.

If proceedings can be taken by means of disciplinary measures against an official who, in disregarding the obligations of his office or his mandate, has committed an error, an Ombudsman may report the matter to those empowered to decide on such measures. In the case of an individual with professional certification or some other authorisation entitling him to practise within the medical profession, as a dentist, or in retail trade in pharmaceutical products, or as a veterinary surgeon, who has displayed gross incompetence in his professional activities or shown himself in some other way to be obviously unsuitable to practise, an Ombudsman may submit a report to those who have the authority to decide on the revocation of the qualification or the authorisation. A similar request for limitation of the scope of the qualification may be made when somebody with such qualifications has abused his powers in some other way. If an individual with professional certification or some other authorisation entitling him to practise within the medical profession, as a dentist, or in retail trade in pharmaceutical products, has displayed incompetence in his professional activities or shown himself in some other way unsuitable to practise his profession, the Ombudsman may request the imposition of a probationary period of those who have the authority to make such a decision.

Should an Ombudsman consider it necessary that the official be dismissed or temporarily deprived of his office because of criminal acts or gross or repeated misconduct, the Ombudsman may report the matter to those empowered to decide on such a measure.

When an Ombudsman has made a report of the kind referred to in the two preceding paragraphs, he or she is to be given the opportunity to supplement his or her own inquiry into the case, and to submit an opinion on any inquiry into the case carried out by some other person, as well as the right to be present if oral questioning occurs. This is not to apply, however, if the case concerns temporary deprival of office.

7§ If an authority has decided against an official in a case involving application of special regulations in the law or other statutes concerning officials and matters of discipline, or dismissal or temporary deprival of office because of criminal acts or misconduct, an Ombudsman may refer the case to a court of law for amendment of the decision. This is also to apply to the decision of an authority in a case concerning disciplinary measures against medical or hospital staff, veterinary surgeons, those serving in the armed forces or subject to discipline according to the Act on Discipline within Total Defence etc. (1994: 1811) as well as the decision of an authority in cases concerning probationary periods or issues concerning certification of the kind referred to in the third paragraph of Article 6. More detailed regulations about such referral are issued in the form of law or some other statute.

If an official, in accordance with the stipulations in force, has applied to a court for amendment of a decision of the kind referred to in the above paragraph, and if the decision was made as a result of a report from an Ombudsman, the Ombudsman is to act on behalf of the public against the official during the dispute. This is also to apply if the Ombudsman has sought amendment of the decision.

The stipulations of laws or other statutes applying to employers are, where disputes referred to in this paragraph are concerned, to apply correspondingly to the Ombudsmen. The stipulations in 4.7 and the first paragraph of 5.1 of the Act on Litigation in Labour Disputes (1974: 371) are not, however, to apply in cases where the action is being brought by an Ombudsman.

8§ An Ombudsman should not invoke measures against a subordinate official with no independent powers, unless there are exceptional reasons for doing so.

9§ The powers of an Ombudsman to initiate legal proceedings against a member of the Supreme Court or the Supreme Administrative Court or to press for the dismissal or deprival of office of such an official, or to require the official to submit to medical examination are laid down in the Instrument of Government.

10§ The Ombudsmen are obliged to initiate and prosecute those legal proceedings which the Committee on the Constitution has decided to institute against a Minister, in accordance with 12.3 of the Instrument of Government, and also legal proceedings against officials within the Riksdag or its agencies decided by committees of the Riksdag, in accordance with the regulations, but not, however, legal proceedings against another Ombudsman.

An Ombudsman is also obliged to assist committees of the Riksdag in preliminary inquiries concerning those officials cited in the previous paragraph.

11§ The Ombudsmen are to submit no later than 15 November each year a printed report on the discharge of their office covering the period from 1 July of the preceding year until the following 30 June. This report is to contain an account of the actions which have been taken by virtue of paragraph 1 of Article 4, paragraphs 2–4 of Article 6, and Article 7, together with other significant decisions published by the Ombudsmen. The report is also to contain a survey of their activities in other respects.

Organisation

12§ In accordance with 13.2 of the Riksdag Act, the Chief Parliamentary Ombudsman is the administrative head and decides on the overall direction activities are to take. The Chief Parliamentary Ombudsman is accountable to the Riksdag for these operations and shall ensure that they are carried out efficiently and in compliance with the law in force, that they are accounted for in a reliable and equitable manner and also that the Parliamentary Ombudsmen use public funding economically.

After consultation with the other Parliamentary Ombudsmen the Chief Parliamentary Ombudsman is to issue regulations in the form of administrative directives on the organisation of the Ombudsmen's operations and the areas of responsibility for each one of them, adopt an operational plan and also decide on the annual report and propose an appropriation in the national budget for the Parliamentary Ombudsmen.

Provisions on internal audits are laid down in the Act containing Regulations on Financial Administration etc. for the Riksdag Administration, the Parliamentary Ombudsmen and the Swedish National Audit Office (2006: 999).

13§ A secretariat i provided (Ombudsmannaexpedition). This employs an Administrative Director, Heads of Division and other administrative staff in accordance with its staff register. To the extent needed, and insofar as funds are available, the Chief Parliamentary Ombudsman may appoint other staff, experts and referees. The Chief Parliamentary Ombudsman is to decide on the duties assigned to the staff.

The Administrative Director, who is accountable to the Chief Parliamentary

Ombudsman, is to direct the work of the secretariat and is otherwise to provide the Ombudsmen with the assistance they may require.

14§ In addition to these instructions and those laid down in his administrative directives, the Chief Parliamentary Ombudsman is to issue the rules and regulations needed for the work of the secretariat.

The Chief Parliamentary Ombudsman is to consult the Committee on the Constitution on organisational issues of major importance.

Before initiating consultation with the Committee on the Constitution, an Ombudsman is to consult the Chief Parliamentary Ombudsman.

15§ Irrespective of the import of the administrative directives, the Chief Parliamentary Ombudsman may make a specific decision allocating a particular case or group of cases to himself or one of the other Ombudsmen.

In addition, the Chief Parliamentary Ombudsman may in the administrative directives or through some other decision authorise

- officials within the Ombudsmen's secretariat to take measures in preparing a case;
- the Administrative Director to make administrative decisions, but not however concerning the appointment of heads of division.

The Chief Parliamentary Ombudsman is to decide whether a Deputy Ombudsman is to serve as an Ombudsman. A Deputy Ombudsmen may be appointed to serve if an Ombudsman is prevented by a considerable period of illness or on some other special grounds from performing his duties, or if a need arises for the services of a Deputy Ombudsman for some other reason.

16§ When the Chief Parliamentary Ombudsman is on holiday or is prevented from discharging his duties, the Ombudsman with the longest period of service is to act as his deputy. If two or more of the Ombudsmen have served for the same length of time, the oldest is to take precedence.

Complaints

17§ Complaints should be made in writing. The written complaint should indicate which authority the complaint is made about, the action which the complainant is referring to, the date of the action, together with the name and address of the complainant. If the complainant possesses a document which is of significance in dealing with and assessing the case, this should be appended.

A person who has been deprived of his liberty may write to the Ombudsmen, without being prevented by the restrictions on sending letters and other documents which may apply to him.

At the complainant's request, confirmation is to be issued by the secretariat of receipt of the complaint.

General regulations about the treatment of cases

18§ If an issue arising from a complaint is of such a nature that it can appropriately be investigated and appraised by an authority other than the Ombudsman, and if that authority has not previously reviewed the matter, the Ombudsman may refer the complaint to the authority for action. Only cases raised as the result of a complaint may, however, be referred to the Chancellor of Justice and only after prior agreement.

If a complaint concerns an official who is a member of the Swedish Bar Association, and if the issue raised by the complaint is such that it can, in accordance with the fourth paragraph of 8.7 of the Code of Judicial Procedure, be appraised by a body within the Bar Association, the Ombudsman may refer the complaint to the Association for action.

19§ An Ombudsman shall inform a complainant without delay as to whether his complaint has been rejected, filed, referred to some other agency, in accordance with Article 18, or has been made the subject of an inquiry.

20§ An Ombudsman should not initiate inquiries into circumstances which date back two or more years, unless there are exceptional grounds for doing so.

21§ An Ombudsman is to carry out the investigative measures required in appraising complaints and other cases.

When the Ombudsmen, in accordance with the stipulations of the Instrument of Government, request information and statements in cases other than those in which it has been decided to institute a preliminary inquiry, they may do so on penalty of fine not exceeding SEK 10,000. The Ombudsmen may impose such a penalty, if incurred.

If there are ground for suspecting that an official subject to the regulations about disciplinary measures in the Act on Official Employment (1994: 260), is guilty of misconduct for which disciplinary measures should be invoked, and there is reason to fear that a written caution, as laid down in the Article 17 of that Act, cannot be issued to him within two years of the misconduct, the Ombudsmen may issue a corresponding caution. This provision is also to apply to those who, by virtue of other statutes, are also subject to regulations on disciplinary measures and to cautions and corresponding notification.

22§ An Ombudsman may authorise some other person to administer an inquiry which she or he has decided to initiate and to institute and prosecute legal proceedings she or he has decided on, unless these measures concern a member of the Supreme Court or the Supreme Administrative Court.

A decision to appeal a judgment or a decision to a superior court may only be made by an Ombudsman.

In cases referred to in Article 7, an Ombudsman may appoint an official on the Ombudsmen's staff to prosecute the legal proceedings on behalf of the Ombudsman.

In cases referred to in the third and fourth paragraphs of Article 6, an Ombudsman may authorise officials on the Ombudsmen's staff to undertake the procedural measures required.

An Ombudsman may through a special decision authorise an official on the staff of the Ombudsmen's secretariat both to carry out an inspection as well as make a decision in a case arising from a complaint on the Ombudsman's behalf. Such authorisation may not include the right to

1. make representations pursuant to the first paragraph of Section 4,

2. make statements pursuant to the first paragraph of Section 6,

3. initiate action against an official pursuant to the second, third or fourth paragraphs of Section 6,

4. refer a case to another authority pursuant to Section 18, or

5. make a decision in a case that is decided after written statements or written information has been requested from the authority or official concerned.

23§ Cases are concluded after oral presentation, for which an official on the staff of the Ombudsmen's secretariat or specially appointed for the task is responsible. Decisions to reject a case or file it, can, however, be made without such presentation. An Ombudsman may also conclude other cases without oral presentation if there are particular grounds for doing so.

Documents that have been submitted to the Parliamentary Ombudsman in connection with a case may not be returned until the case has been concluded. If in such a case an authority is deprived of the original document, this may be returned subject to the submission of a certified copy of the document.

24§ A journal is to be kept for all cases and for the actions taken in connection with them.

Documentary records for every decision are to be kept at the Ombudsmen's secretariat showing who made the decision, who was responsible for the oral presentation and the date and content of the decision.

A register is to be kept of specially designated decisions. Written records are to be kept during inspections and when needed for other reasons.

Miscellaneous regulations

25§ When the annual report is submitted to the Riksdag, journals, written records and registers covering the same period are to be presented at the same time to the Committee on the Constitution.

26§ The Ombudsmen's secretariat is to be open to the public during the hours determined by the Chief Parliamentary Ombudsman.

27§ Documents are to be provided free of charge, unless otherwise justified for special reasons.

If a charge is to be made, it should be fixed according to the regulations in force for public authorities in general.

No appeal may be made against a decision to impose a charge.

The revenue from charges is at the disposal of the Parliamentary Ombudsmen.

28§ The Chief Parliamentary Ombudsman appoints officials within the

Ombudsmen's secretariat and other staff, insofar as he has not delegated these tasks, as laid down in Article 15, to the Administrative Director.

29§ Regulations concerning appeal against decisions in matters of appointment to posts or otherwise affecting staff within the Ombudsmen's secretariat, are laid down in the Act on Appeal against Administrative Decisions by the Riksdag Administration and the Riksdag's Agencies (1989: 186).

议会申诉专员管理指令

自2012年2月15日起生效。

2012年9月18日修订。

2013年6月12日修订。修订版本自2013年7月1日起生效。

依照《议会申诉专员指南法》（以下简称指南）（Act with Instructions for the Parliamentary Ombudsmen）第12条、第15条和第26条的规定（1986：765），首席议会申诉专员制定如下条款。

组织结构

申诉专员

1 议会申诉专员的监察工作划分为四类职责。这些职责的监察范围在指令的附录部分予以说明。

职责的监察范围分配如下。

第一范围 拉尔斯·林斯特龙（Lars Lindström），议会申诉专员

第二范围 伊丽莎白·弗拉（Elisabet Fura），首席议会申诉专员

第三范围 莉莲·魏克兰德（Lilian Wiklund），议会申诉专员

第四范围 塞西利亚·瑞福尔斯（Cecilia Renfors），议会申诉专员（2013年9月1日起任职）

必要时，申诉专员在各自的职责范围内自行发起调查。

《指南》第 5 条规定，议会申诉专员向首席议会申诉专员报告计划实施的监察工作和其他调查。发生特殊情况时，申诉专员也要报告其他事项。

2　涉及多个职责范围的案件，由对案件负主要责任的申诉专员处理。如有疑义，首席议会申诉专员指派处理案件的人选。

涉及职责彼此关联的案件，首席议会申诉专员指派处理案件的人选。如果议会申诉专员因为利益冲突或其他原因需要回避，首席议会申诉专员指派处理案件的人选。

《指南》第 15 条第 1 款明确规定，首席议会申诉专员不受《指南》相关条款的约束，可以决定特定案件或一组案件分派给自己或指派给其他议会申诉专员。

3　首席议会申诉专员因疾病、休假或其他原因无法履行职责的，由《指南》第 16 条第 1 款规定的申诉专员接替。

申诉专员缺勤的，由首席议会申诉专员、申诉专员或者首席议会申诉专员任命的代理申诉专员履行监督职责。

议会申诉专员秘书处

4　为准备申诉或申诉专员自行发起调查的案件，以及为准备与立法建议有关的咨询文件，秘书处主任、由各处处长、负有专家职责的业务人员和一般业务人员组成的监督部门协助申诉专员。每个监督部门设立自己的办事处来处理案件。

首席议会申诉专员还由一个行政事务办公室来协助工作。行政事务办公室包括协助每位申诉专员管理案件的办事处职员、财务管理人员、人事管理人员、物资管理和维修人员、信息事务人员和登记人员、文书助理和清洁人员。

行政事务办公室还包括一个国际部，由该部主任领导。

依照2002年12月18日签订的《联合国禁止酷刑和其他残忍、不人道或有辱人格的待遇或处罚公约》的《任择议定书》的规定，为履行国家预防机制的职责，国家预防机制处作为专门机构协助议会申诉专员。该处由处长、副处长和业务人员组成。基于管理的目的，该处隶属于第二职责范围。

国家预防机制处和特定职员的规定

国家预防机制处

5 首席议会申诉专员与相关议会申诉专员商议后，制定国家预防机制处的运作指南和监察计划。国家预防机制处的处长和副处长根据相关议会申诉专员的要求开展监察工作，但无权就《指南》第6条第1款规定的事项发表意见或者作出类似声明。

国家预防机制处的处长领导日常工作。处长缺勤的，副处长承担职责。

秘书处主任

6 秘书处主任是行政事务办公室及其职员的负责人。

秘书处主任负责：

- 行政日常工作的进展和质量保证，
- 战略规划以及与议会行政事务办公室和其他政府机构的合作，秘书处主任还全面负责
- 财务问题、人员和物业管理以及与IT技术支持、国内外交流、信息及登记有关的问题，
- 本机构的合同及采购。

秘书处主任还签收挂号信件、监督月度统计数据和年度统计数据的编制。

秘书处主任执行首席议会申诉专员分派的特别调查工作，为分派给他/

她的申讼案件做准备，依照首席议会申诉专员的指令协助完成其他事项。

在分派给他 / 她的案件中，秘书处主任就待评议文件的分发和其他调查程序作出决定。当获得申诉专员授权时，秘书处主任也开展监察工作，但在监察过程中无权就《指南》第 6 条第 1 款规定的事项发表意见或者其他类似的声明。

秘书处主任不在岗或出差时，任命一位处长承担秘书处主任的职责。

处　长

7　处长向业务人员分派自己专业领域内的案件，处理自己职责内的案件。在分派案件时，要考虑业务人员的专业技能和经验，要均衡业务人员的工作量。业务人员对特定专业知识领域内的案件承担责任，他们应当处理自己领域的重大案件。

处长对分派给业务人员和秘书处的案件实施跟踪管理。处长还可以就咨询文件和其他调查程序作出决定，处理与已结案件有关的文件问题，在获得相关申诉专员的授权后开展监察工作，但无权就《指南》第 6 条第 1 款规定的事项发表意见或其他类似的声明。

除了为自己负责的案件做准备，处长要确保案件以令人满意的方式及时处理。处长应当参与重大案件的处理，也要协助国家预防机制处的运转。

业务人员和负有专家职责的业务人员

8　负责口头陈述的业务人员可以获得其所分派到的案件的机密信息，调用与案件有关的文件，将文件提交给申诉人以征求意见。当获得相关申诉专员的特别授权时，他们还可以处理那些与已经判决的案件有关的文件问题。

当获得相关申诉专员的特别授权时，负有专业职责的业务人员可以就咨询文件和其他调查程序作出决定。在相关申诉专员的授权下开展监察工作时，无权就《指南》第 6 条第 1 款规定的事项发表意见或其他类似的声明。

判决、记录及其他

9 申诉专员的最终裁决要由申诉专员签字并登记入档。裁决的副本要附加在档案卷宗内。该规定同样适用于依照《指南》第22条第5款规定通过授权作出的最终裁决。

裁决的副本应当送达申诉人，如无不当情形，也要送达在案件中作出过声明或受到案件特殊影响的行政机关或公务人员。申诉专员可以决定以其他方式公布案件的信息或者决定判决无需送达申诉人。

不属于案件最终判决的决议副本和议会申诉专员签发的决议副本都要由作出决议的公务人员或者由公务人员授权作出决议的人员签字。

这些条款也适用于相关监察记录。

公共文件及其他

10 登记处职员协助向行政机关、大众媒体和公众发放文件，也向要求从登记处、档案、案件管理系统和秘书处其他文件中获取信息的人员提供信息。

11 涉及提供公共文件问题的，由负责案件的申诉专员或首席申诉专员以议会申诉专员的名义作出决定。

要求提供已执行判决的文件的，秘书处主任或其他由秘书处主任任命的人员负责对文件进行保密评级（参照《公众知情权和保密法》[2009:400]第6章第3条第1款）。

安全与紧急情况

12 涉及安全和紧急情况的问题由首席议会申诉专员委托给秘书处的工作人员，处理安全事务。工作人员就重大问题与秘书处主任进行商议。

办公时间及其他

13 案件经过预约，申诉专员接受公众来访。

登记处向公众开放的时间为每周一到周五，上午9点到中午12点，下午1点到下午3点，公共假期除外。特殊情况，另行决定。

秘书处电话接听时间为每周一到周五，上午 9 点到上午 11 点半，下午 1 点到下午 3 点，公共假期除外。特殊情况，另行决定。缩短办公时间或电话接听时间的通知应当至少提前一周，以恰当方式公布。

附　则

14 特定职员的职责在专项指令或岗位说明中作出规定。

《关于议会申诉专员秘书处财务和人事事务决策权的规定（授权条例）》文件对其他授权作出规定。

附　录

第一职责范围

法院、劳资争议法庭；土地租赁与租金审理委员会；国家法院管理局。

行政法院。

国家法律援助机关和国家法律援助委员会，犯罪受害人赔偿与支援机关，立法委员会；数据监督委员会，提交给司法部的赦免请求；其他属于司法部及其下级机构权限范围而不涉及其他职责范围的案件。

涉及监护权的案件（即第一监护人和第一监护人委员会）。

执行机关。

规划与建筑，土地测绘机构。

交通（公共事业、公路、运输、驾驶执照、车辆登记、残障人士交通服务、车辆性能检测）。

收入与财产税，增值税，财务控制（依照《税务机关参与刑事调查法》[1997：1024] 规定设立的税务机关刑事调查处除外）；征税。

消费税和价格调整费，公路税和拥堵费；服务费；全国登记（包括涉及姓名的案件）；其他属于财政部及其下属机构权限范围而不涉及其他职责范围的案件。

环境保护与公共健康；瑞典环境保护署；化学用品管理局；其他属于环境部及其下属机构权限范围内的案件。

农业与林业，土地征收；驯鹿的饲养；萨米族议会；禁止虐待动物；狩猎，捕鱼，兽医服务；食品监控；其他属于农业事务部及其下属机构权限范围而不涉及其他职责范围的案件。

第二职责范围

军队和其他属于国防部及其下属机构权限范围而不涉及其他职责范围的案件；国家防御局。

监狱与缓刑服务，全国监狱和缓刑委员会，缓刑委员会。

国内保险（健康保险、双亲保险和工伤保险；住房补贴和其他与收入相关的福利；儿童补贴；生活费预支等）；瑞典社会保险监察处；瑞典养老金机构。

政府采购，消费者权益保护，销售，工商业定价与竞争；涉及有限公司和合伙关系、商品名称、商业登记、专利、商标和注册设计专利的案件以及其他属于企业、能源和交通部下属机构权限范围而不涉及其他职责范围的案件。

公共管理机构；国家财政管理机关；法律、财务和行政服务机构，国家上诉委员会，国家理赔清算委员会；瑞典政府用工单位管理机构，特定社会安全问题仲裁委员会；国家财产委员会；国家政府雇员养老金委员会，国家养老金和团体人寿保险委员会；金融监管机关，财会标准委员会；国家经济研究机构；瑞典统计机构；全国纪律处分委员会。

平等申诉专员；反歧视委员会。

不属于议会申诉专员权限范围内的案件；含有不明确申诉的文件。

国家预防机制处。

第三职责范围

《社会服务法》、《青少年看护特别规定法》（LVU）与《特殊案件药物滥用者看护特别规定法》（LVM）的实施；《为特定功能性残疾人提供支持与服务法案》（LSS）的实施，其他看护形式的提供。

儿童事务申诉专员。

健康与医疗护理、牙齿护理和药物；司法医疗机构、司法心理治疗机构；传染病预防机构。

其他属于健康与社会事务部及其下属机构权限范围而不涉及其他职责范围的案件。

学校系统；高等教育（包括瑞典农业技术大学）；学生资助；瑞典青少年事务全国委员会；其他属于教育部及其下属机构权限范围而不涉及其他职责范围案件。

第四职责范围

公诉人；瑞典经济犯罪管理机构；依照《税务机关参与犯罪调查法》规定设立的税务机关犯罪调查处。

警察。瑞典保护安全与统一委员会。

海关。

公共就业服务机构、劳动环境管理机关；失业保险；其他属于就业部及其下属机构权限范围而不涉及其他职责范围的案件。

瑞典艺术委员会；国家遗产委员会；国家档案机构；博物馆与图书馆；瑞典广播机关；地方公立音乐学校；其他属于文化部及其下属机构权限范围的案件。

不受专门规定约束的市政机关。

涉及外国人的案件，移民法庭审理的案件除外；公民身份问题以及与移民融入有关的案件。

救援服务、涉及公共秩序的各种规定的实施；彩票与赌博、售卖食品或饮料的执照、车辆报废。

其他由县行政管理委员会处理并且不涉及其他职责范围的案件。

房屋和住房（住房供应、房屋修缮补助、未含括在社会保险计划内的住房补贴）；住房、建筑和规划全国委员会；全国住房信贷担保委员会。

墓地和葬礼、宗教教派的政府补贴。

瑞典境外的政府活动；瑞典国际发展合作机构；全国贸易委员会；瑞典对外交流委员会；其他属于外交部及其下属机构权限范围的案件。

议会行政事务委员会、中央银行、国家审计委员会；大选。

属于首相办公室及其下属机构权限范围并且根据案件主题无法分派给其他职责范围的案件。

其他不属于第一、第二和第三职责范围的案件。

……

涉及公共查询和公务人员的案件、涉及新闻自由和自由言论范围内的案件、涉及公众知情权和信息分级的案件以及立法咨询文件依据主题分派给其所属的职责范围。

（翻译：周艳辉　审校：张万洪）

Administrative Directives for the Parliamentary Ombudsmen

Valid from 15 February 2012.

Revised 18 September 2012.

Revised 12 June 2013. The revision is valid from 1 July 2013.

Pursuant to Sections 12, 15 & 26 of the Act with Instructions for the Parliamentary Ombudsmen (1986: 765) (the Instructions) the Chief Parliamentary Ombudsman stipulates the following.

Organisation

The ombudsmen

1 The supervisory activities of the Parliamentary Ombudsmen are divided into four areas of responsibility. The fields covered by these areas of responsibility are shown in an annex to these directives.

The areas of responsibility are allocated as follows.

Area 1 Lars Lindström, Parliamentary Ombudsman

Area 2 Elisabet Fura, Chief Parliamentary Ombudsman

Area 3 Lilian Wiklund, Parliamentary Ombudsman

Area 4 Cecilia Renfors, Parliamentary Ombudsman (from 1 September 2013)

Within their respective areas of responsibility the Ombudsmen take such initiatives as they consider necessary.

Article 5 of the Instructions lays down that the Parliamentary Ombudsmen are to inform the Chief Parliamentary Ombudsman of inspections and other inquiries which they intend to carry out. The Ombudsmen also confer on other matters when occasion arises.

2 A case which concerns more than one area of responsibility, will be dealt with by the Ombudsman to whose area of responsibility the case chiefly pertains. When doubt arises, the Chief Parliamentary Ombudsman will decide who is to deal with a case.

If a case pertains to different areas of responsibility that are linked to each other, the Chief Parliamentary Ombudsman will decide who is to deal with it. If a Parliamentary Ombudsman, because of conflict of interest or for some other reason, is unable to deal with a case which pertains to his or her area of responsibility, the Chief Parliamentary Ombudsman will decide who is to take over the case.

The first paragraph of Article 15 of the Instructions make it clear that the Chief Parliamentary Ombudsman, irrespective of the provisions of these directives, may decide whether he or she is to be assigned a certain case or group of cases or they are to be assigned to another Parliamentary Ombudsman.

3 When the Chief Parliamentary Ombudsman is prevented from discharging her duties because of illness, vacation or some other circumstance, her place will be taken by the Ombudsman indicated in the first paragraph of Article 16 of the Instructions.

During the absence of an Ombudsman, his or her area of responsibility is supervised by the Chief Parliamentary Ombudsman or the Ombudsman or Deputy Ombudsman she appoints to do so.

The Parliamentary Ombudsmen's Secretariat

4 For the preparation of cases that arise from complaints or are initiated by the Ombudsmen and in connection with consultation documents regarding proposed legislation, the Ombudsmen are assisted by a Head of Secretariat and supervisory departments consisting of Heads of Division, Executive Officers with specialist responsibilities and Executive Officers. Each supervisory department has its own bureau to deal with its cases.

The Chief Parliamentary Ombudsman is also assisted by an administrative department. The administrative department comprises the staff of the bureaux assisting each ombudsman with the management of cases, the staff involved in financial administration, personnel administration, materials management and maintenance, information issues as well as the registrars, clerical assistants and cleaning staff.

The administrative department also contains an international unit, which is headed by a Head of Unit.

To carry out the tasks incumbent on a national preventive mechanism pursuant to the Optional Protocol of 18 December 2002 to the Convention against Torture and other Cruel, Inhuman or Degrading Treatment or Punishment, the Parliamentary Ombudsmen are assisted by a special unit, the NPM unit. This comprises a Head of Unit, Deputy Head of Unit and Executive Officers. For organisational purposes this unit belongs to Area 2.

Regulations for the NPM unit and certain members of staff

The NPM unit

5 The Chief Parliamentary Ombudsman decides, in consultation with the relevant Parliamentary Ombudsmen, on guidelines for the operations of the

NPM unit and the planning of its inspections. The Head of Unit and the Deputy Head of Unit may, at the request of the appropriate Parliamentary Ombudsman, undertake inspections, without the right, however, to express comments or make the kinds of statements referred to in the first paragraph of Article 6 of the Instructions.

The Head of Unit directs the day-to-day work of the unit. In the absence of the Head of Unit this task is undertaken by the Deputy Head of Unit.

Head of Secretariat

6 The Head of Secretariat is head of the administrative department and its staff.

The Head of Secretariat is responsible for

- the development and quality assurance of administrative routines,
- strategic planning and collaboration with the administrative department of the Riksdag and other public agencies,

and also has overall responsibility for

- financial questions, personnel and premises as well as for issues elating to IT support, internal and external communications and information and the registry,
- the agency's own contracts and procurements.

The Head of Secretariat also signs for registered mail and supervises production of monthly and annual statistics.

The Head of Secretariat undertakes special inquiries assigned by the Chief Parliamentary Ombudsman, prepares the cases assigned to him or her and otherwise assists the Ombudsmen in accordance with the directions of the Chief Parliamentary Ombudsman.

In the cases assigned to him or her, the Head of Secretariat makes decisions about the circulation of documents for comment and other investigative procedures. When authorised by one of the Ombudsmen, the Head of Secretariat may also carry out inspections, without the right, however, while doing so to make comments or other statements of the kind referred to in the first paragraph of Article 6 of the Instructions.

When the Head of Secretariat is not on duty or is travelling for official purposes one of the heads of division is to be appointed acting head of secretariat.

Heads of Division

7 The Heads of Division are each to allocate cases within their own areas of specialisation to the Executive Officers and deal with their own cases. In allocating cases the specific expertise and experience of the Executive Officers is to be taken into account. An even workload for the Executive Officers should be aimed for. Insofar as there are Executive Officers with specialist responsibility for a specific field, they should deal with cases of major significance within this field.

Heads of Division undertake the ongoing management of case assignment in relation to the Executive Officers and secretaries. They may also decide about consultation documents and other investigation procedures, deal with issues concerning documents relating to cases already concluded and, when authorised by the appropriate Ombudsman, carry out inspections, without the right, however, while doing so to make comments or other statements of the kind referred to in the first paragraph of Article 6 of the Instructions.

In addition to preparing their own cases, the Heads of Division are to ensure that cases are dealt with in a satisfactory manner and with the expedition required. Heads of Division should participate in dealing with cases of major significance. The Heads of Division are also to assist the NPM unit in its operations.

Executive officers and Executive Officers with specialist responsibilities

8 Executive Officers responsible for oral presentations may obtain confidential information about the cases assigned to them, requisition what documentation there is concerning the case and submit documents to the complainant for comment. They may also, when specially authorised by the appropriate Ombudsman, deal with issues concerning documents relating to cases on which adjudications have been made.

Executive Officers with specialist responsibilities may, when specially authorised by the av ppropriate Ombudsman, make decisions about consultation documents and other investigative procedures and, with the authority of the appropriate Ombudsman, carry out inspections, without the right, however, while doing so to make comments or other statements of the kind referred to in the first paragraph of Article 6 of the Instructions.

Adjudications and records etc.

9 The final adjudication of an Ombudsman is to be signed by the Ombudsman and filed in the registry. A copy of the adjudication is to be added to the file dossier. The same is to apply when a final decision is made by virtue of delegated powers pursuant to the fifth paragraph of Article 22 of the Instructions.

One copy of the adjudication shall always be sent to the complainant and, when appropriate, to the authorities or officials who have made statements in the case or are specially affected by the case. An ombudsman may decide that information about the case is to be published in some other way or that the adjudication need not be sent to the complainant.

Copies of decisions that are not final adjudications in cases and that are issued by the Parliamentary Ombudsmen are to be signed by the official making the decision or someone delegated by the official to do so.

These provisions also apply where appropriate to the records of inspections.

Public documents etc.

10 The staff of the registry assist in issuing documents to public authorities, the mass media and the public and also provide information requested from the registry, records, case management system and other documents available in the secretariat.

11 Questions concerning the provision of public documents are decided on behalf of the Parliamentary Ombudsmen by the ombudsman to whose area of responsibility the case pertains, or by the Chief Parliamentary Ombudsman.

The Head of Secretariat, or some other official appointed by the Head Of Secretariat, is responsible for appraising confidentiality when a request is made for the provision of documents concerning a completed adjudication (cf. the first paragraph of Section 3 of Chapter 6 of the Public Access and Secrecy Act [2009: 400]).

Security and emergencies

12 Issues relating to security and emergencies are delegated by the Chief Parliamentary Ombudsman to an official within the secretariat assigned to deal with security matters. This official is to consult the Head of Secretariat on issues of major importance.

Office hours etc.

13 The Ombudsmen receive visits from the public after prior arrangement in every case.

The registry will be open to the public from 9.00 a.m. until 12 noon and 1.00 p.m. until 3.00 p.m. from Monday to Friday apart from public holidays and unless otherwise decided in special cases.

The telephone hours of the secretariat are 9.00 until 11.30 a.m. and 1.00

until 3.00 p.m. from Monday to Friday apart from public holidays and unless otherwise decided in special cases. Notification of reduction of office hours or telephone hours must be made in an appropriate way and should be given at least one week in advance.

Miscellaneous

14 The tasks of certain members of the staff are laid down in specific directives or job descriptions.

The document "Regulations on entitlement to make decisions on financial and personnel matters at the secretariat of the Parliamentary Ombudsmen (ordinance on delegated powers)" contains regulations on other delegated powers.

Annex

Area of responsibility 1

Courts of law, The Labour Court; Ground Rent and Rent Tribunals; The National Courts Administration.

Administrative courts.

The National Legal Aid Authority and National Legal Aid Board, the Crime Victim Compensation and Support Authority, the Council on Legislation; the Data Inspection Board, petitions for mercy submitted to the Ministry of Justice; other cases pertaining to the Ministry of Justice and its subordinate agencies that do not fall within other areas of responsibility.

Cases concerning guardianship (i.a. Chief Guardians and Chief Guardian Committees).

The Enforcement Authority.

Planning and building, land survey and cartography agencies.

Communications (public enterprises, highways, traffic, driving licences, vehicle registration, disabled transport services, roadworthiness testing).

Income and property tax, Value Added tax, fiscal control, with the exception, however, of the Taxation Authorities Criminal Investigation Units as laid down in the Act on the Participation of Taxation Authorities in Criminal Investigations [1997: 1024] ; Tax collection.

Excise duties and price-regulating fees, road tax and congestion charges; service charges; national registration (including cases concerning names); other cases pertaining to the Ministry of Finance and its subordinate agencies which do not fall within other areas of responsibility.

Environmental protection and public health; the Swedish Environmental Protection Agency; the Chemicals Agency; other cases pertaining to the Ministry of the Environment and its subordinate agencies.

Agriculture and forestry, land acquisition; reindeer breeding; the Sami Parliament; prevention of cruelty to animals; hunting, fishing, veterinary services; food control; other cases pertaining to the Ministry for Rural Affairs and its subordinate agencies which do not fall within other areas of responsibility.

Area of responsibility 2

The Armed Forces and other cases pertaining to the Ministry of Defence and its subordinate agencies which do not fall within other areas of responsibility; the National Fortifications Agency.

Prisons and probation services, the National Prison and Probation Board and probation boards.

National insurance (health insurance, parental insurance and industrial injury insurance; housing allowances and other income-related benefits; child allowances; maintenance advances etc.); the Swedish Social Insurance Inspectorate; the Swedish Pensions Agency.

Public procurement, consumer protection, marketing, price and competition within industry and commerce; cases concerning limited companies and partnerships, trade names, trade registers, patents, trade-marks, registered designs, and other cases pertaining to agencies subordinate to the Ministry of Enterprise, Energy and Communications which do not fall within other areas of responsibility.

The Agency for Public Management; the National Financial Management Authority; the Legal, Financial and Administrative Services Agency, the National Appeals Board, the National Claims Adjustment Board; the Swedish Agency for Government Employers, the Arbitration Board on Certain Social Security Issues; the National Property Board; the National Government Employee Pensions Board, the National Pensions and Group Life Insurance Board; the Financial Supervisory Authority, the Accounting Standards Board; the National Institute of Economic Research; Statistics Sweden; the National Disciplinary Offense Board.

The Equality Ombudsman; the Board against Discrimination.

Cases that do not fall within the ambit of the Parliamentary Ombudsmen; documents containing unspecified complaints.

The NPM unit.

Area of responsibility 3

Application of the Social Service Act, the Act on Special Regulations on the Care of the Young (LVU) and the Act on the Care of Substance Abusers in Certain Cases (LVM); application of the Act on the Provision of Support and Service for Certain Individuals with Certain Functional Impairments (LSS), provision of other forms of care.

The Children's Ombudsman.

Health and medical care as well as dental care and pharmaceuticals; forensic medicine agencies, forensic psychology agencies; protection from infection.

Other cases pertaining to the Ministry of Health and Social Affairs and agencies subordinate to it which do not fall within other areas of responsibility.

The school system; higher education (including the Swedish University of Agricultural Sciences); student finance; The Swedish National Board for Youth Affairs; other cases pertaining to the Ministry of Education and agencies subordinate to it which do not fall within other areas of responsibility.

Area of responsibility 4

Public prosecutors; the Swedish Economic Crime Authority; The Taxation Authority's Criminal Investigation Units as laid down in the Act on the Participation of Taxation Authorities in Criminal Investigations.

The Police force. The Swedish Commission on Security and Integrity Protection.

Customs authorities.

The Public Employment Service, the Work Environment Authority; unemployment insurance; other cases pertaining to the Ministry of Employment and agencies subordinate to it which do not fall within other areas of responsibility.

The Swedish Arts Council; The National Heritage Board; The National Archives; museums and libraries: The Swedish Broadcasting Authority; local authority music schools; other cases pertaining to the Ministry of Culture and agencies subordinate to it.

Municipal administration not covered by special regulations.

Cases involving aliens, not including, however, cases heard by migration courts; citizenship issues and cases relating to the integration of immigrants.

Rescue services, applications of the regulations relating to public order; lotteries and gambling, licences to serve food or drink, car breaking.

Other cases dealt with by the County Administrative Boards that do not fall within other areas of responsibility.

Housing and accommodation (supply of accommodation, home adaptation grants, accommodation allowances not included in the social insurance scheme); the National Board of Housing, Building and Planning; the National Housing Credit Guarantee Board.

Cemeteries and burials, government grants to religious denominations.

Government activities outside Sweden; the Swedish International Development Cooperation Agency; the National Board of Trade; the Swedish Institute; other cases pertaining to the Ministry for Foreign Affairs and agencies subordinate to it.

The Riksdag Board of Administration, the Riksbank, the National Audit

Board; general elections.

Cases pertaining to the Prime Minister's Office and agencies subordinate to it which cannot be allocated to the areas of responsibility to which they pertain from the point of view of their subject matter.

Other cases which do not fall within areas of responsibility 1–3.

……

Cases concerning public enquiries, staff issues, cases pertaining to freedom of the press, free speech, cases concerning public access and the classification of information, and legislative consultation documents will be allocated to the area of responsibility in which they fall from the point of view of their subject matter.

新西兰

1975年议会申诉专员法①

第1条 简略标题和施行

（1）本法简称《1975年申诉专员法》。

（2）附录1第3编、与该编有关的第13条、第18条和第22条，自枢密院令中总督规定之日期起生效。

（3）除第2款规定情形外，本法自通过之日起生效。

第1条第2款：1975年《申诉专员法实施指令》规定附录1第3编、与该编有关的第13条、第18条和第22条于1976年4月1日起生效。

第2条 解释

（1）除上下文另有规定外，本法所称申诉专员和国有企业分别是指：

申诉专员，在与本法所规定的任何职能、权力或者职责相关情形，是指正在行使该职能、权力或者职责，对申诉实施调查的申诉专员。

国有企业是指：

（a）属于《1986年国有企业法》第2条规定的国有企业范围，且列入本法附录1第2编；

（b）曾属于《1986年国有企业法》第2条规定的国有企业范围，但仍然列入本法附录1第2编。

（2）为附录1第2编之目的，依据1993年《公司法》注册的公司是

① 本法于1975年6月26日通过，后经多次修订；翻译文本为新西兰政府（http：//www.legislation.govt.nz/）公布之2015年3月26日编纂文本。译文省略了所有说明性内容。

指下列公司的相关公司：

（a）皇家研究协会单独或者与其他皇家研究协会一起，直接或者间接拥有、控制公司发行股份（不包括在利润、资本分配中超过特定数额后无权参与的股份）所有投票权的，该皇家研究协会；

（b）地区卫生理事会单独或者与其他地区卫生理事会一起，直接或者间接拥有、控制公司发行股份（不包括在利润、资本分配中超过特定数额后无权参与的股份）所有投票权的，该地区卫生理事会；

（c）国有公司单独或者与其他国有公司一起，直接或者间接拥有、控制公司发行股份（不包括在利润、资本分配中超过特定数额后无权参与的股份）所有投票权的，该国有公司。

（3）（废止）。

（4）（废止）。

（5）为附录 1 第 2 编之目的，资助人依照 1989 年《教育法》第 14 条、第 15 条、第 16 条第 1 款 ba 项和第 5 款、第 17 条至第 17C 条、第 17D 条第 3A 款和第 5 款、第 18 条、第 158R 第 1 款 c 项和第 4 款、第 6 款以及第 158S 条第 1 款至第 3 款，以及依照该法第 18AA 条制定的规则履职的，资助人是在履行降职、停职、禁职、开除职能。

申诉专员

第 3 条 申诉专员

（1）任命一名或者多名申诉专员担任议会官员和调查专员。

（2）在遵守本法第 7 条规定情形下，申诉专员由总督依众议院建议任命。

（3）任何人不得因被任命为申诉专员，而被视为 1988 年《国家部门法》、1956 年《政府退休基金法》所规定之被雇佣为女王陛下服务。

（4）指定一名申诉专员担任首席申诉专员，首席申诉专员负责申诉专员署的管理，以及各申诉专员间工作的协调与分配。

（5）总督确认首席申诉专员因疾病、缺席或者其他充分理由不能履职的，在该不能履职期间，总督可以指定其他一名申诉专员代理首席申诉专员职务。

（6）代理首席申诉专员的指定及其实施的行为，不得因作出该指定的时刻尚未到来或者已经终止，而在任何程序中受到质疑。

第 4 条 申诉专员不得担任其他职务

申诉专员不得担任议会和地方政府的成员，在具体情形中，没有总理许可，不得在本职务之外担任授信职位或授薪职位，或者在其职务范围外从事其他有偿工作。

第 5 条 申诉专员的任期

（1）申诉专员的任期为 5 年，本法另有规定的除外。

（2）除申诉专员职务出缺外，其应当履职至下一任申诉专员就职，其后方可卸任。申诉专员可以连任。

（3）申诉专员可随时以向众议院议长递交书面辞职信的方式辞职，议长空缺或者不在新西兰的，可以向总理递交。申诉专员年满 72 周岁的，应当以这种方式辞职，依照本法第 8 条规定任命的除外。

第 6 条 免职、停职

（1）因申诉专员履行职务不力、破产、玩忽职守或者行为不当，总督可依众议院建议随时解除、暂停申诉专员的职务。

（2）议会休会期间，如申诉专员履行职务不力、破产、玩忽职守或者行为不当的，总督可根据内阁的建议暂停申诉专员职务；但是该停职应当在下次议会会期开始后的两个月内解除。

第 7 条 空缺职位的填补

（1）申诉专员死亡、辞职或者免职的，依照本条规定填补空缺。

（2）议会开会期间出现申诉专员职位空缺的，由总督依众议院建议任命申诉专员以填补空缺；职务出缺距议会闭会不到 2 个月，且会议没有提出这种建议的，应当适用第 3 款规定，视同议会休会期间出现职务空缺。

（3）议会休会期间出现职务空缺的，应当适用下列规定：

（a）总督根据内阁的建议可以任命新的申诉专员填补空缺，除非该申诉专员职务马上出缺，其应当履职至众议院确认该任命；

（b）下次议会会期开始以后 2 个月内没有确认该任命的，任命失效，视为申诉专员职务再次空缺。

第 8 条　申诉专员的临时任命

（1）申诉专员疾病、缺席或者因其他临时原因没有履职期间内，总督可以依照本条随时任命新的申诉专员，且应当向该申诉专员支付总督认为适当的工资，金额不超过依照第 9 条规定可支付给非首席申诉专员的数额。

（2）本条授予之权力应当仅在首席申诉专员出具证明书情形下行使，该证明书中指出，为依据本法适当履行申诉专员职务，有必要临时任命一名申诉专员。

（3）在遵守第 5 条至第 7 条规定情形下，因申诉专员疾病、缺席而依照本条任命的申诉专员应当在总督确定的期间任职，因其他临时原因任命的申诉专员也应在任命书确定的任期内任职，该期间不得超过 2 年。

（4）依照本条任命的申诉专员可以被再次任命，但累计任职期间不得超过 5 年。

（5）经必要修改，第 7 条规定应当适用于本条规定之申诉专员的临时任命，视同依照第 7 条规定任命申诉专员以填补空缺。

第 9 条　申诉专员的工资和津贴

（1）申诉专员的报酬由公共资金支付，拨款不超过本条规定：

（a）工资标准由薪酬管理局适时决定；

（b）津贴标准由薪酬管理局适时决定。

（2）首席申诉专员的工资和津贴可以高于其他申诉专员。

（3）申诉专员任职期间不得减少工资。

（4）尽管有第1款之规定，对于申诉专员履职期间的差旅时间，应当依照《1951年开支和差旅津贴法》支付差旅津贴和费用；适用该法时，视申诉专员为法定机构成员，差旅系为该法定机构服务。

第10条　申诉专员的宣誓

（1）履职以前，申诉专员应当宣誓，保证诚实、公正地履行职务职责，不泄漏依照本法获得的信息，第21条规定的除外。

（2）宣誓应当由众议院议长或者主事官主持。

第11条　工作人员

（1）为有效行使本法规定的申诉专员的职能、职责和权力，首席申诉专员可以视情况委任必要的官员、雇员，包括代理、临时或者非正式的官员、雇员。

（2）除本法另有明确规定以外，首席申诉专员应当具有与根据第1款委任的人员的雇主相同的权利、职责和权力。

（3）首席申诉专员执行的人事政策应当符合良好雇主原则。

（4）第1款委任人员不得因该委任，而被视为《1988年国家部门法》、《1956年政府退休基金法》所规定之被雇佣为女王陛下服务。

第12条　申诉专员、工作人员的养老金或者退休津贴

为向申诉专员、依照本法被委任的官员或者雇员支付养老金、退休津贴，可以捐款或者补贴的方式，向《2013年金融市场行为法》第6条第1款规定之退休计划提供资金。

申诉专员的职能

第13条　申诉专员的职能

（1）在遵守本法第14条规定情形下，申诉专员有权调查本法通过以前或者以后做出的，与行政管理有关并影响个人或法人团体行为能力的决定、建议、作为或者不作为。该决定、建议、作为或者不作为由附录 1 第 1 编和第 2 编所列部门或者组织、附录 1 第 3 编所列组织的委员会（不含议会全体委员会）或者分委员会作出，或者由各部门或者组织的官员、雇员或者成员在其权能范围内作出。

（2）在遵守本法第 14 条之规定，且不限制本条第 1 款之普遍适用情形下，第 1 款授予申诉专员的权力，包括调查本法通过以前或者以后作出的建议，这些建议由上述部门、组织、委员会、分委员会、官员、雇员、成员向内阁部长或者附录 1 第 3 编所列组织作出，具体根据实际情况确定。

（3）申诉专员可以依有关人员的申诉或者主动决定开展调查；一旦申诉提出，申诉专员可以调查与本条前述各项规定有关的决定、建议、作为或者不作为，即使该申诉表面上可能与这些决定、建议、作为或者不作为没有关联。

（4）在不限制本条前述各项规定情形下，众议院各委员会可以适时将该委员会收到的诉请或者与该诉请有关的事项提交申诉专员，供申诉专员调查和作出报告。在此情形下，申诉专员应当根据委员会的具体指示，在管辖范围内调查上述提交的事项，向委员会提交其认为适当的报告。依照本款所实施的调查或者所出具的报告不适用本法第 17 条、第 22 条或者第 24 条之规定。

（5）在不限制本条前述各项规定情形下，经首席申诉专员同意，总理可以随时将其认为应该由申诉专员调查的事项提交申诉专员，供申诉专员调查和作出报告，但涉及司法程序的事项除外。一旦有关事项依照本款提交给申诉专员，尽管本法有相反规定，申诉专员应当立即对该事项实施调查，并向总理提交相应的报告。之后，如申诉专员认为必要，可以将该事项向议会报告。依照本款所实施的调查或者所出具的报告不适用第 22 条之规定。

（6）尽管其他法律有规定，即各项决定、建议、作为或者不作为应当具有终局性，或不得对其提出上诉，或不得对有关人员或者组织的决定、建议、作为或者不作为的程序或者决定提出质疑、审查、撤销或者提出问题，本法所授予申诉专员的权力仍然可以行使。

（7）本法未授权申诉专员调查下列事项：

（a）与下列权利有关的决定、建议、作为或者不作为，即依照法律法规规定，申诉人就案件实质问题享有上诉权或者异议权，或者享有向依据法律组建的法院、特别法庭申请审查的权利，无论在具体案件中该上诉权、异议权或者申请权是否行使，无论行使这些权利的法定期间是否已经过；特定情形下，即使申诉人享有此类权利，但是期待申诉人会行使或已经行使这些权利是不合理的，申诉专员则可以实施调查（不属于与本款其他各项规定适用的决定、建议、作为或者不作为有关的调查）；

（b）《1956 年信托法》规定之受托人在权能范围内作出的决定、建议、作为或者不作为；

（c）根据政府批准之王室法律服务规则提供法律服务的王室法律顾问，或者在诉讼程序中作为王室代理人所作出的决定、建议、作为或者不作为；

（d）警察作出的决定、建议、作为或者不作为，与警察服务之期限和条件有关的事项除外。

（8）本法未授权申诉专员调查与新西兰海军、新西兰陆军或者新西兰皇家空军现役军人、退伍军人或者临时成员有关的下列事项：

（a）上述军人或者临时成员服役的期限和条件；

（b）在上述军人或者临时成员权能范围内，向其作出或者对其产生影响的指令、命令、决定、处罚或者惩罚。

（9）就申诉专员依照本法是否具有调查某个或某类案件的管辖权出现

争议时，申诉专员认为合适的，可以依照《1908年宣告性判决法》向高等法院申请宣告式指令，该法规定相应延伸适用。

第14条　关于地方组织的某些申诉的时限

有关决定、建议、作为或者不作为由附录1第3编所列组织的委员会或者分委员会（不包括教育理事会、医院理事会）作出，或者由该组织的官员、雇员或者成员在其权能范围内作出，除非该决定、建议、作为或者不作为发生在或者持续发生至附录1第3编生效前6个月内，否则申诉专员不得依据第13条对该决定、建议、作为或者不作为进行调查。

第15条　众议院可以为申诉专员制定指导规则

（1）众议院认为适当时，可以随时就申诉专员依照本法、《1982年政府信息法》、《1987年地方政府信息和会议法》或者《2000年保护信息披露法》履行职能制定一般性的指导规则，并可以随时以类似方式废除或者修改这些规则。

（2）指导规则可以授权申诉专员为公共利益、有关人员、部门或者组织的利益，就申诉专员依照本法、《1982年政府信息法》、《1987年地方政府信息和会议法》或者《2000年保护信息披露法》一般性地履行职能，或者就其实施调查的某个或某些特定案件，随时发布报告，无论该报告处理的事项依照本法是否属于向众议院报告的主题事项。

（3）依照本条规定制定之规则，必须依据《2012年立法法》之规定予以公布，这些规则视同法律文件，但是它们不属于该法规定的可否决之文件，不必依照该法第41条规定呈送众议院。

第16条　申诉方式

（1）可以书面或者口头方式向申诉专员提起申诉。

（1A）口头方式提出的申诉应当尽快转为书面申诉。

（2）尽管有其他法律之规定，由因受指控而被羁押、因实施犯罪而被定罪的人员，或者《1992年精神健康（强制评估和治疗）法》规定的住院病人向申诉专员提交书面申诉的，负责管理申诉信书写人的羁押场所或者治疗场所的负责人应立即将该申诉信转送给申诉专员，并不得拆封该申诉信。

第 17 条 申诉专员可以拒绝对申诉实施调查

（1）申诉专员认为具有下列情形之一的，可以拒绝对申诉实施调查或者继续调查：

（a）依据法律或者行政实践，申诉人享有充分的救济或者上诉权（不包括向众议院诉请的权利），申诉人诉诸这些救济或者上诉权是合理的，或者本应当是合理的；

（b）申诉与决定、建议、作为或者不作为有关，且申诉人知道这些决定、建议、作为或者不作为的时间已经超过 12 个月；

（c）申诉标的事项微不足道；

（d）申诉属于琐屑无聊、无理取闹或者违反诚信；

（e）申诉人对申诉标的事项不具有足够的个人利益；

（f）在通盘考虑案件所有情况的条件下：

（i）已经进行初步询问后，发现没有必要启动调查的，或者；

（ii）已经启动调查后，发现没有必要继续调查的。

（2）一旦拒绝对申诉实施调查或者继续调查，申诉专员必须告知申诉人该决定及其理由。

第 17A 条 向隐私权专员移交申诉

（1）申诉专员收到依照本法提出的申诉以后，认为该申诉全部或者部分更适合由《1993 年隐私法》所设之隐私权专员管辖事项有关的，申诉专员应当立即与隐私权专员进行协商，以确定处理该申诉的适当方式。

（2）依照第 1 款规定与隐私权专员进行协商以后，申诉专员应当尽快决定是否应依据本法处理该申诉或者部分申诉。

（3）一旦决定该申诉或者部分申诉应依据 1993 年《隐私法》处理，申诉专员应当立即将该申诉或者申诉的适当部分（根据实际情况确定）移交给隐私权专员处理，且应当通知申诉人申诉已经移交给隐私权专员。

第 17B 条　向健康和残疾专员移交申诉

（1）申诉专员收到依照本法提出的申诉以后，认为该申诉全部或者部分与更适合由《1994 年健康和残疾专员法》所设之健康和残疾专员管辖事项有关的，申诉专员应当立即与健康和残疾专员进行协商，以确定处理该申诉的适当方式。

（2）依照第 1 款规定与健康和残疾专员进行协商以后，申诉专员应当尽快决定是否应依据本法处理该申诉或者部分申诉。

（3）一旦决定该申诉或者部分申诉应依据《1994 年健康和残疾专员法》处理，申诉专员应当立即将该申诉或者申诉的适当部分（根据实际情况确定）移交给健康和残疾专员处理，且应当通知申诉人申诉已经移交给健康和残疾专员。

第 17C 条　向情报和安全监察长移交申诉

（1）申诉专员收到依照本法提出的申诉以后，认为该申诉全部或者部分与更适合由《1996 年情报和安全监察长法》第 5 条规定担任职务的情报和安全监察长管辖事项有关的，申诉专员应当立即与情报和安全监察长进行协商，以确定处理该申诉的适当方式。

（2）依照第 1 款规定与情报和安全监察长进行协商以后，申诉专员应当尽快决定是否应依据本法处理该申诉或者部分申诉。

（3）一旦决定该申诉或者部分申诉应依据《1996 年情报和安全监察长法》处理，申诉专员应当立即将该申诉或者申诉的适当部分（根据实际情况确定）移交给情报和安全监察长处理，且应当通知申诉人申诉已经移交给情报和安全监察长。

第 18 条　申诉专员的调查程序

（1）依据本法调查任何事项之前，申诉专员应当将实施调查的意图告知受影响部门负责行政事务的负责人，或在必要时告知受影响的组织负责行政事务的负责人。

（2）申诉专员依据本法实施的调查应当以非公开的方式进行。

（3）申诉专员可以听取其认为适当的有关人员的介绍或者从有关人员处获取信息，可以进行其认为适当的询问。申诉专员没有必要举行听证会，任何人不享有要求申诉专员进行听证的权利。

调查过程中，如果申诉专员认为有充分理由表明其报告、建议可能会对有关部门、组织或者人员产生负面影响，应当给该部门、组织或者人员提供听证的机会。

（4）调查与附录 1 第 1 编和第 2 编所列部门、组织有关的，调查期间或者调查以后，申诉专员可以依其自由裁量权随时与调查事项有关的部长进行协商；对第 22 条第 1 款或者第 2 款所称事项实施调查以后、形成最后意见以前，申诉专员应当与提出协商要求或者就调查事项对其提出建议的部长进行协商。

（5）调查与附录 1 第 3 编所列组织有关的，调查期间或者调查以后，申诉专员可以依其自由裁量权随时与调查事项有关的组织负责人或者主席进行协商；对第 22 条第 1 款或者第 2 款所称事项实施调查以后、形成最后意见以前，申诉专员应当与提出协商要求或者就调查事项对其提出建议的负责人或者主席进行协商。

（6）调查期间或者调查以后，申诉专员认为有实质证据证明部门、组织的官员、雇员严重违反职责或者存在不当行为，应当将该事项移交给合适的机构处理。

（7）在遵守本法规定和众议院制定之有效的申诉专员指导规则情形下，申诉专员可以以其认为适当的方式调整有关程序。

第 19 条　证据

（1）在遵守本条和第 20 条规定情形下，申诉专员可以随时要求其认为能够提供与受调查事项有关的信息的人员提供此种信息，要求该人员出示所占有、控制的与上述事项有关的文档、文件或者物品。无论该人员是否为有关部门、组织的官员、雇员或者成员，且无论这些文档、文件或者物品是否处于该部门、组织的保管、控制之下，本款都应当适用。

（2）申诉专员可以传唤下列人员并经宣誓后讯问：

（a）属于附录 1 所指明或者列明部门、组织的官员、雇员或者成员，且申诉专员认为能够提供上述信息的人员；

（b）申诉人；

（c）具体案件中，经总检察官事先许可，申诉专员认为能够提供这些信息的其他任何人员；

为此目的，申诉专员可以为这些人员主持宣誓。申诉专员实施的讯问应当被认为属于《1961 年刑法》第 108 条（与伪证罪有关）规定的司法程序。

（3）在遵守本条和第 20 条第 1 款情形下，受法律文件（包括法律或者《2012 年立法法》规定的依枢密院令制定之立法文件）约束、对有关事项保守秘密或者不披露该事项的人员，可能被申诉专员要求提供与该事项有关的信息，回答相关问题，出示相关文档、文件或者物品，即使遵守这些要求将违反保密义务或者不得披露义务。

（4）遵守申诉专员依照第 3 款提出的要求，不构成对相关保密义务或者不得披露义务，或者对规定这些义务的法律的违反。

（5）在提供信息、回答问题、出示文档、文件或者物品方面，任何人都享有与证人在法庭中所享有的相同权利。

（5A）依据《1982 年政府信息法》、《1987 年地方政府信息和会议法》实施本法规定之调查时，为确定该信息、文档、文件或者物品是否可适当隐瞒，而不向申诉专员提供有关信息，或者不让申诉专员使用无权使用的（本款规定除外）信息、文档、文件或者物品，第 5 款规定不阻止申诉专员从事下列行为：

（a）依照第 1 款规定要求声称享有权利的人员提供信息，出示文档、文件或者物品；

（b）考虑该信息，或者检查该文档、文件或者物品。

（5B）依照第5A款规定出示信息、文档、文件或者物品的，申诉专员：

（a）不得向他人公开源于该文档、文件或者物品的信息、文档、文件或者物品，下列人员除外：

（i）信息、文档、文件或者物品的制作者；

（ii）申诉专员向其寻求法律建议，以决定制作者是否可依第5款规定适当隐瞒信息、文档、文件或者物品的出庭律师、事务律师；

（iii）法院；

（b）可以将有关特权诉请是否有效的意见仅向该信息、文档、文件或者物品的制作者和申诉人提供；

（c）除申诉专员认为权利主张无效且将该决定通知了所涉人员外，在形成与其他信息的公开有关的意见时，不得考虑文档、文件或者物品中包含的信息。

（6）除因《1961年刑法》规定的伪证事由，就宣誓作证对有关人员进行的审理外，该人员在申诉专员的询问或者程序中作出的声明、回答，不得在诉讼、询问或者其他程序中，作为对其不利的证据予以采纳；在申诉专员主持的程序中所提供的证据不得针对任何人。

（7）任何人不得因遵守申诉专员依据本条提出的要求而被指控违反其他法律（本法除外）。

（8）为本条之目的，申诉专员要求有关人员亲临的，在费用、津贴和开支方面，该人员应享有与法院证人相同的权利。《2011年刑事诉讼法》以及当时有效规章中的相应规定应予相应适用。为本款之目的，申诉专员应当享有法院在此类规章中的权力，可以全部或者部分确定、否决或者提高支付金额。

第 20 条 不要求披露某些事项

（1）经总检察官证实，所提供信息、回答问题或者出示文档、文件或者物品具有下列情形的，申诉专员不得要求提交信息、回答问题或者出示文档、文件或者物品（根据实际情况确定）：

（a）可能损害新西兰的安全、国防或者国际关系，包括新西兰同其他国家政府、国际组织的关系，或者可能损害对犯罪行为的调查或者侦查；

（b）可能涉及披露内阁审议所审议的事项；

（c）可能涉及披露内阁或者内阁中任何委员会处理的与具有秘密或者机密性质，或者可能损害公共利益事项有关的程序。

（2）在遵守第 1 款规定情形下，因披露文档、文件或者回答问题损害公共利益，而授权或者要求隐瞒文档、文件或者拒绝回答问题的法律规则，不得适用于申诉专员进行的调查或者程序。

第 21 条 申诉专员和工作人员的保密义务

（1）申诉专员、担任有关职务的人员或者首席申诉专员指派的人员，应当视为《1961 年刑法》第 105 条和第 105A 条所称官员。

（2）申诉专员和前述这些人员应当对履职时知道的事项保密。

（3）担任有关职务的人员、首席申诉专员指派的人员在依照本法开始履行职责以前，应当在申诉专员主持下宣誓，保证不会泄漏依据本法获取的信息，为执行本法之目的的除外。

（4）尽管有第 1 款至第 3 款之规定，申诉专员可以披露其认为实施调查需要披露的事项，或者构成所作结论、建议基本理由的事项。

（5）第 4 款授予的权力不得适用于下列事项：

（a）具有下列情形之一的：

（i）可能损害新西兰的安全、国防或者国际关系，包括新西兰同其他国家政府、国际组织的关系；

（ii）可能有损受《1982 年政府信息法》第 7 条规定保护的利益；

（iii）可能有损对犯罪行为的预防、调查或者侦查；

（b）可能涉及披露内阁所审议的事项；

（c）仅因遵守第 19 条第 3 款规定，而由申诉专员获取的信息、回答、文档、文件或者物品。

第 21A 条　与隐私权专员协商

尽管有第 21 条之规定，就与申诉专员职能有关的事项，申诉专员可以随时与《1993 年隐私法》所设之隐私权专员进行协商，包括就下列事项（不受限制地）进行协商：

（a）依照第 17A 条规定作出决定；

（b）与依照本法或者其他法律实施调查有关的事项；

（c）与隐私有关的事项，无论该事项是否源自依照本法提出的具体申诉；

为协商之目的，申诉专员可以向隐私权专员披露其认为需要披露的信息。

第 21B 条　与健康和残疾专员协商

尽管有第 21 条之规定，就与申诉专员职能有关的事项，申诉专员可以随时与《1994 年健康和残疾专员法》所设之健康和残疾专员进行协商，包括就下列事项（不受限制地）进行协商：

（a）依照第 17B 条规定作出决定；

（b）与依照本法或者其他法律实施调查有关的事项；

（c）健康和残疾专员具有管辖权的事项，无论该事项是否源自依照本法提出的具体申诉；

为协商之目的，申诉专员可以向健康和残疾专员披露其认为需要披露的信息。

第 21C 条　与情报和安全监察长协商

尽管有第 21 条之规定，就与申诉专员职能有关的事项，申诉专员可以随时与《1996 年情报和安全监察长法》第 5 条规定担任职务的情报和安全监察长进行协商，包括就下列事项（没有限制地）进行协商：

（a）依照第 17C 条规定作出决定；

（b）与依照本法或者其他法律实施调查有关的事项；

（c）情报和安全监察长具有管辖权的事项，无论该事项是否源自依照本法提出的具体申诉；

为协商之目的，申诉专员可以向情报和安全监察长披露其认为需要披露的信息。

第 22 条 调查的后续程序

（1）调查实施以后，申诉专员认为所调查决定、建议、作为或者不作为具有下列情形之一的，应当适用本条规定：

（a）涉嫌违法；

（b）不合理、不公正、具有压抑性或者不当歧视，或者依据法律规则或者法律、规章、地方性立法或者实践之规定，确定或者可能不合理、不公正、具有压抑性或者不当歧视；

（c）全部或者部分基于法律或者事实的错误；

（d）错误。

（2）申诉专员认为在作出决定、建议、作为或者不作为时，为不当目的、不相关事由或者不相关考虑因素而行使了自由裁量权，或者在行使自由裁量权作出决定时应提供决定之理由的，应当适用本条规定。

（3）适用本条规定时，申诉专员认为具有下列情形之一的，应当向适当的部门、组织报告其意见及其理由，并可以作出认为适当的建议。这种情形下，申诉专员可以要求该部门、组织在指定时间内向其通知依其建议拟采取的措施（如果有的话）。调查与附录 1 第 1 编和第 2 编所列部门、组织有关的，申诉专员应当向所涉部长发送一份报告、建议的副本；调查与附录 1 第 3 编所列组织有关的，申诉专员应当向所涉组织的负责人或者主席发送一份报告、建议的副本：

（a）应将事项提交给适当的机构进一步考虑；

（b）应纠正不作为；

（c）应取消或者修改决定；

（d）应修正作为决定、建议、作为或者不作为基础的实践；

（e）应重新考虑作为决定、建议、作为或者不作为基础的法律；

（f）应提供作出决定的理由；

（g）应采取其他措施。

（4）报告作出以后的合理时间内，没有采取申诉专员认为足够、适当之行动的，在考虑所涉部门、组织或者其代表提供的评论意见（如果有的话）以后，申诉专员可以依其自由裁量权，向总理发送一份报告和建议的副本，并可以随后在其认为适当时向众议院报告该事项。

（5）申诉专员应当将受影响部门、组织或者其代表提供的评论意见附于每一份依照第 4 款发送或者出具的报告之中。

（6）调查与附录 1 第 3 编所列组织有关的，不得适用第 4 款和第 5 款之规定。

（7）尽管有本条之规定，除非有关人员已经得到听证机会，否则申诉专员不得在依照本法出具的报告中，对该人员作出负面评论。

第 23 条 申诉专员可以要求公开报告的概要

（1）一旦申诉专员依照第 22 条第 3 款规定准备了与附录 1 第 3 编所列组织有关的报告，可以准备一份该报告内容的书面概要，并发送给该组织的行政主管，要求该官员让社会公众在正常工作时间内可免费查阅该概要的副本；社会公众可以复印全部或者部分概要。

（2）依照第 1 款规定将书面概要发送给适当的行政主管以前，申诉专员应当发送一份概要草稿给所涉组织，供其细读，并应当尽可能将该组织的评论意见纳入概要。

（3）该组织收到报告 1 周以内，其行政主管应当按照申诉专员的要求，以规定形式在规定的报纸上发布公告，公布该报告及场所供公众查阅，费用由该组织承担。

（4）报告的公开期限为 4 周，自第一次发布公告之日起计算。

第 24 条　将调查结果告知申诉人

（1）一旦依照第 22 条第 3 款规定对调查提出建议，在合理时间内没有相应采取申诉专员认为足够、适当的行动，申诉专员应当告知申诉人该建议，并可以对该事项发表任何其认为适当的评论。

（2）申诉专员应当以其认为适当的方式，在其认为适当的时间内告知申诉人调查的结果。

第 25 条　调查程序不受质疑或者审查

申诉专员的调查程序不得因形式方面的不足而被认为存在缺陷，申诉专员的调查程序或者决定不受法院质疑、审查、撤销或者提出问题，缺乏管辖权的除外。

第 26 条　诉讼特权

（1）在遵守第 2 款规定情形下：

（a）除证明申诉专员的行为存在恶意外，不得针对申诉专员，或者根据首席申诉专员要求或者指派担任职务的人员，依照本法、《1982 年政府信息法》、《1987 年地方政府信息和会议法》或者《2000 年保护信息披露法》之规定履行职能或者拟履职时的行为、报告或者言论，提起民事、刑事诉讼；

（b）不得传唤申诉专员或者上述人员，就他们依照本法、《1982 年政府信息法》、《1987 年地方政府信息和会议法》或者《2000 年保护信息披露法》之规定履行职能时获取的信息，向法院或者在任何具有司法性质的程序中提供证据。

（2）第 1 款规定不得适用于与下列行为有关的程序：

（a）触犯《1961 年刑法》第 78 条、第 78A 条第 1 款、第 105 条、第 105A 条或者第 105B 条之规定的犯罪行为；

（b）共谋实施触犯《1961 年刑法》第 78 条、第 78A 条第 1 款、第 105 条、第 105A 条或者第 105B 条之规定的犯罪行为；

（c）触犯《1961 年刑法》第 78 条、第 78A 条第 1 款、第 105 条、第 105A 条或者第 105B 条规定的犯罪未遂行为。

（3）任何人依照本法、《1982 年政府信息法》、《1987 年地方政府信息和会议法》或者《2000 年保护信息披露法》之规定，在接受申诉专员询问或者相关程序中所说的话、提供的信息或者出示的文档、文件或者物品，应当享有相当于在法院程序中作出上述行为时享有的特权。

（4）为《1992 年诽谤法》附录 1 第 2 编第 3 条之目的，申诉专员依照本法、《1982 年政府信息法》、《1987 年地方政府信息和会议法》或者《2000 年保护信息披露法》之规定出具的报告，应当视为根据新西兰议会授权进行询问之人员所出具的正式报告。

杂项条款

第 27 条　进入建筑物的权力

（1）为本法之目的，依照本条之规定，申诉专员可以随时进入附录 1 所列部门、组织占有的建筑物进行检查，依照第 19 条和第 20 条规定实施具有管辖权的调查。

（2）进入上述建筑物以前，申诉专员应当通知占有该建筑物之部门、组织（根据实际情况确定）的行政主管。

（3）总检察官确认行使本条授予的权力可能损害新西兰的安全、国防或者国际关系，包括新西兰与其他国家政府、国际组织关系的，可以随时通知首席申诉专员，排除第 1 款进入指定建筑物之规定的适用。

第 28 条　申诉专员的授权

（1）申诉专员可以书面形式授权任何人行使其依照本法享有的权力，

该授权本身和依照本法规定的报告权除外。

（2）本条规定的授权可以针对特定的人员或者授权时担任某个或者某类特定职务的人员。

（3）本条规定的授权可以依意愿撤销，且此种授权不得阻止申诉专员任何权力的行使。

（4）本条规定的授权可以根据申诉专员认为合适的限制和条件授予，可以是针对某类案件的概括授权，也可以是针对具体案件的具体授权。

（5）授权在撤销以前应当根据授权之规定持续有效。授权的申诉专员停止担任职务的，授权持续有效，视同由申诉专员的继任者授权。

（6）根据本条规定的授权行使申诉专员权力的人员，依要求应当出示授权证据。

第 28A 条　职衔的保护

（1）除本法任命的申诉专员外，任何人在商事、贸易、工作或者提供服务过程中不可以使用“申诉专员”职衔，无论是否为有偿，或者声称其为申诉专员，法律有规定或者获得首席申诉专员事先书面同意的除外。

（2）违反第 1 款规定的，构成犯罪，处 1000 新西兰元以内罚款。

第 29 条　年度报告

在不限制申诉专员于其他时间，依照第 22 条第 7 款和众议院制定的有效申诉专员指导规则之规定提交报告之权利情形下，申诉专员应当就其依照本法和《1982 年政府信息法》、《1987 年地方政府信息和会议法》、《2000 年保护信息披露法》之规定履行职能的情况向众议院提交报告。

第 30 条　违法行为

下列违反本法的行为应处 200 新西兰元以内罚款：

（a）没有合法根据、理由，故意妨碍、阻碍或者阻止申诉专员、其他人员依据本法行使权力的行为；

（b）没有合法根据、理由，拒绝或者故意不遵守申诉专员、其他人员依据本法提出之合法要求的行为；

（c）故意作出虚假陈述、误导或者意图误导申诉专员、其他人员依据本法行使权力的行为；

（d）不具有本法规定的职权时，直接或者间接表示享有该职权的行为。

第 31 条 议会为本法之目的拨款

依据本法、施行本法所支付或者产生的工资、津贴和其他花费应当由议会拨款，本法另有规定的除外。

第 31A 条 审计

（1）众议院须任命一名审计员对申诉专员进行审计。

（2）《2001 年公共审计法》之规定适用于依照本条任命之审计员实施的审计。

（3）行使本条授予的职权时，审计员享有与总审计官相同的职能、职责和权力。

第 32 条 以枢密院令修改附录 1 的权力

（1）附录 1 所列部门、组织撤销、改名，或者建立新的国家部门的，必要时总督可以通过枢密院令对附录作出相应修改，以施行该撤销、改名或者纳入该新部门的名称。

（2）总督可以随时通过枢密院令对附录 1 第 2 编、第 3 编进行下列修改：

（a）纳入地方组织、其他组织的名称，或者有关此类组织的说明；

（b）从第 2 编、第 3 编中删除地方组织、其他组织的名称，或者有关此类组织的说明，无论这些名称和说明是最初立法时就已经纳入该编，还是后来通过其他法律或者枢密院令纳入。

第 32A 条 不得限制《1989 年酷刑犯罪法》

本法不得限制《1989 年酷刑犯罪法》第 2 编的施行。

第 33 条 废除、修订和保留

（1）在遵守第 5 款规定情形下，附录 2 所列法律予以废除。

（2）修订内容已并入本法。

（3）本法各条款，系为有关人员规定了救济、上诉权或者异议权，或者为有关事项的询问、调查规定了相关程序的其他立法或者法律规则之补充，本法不得限制或者影响这些救济、上诉权、异议权或者程序。

（4）尽管已经废除《1962 年议会申诉专员法》第 4 条第 1 款之规定，本法开始施行时的当届议会解散或者届满以前，根据该款规定之建议作出的任命应当持续具有完全效力。

（5）本法附录 1 第 3 编生效以前，附录 2 所列与《1968 年议会申诉专员修正案法》第 2 条第 6 款规定增补之《1962 年议会申诉专员法》附录第 3 编所列组织有关的法律，应当持续有效。

附录 1　适用本法的部门和组织（略）

第 1 编　政府部门

第 2 编　组织（不包括地方组织）

第 3 编　地方组织

附录 2　已经废除的法律（略）

（翻译：刘衡　审校：宋连斌）

Ombudsmen Act 1975

An Act to consolidate and amend the Parliamentary Commissioner (Ombudsman) Act 1962

1 Short Title and commencement

(1) This Act may be cited as the Ombudsmen Act 1975.

(2) Part 3 of Schedule 1, and sections 13, 18, and 22 so far as they relate to that Part, shall come into force on a date to be appointed by the Governor-General by Order in Council.

(3) Except as provided in subsection (2), this Act shall come into force upon its passing.

Section 1(2): Part 3 of Schedule 1, and sections 13, 18, and 22 so far as they relate to that Part brought into force, on 1 April 1976, by the Ombudsmen Act Commencement Order 1975 (SR 1975/260).

2 Interpretation

(1) In this Act, unless the context otherwise requires,—

Ombudsman, in relation to any function, power, or duty under this Act, means the Ombudsman for the time being investigating the complaint in respect of which the function, power, or duty is being exercised

State enterprise means—

(a) an organisation that is a State enterprise within the meaning of section 2 of the State-Owned Enterprises Act 1986 and that is named in Part 2 of Schedule

1 of this Act:

(b) an organisation that was a State enterprise within the meaning of section 2 of the State-Owned Enterprises Act 1986 but which continues to be named in Part 2 of Schedule 1 of this Act.

(2) For the purposes of Part 2 of Schedule 1, a company registered under the Companies Act 1993 is a related company of—

(a) a Crown Research Institute if the Crown Research Institute, whether alone or together with any other Crown Research Institute, directly or indirectly owns, or controls the exercise of all the voting rights attaching to, the issued shares of the company (other than shares that carry no right to participate beyond a specified amount in a distribution of either profits or capital):

(b) a district health board if the district health board, whether alone or together with any other district health board, directly or indirectly owns, or controls the exercise of all the voting rights attaching to, the issued shares of the company (other than shares that carry no right to participate beyond a specified amount in a distribution of either profits or capital):

(c) a State enterprise if the State enterprise, whether alone or together with any other State enterprise, directly or indirectly owns, or controls the exercise of all the voting rights attaching to, the issued shares of the company (other than shares that carry no right to participate beyond a specified amount in a distribution of either profits or capital).

(3) *[Repealed]*

(4) *[Repealed]*

(5) For the purposes of Part 2 of Schedule 1, a sponsor performs a standing-down, suspension, exclusion, or expulsion function if the sponsor performs a function under any of sections 14, 15, 16(1)(ba), and (5), 17 to 17C, 17D(3A),

and (5), 18, 158R(1)(c), (4), and (6), and 158S(1) to (3) of the Education Act 1989 or under rules made under section 18AA of that Act.

Section 2: replaced, on 10 April 1992, by section 2 of the Ombudsmen Amendment Act 1992 (1992 No 25).

Section 2(2): replaced, on 5 December 2013, by section 14 of the Companies Amendment Act 2013 (2013 No 111).

Section 2(3): repealed, on 5 December 2013, by section 14 of the Companies Amendment Act 2013 (2013 No 111).

Section 2(4): repealed, on 5 December 2013, by section 14 of the Companies Amendment Act 2013 (2013 No 111).

Section 2(5): inserted, on 13 June 2013, by section 49(2) of the Education Amendment Act 2013 (2013 No 34).

Ombudsmen

3 Ombudsmen

(1) There shall be appointed, as officers of Parliament and Commissioners for Investigations, 1 or more Ombudsmen.

(2) Subject to the provisions of section 7, each Ombudsman shall be appointed by the Governor-General on the recommendation of the House of Representatives.

(3) No person shall be deemed to be employed in the service of Her Majesty for the purposes of the State Sector Act 1988 or the Government Superannuation Fund Act 1956 by reason of his appointment as an Ombudsman.

(4) One of the Ombudsmen shall be so appointed as Chief Ombudsman, and shall be responsible for the administration of the office, and the co-

ordination and allocation of the work between the Ombudsmen.

(5) In any case where the Governor-General is satisfied that the Chief Ombudsman is incapacitated by illness, absence, or other sufficient cause from performing the duties of his office, the Governor-General may appoint one of the other Ombudsmen to act for the Chief Ombudsman during his incapacity.

(6) No appointment of an acting Chief Ombudsman and no acts done by him as such, shall in any proceedings be questioned on the ground that the occasion for his appointment had not arisen or had ceased.

Compare: 1962 No 10 s 2 Section 3(3): amended, on 1 April 1988, pursuant to section 90(a) of the State Sector Act 1988 (1988 No 20).

Section 3(3): amended, on 1 November 1976, pursuant to section 3(3) of the Government Superannuation Fund Amendment Act 1976 (1976 No 30).

4 Ombudsmen to hold no other office

An Ombudsman shall not be capable of being a member of Parliament or of a local authority, and shall not, without the approval of the Prime Minister in each particular case, hold any office of trust or profit, other than his office as an Ombudsman, or engage in any occupation for reward outside the duties of his office.

Compare: 1962 No 10 s 3

5 Term of office of Ombudsmen

(1) Except as otherwise provided in this Act, every Ombudsman shall hold office for a term of 5 years.

(2) Unless his office sooner becomes vacant, every person appointed as an Ombudsman shall hold office until his successor is appointed. Every such person may from time to time be reappointed.

(3) Any Ombudsman may at any time resign his office by writing addressed

to the Speaker of the House of Representatives, or to the Prime Minister if there is no Speaker or the Speaker is absent from New Zealand, and (except in the case of an Ombudsman appointed under section 8) shall so resign his office on attaining the age of 72 years.

Compare: 1962 No 10 s 4

6 Removal or suspension from office

(1) Any Ombudsman may at any time be removed or suspended from his office by the Governor-General, upon an address from the House of Representatives, for inability to perform the functions of the office, bankruptcy, neglect of duty, or misconduct.

(2) At any time when Parliament is not in session, any Ombudsman may be suspended from his office by the Governor-General in Council for inability to perform the functions of the office, bankruptcy, neglect of duty, or misconduct proved to the satisfaction of the Governor-General; but any such suspension shall not continue in force beyond 2 months after the beginning of the next ensuing session of Parliament.

Compare: 1962 No 10 s 5

Section 6(1): amended, on 1 January 2002, by section 70(1) of the Human Rights Amendment Act 2001 (2001 No 96).

Section 6(2): amended, on 1 January 2002, by section 70(1) of the Human Rights Amendment Act 2001 (2001 No 96).

7 Filling of vacancy

(1) If any Ombudsman dies, or resigns his office, or is removed from office, the vacancy thereby created shall be filled in accordance with this section.

(2) If any vacancy in the office of an Ombudsman occurs at any time while Parliament is in session, it shall be filled by the appointment of an

Ombudsman by the Governor-General on the recommendation of the House of Representatives: provided that if the vacancy occurs less than 2 months before the close of that session and no such recommendation is made in that session, the provisions of subsection (3) shall apply as if the vacancy had occurred while Parliament was not in session.

(3) If any such vacancy occurs at any time while Parliament is not in session, the following provisions shall apply:

(a) the Governor-General in Council may appoint an Ombudsman to fill the vacancy, and the person so appointed shall, unless his office sooner becomes vacant, hold office until his appointment is confirmed by the House of Representatives:

(b) if the appointment is not so confirmed within 2 months after the commencement of the next ensuing session, the appointment shall lapse and there shall be deemed to be a further vacancy in the office of an Ombudsman.

Compare: 1962 No 10 s 6

8 Temporary appointments of Ombudsmen

(1) The Governor-General may, at any time during the illness or absence of any Ombudsman, or for any other temporary purpose whatsoever, appoint an Ombudsman to hold office in accordance with this section, and every such Ombudsman shall be paid such salary, not exceeding the amount payable in accordance with section 9 to an Ombudsman other than the Chief Ombudsman, as the Governor-General thinks fit.

(2) The power conferred by this section shall be exercised only on a certificate signed by the Chief Ombudsman to the effect that, in his opinion, it is necessary for the due conduct of the business of the Ombudsmen under this Act that an additional Ombudsman should be temporarily appointed.

(3) Subject to sections 5 to 7, every Ombudsman appointed under this section on account of the illness or absence of an Ombudsman shall hold office during the pleasure of the Governor-General, and every other Ombudsman appointed for a temporary purpose shall hold office for such period, not exceeding 2 years, as may be specified in his warrant of appointment.

(4) An Ombudsman appointed under this section may from time to time be reappointed, but no Ombudsman shall hold office under this section for more than 5 years in the aggregate.

(5) The provisions of section 7 shall apply, with any necessary modifications, to the temporary appointment of an Ombudsman under this section as if the Ombudsman were being appointed under that section to fill a vacancy.

9 Salaries and allowances of Ombudsmen

(1) There shall be paid to each Ombudsman out of public money, without further appropriation than this section,—

(a) a salary at such rate as the Remuneration Authority from time to time determines; and

(b) such allowances as are from time to time determined by the Remuneration Authority.

(2) In the case of the Chief Ombudsman, the rate of salary and the allowances determined may be higher than those of the other Ombudsmen.

(3) The salary of an Ombudsman is not to be diminished during the continuance of the Ombudsman's appointment.

(4) Notwithstanding anything in subsection (1), there shall be paid to each Ombudsman, in respect of time spent in travelling in the exercise of his functions, travelling allowances and expenses in accordance with the Fees and

Travelling Allowances Act 1951, and the provisions of that Act shall apply accordingly as if the Ombudsman were a member of a statutory board and the travelling were in the service of a statutory board.

Section 9: replaced (with effect on 1 April 1985), on 29 October 1985, by

section 9(2) of the Higher Salaries Commission Amendment Act (No 2) 1985 (1985 No 135).

Section 9(1): amended, on 1 July 1989, by section 86(1) of the Public Finance Act 1989 (1989 No 44).

Section 9(1)(a): amended, on 1 April 2003, by section 4(1) of the Remuneration

Authority (Members of Parliament) Amendment Act 2002 (2002 No 54).

Section 9(1)(b): amended, on 1 April 2003, by section 4(1) of the Remuneration

Authority (Members of Parliament) Amendment Act 2002 (2002 No 54).

10 Oath to be taken by Ombudsmen

(1) Before entering upon the exercise of the duties of his office an Ombudsman shall take an oath that he will faithfully and impartially perform the duties of his office, and that he will not, except in accordance with section 21, divulge any information received by him under this Act.

(2) The oath shall be administered by the Speaker or the Clerk of the House of Representatives.

Compare: 1962 No 10 s 8

11 Staff

(1) The Chief Ombudsman may appoint such officers and employees (including acting, temporary, or casual officers and employees) as may be necessary for the efficient carrying out of the functions, duties, and powers of

the Ombudsmen under this Act.

(2) Except where this Act otherwise expressly provides, the Chief Ombudsman shall have all the rights, duties, and powers of an employer in respect of the persons appointed under subsection

(1).

(3) The Chief Ombudsman shall operate a personnel policy that complies with the principle of being a good employer.

(4) No person appointed under subsection (1) shall be deemed to be employed in the service of Her Majesty for the purposes of the State Sector Act 1988 or the Government Superannuation Fund Act 1956 by reason of that person's appointment under this section.

Section 11: replaced, on 2 September 1996, by section 2 of the Ombudsmen Amendment Act 1996 (1996 No 137).

12 Superannuation or retiring allowances of Ombudsmen and staff

For the purpose of providing superannuation or retiring allowances for any Ombudsman and any officer or employee appointed under this Act, there may from time to time be paid sums by way of contributions or subsidies to any retirement scheme (within the meaning of section 6(1) of the Financial Markets Conduct Act 2013).

Section 12: replaced (with effect on 1 July 1992), on 18 December 1992, by section 4 of the Higher Salaries Commission Amendment Act (No 2) 1992

(1992 No 130).

Section 12: amended, on 1 December 2014, by section 150 of the Financial Markets (Repeals and Amendments) Act 2013 (2013 No 70).

Functions of Ombudsmen

13 Functions of Ombudsmen

(1) Subject to section 14, it shall be a function of the Ombudsmen to investigate any decision or recommendation made, or any act done or omitted, whether before or after the passing of this Act, relating to a matter of administration and affecting any person or body of persons in his or its personal capacity, in or by any of the departments or organisations named or specified in Parts 1 and 2 of Schedule 1, or by any committee (other than a committee of the whole) or subcommittee of any organization named or specified in Part 3 of Schedule 1, or by any officer, employee, or member of any such department or organisation in his capacity as such officer, employee, or member.

(2) Subject to section 14, and without limiting the generality of subsection (1), it is hereby declared that the power conferred by that subsection includes the power to investigate a recommendation made, whether before or after the passing of this Act, by any such department, organisation, committee, subcommittee, officer, employee, or member to a Minister of the Crown or to any organisation named or specified in Part 3 of Schedule 1, as the case may be.

(3) Each Ombudsman may make any such investigation either on a complaint made to an Ombudsman by any person or of his own motion; and where a complaint is made he may investigate any decision, recommendation, act, or omission to which the foregoing provisions of this section relate, notwithstanding that the complaint may not appear to relate to that decision, recommendation, act, or omission.

(4) Without limiting the foregoing provisions of this section, it is hereby

declared that any committee of the House of Representatives may at any time refer to an Ombudsman, for investigation and report by an Ombudsman, any petition that is before that committee for consideration, or any matter to which the petition relates. In any such case, an Ombudsman shall, subject to any special directions of the committee, investigate the matters so referred, so far as they are within his jurisdiction, and make such report to the committee as he thinks fit. Nothing in section 17 or section 22 or section 24 shall apply in respect of any investigation or report made under this subsection.

(5) Without limiting the foregoing provisions of this section, it is hereby declared that at any time the Prime Minister may, with the consent of the Chief Ombudsman, refer to an Ombudsman for investigation and report any matter, other than a matter concerning a judicial proceeding, which the Prime Minister considers should be investigated by an Ombudsman. Where a matter is referred to an Ombudsman pursuant to this subsection, he shall, notwithstanding anything to the contrary in this Act, forthwith investigate that matter and report thereon to the Prime Minister, and may thereafter make such report to Parliament on the matter as he thinks fit. Nothing in section 22 shall apply in respect of any investigation or report made under this subsection.

(6) The powers conferred on Ombudsmen by this Act may be exercised notwithstanding any provision in any enactment to the effect that any such decision, recommendation, act, or omission shall be final, or that no appeal shall lie in respect thereof, or that no proceeding or decision of the person or organization whose decision, recommendation, act, or omission it is shall be challenged, reviewed, quashed, or called in question.

(7) Nothing in this Act shall authorise an Ombudsman to investigate—

(a) any decision, recommendation, act, or omission in respect of which there is, under the provisions of any Act or regulation, a right of appeal or objection, or a right to apply for a review, available to the complainant, on the merits of the case, to any court, or to any tribunal constituted by or under any enactment, whether or not that right of appeal or objection or application has been exercised in the particular case, and whether or not any time prescribed for the exercise of that right has expired: provided that the Ombudsman may conduct an investigation (not being an investigation relating to any decision, recommendation, act, or omission to which any other paragraph of this subsection applies) notwithstanding that the complainant has or had such right if by reason of special circumstances it would be unreasonable to expect him to resort or have resorted to it:

(b) any decision, recommendation, act, or omission of any person in his capacity as a trustee within the meaning of the Trustee Act 1956:

(c) any decision, recommendation, act, or omission of any person acting as legal adviser to the Crown pursuant to the rules for the time being approved by the Government for the conduct of Crown legal business, or acting as counsel for the Crown in relation to any proceedings:

(d) any decision, recommendation, act, or omission of any constable, other than any matter relating to the terms and conditions of service of any person as a constable.

(8) Nothing in this Act shall authorise an Ombudsman to investigate any matter relating to any person who is or was a member of or provisional entrant to the New Zealand Naval Forces, the New Zealand Army, or the Royal New Zealand Air Force, so far as the matter relates to—

(a) the terms and conditions of his service as such member or entrant; or

(b) any order, command, decision, penalty, or punishment given to or affecting him in his capacity as such member or entrant.

(9) If any question arises whether an Ombudsman has jurisdiction to investigate any case or class of cases under this Act, he may, if he thinks fit, apply to the High Court for a declaratory order determining the question in accordance with the Declaratory Judgments Act 1908, and the provisions of that Act shall extend and apply accordingly.

Compare: 1962 No 10 s 11; 1968 No 138 s 2

Section 13(7)(d): replaced, on 1 April 1989, by section 39(1) of the Independent Police Conduct Authority Act 1988 (1988 No 2).

Section 13(7)(d): amended, on 1 October 2008, pursuant to section 116(a)(ii) of the Policing Act 2008 (2008 No 72).

Section 13(9): amended, on 1 April 1980, pursuant to section 12 of the Judicature Amendment Act 1979 (1979 No 124).

14 Limitation of time for certain complaints in respect of local organisations

Nothing in section 13 shall permit an Ombudsman to investigate any decision or recommendation made, or any act done or omitted, in or by any committee or subcommittee of any organisation named or specified in Part 3 of Schedule 1 (other than an education board or a hospital board), or by any officer, employee, or member of any such organisation to which this subsection applies in his capacity as such officer, employee, or member, unless the decision or recommendation was made, or the act or omission occurred or continued within 6 months before Part 3 of Schedule 1 came into force.

15 House of Representatives may make rules for guidance of Ombudsmen

(1) The House of Representatives may from time to time, if it thinks fit, make general rules for the guidance of the Ombudsmen in the exercise of their functions under this Act or under the Official Information Act 1982 or under

the Local Government Official Information and Meetings Act 1987 or under the Protected Disclosures Act 2000, and may at any time in like manner revoke or vary any such rules.

(2) Any such rules may authorise an Ombudsman from time to time, in the public interest or in the interests of any person or department or organisation, to publish reports relating generally to the exercise of his functions under this Act or under the Official Information Act 1982 or under the Local Government Official Information and Meetings Act 1987 or under the Protected Disclosures Act 2000 or to any particular case or cases investigated by him, whether or not the matters to be dealt with in any such report have been the subject of a report to the House of Representatives under this Act.

(3) All rules made under this section must be published under the Legislation Act 2012 as if they were legislative instruments, but they are not disallowable instruments for the purposes of that Act and do not have to be presented to the House of Representatives under section 41 of that Act.

Compare: 1962 No 10 s 12

Section 15(1): amended, on 22 October 2003, by section 3 of the Ombudsmen Amendment Act 2003 (2003 No 91).

Section 15(1): amended, on 1 March 1988, by section 57(1) of the Local Government Official Information and Meetings Act 1987 (1987 No 174).

Section 15(1): amended, on 1 July 1983, by section 2(1) of the Ombudsmen Amendment Act (No 2) 1982 (1982 No 164).

Section 15(2): amended, on 22 October 2003, by section 3 of the Ombudsmen

Amendment Act 2003 (2003 No 91).

Section 15(2): amended, on 1 March 1988, by section 57(1) of the Local

Government Official Information and Meetings Act 1987 (1987 No 174).

Section 15(2): amended, on 1 January 1987, by section 27 of the Constitution

Act 1986 (1986 No 114).

Section 15(2): amended, on 1 July 1983, by section 2(2) of the Ombudsmen Amendment Act (No 2) 1982 (1982 No 164).

Section 15(3): replaced, on 5 August 2013, by section 77(3) of the Legislation

Act 2012 (2012 No 119).

16 Mode of complaint

(1) A complaint to an Ombudsman may be made in writing or orally.

(1A) A complaint made orally shall be put in writing as soon as practicable.

(2) Notwithstanding any provision in any enactment, where any letter appearing to be written by any person in custody on a charge or after conviction of any offence, or by any patient of any hospital within the meaning of the Mental Health (Compulsory Assessment and Treatment) Act 1992, is addressed to an Ombudsman it shall be immediately forwarded, unopened, to the Ombudsman by the person for the time being in charge of the place or institution where the writer of the letter is detained or of which he is a patient.

Compare: 1962 No 10 s 13

Section 16(1): replaced, on 9 December 1991, by section 2 of the Ombudsmen

Amendment Act 1991 (1991 No 121).

Section 16(1A): inserted, on 9 December 1991, by section 2 of the Ombudsmen

Amendment Act 1991 (1991 No 121).

Section 16(2): amended, on 1 November 1992, pursuant to section 137(1) of the Mental Health (Compulsory Assessment and Treatment) Act 1992

17 Ombudsman may refuse to investigate complaint

(1) An Ombudsman may refuse to investigate or further investigate a complaint if it appears to the Ombudsman that,—

(a) under the law or existing administrative practice, the complainant has an adequate remedy or right of appeal (other than the right to petition the House of Representatives) and it is, or would have been, reasonable for the complainant to resort to that remedy or right of appeal; or

(b) the complaint relates to a decision, recommendation, act, or omission that the complainant has known about for more than 12 months; or

(c) the subject matter of the complaint is trivial; or

(d) the complaint is frivolous or vexatious or is not made in good faith; or

(e) the complainant does not have a sufficient personal interest in the subject matter of the complaint; or

(f) having regard to all the circumstances of the case,—

(i) following preliminary inquiries, an investigation is unnecessary; or

(ii) having commenced an investigation, further investigation is unnecessary.

(2) If an Ombudsman refuses to investigate or further investigate a complaint, the Ombudsman must inform the complainant of the decision and give his or her reasons for it.

Section 17: replaced, on 26 March 2015, by section 4 of the Ombudsmen Amendment Act 2015 (2015 No 30).

17A Referral of complaint to Privacy Commissioner

(1) Where, on receiving a complaint under this Act, an Ombudsman considers that the complaint relates, in whole or in part, to a matter that is

more properly within the jurisdiction of the Privacy Commissioner under the Privacy Act 1993, the Ombudsman shall forthwith consult with the Privacy Commissioner in order to determine the appropriate means of dealing with the complaint.

(2) As soon as practicable after consulting with the Privacy Commissioner under subsection (1), the Ombudsman shall deter- mine whether the complaint should be dealt with, in whole orin part, under this Act.

(3) If the Ombudsman determines that the complaint should be dealt with, in whole or in part, under the Privacy Act 1993, the Ombudsman shall forthwith refer the complaint or, as the case requires, the appropriate part of the complaint to the Privacy Commissioner to be dealt with accordingly, and shall notify the complainant of the action that has been taken. Section 17A: inserted, on 1 July 1993, by section 2 of the Ombudsmen Amendment Act 1993 (1993 No 34).

17B Referral of complaint to Health and Disability Commissioner

(1) Where, on receiving a complaint under this Act, an Ombudsman considers that the complaint relates, in whole or in part, to a matter that is more properly within the jurisdiction of the Health and Disability Commissioner under the Health and Disability Commissioner Act 1994, the Ombudsman shall forthwith consult with the Health and Disability Commissioner in order to determine the appropriate means of dealing with the complaint.

(2) As soon as practicable after consulting with the Health and Disability Commissioner under subsection (1), the Ombudsman shall determine whether the complaint should be dealt with, in whole or in part, under this Act.

(3) If the Ombudsman determines that the complaint should be dealt with, in whole or in part, under the Health and Disability Commissioner Act 1994, the Ombudsman shall forthwith refer the complaint or, as the case requires, the

appropriate part of the complaint to the Health and Disability Commissioner to be dealt with accordingly, and shall notify the complainant of the action that has been taken.

Section 17B: inserted, on 1 July 1996, by section 76(1) of the Health and Disability Commissioner Act 1994 (1994 No 88).

17C Referral of complaint to Inspector-General of Intelligence and Security

(1) Where, on receiving a complaint under this Act, an Ombudsman considers that the complaint relates, in whole or in part, to a matter that is more properly within the jurisdiction of the Inspector-General of Intelligence and Security holding office under section 5 of the Inspector-General of Intelligence and Security Act 1996, the Ombudsman shall forthwith consult with the Inspector-General of Intelligence and Security in order to determine the appropriate means of dealing with the complaint.

(2) As soon as practicable after consulting with the Inspector- General of Intelligence and Security under subsection (1), the Ombudsman shall determine whether the complaint should be dealt with, in whole or in part, under this Act.

(3) If the Ombudsman determines that the complaint should be dealt with, in whole or in part, under the Inspector-General of Intelligence and Security Act 1996, the Ombudsman shall forthwith refer the complaint or, as the case requires, the appropriate part of the complaint to the Inspector-General of Intelligence and Security to be dealt with accordingly, and shall notify the complainant of the action that has been taken. Section 17C: inserted, on 2 July 1996, by section 30 of the Inspector-General of Intelligence and Security Act 1996 (1996 No 47).

18 Proceedings of Ombudsmen

(1) Before investigating any matter under this Act, an Ombudsman shall inform the chief executive of the department affected, or, as the case may require, the chief executive of the organisation affected, of his intention to make the investigation.

(2) Every investigation by an Ombudsman under this Act shall be conducted in private.

(3) An Ombudsman may hear or obtain information from such persons as he thinks fit, and may make such inquiries as he thinks fit. It shall not be necessary for an Ombudsman to hold any hearing, and no person shall be entitled as of right to be heard by an Ombudsman:

provided that if at any time during the course of an investigation it appears to an Ombudsman that there may be sufficient grounds for his making any report or recommendation that may adversely affect any department or organisation or person, he shall give to that department or organisation or person an opportunity to be heard.

(4) In the case of an investigation relating to a department or organization named or specified in Parts 1 and 2 of Schedule 1, an Ombudsman may in his discretion at any time during or after the investigation consult a Minister who is concerned in the matter of the investigation, and an Ombudsman shall consult any Minister who so requests or to whom a recommendation which is the subject of the investigation has been made, after the Ombudsman has made the investigation and before he has formed a final opinion on any of the matters referred to in subsection (1) or subsection (2) of section 22.

(5) In the case of an investigation relating to an organization named or specified in Part 3 of Schedule 1, an Ombudsman may in his discretion at

any time during or after the investigation consult the mayor or chairperson of the organization concerned, and an Ombudsman shall consult the mayor or chairperson of the organisation who so requests or to whom a recommendation which is the subject of the investigation has been made, after the Ombudsman has made the investigation and before he has formed a final opinion on any of the matters referred to in subsection (1) or subsection (2) of section 22.

(6) If, during or after any investigation, an Ombudsman is of opinion that there is substantial evidence of any significant breach of duty or misconduct on the part of any officer or employee of any department or organisation, he shall refer the matter to the appropriate authority.

(7) Subject to the provisions of this Act and of any rules made for the guidance of Ombudsmen by the House of Representatives and for the time being in force, an Ombudsman may regulate his procedure in such manner as he thinks fit.

Compare: 1962 No 10 s 15

Section 18(1): amended, on 1 July 2003, by section 262 of the Local Government Act 2002 (2002 No 84).

Section 18(1): amended, on 1 April 1988, pursuant to section 90(d) of the State Sector Act 1988 (1988 No 20).

Section 18(5): amended, on 1 July 2003, by section 262 of the Local Government Act 2002 (2002 No 84).

Section 18(6): amended, on 23 November 1982, by section 2 of the Ombudsmen Amendment Act 1982 (1982 No 89).

19 Evidence

(1) Subject to the provisions of this section and of section 20, an Ombudsman may from time to time require any person who in his opinion is able to give any information relating to any matter that is being investigated by the Ombudsman

to furnish to him any such information, and to produce any documents or papers or things which in the Ombudsman's opinion relate to any such matter as aforesaid and which may be in the possession or under the control of that person. This subsection shall apply whether or not the person is an officer, employee, or member of any department or organisation, and whether or not such documents, papers, or things are in the custody or under the control of any department or organisation.

(2) An Ombudsman may summon before him and examine on oath—

(a) any person who is an officer or employee or member of any department or organisation named or specified in Schedule 1 and who in the Ombudsman's opinion is able to give any such information as aforesaid; or

(b) any complainant; or

(c) with the prior approval of the Attorney-General in each case, any other person who in the Ombudsman's opinion is able to give any such information—

and for that purpose may administer an oath. Every such examination by the Ombudsman shall be deemed to be a judicial proceeding within the meaning of section 108 of the Crimes Act 1961 (which relates to perjury).

(3) Subject to this section and to section 20(1), a person who is bound by the provisions of an enactment (being an Act or a legislative instrument within the meaning of the Legislation Act 2012 made by Order in Council) to maintain secrecy in relation to, or not to disclose, any matter may be required to supply any information to or answer any question put by an Ombudsman in relation to that matter, or to produce to an Ombudsman any document or paper or thing relating to it, even if compliance with that requirement would otherwise be in breach of the obligation of secrecy or non-disclosure.

(4) Compliance with a requirement of an Ombudsman (being a requirement

made pursuant to subsection (3)) is not a breach of the relevant obligation of secrecy or non-disclosure or of the enactment by which that obligation is imposed.

(5) Every person shall have the same privileges in relation to the giving of information, the answering of questions, and the production of documents and papers and things as witnesses have in any court.

(5A) In any investigation carried out under this Act pursuant to the Official Information Act 1982 or the Local Government Official Information and Meetings Act 1987, nothing in subsection (5) prevents an Ombudsman from—

(a) requiring, under subsection (1), the furnishing of any information or the production of any document, paper, or thing for which privilege is claimed by any person; and

(b) considering the information or inspecting any such document, paper, or thing—

for the purpose of determining whether the information, document, paper, or thing would be properly withheld, but not so as to give the Ombudsman any information, or enable the Ombudsman to make any use of the information, document, paper, or thing that he or she would not, apart from this subsection, be entitled to.

(5B) On the production of any information, document, paper, or thing pursuant to subsection (5A), the Ombudsman—

(a) must not release the information, document, paper, or thing, or any information derived from the document, paper, or thing to any person other than—

(i) the producer of the information, document, paper, or thing; or

(ii) any barrister or solicitor engaged by the Ombudsman for the purpose of providing legal advice as to whether the information, document, paper, or thing would be properly withheld by that producer under subsection (5); or

(iii) a court:

(b) may give his or her opinion only to the producer of the information, document, paper or thing and the complainant as to whether or not the claim of privilege is valid;

(c) must not take into account the information or any information in the document, paper, or thing in forming any opinion concerning the release of any other information, unless the Ombudsman considers the claim of privilege is not valid and has notified the person concerned of that decision.

(6) Except on the trial of any person for perjury within the meaning of the Crimes Act 1961 in respect of his sworn testimony, no statement made or answer given by that or any other person in the course of any inquiry by or any proceedings before an Ombudsman shall be admissible in evidence against any person in any court or at any inquiry or in any other proceedings, and no evidence in respect of proceedings before an Ombudsman shall be given against any person.

(7) No person shall be liable to prosecution for an offence against any enactment, other than this Act, by reason of his compliance with any requirement of an Ombudsman under this section.

(8) Where any person is required by an Ombudsman to attend before him for the purposes of this section, the person shall be entitled to the same fees, allowances, and expenses as if he were a witness in a court, and the provisions of any regulations in that behalf made under the Criminal Procedure Act 2011 and for the time being in force shall apply accordingly. For the purposes of this subsection an Ombudsman shall have the powers of a court under any

such regulations to fix or disallow, in whole or in part, or increase the amounts payable thereunder.

Compare: 1962 No 10 s 16

Section 19(3): replaced, on 5 August 2013, by section 77(3) of the Legislation Act 2012 (2012 No 119).

Section 19(4): replaced, on 1 April 1987, by section 24(1) of the Official Information Amendment Act 1987 (1987 No 8).

Section 19(5A): inserted, on 17 September 1997, by section 2 of the Ombudsman Amendment Act 1997 (1997 No 72).

Section 19(5A): amended, on 15 December 2005, by section 3 of the Ombudsmen Amendment Act 2005 (2005 No 109).

Section 19(5B): inserted, on 17 September 1997, by section 2 of the Ombudsmen Amendment Act 1997 (1997 No 72).

Section 19(7): amended, on 1 July 1983, by section 3(2) of the Ombudsmen Amendment Act (No 2) 1982 (1982 No 164).

Section 19(8): amended, on 1 July 2013, by section 413 of the Criminal Procedure Act 2011 (2011 No 81).

20 Disclosure of certain matters not to be required

(1) Where the Attorney-General certifies that the giving of any information or the answering of any question or the production of any document or paper or thing—

(a) might prejudice the security, defence, or international relations of New Zealand (including New Zealand's relations with the government of any other country or with any international organisation), or the investigation or detection of offences; or

(b) might involve the disclosure of the deliberations of Cabinet; or

(c) might involve the disclosure of proceedings of Cabinet, or of any committee of Cabinet, relating to matters of a secret or confidential nature, and would be injurious to the public interest—

an Ombudsman shall not require the information or answer to be given or, as the case may be, the document or paper or thing to be produced.

(2) Subject to the provisions of subsection (1), the rule of law which authorises or requires the withholding of any document or paper, or the refusal to answer any question, on the ground that the disclosure of the document or paper or the answering of the question would be injurious to the public interest shall not apply in respect of any investigation by or proceedings before an Ombudsman.

Compare: 1962 No 10 s 17

21 Ombudsmen and staff to maintain secrecy

(1) Every Ombudsman and every person holding any office or appointment under the Chief Ombudsman shall be deemed for the purposes of sections 105 and 105A of the Crimes Act 1961 to be officials.

(2) Every Ombudsman and every such person as aforesaid shall maintain secrecy in respect of all matters that come to their knowledge in the exercise of their functions.

(3) Every person holding any office or appointment under the Chief Ombudsman shall, before he begins to perform any official duty under this Act, take an oath, to be administered by an Ombudsman, that he will not divulge any information received by him under this Act except for the purpose of giving effect to this Act.

(4) Notwithstanding anything in subsections (1) to (3), an Ombudsman may disclose such matters as in the Ombudsman's opinion ought to be disclosed

for the purposes of an investigation or in order to establish grounds for the Ombudsman's conclusions and recommendations.

(5) The power conferred by subsection (4) shall not extend to—

(a) any matter that might prejudice—

(i) the security, defence, or international relations of New Zealand (including New Zealand's relations with the government of any other country or with any international organisation); or

(ii) any interest protected by section 7 of the Official Information Act 1982; or

(iii) the prevention, investigation, or detection of offences; or

(b) any matter that might involve the disclosure of the deliberations of Cabinet; or

(c) any information, answer, document, paper, or thing obtained by an Ombudsman by reason only of compliance with a requirement made pursuant to subsection (3) of section 19.

Compare: 1962 No 10 s 18

Section 21(1): amended, on 1 July 1983, by section 4 of the Ombudsmen Amendment Act (No 2) 1982 (1982 No 164).

Section 21(4): replaced, on 1 April 1987, by section 24(2) of the Official Information Amendment Act 1987 (1987 No 8).

Section 21(5): inserted, on 1 April 1987, by section 24(2) of the Official Information Amendment Act 1987 (1987 No 8).

21A Consultation with Privacy Commissioner

Notwithstanding anything in section 21, an Ombudsman may from time to time undertake consultation with the Privacy Commissioner under the Privacy Act 1993 in relation to any matter relating to the functions of the Ombudsman, including (without limitation) consultation—

(a) for the purposes of making a determination under section 17A:

(b) in relation to any matter arising out of or in the course of an investigation under this Act or any other enactment:

(c) in relation to any matter relating to privacy, whether or not the matter arises out of a particular complaint made under this Act,—

and for the purposes of any such consultation, an Ombudsman may disclose to the Privacy Commissioner such information as the Ombudsman considers necessary for that purpose.

Section 21A: inserted, on 1 July 1993, by section 3 of the Ombudsmen Amendment Act 1993 (1993 No 34).

21B Consultation with Health and Disability Commissioner

Notwithstanding anything in section 21, an Ombudsman may from time to time undertake consultation with the Health and Disability Commissioner under the Health and Disability Commissioner Act 1994 in relation to any matter relating to the functions of the Ombudsman, including (without limitation) consultation—

(a) for the purposes of making a determination under section 17B:

(b) in relation to any matter arising out of or in the course of an investigation under this Act or any other enactment:

(c) in relation to any matter that is within the jurisdiction of the Health and Disability Commissioner, whether or not the matter arises out of a particular complaint made under this Act,—

and, for the purposes of any such consultation, an Ombudsman may disclose to the Health and Disability Commissioner such information as the Ombudsman considers necessary for that purpose.

Section 21B: inserted, on 1 July 1996, by section 76(2) of the Health and

Disability Commissioner Act 1994 (1994 No 88).

21C Consultation with Inspector-General of Intelligence and Security

Notwithstanding anything in section 21, an Ombudsman may from time to time undertake consultation with the Inspector- General of Intelligence and Security holding office under section 5 of the Inspector-General of Intelligence and Security Act 1996 in relation to any matter relating to the functions of the Ombudsman, including (without limitation) consultation—

(a) for the purposes of making a determination under section 17C:

(b) in relation to any matter arising out of or in the course of an investigation under this Act or any other enactment:

(c) in relation to any matter that is within the jurisdiction of the Inspector-General of Intelligence and Security, whether or not the matter arises out of a particular complaint made under this Act,—

and, for the purposes of any such consultation, an Ombudsman may disclose to the Inspector-General of Intelligence and Security such information as the Ombudsman considers necessary for that purpose.

Section 21C: inserted, on 2 July 1996, by section 31 of the Inspector-General of Intelligence and Security Act 1996 (1996 No 47).

22 Procedure after investigation

(1) The provisions of this section shall apply in every case where, after making any investigation under this Act, an Ombudsman is of opinion that the decision, recommendation, act, or omission which was the subject matter of the investigation—

(a) appears to have been contrary to law; or

(b) was unreasonable, unjust, oppressive, or improperly discriminatory, or was in accordance with a rule of law or a provision of any Act, regulation, or bylaw or a practice that is or may be unreasonable, unjust,

oppressive, or improperly discriminatory; or

(c) was based wholly or partly on a mistake of law or fact; or

(d) was wrong.

(2) The provisions of this section shall also apply in any case where an Ombudsman is of opinion that in the making of the decision or recommendation, or in the doing or omission of the act, a discretionary power has been exercised for an improper purpose or on irrelevant grounds or on the taking into account of irrelevant considerations, or that, in the case of a decision made in the exercise of any discretionary power, reasons should have been given for the decision.

(3) If in any case to which this section applies an Ombudsman is of opinion—

(a) that the matter should be referred to the appropriate authority for further consideration; or

(b) that the omission should be rectified; or

(c) that the decision should be cancelled or varied; or

(d) that any practice on which the decision, recommendation, act, or omission was based should be altered; or

(e) that any law on which the decision, recommendation, act, or omission was based should be reconsidered; or

(f) that reasons should have been given for the decision; or

(g) that any other steps should be taken—

the Ombudsman shall report his opinion, and his reasons therefor, to the appropriate department or organisation, and may make such recommendations as he thinks fit. In any such case he may request the department or organisation to notify him, within a specified time, of the steps (if any) that it proposes to take to give effect to his recommendations. The Ombudsman shall also, in the case of an investigation relating to a department or organisation named or specified in Parts 1 and 2 of Schedule 1, send a copy of his report or recommendations to the Minister concerned, and, in the case of an investigation relating to an organisation named or specified in Part 3 of Schedule 1, send a copy of his report or recommendations to the mayor or chairperson of the organisation concerned.

(4) If within a reasonable time after the report is made no action is taken which seems to an Ombudsman to be adequate and appropriate, the Ombudsman, in his discretion, after considering the comments (if any) made by or on behalf of any department or organisation affected, may send a copy of the report and recommendations to the Prime Minister, and may thereafter make such report to the House of Representatives on the matter as he thinks fit.

(5) The Ombudsman shall attach to every report sent or made under subsection (4) a copy of any comments made by or on behalf of the department or organisation affected.

(6) Subsections (4) and (5) shall not apply in the case of an investigation relating to an organisation named or specified in Part 3 of Schedule 1.

(7) Notwithstanding anything in this section, an Ombudsman shall not, in any report made under this Act, make any comment that is adverse to any person unless the person has been given an opportunity to be heard.

Compare: 1962 No 10 s 19

Section 22(3): amended, on 1 July 2003, by section 262 of the Local Government Act 2002 (2002 No 84).

Section 22(4): amended, on 1 January 1987, by section 27 of the Constitution Act 1986 (1986 No 114).

23 Ombudsman may require publication of summary of report

(1) Where an Ombudsman has prepared a report under subsection (3) of section 22 relating to any organisation named or specified in Part 3 of Schedule 1, he may prepare and send to the chief executive of that organisation a written summary of the contents of his report and require that chief executive to make copies of that summary available during ordinary business hours for inspection by members of the public without charge. Any member of the public may make a copy of the whole or any part of the summary.

(2) Before forwarding any such written summary to the appropriate chief executive under subsection (1), the Ombudsman shall send a copy of it in draft form to the organisation to which it relates for perusal, and shall, as far as practicable, incorporate in the summary any comments made to him by the organisation.

(3) Within 1 week after the report is received by the organisation, the chief executive of that organisation shall, at the expense of the organisation, give public notice in such form and in such newspapers as the Ombudsman shall require of the availability of the report for inspection and of the places where it may be inspected.

(4) Every such report shall be made available for a period of 4 weeks from the date of the first publication of the public notice. Section 23(1): amended, on 1 July 2003, by section 262 of the Local Government Act 2002 (2002 No 84).

Section 23(2): amended, on 1 July 2003, by section 262 of the Local Government Act 2002 (2002 No 84).

Section 23(3): amended, on 1 July 2003, by section 262 of the Local Government Act 2002 (2002 No 84).

24 Complainant to be informed of result of investigation

(1) Where, on any investigation following a complaint, an Ombudsman makes a recommendation under subsection (3) of section 22, and no action which seems to the Ombudsman to be adequate and appropriate is taken thereon within a reasonable time, the Ombudsman shall inform the complainant of his recommendation, and may make such comments on the matter as he thinks fit.

(2) The Ombudsman shall in any case inform the complainant, in such manner and at such time as he thinks proper, of the result of the investigation.

Compare: 1962 No 10 s 20

25 Proceedings not to be questioned or to be subject to review

No proceeding of an Ombudsman shall be held bad for want of form, and, except on the ground of lack of jurisdiction, no proceeding or decision of an Ombudsman shall be liable to be challenged, reviewed, quashed, or called in question in any court.

Compare: 1962 No 10 s 21

26 Proceedings privileged

(1) Subject to subsection (2),—

(a) no proceedings, civil or criminal, shall lie against any Ombudsman, or against any person holding any office or appointment under the Chief Ombudsman, for anything he may do or report or say in the course of the exercise or intended exercise of his functions under this Act or the Official Information Act 1982 or the Local Government Official Information and Meetings Act 1987 or the Protected Disclosures Act 2000, unless it is shown that he acted in bad faith:

(b) no Ombudsman, and no such person as aforesaid, shall be called to give evidence in any court, or in any proceedings of a judicial nature, in respect of anything coming to his knowledge in the exercise of his functions under this Act or the Official Information Act 1982 or the Local Government Official Information and Meetings Act 1987 or the Protected Disclosures Act 2000.

(2) Nothing in subsection (1) applies in respect of proceedings for—

(a) an offence against section 78 or section 78A(1) or section 105 or section 105A or section 105B of the Crimes Act 1961; or

(b) the offence of conspiring to commit an offence against section 78 or section 78A(1) or section 105 or section 105A or section 105B of the Crimes Act 1961; or

(c) the offence of attempting to commit an offence against section 78 or section 78A(1) or section 105 or section 105A or section 105B of the Crimes Act 1961.

(3) Anything said or any information supplied or any document, paper, or thing produced by any person in the course of any inquiry by or proceedings before an Ombudsman under this Act or the Official Information Act 1982 or the Local Government Official Information and Meetings Act 1987 or the Protected Disclosures Act 2000 shall be privileged in the same manner as if the inquiry or proceedings were proceedings in a court.

(4) For the purposes of clause 3 of Part 2 of Schedule 1 of the Defamation Act 1992, any report made by an Ombudsman under this Act, or under the Official Information Act 1982, or under the Local Government Official Information and Meetings Act 1987, or under the Protected Disclosures Act 2000, shall be deemed to be an official report made by a person holding an inquiry under the authority of the Parliament of New Zealand.

Section 26: replaced, on 1 July 1983, by section 5 of the Ombudsmen Amendment Act (No 2) 1982 (1982 No 164).

Section 26(1)(a): amended, on 22 October 2003, by section 5(1) of the

Ombudsmen Amendment Act 2003 (2003 No 91).

Section 26(1)(a): amended, on 1 March 1988, by section 57(1) of the Local Government Official Information and Meetings Act 1987 (1987 No 174).

Section 26(1)(b): amended, on 22 October 2003, by section 5(1) of the Ombudsmen Amendment Act 2003 (2003 No 91).

Section 26(1)(b): amended, on 1 March 1988, by section 57(1) of the Local Government Official Information and Meetings Act 1987 (1987 No 174).

Section 26(2)(a): amended, on 1 July 1993, by section 4 of the Ombudsmen Amendment Act 1993 (1993 No 34).

Section 26(2)(b): amended, on 1 July 1993, by section 4 of the Ombudsmen Amendment Act 1993 (1993 No 34).

Section 26(2)(c): amended, on 1 July 1993, by section 4 of the Ombudsmen Amendment Act 1993 (1993 No 34).

Section 26(3): amended, on 22 October 2003, by section 5(1) of the Ombudsmen Amendment Act 2003 (2003 No 91).

Section 26(3): amended, on 1 March 1988, by section 57(1) of the Local Government Official Information and Meetings Act 1987 (1987 No 174).

Section 26(4): replaced, on 1 February 1993, by section 56(1) of the Defamation Act 1992 (1992 No 105).

Section 26(4): amended, on 22 October 2003, by section 5(2) of the Ombudsmen Amendment Act 2003 (2003 No 91).

Miscellaneous provisions

27 Power of entry on premises

(1) For the purposes of this Act, but subject to the provisions of this section,

an Ombudsman may at any time enter upon any premises occupied by any of the departments or organizations named or specified in Schedule 1 and inspect the premises and, subject to the provisions of sections 19 and 20, carry out therein any investigation that is within his jurisdiction.

(2) Before entering upon any such premises an Ombudsman shall notify the chief executive of the department or, as the case may require, the chief executive of the organisation by which the premises are occupied.

(3) The Attorney-General may from time to time by notice to the Chief Ombudsman exclude the application of subsection (1) to any specified premises or class of premises, if he is satisfied that the exercise of the power conferred by this section might prejudice the security, defence, or international relations of New Zealand, including New Zealand's relations with the government of any other country or with any international organisation.

Compare: 1962 No 10 s 23

Section 27(2): amended, on 1 July 2003, by section 262 of the Local Government Act 2002 (2002 No 84).

Section 27(2): amended, on 1 April 1988, pursuant to section 90(d) of the State Sector Act 1988 (1988 No 20).

28 Delegation of powers by Ombudsman

(1) Any Ombudsman may from time to time, by writing under his hand, delegate to any person holding any office under him any of his powers under this Act, except this power of delegation and the power to make any report under this Act.

(2) Any delegation under this section may be made to a specified person or to the holder for the time being of a specified office or to the holders of offices of a specified class.

(3) Every delegation under this section shall be revocable at will, and no

such delegation shall prevent the exercise of any power by an Ombudsman.

(4) Any such delegation may be made subject to such restrictions and conditions as the Ombudsman thinks fit, and may be made either generally or in relation to any particular case or class of cases.

(5) Until any such delegation is revoked, it shall continue in force according to its tenor. In the event of the Ombudsman by whom it was made ceasing to hold office, it shall continue to have effect as if made by his successor.

(6) Any person purporting to exercise any power of an Ombudsman by virtue of a delegation under this section shall, when required to do so, produce evidence of his authority to exercise the power.

Compare: 1962 No 10 s 24

Section 28(1): amended, on 2 September 1996, by section 3 of the Ombudsmen

Amendment Act 1996 (1996 No 137).

28A Protection of name

(1) No person, other than an Ombudsman appointed under this Act, may use the name "Ombudsman" in connection with any business, trade, or occupation or the provision of any service whether for payment or otherwise, or hold himself, herself, or itself out to be an Ombudsman except pursuant to an Act or with the prior written consent of the Chief Ombudsman.

(2) Every person commits an offence and is liable on conviction to a fine not exceeding $1,000 who contravenes subsection (1). Section 28A: inserted, on 9 December 1991, by section 3 of the Ombudsmen Amendment Act 1991 (1991 No 121). Section 28A(2): amended, on 1 July 2013, by section 413 of the Criminal Procedure Act 2011 (2011 No 81).

29 Annual report

Without limiting the right of an Ombudsman to report at any other time, but subject to the provisions of subsection (7) of section 22 and to any rules for the guidance of the Ombudsmen made by the House of Representatives and for the time being in force, the Ombudsmen shall in each year make a report to the House of Representatives on the exercise of their functions under this Act and the Official Information Act 1982 and the Local Government Official Information and Meetings Act 1987 and the Protected Disclosures Act 2000.

Compare: 1962 No 10 s 25

Section 29: amended, on 22 October 2003, by section 6 of the Ombudsmen Amendment Act 2003 (2003 No 91).

Section 29: amended, on 1 January 1987, by section 27 of the Constitution Act 1986 (1986 No 114).

Section 29: amended, on 1 July 1983, by section 6 of the Ombudsmen Amendment Act (No 2) 1982 (1982 No 164).

30 Offences

Every person commits an offence against this Act and is liable on conviction to a fine not exceeding $200 who—

(a) without lawful justification or excuse, wilfully obstructs, hinders, or resists an Ombudsman or any other person in the exercise of his powers under this Act:

(b) without lawful justification or excuse, refuses or willfully fails to comply with any lawful requirement of an Ombudsman or any other person under this Act:

(c) wilfully makes any false statement to or misleads or attempts to mislead an Ombudsman or any other person in the exercise of his powers under this Act:

(d) represents directly or indirectly that he holds any authority under this Act when he does not hold that authority.

Compare: 1962 No 10 s 26

Section 30: amended, on 1 July 2013, by section 413 of the Criminal Procedure Act 2011 (2011 No 81).

31 Money to be appropriated by Parliament for purposes of this Act

Except as otherwise provided in this Act, all salaries and allowances and other expenditure payable or incurred under or in the administration of this Act shall be payable out of money to be appropriated by Parliament for the purpose.

Compare: 1962 No 10 s 27

31A Audit

(1) The House of Representatives must appoint an auditor to audit the Ombudsmen.

(2) The provisions of the Public Audit Act 2001 apply to any audit carried out by an auditor appointed under this section.

(3) In carrying out the functions conferred by this section, the auditor has the same functions, duties, and powers as the Auditor- General.

Section 31A: replaced, on 1 July 2001, by section 53 of the Public Audit Act 2001 (2001 No 10).

32 Power to amend Schedule 1 by Order in Council

(1) Where any department or organisation named or specified in Schedule 1 is abolished, or its name is altered, or where any new department of State is created, the Governor-General may, by Order in Council, make such amendments to the said schedule as may be necessary to give effect to the abolition or alteration, or to include the name of the new department therein.

(2) The Governor-General may from time to time, by Order in Council,

amend Part 2 or Part 3 of Schedule 1 by—

(a) including therein the name of any local organisation or other organisation or the description of any class of local organisations or other organisations:

(b) omitting from the said Part 2 or Part 3 the name of any local organisation or other organisation or the description of any class of local organisations or other organisations, whether that name or description appeared in that Part as initially enacted or was included therein by any other Act or any Order in Council.

Compare: 1962 No 10 s 28

32A Crimes of Torture Act 1989 not limited

Nothing in this Act limits the operation of Part 2 of the Crimes of Torture Act 1989.

Section 32A: inserted, on 5 December 2006, by section 13 of the Crimes of Torture Amendment Act 2006 (2006 No 68).

33 Repeals, amendment, and savings

(1) Subject to subsection (5), the enactments specified in Schedule 2 are hereby repealed.

(2) *Amendment(s) incorporated in the Act(s).*

(3) The provisions of this Act are in addition to the provisions of any other enactment or any rule of law under which any remedy or right of appeal or objection is provided for any person or any procedure is provided for the inquiry into or investigation of any matter, and nothing in this Act shall limit or affect any such remedy or right of appeal or objection or procedure as aforesaid.

(4) Notwithstanding the repeal of subsection (1) of section 4 of the Parliamentary Commissioner (Ombudsman) Act 1962, any appointment made

pursuant to a recommendation under that subsection shall continue in full force and effect until the dissolution or expiration of the Parliament that is in existence at the commencement of this Act.

(5) The enactments specified in Schedule 2 shall continue in force in relation to the organisations specified in Part 3 of the Schedule of the Parliamentary Commissioner (Ombudsman) Act 1962, as added by section 2(6) of the Parliamentary Commissioner (Ombudsman) Amendment Act 1968, until Part 3 of Schedule 1 of this Act comes into force.

英　国

1967 年议会申诉专员法[①]

行政申诉专员

第 1 条 职务的任命和任期

（1）为实施本法规定的调查，应当任命 1 名申诉专员，称为议会的行政申诉专员。

（2）女王陛下可以随时特许任命行政申诉专员。

（2A）行政申诉专员应当在整个任期内履行职务。

（2B）任期不得超过 7 年。

（2C）第 2A 款规定应遵守第 3 款和第 3A 款规定。

（3）任命为申诉专员的人员可以：

（a）请求女王陛下解除自己的职务；

（b）因行为不端应议会两院请求由女王解除职务。

（3A）申诉专员因健康原因同时出现下列情形的，女王陛下可以宣布职务空缺：

（a）无法履行职务；

（b）无法请求解除职务。

---

① 本法于 1967 年 3 月 22 日通过，后经多次修订；翻译文本为英国政府网站（http：//www.legislation.gov.uk/ukpga/1967/13/introduction）下载文本，最后访问时间为 2005 年 11 月 30 日。

（3B）申诉专员职务不得连任。

第2条 工资和退休金

（1）议会下院可以随时作出决议，决定应当向申诉专员支付与国家公务员类似任命相同的工资；决议应当自通过之日或者决议规定的其他具体日期起生效。

（2）本条第1款规定所称第一个决议生效前，支付给申诉专员的工资应当与担任政府常务副大臣职务的人员相同。

（3）本法附录1规定对支付给申诉专员的退休金和其他福利有效。

（4）已经由联合王国任何机关或申诉专员被任命过的其他部门支付的退休金，应当从申诉专员的工资中扣减。

（4A）为附录1之目的，计算前任申诉专员的工资时，下列因素不予考虑：

（a）本条第4款所称对工资的扣减；

（b）因国家利益对工资的临时扣减；

（c）全部或者部分工资的自愿上交。

（5）本条所称工资、退休金和其他福利应当从统一基金中支出。

第3条 行政条款

（1）申诉专员可以任命其有权决定的官员，职数和服务条件需经财政部许可。

（1A）实施本法规定的调查时，申诉专员可以任命1名协调员或者其他合适的人员协助工作，并支付相应工资。

（2）申诉专员可以专门授权第1款所称任何官员、任何威尔士公共服务申诉专员以及任何英格兰医疗保健服务申诉专员履行本法规定之申诉专员的任何职能。

（2A）为实施第11ZAA条规定的联合调查，经申诉专员专门授权，本法规定之申诉专员的任何职能可以由履行或者协助履行地方申诉专员职能的任何人履行；

（3）在财政部同意的限额内，申诉专员的费用应当从议会提供的资金中支付。

第 3A 条　代理申诉专员的任命

（1）申诉专员职位空缺的，任命新的申诉专员以前，自空缺出现之日起 12 个月内，女王陛下可以随时任命本条所称人员担任代理申诉专员。

（1A）任命为代理申诉专员的人员（代理申诉专员）可以担任申诉专员职务。

（1B）任命为代理申诉专员的人员有资格被任命为申诉专员，已经担任申诉专员职务的除外。

（2）任命为代理申诉专员的人员应当在女王陛下任命之期限内履行职务，并在下列情形履行职务：

（a）任命新的申诉专员以前，或者自空缺出现之日起 12 个月届满，先到日期为准；

（b）其他方面，符合财政部可能决定的有关此任命的条款和条件。

（3）除本法第 1 条、第 2 条和本条规定之目的外，任命为代理申诉专员的人员履行职务期间应当视为申诉专员。

（4）本条所称工资、退休金和其他福利应当从统一基金中支出。

申诉专员的调查

第 4 条　受调查部门

（1）在遵守本条之规定和附录 2 之注释情形下，本法适用于附录 2 所列政府部门、公司和非法人机构；提及本法适用的政府部门的，视为同时提及适用的公司和非法人机构。

（2）女王陛下可以枢密院令，通过修改、删除或者增加条目、注释的方式修订附录 2。

（3）具有下列情形的，枢密院令可以仅增加条目：

（a）与如下部门、机构有关：

（ⅰ）政府部门；

（ⅱ）代表王室履行职能的公司、非法人机构；

（b）与如下公司、非法人机构有关：

（ⅰ）该公司、非法人机构系根据女王陛下之特权、议会立法、枢密院令或者依照议会立法作出之指令设立，或者由王室大臣在权能范围内或者政府部门以其他方式设立；

（ⅱ）至少一半的收入直接来自议会提供、立法授权的征收、专门授权的其他类别的费用或者收费，或者其中一种以上的来源；

（ⅲ）全部或者部分由女王陛下、王室大臣或者政府部门的任命所组成。

（3A）条目可使议会申诉专员调查依据 2005 年《公共服务申诉专员（威尔士）法》能够由威尔士公共服务申诉专员调查的行动的，不得制作该条目。

（3B）不得制作与下列部门有关的条目：

（a）苏格兰的任何行政部门；

（b）依据 1988 年《苏格兰法》，具有混合职能或者没有保留职能的苏格兰公共当局；

（c）苏格兰议会的法人团体。

（4）其唯一或者主要活动已包含在本条第 5 款所称活动中的公司、非法人机构不得制作条目。

（5）本条第 4 款所称活动包括：

（a）提供 1982 年《工业培训法》规定范围以外的教育、培训；

（b）课程开发、考试实施或者教育课程认证；

（c）职业准入控制、职业人员行为的规制；

（d）就公众对个人、机构行为所提申诉实施的调查，或者对这种调查或者后续行为的监督、审查。

（6）实施专属或者特许商业活动的公司、非法人机构；国家所有的工业公司、公用事业公司或者它们的一部分，不得列入条目。

（7）依照本条通过的制定法文件应当由议会上院或者下院决议废除。

（8）在本法中，

（a）提及适用本法的政府部门，包括该部门各位大臣、官员；

（b）提及适用本法的有关当局，包括该部门的各位成员、官员。

第5条　调查事项

（1）遵守本条之规定情形下，同时具有下列情形的，申诉专员可以调查政府部门、适用本法的其他机关，或者代表政府部门、适用本法的其他机关履行这些部门行政职能的行为：

（a）有关人员针对不良行政行为给公众造成的持续不公平，向议会下院议员正式提交了书面申诉；

（b）经申诉人同意，应调查之请求，议员已经将该申诉提交给申诉专员。

（1A）本条第1C款适用于下列情形：

（a）公众针对有关人员未能履行其对公众承担的相关职责，向议会下院议员正式提交了书面申诉；

（b）经申诉人同意，应调查之请求，议员已经将该申诉提交给申诉专员。

（1B）第1A款所称相关职责，是指下列职责：

（a）依照2004年《制止国内暴力、犯罪和保护受害人法》第32条制订的职业准则（保护受害人实践准则）规定之职责；

（b）该法第35条至第44条规定之地方缓刑委员会承担的保护性侵

犯、暴力犯罪受害人之职责。

（1C）出现第 1A 款规定之本款适用情形的，申诉专员可以对申诉实施调查。

（2）除本法另有规定外，申诉专员对与下列事项有关的行为不得实施本法规定的调查：

（a）受害人就该行为有权向依法或者女王陛下特许组建的法庭提出申诉、起诉或者审查请求；

（b）受害人就该行为有权在任何法院根据规定程序寻求救济；

尽管受害人享有权利并有权寻求救济，但如果特殊情况下期望其行使此权利或寻求这种救济是不合理的话，申诉专员可以实施调查。

（2A）本条第 2 款第 a 项适用于 1998 年《公平就业和待遇（北爱尔兰）指令》规定之个人享有的非法歧视申诉权，该权利视为该款规定的申诉、起诉或者审查请求权。

（3）在不损害本条第 2 款规定情形下，申诉专员不得针对本法附录 3 规定的行为、事项实施第 1 款规定的调查。

（4）女王陛下可以枢密院令修订附录 3，将该令指明的行为、事项排除出附录；依照本款通过的制定法文件应当由议会上院或者下院决议废除。

（4A）在不损害本条第 2 款规定情形下，申诉专员不得根据与下列行为有关的第 1A 款规定之申诉实施调查：

（a）为保护国家安全，国务大臣或者其授权实施的行为，包括与护照相关的行为；

（b）本法附录 3 第 1 条至第 4 条、第 6A 条至第 11 条规定的行为、事项。

（4B）女王陛下可以枢密院令修订第 4A 款之规定，将该令指明的行为、事项排除出第 a 项或者第 b 项。

（4C）依照第4B款通过的制定法文件应当由议会上院或者下院决议废除。

（5）为决定是否启动、继续或者终止实施本法规定的调查，在遵守本条前述规定情形下，申诉专员享有自由裁量权；有关申诉是否依照本法规定提出之问题应当由申诉专员决定。

（5A）为本条之目的，适用本法的政府部门的行政职能包括依据1998年《苏格兰法》第93条之规定，代表苏格兰大臣行事之部门所承担的职能。

（5B）对与苏格兰有关，且与1998年《苏格兰法》规定的边境管理部门或者代表其行事之部门所享有保留事项无关的行为，申诉专员不得实施本法规定的调查。

（6）为本条之目的，由御前大臣任命的法院、法庭行政工作人员所承担的行政职能，应当纳入司法部或者北爱尔兰法院服务部门的行政职能范围。

（7）为本条之目的，由下列部门任命的相关法庭行政工作人员所承担的行政职能，应当纳入这些部门的行政职能范围：

（a）适用本法的政府部门、其他机关；

（b）有关工资、服务的其他条款和条件或者其他事宜，经上述部门的同意。

（8）第7款所称相关法庭，是指本法附录4所列法庭。

（9）女王陛下可以枢密院令，通过修改、删除或者增加条目的方式修订附录4；依照本款通过的制定法文件应当由议会上院或者下院决议废除。

（9A）与苏格兰行政当局非大臣办公室的官员有关，或者依据1998年《苏格兰法》承担混合职能或者没有保留职能的苏格兰公共机构有关的条目，不得列入附录4。

第6条　申诉条款

（1）本法规定之申诉可以由个人、个人团体（无论是否是法人）提出，且不属于：

（a）地方当局，或者为公共服务、地方政府之目的，或者为运营国有工业、公用事业或者它们一部分之目的成立的其他机关、机构；

（b）第 1A 款规定之其他机关、机构。

（1A）本款所称机关、机构，是指：

（a）其成员由下列人员、部门任命的机关、机构：

（ⅰ）女王陛下；

（ⅱ）王室大臣；

（ⅲ）政府部门；

（ⅳ）苏格兰大臣；

（ⅴ）首席大臣；

（ⅵ）御前大臣；

（b）其全部或者主要收入来自下列途径的机关、机构：

（ⅰ）议会出资；

（ⅱ）直接或者间接来自苏格兰统一基金。

（2）可以依照前述规定提出申诉的个人死亡或者因故不能亲自行事的，申诉可以由其个人代表、家庭成员或者适合代表他的其他人员提出；本法规定非受害人亲自提出，申诉不得受理的除外。

（3）申诉应当自申诉书所称受害人首次知道申诉事实之日起 12 个月内向下院议员提出，否则不予受理；申诉专员认为存在特殊情形表明调查适当的，可以根据未在规定期限提出之申诉实施调查。

（4）申诉受害人应当居住在联合王国，或者受害人死亡时居住在联合王国，或者当申诉所称的与受害人相关的行为发生时，受害人在联合王国、1964 年《大陆架法》所称指定区域的设施上、联合王国注册的轮船或者飞行器上，或者受害人与在联合王国或者上述设施、轮船或者飞行器上而产生的权利义务相关，否则不予受理，第 5 款规定情形除外。

（5）在第 4 款规定情形之外，下列申诉可以依照本法受理：

（a）申诉与领事官员（荣誉领事除外）在联合王国领土之外代表联合王国政府执行领事职务时所实施行为有关；

（b）申诉受害人属于联合王国公民，或者属于依据 1971 年《移民法》有权居住在联合王国的殖民地公民。

第 7 条　调查程序

（1）一旦申诉专员拟根据本法第 5 条第 1 款提出的申诉实施调查，应当给予所涉部门、机关的主管官员，或者被申诉指控实施或者授权实施了有关行为的其他人员对申诉进行评论的机会。

（1A）一旦申诉专员拟根据本法第 5 条第 1A 款提出的申诉实施调查，应当给予申诉所涉人员对申诉进行评论的机会。

（2）调查应当以不公开形式进行，申诉专员根据案件具体情形认为应当依照前述程序实施调查的除外；调查时，在不损害前述规定普遍适用情形下，申诉专员可以其认为适当的方式获取来自个人的信息，向其询问，并可以决定在调查中有关个人是否可以由顾问、事务律师或者他人代表。

（3）申诉专员认为适当的，可以按照财政部规定的额度和条件，向申诉人、参与调查或者为调查提供信息的其他人员支付下列报酬：

（a）因此产生的适当费用；

（b）误工津贴。

（4）调查不得影响所涉部门、机关或者相关个人作出的任何行为，或者上述部门、个人作出与调查事项有关的后续行为的权力、职责；但是，受害人根据 1914 年和 1919 年《外国人限制法》、1971 年《移民法》规定的生效指令已经离开联合王国的，为调查之目的，根据申诉专员指示和国务大臣规定的条件，应当允许其重新进入联合王国并进行停留。

第 8 条　证据

（1）为本法第 5 条第 1 款规定的调查之目的，申诉专员可以要求其认为能够提供与调查有关的信息、出示与调查有关的文件的大臣、官员或者所涉部门、机关的人员或者其他人员，提供这种信息、出示这种文件。

（1A）为根据第 5 条第 1A 款所实施调查之目的，申诉专员可以要求其认为能够提供与调查有关的信息、出示与调查有关的文件的任何人，提供这种信息、出示这种文件。

（2）为本法规定的调查之目的，就证人出席作证和质问证人（包括对宣誓作证、提供证词的管理和对国外证人的质证），以及文件的出示方面，申诉专员应当享有与法院相同的权力。

（3）对于在为女王陛下服务过程中获得的秘密、信息，由立法、具体法律规则规定的保守秘密之义务或者对披露信息的其他限制，都不得适用于为本法规定调查之目的而要求的信息披露；对于这种调查，在出示文件、提供证据方面，如同法律规定一样，王室不得享有特权。

（4）不得依照本法要求、授权有关人员提供与内阁、内阁委员会的程序有关的信息，回答与此相关的问题或者出示与这些程序有关的任何文件；为此目的，证明任何相关的信息、问题、文件或者部分文件的证明书都应由内阁大臣经首相同意后出具且具有结论性。

（5）在遵守本条第 3 款规定情形下，不能为本法规定的调查之目的，强迫有关人员提供、出示在法院的民事程序中不能被强迫提供的证据、出示的文件。

第 9 条　妨碍和藐视

（1）有关人员没有合法理由妨碍申诉专员、申诉专员任命的官员依照本法履行职务，或者以作为、不作为方式对依照本法实施的调查犯有在司法程序中可以构成藐视法庭罪的行为，申诉专员可以将上述犯罪行为诉至法院。

（2）一旦依照本条将犯罪行为诉至法院，法院可以进行事实调查，在听取可能对受指控人员不利或者代表受指控人员的证人证词，以及辩护中作出的声明以后，法院可以如同该人员向法庭实施了该犯罪行为时所能作出的处理方式，对其进行处理。

（3）本条规定不得解释为适用于本法第 7 条第 4 款所称任何行为。

第 10 条　申诉专员的报告

（1）一旦申诉专员依照本法实施调查或者决定不实施调查，应当向提出调查请求的下院议员提交调查结果的报告，或者在可能情形下向其提交不实施调查的说明；该人员不再担任下院议员职务的，报告和说明应当提交给申诉专员认为合适的下院议员。

（2）一旦申诉专员依照本法第 5 条第 1 款实施了调查，应当将调查结果报告发送给所涉部门、机关的主管官员，以及被指控实施或者授权实施了申诉行为的任何人。

（2A）一旦申诉专员根据本法第 5 条第 1A 款规定之申诉实施了调查，应当将调查结果报告发送给与申诉有关的人员。

（3）实施本法第 5 条第 1 款规定的调查以后，申诉专员发现不良行政行为已经对受害人造成不公正，且该不公正未能或者不会获得救济，认为适当时可以向议会两院出示相关特别报告。

（3A）根据本法第 5 条第 1A 款所规定申诉实施调查以后，申诉专员发现同时具有下列情形的，认为适当时可以向议会两院出示相关特别报告：

（a）与申诉有关的人员未能对受害人履行应当履行之相关职责；

（b）受害人未能或者不会获得救济。

（3B）第 3A 款所称相关职责，同本法第 5 条第 1B 款所称相关职责。

（4）申诉专员应当就依照本法履行职能的情况每年向议会两院提供一份总报告，认为适当的，可以随时向议会两院提供依法履职情况的其他报告。

（5）为诽谤法之目的，下列公开行为应当视为绝对特权：

（a）申诉专员出于本法目的，在制作提交给议会两院的报告过程中公开任何事项；

（b）下院议员在与申诉专员、申诉专员任命的官员联系过程中，或者申诉专员、申诉专员任命的官员在与该议员联系过程中，为这些目的而公开任何事项；

（c）议员向申诉人公开其收到的有关本条第1款规定之申诉的报告、说明；

（d）申诉专员向本条第2款、第2A款所称人员公开依照该款发送给该人员的报告。

第11条 信息保密条款

（1）……

（2）申诉专员、其工作人员调查时或者为调查之目的而获取的信息不得披露，下列情形除外：

（a）为调查以及本法规定报告之目的；

（aa）为英格兰医疗保健服务申诉专员、地方申诉专员（或者二者同时）调查事项之目的；

（b）为下列程序之目的：指控申诉专员或其官员实施了与依据本法所获取信息有关的触犯《政府秘密法》（1911—1989）之规定的犯罪行为、指控有关人员在本法所规定调查过程中作伪证、为事实调查之目的，该事实调查旨在推进上述程序；

（c）为本法第9条规定程序之目的；

在任何其他程序中，不得要求申诉专员及其工作人员提供与依照本法调查时所知道、了解事项有关的证据。

（2A）申诉专员同时是英格兰医疗保健服务申诉专员的，有关人员基于英格兰医疗保健服务申诉专员之职务向其提出的申诉，部分与此前或者嗣后依照本法提出的申诉有关，申诉专员、其工作人员调查本法提出的该申诉时，或者为调查该申诉之目的而获取的信息，可以为履行与其他申诉有关的职能之目的而披露。

（3）王室大臣可以向申诉专员发出书面通知，针对通知中指明的文件、信息，表示其认为披露这种或者这类文件、信息有损国家安全，或者与公共利益相悖；一旦这种通知发出，本法任何规定不得解释为授权、要求申诉专员、其官员向任何人或者为任何目的，提供通知中所指明文件、信息。

（4）本条所称王室大臣，包括海关专员和税务专员。

（5）依照 2000 年《信息自由法》第 76 条第 1 款从信息专员处获取的信息，应当按照本条第 2 款规定进行处理，视同为本法规定的调查之目的而获取的信息，就这些信息，本条第（a）项关于调查的规定对其他任何调查都有效

第 11A 条 议会申诉专员和其他申诉专员协商。

（1）在实施本法规定调查的任何阶段，申诉专员认为该申诉部分涉及威尔士公共服务申诉专员、苏格兰公共服务申诉专员或者医疗保健服务申诉专员所管辖事项的，应当：

（a）与这些人员进行协商，申诉专员同时担任相关职务的除外；

（b）申诉专员认为必要的，告知依照 2005 年《公共服务申诉专员（威尔士）法》、1993 年《医疗保健服务申诉专员法》或者 2002 年《苏格兰公共服务申诉专员法》提起申诉的申诉人。

（2）就本法规定之申诉，除依照本条第 1 款规定与威尔士公共服务申诉专员、苏格兰公共服务申诉专员或者英格兰医疗保健服务申诉专员协商外，申诉专员可以与他们协商与该申诉有关的任何事项，包括：

（a）调查申诉的有关行为；

（b）调查结果报告的形式、内容和公开。

（2A）如果一个机关受本法调整同时受 2002 年《苏格兰公共服务申诉专员法》调整，申诉专员在履行职能时如涉及该机关，必须与苏格兰公共服务申诉专员合作，以便适当行事。

（3）本法第 11 条第 2 款规定不适用于申诉专员、其官员依照本条进行协商时的信息披露。

第 11ZAA 条 议会申诉专员和其他申诉专员之间的协作

（1）在实施本法规定调查的任何阶段，申诉专员认为申诉部分涉及下列人员所管辖事项的，在遵守本条第 2 款规定情形下，申诉专员应当与其他申诉专员联合实施本法规定的调查：

（a）英格兰医疗保健服务申诉专员；

（b）地方申诉专员；

（c）英格兰医疗保健服务申诉专员和地方申诉专员。

（2）商定本条第 1 款所称联合调查以前，申诉专员必须获得受害人或者依照本法第 6 条第 2 款代表受害人行事之人员的同意。

（3）申诉专员认为下列人员调查之事项包括在其管辖范围内的，在遵守本条第 4 款情形下，可以就该事项与其他申诉专员联合实施本法规定的调查。

（a）英格兰医疗保健服务申诉专员；

（b）地方申诉专员；

（c）英格兰医疗保健服务申诉专员和地方申诉专员。

（4）对有关事项依照本法第 5 条提起申诉以前，申诉专员不可以与本条第 3 款所称人员联合调查该事项。

（5）申诉专员与其他人员联合实施调查的，本法第 10 条有关申诉专员实施调查的要求可以适用于申诉专员与其他人员共同出具的报告。

（6）除为识别所涉政府部门、其他机关之目的外，申诉专员和地方申诉专员共同出具的本条第 5 款规定之报告，不得：

（a）提及任何人的姓名；

（b）包含申诉专员和地方申诉专员认为可能用来确定任何人身份的具体信息；

考虑公共利益、申诉人利益和其他非申诉人利益以后，申诉专员和地方申诉专员认为有必要在报告中提及个人姓名或者包含具体信息的除外。

（7）本条第 6 款规定不禁止报告针对伦敦市长、伦敦议会议员实施下列行为：

（a）提及他们的姓名；

（b）包含可能用来确定他们身份的具体信息。

第 11AA 条　议会申诉专员向信息专员披露信息

（1）申诉专员认为信息与下列事项有关的，可以向信息专员披露依照本法或者为本法之目的而获取的任何信息：

（a）与信息专员行使如下法律规定所授予权力有关的事项：

（ⅰ）1998 年《数据保护法》第 V 编（强制执行）；

（ⅱ）2000 年《信息自由法》第 48 条（实践建议）；

（ⅲ）2000 年《信息自由法》第 IV 编（强制执行）；

（b）触犯如下法律规定的犯罪行为：

（ⅰ）1998 年《数据保护法》之规定，附录 9 第 12 条规定（禁令执行妨碍）除外；

（ⅱ）2000 年《信息自由法》第 77 条之规定（为阻止披露而对记录实施修改等犯罪）。

（2）本法第 11 条第 2 款规定不得适用于本条规定的信息披露。

第 11B 条　刑事伤害赔偿制度

（1）为本法之目的，刑事伤害赔偿制度执行官（制度职能）的行政职能应当视为适用本法之政府部门的行政职能。

（2）下列人员属于本条所称制度执行官：

（a）依照1995年《刑事伤害赔偿法》第3条第4款第b项规定任命的索赔官；

（b）……

（c）1995年《刑事伤害赔偿法》第1条第4款界定的制度管理人员，以及其为履行与本制度有关的职能而安排的任何人。

（3）就针对履行制度职能相关行为提出的申诉，主管官员是指：

（a）行为系索赔官实施的，国务大臣为本项之目的可能随时指派的人员；

（b）……

（c）行为系制度管理人员、本条第2款第c项所称其他人员实施的，该制度管理人员。

（4）针对与履行制度职能有关的行为实施的本法规定之调查，不得影响：

（a）已实施行为；

（b）任何人对调查事项采取后续行动的权力、职责。

附 则

第12条 解释

（1）本法下列各术语的含义如下：

- 行为，包括不作为，以及应当相应解释为行为的其他表达；
- 申诉专员，是指议会的行政申诉专员；
- 法院，是指英格兰高等法院、威尔士高等法院、苏格兰会议法庭和北爱尔兰高等法院；
- 立法，包括北爱尔兰议会立法，以及以立法为依据的任何文件；

- 地方申诉专员，是指 1974 年《地方政府法》第 3 编所称地方申诉专员；
- 官员，包括雇员；
- 受害人，是指：

（a）与本法第 5 条第 1 款所称申诉有关时，本法第 5 条第 1 款第 a 项所称提出申诉、持续承受不公平的人员；

（b）与本法第 5 条第 1A 款所称申诉有关时，本法第 5 条第 1A 款第 a 项规定之职责应当对其履行，但是未履行或者被指控未履行的人员；

- 法庭，包括构成独任法庭的人员。

（2）本法提及的立法，包括通过其他立法、依据其他立法修订、扩充的立法。

（3）本法没有授权、要求申诉专员，对政府部门、其他机关依法行使自由裁量权时作出的非不良行政行为的实质问题提出质疑。

第 13 条 北爱尔兰的施行

（1）本法依照本条规定延伸适用于北爱尔兰。

（2）本条不得解释为将北爱尔兰政府的任何部门、由北爱尔兰议会或者依其权力设立的其他机关、机构纳入本法所适用的部门、机关之列；但是，本法适用于作为最后行为人的部门、机关，因而适用于作为本法所适用部门、机关的代理人、作出有关行为的政府部门、其他机关或者机构。

（3）本法第 6 条所称王室、政府部门大臣以及议会，应当包括北爱尔兰的政府大臣、部门和议会。

（4）本法第 8 条所称内阁，应当包括议会行政委员会，首相的行政委员会应当由首席大臣和首席副大臣共同履行职务。

第 14 条 简略标题和施行

（1）本法简称 1967 年《议会申诉专员法》。

（2）本法自枢密院令中女王陛下指定的日期生效。

（3）本法所称申诉，可以针对任何时候发生的事项；为本法第 6 条第 3 款之目的，忽略本法通过之日和生效之日之间（并非这些日期以前的时间）时间的流逝。

附录 1 退休金和其他福利

任命后上任的人员

1A 任命之日或者该日期以后首次担任申诉专员的人员，就任该职务以前属于司法退休金计划的成员的，有权选择：

（a）该司法退休金计划的退休金和其他福利制度（其之前享受的制度）；

（b）与其之前享受的制度不同的 1993 年立法第 I 编所规定的退休金和其他福利制度（1993 年制度）；

（c）适用于国家公务员的 1972 年《退休法》第 1 条规定的退休金和其他福利制度（公务员制度）；

无权依照本条进行选择或者有权选择但没有选择的，视为有权选择且实际选择了公务员制度。

任命人员受任前的过渡条款

2 （1）担任申诉专员职务的人员在任命之日以前，已经依照规定旧司法制度的前法作出了选择的，有权在下列体系中实施选择：

（a）旧司法制度；

（b）1993 年制度；

没有依照本款实施选择的，视为选择了旧司法制度。

（2）担任申诉专员职务的人员在任命之日前：

（a）已经依照规定公务员制度的前法作出了选择；

（b）没有依照上述法律规定作出选择，因此视为选择了公务员制度；

视为有权依照本附录实施选择且选择了公务员制度。

选择持续适用前制度的效力

3 相关人员依照本附录选择前制度的，在遵守本附录有关规章情形下，应当适用该制度，视同申诉专员应当遵守该制度的规定。

选择 1993 年制度的效力

4 （1）有关人员依照第 1 条第 b 项或者第 2 条第 1 款第 b 项选择了 1993 年制度，担任申诉专员职务届满时，已经担任该职务至少五年，且具有下列情形之一的，有权以适当年率获得 1993 年立法第 I 编规定的退休金：已经

（a）年满 65 周岁；或者

（b）因履行职务而致永久残疾；

在遵守本附录各规定和有关规章、1993 年立法第 I 编规定（第 1 条第 1 款至第 4 款、第 2 条除外），该法第 19 条、第 20 条和第 23 条，以及该法附录 2（规定超过养老保险工资的利益、申诉和累积权利的转移）各规定情形下，该法应当适用于该人员和该申诉专员职务，视同适用于该法第 I 编规定应当适用之人员。

（2）在遵守本附录有关规章情形下，依照第 1 款规定适用 1993 年立法时，选择了 1993 年制度的人员应当视为：

（a）如同其申诉专员职务属于已经纳入 1993 年立法附录 1 第 1 编所列职务的合格司法职务；

（b）如同其依照本附录实施的选择是 1993 年立法第 1 条第 1 款第 d 项所指选择（特别是，规定将累积权利转移至该制度的第 12 条得以适用）；

（c）如同本附录规定的退休金是 1993 年立法第 2 条所规定的退休金（因而是该法规定的司法退休金）；

（d）本人死亡的，为确定因其担任申诉专员职务支付给其在世配偶、孩子的退休金数额，依照 1993 年立法第 5 条至第 8 条，支付给逝者司法退休金的年率为：

（ⅰ）退休金已经依照上述第 1 款开始支付的，该退休金的适当年率；

（ⅱ）退休金尚未开始支付的，死亡前因履行职务而致终身残疾且在死亡后依照第 1 款第 b 项应当向其支付的退休金的适当年率；

依照第 1 条第 a 款或者第 b 款或者第 2 条第 1 款第 b 项将 1993 年立法适用于申诉专员时，该法第 13 条（选择个人退休金）、第 19 条（超过养老保险工资的收益）、第 20 条（申诉）和附录 2（累积权利的转移）所称合适的大臣，应当指财政部大臣，财政部可以行使该附录第 2 项授予的制定有关规章的权力。

选择或者持续适用公务员制度的效力

5 有关人员依照本附录选择了公务员制度的，在遵守本附录有关规章情形下，应当适用 1972 年《退休法》第 2 条规定之正在生效的公务员退休金计划，如同申诉专员职务属于国家公务员职务。

选择持续适用旧司法制度的效力

6　如果有关人员依照本附录选择了旧司法制度的，在遵守本附录有关规章情形下，该制度和相关法律应当对其和所担任的申诉专员职务持续有效。

选择的时间和方式

7　本附录规定之选择的权力应当按照本附录有关规章规定的时间和方式行使。

规　章

8（1）财政部可以制定规章以补充本附录的其他规定；

（2）在不损害1965年《退休法》第38条和第39A条（担任多个公共职务）情形下，有关规章可以对下列计划的退休金和其他福利制度适用于其他非申诉专员职务作出特别规定：

（a）前制度；

（b）1993年制度；

（c）公务员制度；

（d）旧司法制度。

（3）依照第2款作出的规定应当包括如下条款：

（a）为确定各制度中获得福利的资格、权利或者数额之目的，统计下列职务：

（ⅰ）前制度适用的其他职务、1993年制度或者旧司法制度中的申诉专员职务；

（ⅱ）担任上述其他职务同时担任的申诉专员职务；

（b）为提高第 a 项第 i 目所称任何制度下所支付的福利数额，有关人员任命为申诉专员以前因担任其他职务而适用相关制度，且因履行该职务致终身残疾而退休的，依照该制度应当向其支付的退休金数额。

（4）依照本附录制作的任何法定文件应当由议院下院决议废除。

统一基金收取的退休金和福利

9 本附录给予的退休金或者福利应当收取统一基金，并由统一基金支出。

解 释

10 本附录中各术语含义如下：

- 1981 年立法，是指 1981 年《司法退休金法》；
- 1993 年立法，是指 1993 年《司法退休金和退休法》；
- 任命之日，是指 1993 年立法附录 4 第 II 编生效之日；
- 前法，是指任命之日前随时有效的本法附录 1；
- 司法退休金计划，是指下列法律规定的公共服务退休金制度：

（a）1993 年《退休金计划法》第 1 条；

（b）1993 年《退休金计划（北爱尔兰）法》第 1 条

依照 1993 年立法的规定，这些有关一个或者多个合格司法办公室职务的退休金和其他福利可以支付，但是不包括公务员制度；

- 旧司法制度，是指 1981 年立法第 1 条所列司法职务可以适用的有关退休金和其他福利的法定制度。

附录 2　受调查的政府部门（略）

附录 3　不能实施调查的事项

1　经国务大臣或者其他王室大臣证明，为影响、处理联合王国政府和其他政府、国家间或者政府间国际组织关系之事项所实施的行为。

2（1）代表女王陛下、女王陛下授权的官员或者其代表在联合王国领土之外的国家或者领土上，对联合王国或者联合王国政府的官员所实施的行为，下列行为除外：

（a）代表联合王国政府行使领事职务的官员（不含荣誉领事）所实施行为；

（b）有关官员在控制区或者辅助控制区所实施行为；

（c）英国海上渔业官员所实施行为。

（2）本条各术语含义如下：

（a）控制区，由 1993 年《英吉利海底隧道（国际协定）指令》附录 1、1994 年《英吉利海底隧道（杂项条款）指令》附录 1 和 2003 年《关于 2002 年 < 国籍、移民和庇护法 >（并列控制）指令》规章 2 共同规定；

（b）辅助控制区，由 1993 年《英吉利海底隧道（国际协定）指令》附录 1 规定；

（c）英国海上渔业官员，由 1968 年《海洋渔业法》第 7 条规定。

3　女王陛下海外领地、受女王陛下管辖之任何国家或者领土政府管理有关的行为。

4　国务大臣依照 2003 年《引渡法》实施的行为。

5　为调查犯罪、维护国家安全，国务大臣或者依其权力实施的行为，包括与护照有关的行为。

6 联合王国法院的民事或者刑事程序、2006年《武装力量法》（无论何地）或者1955年《空中武装力量法》第324条第5款规定的服役法律程序、任何国际性法院或者法庭程序的启动或者实施。

6A 御前大臣以法院、法庭行政工作人员身份所指派人员实施的行为，只要该行为系根据代理司法职务或者法庭成员在权能范围内行事的人员之指示，或者依其明示或者默示的权力作出。

6B （1）相关法庭行政工作人员实施的行为，只要该行为系根据法庭成员在权能范围内行事的人员之指示，或者依其明示或者默示的权力作出。

（2）本条所称相关法庭，含义由本法第5条第8款规定。

7 行使赦免权或者国务大臣的权力提请高等法院、军事上诉法院对有关人员进行处理的行为。

8 （1）战略卫生监督部门、初级护理基金或者特别卫生监督部门代表国务大臣实施的行为。

（2）为本条之目的，战略卫生监督部门、初级护理基金或者特别卫生监督部门履行国务大臣职能的行为视为代表国务大臣的行为。

9 适用本法的政府部门、法定机关或者本法第6条第1款第a项、第b项所称其他机关、机构在联合王国内外实施的与合同交易、其他商事交易有关的行为，且这些行为与下列事项无关：

（a）土地的强制收购，或者依情势可能出现土地的强制收购；

（b）土地盈余的强制收购，或者依情势可能出现土地盈余的强制收购。

10 （1）有关下列职务的任命或者解除、报酬、纪律、退休金或者其他人事事项：

（a）在皇家军队服役，包括预备役、军官候补生；

（b）王室职务或者雇员，或者适用本法的其他机关；

（c）有关女王陛下、王室大臣或者前述其他机关授予之采取行动的权力，或者决定、同意采取行为的权力，担任相关职务或者雇员，或者根据服务合同提供服务。

（2）第1款第c项不得适用于国务大臣实施的未被本附录排除且与下列事项有关的行为：

（a）与协议规定的雇佣条款和条件有关的信息条款，该协议系依据1980年《海外发展与合作法》、2002年《国际发展法》第I编行使权力所签；

（b）与根据该协议指派人员有关的津贴、补助或者福利，这些福利与退休金没有关系。

11 作为王室礼遇而授予荣誉、奖励或者特权，包括授予皇家特许权。

12 （1）根据法院法官指示、明示或者默示授权履行行政职能过程中实施的本附录未规定的其他行为，该法院系依据英格兰、威尔士或者北爱尔兰法律所组建。

（2）本条所称法官，包括：

（a）依照1981年《最高法院法》第89条以及附录2第2编或者第3编规定任命的人员；

（b）依照1978年《司法（北爱尔兰）法》第70条以及附录3规定任命的书记官或者地方法院法官。

附录4 第5条第7款所称相关法庭（略）

（翻译：刘衡 审校：许尚豪）

Parliamentary Commissioner Act 1967①

1967 CHAPTER 13

The Parliamentary Commissioner for Administration

1 Appointment and tenure of office.

(1) For the purpose of conducting investigations in accordance with the following provisions of this Act there shall be appointed a Commissioner, to be known as the Parliamentary Commissioner for Administration.

(2) Her Majesty may by Letters Patent from time to time appoint a person to be the Commissioner....

(2A) A person appointed to be the Commissioner shall hold office until the end of the period for which he is appointed.

(2B) That period must be not more than seven years.

(2C) Subsection (2A) is subject to subsections (3) and (3A).

(3) A person appointed to be the Commissioner may be—

(a) relieved of office by Her Majesty at his own request, or

(b) removed from office by Her Majesty, on the ground of misbehaviour, in consequence of Addresses from both Houses of Parliament.

---

① 文本从英国政府网站（http: //www.legislation.gov.uk/ukpga/1967/13/introduction）下载，删除了各种说明和注解。最后访问时间为 2015 年 11 月 30 日。

(3A) Her Majesty may declare the office of Commissioner to have been vacated if satisfied that the person appointed to be the Commissioner is incapable for medical reasons—

(a) of performing the duties of his office; and

(b) of requesting to be relieved of it.

(3B) A person appointed to be the Commissioner is not eligible for re-appointment.

2 Salary and pension.

(1) There shall be paid to the holder of the office of Commissioner the same salary as if he were employed in the civil service of the State in such appointment as the House of Commons may by resolution from time to time determine; and a resolution under this subsection may take effect from the date on which it is passed or from such other date as may be specified in the resolution.

(2) In relation to any time before the first resolution under subsection (1) above takes effect, the salary payable to the holder of the office of Commissioner shall be the same salary as if he were employed in the civil service of the State as a Permanent Secretary.

(3) The provisions of Schedule 1 to this Act shall have effect with respect to the pensions and other benefits to be paid to or in respect of persons who have held office as Commissioner.

(4) The salary payable to a holder of the office of Commissioner shall be abated by the amount of any pension payable to him in respect of any public office in the United Kingdom or elsewhere to which he had previously been appointed or elected; ...

(4A) In computing the salary of a former holder of the office of Commissioner for the purposes of the said Schedule 1—

(a) any abatement of that salary under subsection (4) above,

(b) any temporary abatement of that salary in the national interest, and

(c) any voluntary surrender of that salary in whole or in part,

shall be disregarded.

(5) Any salary, pension or other benefit payable by virtue of this section shall be charged on and issued out of the Consolidated Fund.

3 Administrative provisions.

(1) The Commissioner may appoint such officers as he may determine with the approval of the Treasury as to numbers and conditions of service.

(1A) The Commissioner may appoint and pay a mediator or other appropriate person to assist him in the conduct of an investigation under this Act.

(2) Any function of the Commissioner under this Act may be performed by any officer of the Commissioner authorised for that purpose by the Commissioner, by any member of the staff so authorised of the Public Services Ombudsman for Wales or by any officer so authorised of the Health Service Commissioner for England....

(2A) For the purposes of conducting a joint investigation referred to in section 11ZAA of this Act, any function of the Commissioner under this Act may be performed by any person discharging or assisting in the discharge of a function of a Local Commissioner, but only if the person is authorised for the purpose by the Commissioner.

(3) The expenses of the Commissioner under this Act, to such amount as may be sanctioned by the Treasury, shall be defrayed out of moneys provided by Parliament.

3A Appointment of acting Commissioner.

(1) Where the office of Commissioner becomes vacant, Her Majesty may,

pending the appointment of a new Commissioner, appoint a person under this section to act as the Commissioner at any time during the period of twelve months beginning with the date on which the vacancy arose.

(1A) A person appointed to act as the Commissioner ("an acting Commissioner") may have held office as the Commissioner.

(1B) A person appointed as an acting Commissioner is eligible for appointment as the Commissioner unless he has already held office as the Commissioner.

(2) A person appointed as an acting Commissioner shall hold office during Her Majesty's pleasure and, subject to that, shall hold office—

(a) until the appointment of a new Commissioner or the expiry of the period of twelve months beginning with the date on which the vacancy arose, whichever occurs first; and

(b) in other respects, in accordance with the terms and conditions of his appointment which shall be such as the Treasury may determine.

(3) A person appointed as an acting Commissioner shall, while he holds office, be treated for all purposes, except for the purposes of section 1 and 2, and this section of this Act, as the Commissioner.

(4) Any salary, pension or other benefit payable by virtue of this section shall be charged on and issued out of the Consolidated Fund.

Investigation by the Commissioner

4 Departments etc. subject to investigation.

(1) Subject to the provisions of this section and to the notes contained in Schedule 2 to this Act, this Act applies to the government departments,

corporations and unincorporated bodies listed in that Schedule; and references in this Act to an authority to which this Act applies are references to any such corporation or body.

(2) Her Majesty may by Order in Council amend Schedule 2 to this Act by the alteration of any entry or note, the removal of any entry or note or the insertion of any additional entry or note.

(3) An Order in Council may only insert an entry if—

(a) it relates—

(i) to a government department; or

(ii) to a corporation or body whose functions are exercised on behalf of the Crown; or

(b) it relates to a corporation or body—

(i) which is established by virtue of Her Majesty's prerogative or by an Act of Parliament or an Order in Council or order made under an Act of Parliament or which is established in any other way by a Minister of the Crown in his capacity as a Minister or by a government department;

(ii) at least half of whose revenues derive directly from money provided by Parliament, a levy authorised by an enactment, a fee or charge of any other description so authorised or more than one of those sources; and

(iii) which is wholly or partly constituted by appointment made by Her Majesty or a Minister of the Crown or government department.

(3A) No entry shall be made if the result of making it would be that the Parliamentary Commissioner could investigate action which can be investigated by the Public Services Ombudsman for Wales under the Public Services Ombudsman (Wales) Act 2005.

(3B) No entry shall be made in respect of–

(a) the Scottish Administration of any part of it;

(b) any Scottish public authority with mixed functions or no reserved functions within the meaning of the Scotland Act 1998; or

(c) the Scottish Parliamentary Corporate Body.

(4) No entry shall be made in respect of a corporation or body whose sole activity is, or whose main activities are, included among the activities specified in subsection (5) below.

(5) The activities mentioned in subsection (4) above are—

(a) the provision of education, or the provision of training otherwise than under the Industrial Training Act 1982;

(b) the development of curricula, the conduct of examinations or the validation of educational courses;

(c) the control of entry to any profession or the regulation of the conduct of members of any profession;

(d) the investigation of complaints by members of the public regarding the actions of any person or body, or the supervision or review of such investigations or of steps taken following them.

(6) No entry shall be made in respect of a corporation or body operating in an exclusively or predominantly commercial manner or a corporation carrying on under national ownership an industry or undertaking or part of an industry or undertaking.

(7) Any statutory instrument made by virtue of this section shall be subject to annulment in pursuance of a resolution of either House of Parliament.

(8) In this Act—

(a) any reference to a government department to which this Act applies includes a reference to any of the Ministers or officers of such a department; and

(b) any reference to an authority to which this Act applies includes a reference to any members or officers of such an authority.

5 Matters subject to investigation.

(1) Subject to the provisions of this section, the Commissioner may investigate any action taken by or on behalf of a government department or other authority to which this Act applies, being action taken in the exercise of administrative functions of that department or authority, in any case where—

(a) a written complaint is duly made to a member of the House of Commons by a member of the public who claims to have sustained injustice in consequence of maladministration in connection with the action so taken; and

(b) the complaint is referred to the Commissioner, with the consent of the person who made it, by a member of that House with a request to conduct an investigation thereon.

(1A) Subsection (1C) of this section applies if—

(a) a written complaint is duly made to a member of the House of Commons by a member of the public who claims that a person has failed to perform a relevant duty owed by him to the member of the public, and

(b) the complaint is referred to the Commissioner, with the consent of the person who made it, by a member of the House of Commons with a request to conduct an investigation into it.

(1B) For the purposes of subsection (1A) of this section a relevant duty is a duty imposed by any of these—

(a) a code of practice issued under section 32 of the Domestic Violence, Crime and Victims Act 2004 (code of practice for victims), or

(b) sections 35 to 44 of that Act (duties of local probation boards in connection with victims of sexual or violent offences).

(1C) If this subsection applies, the Commissioner may investigate the complaint.

(2) Except as hereinafter provided, the Commissioner shall not conduct an investigation under this Act in respect of any of the following matters, that is to say—

(a) any action in respect of which the person aggrieved has or had a right of appeal, reference or review to or before a tribunal constituted by or under any enactment or by virtue of Her Majesty's prerogative;

(b) any action in respect of which the person aggrieved has or had a remedy by way of proceedings in any court of law:

Provided that the Commissioner may conduct an investigation notwithstanding that the person aggrieved has or had such a right or remedy if satisfied that in the particular circumstances it is not reasonable to expect him to resort or have resorted to it.

(2A) Subsection (2)(a) of this section shall have effect in relation to the right of a person to make a complaint of unlawful discrimination under the Fair Employment and Treatment (Northern Ireland) Order 1998 as if it were such a right of appeal, reference or review as is mentioned in that subsection.

(3) Without prejudice to subsection (2) of this section, the Commissioner shall not conduct an investigation under subsection (1) of this section in respect of any such action or matter as is described in Schedule 3 to this Act.

(4) Her Majesty may by Order in Council amend the said Schedule 3 so as to exclude from the provisions of that Schedule such actions or matters as may be described in the Order; and any statutory instrument made by virtue of this subsection shall be subject to annulment in pursuance of a resolution of either House of Parliament.

(4A) Without prejudice to subsection (2) of this section, the Commissioner shall not conduct an investigation pursuant to a complaint under subsection (1A) of this section in respect of—

(a) action taken by or with the authority of the Secretary of State for the purposes of protecting the security of the State, including action so taken with respect to passports, or

(b) any action or matter described in any of paragraphs 1 to 4 and 6A to 11 of Schedule 3 to this Act.

(4B) Her Majesty may by Order in Council amend subsection (4A) of this section so as to exclude from paragraph (a) or (b) of that subsection such actions or matters as may be described in the Order.

(4C) Any statutory instrument made by virtue of subsection (4B) of this section shall be subject to annulment in pursuance of a resolution of either House of Parliament.

(5) In determining whether to initiate, continue or discontinue an investigation under this Act, the Commissioner shall, subject to the foregoing provisions of this section, act in accordance with his own discretion; and any question whether a complaint is duly made under this Act shall be determined by the Commissioner.

(5A) For the purposes of this section, administrative functions of a government department to which this Act applies include functions exercised by the department on behalf of the Scottish Ministers by virtue of section 93 of the Scotland Act 1998.

(5B) The Commissioner shall not conduct an investigation under this Act in respect of any action concerning Scotland and not relating to reserved matters which is taken by or on behalf of a cross-border public authority within the meaning of the Scotland Act 1998.

(6) For the purposes of this section, administrative functions exercisable by any person appointed by the Lord Chancellor as a member of the administrative staff of any court or tribunal shall be taken to be administrative functions of the Ministry of Justice or, in Northern Ireland, of the Northern Ireland Court Service.

(7) For the purposes of this section, administrative functions exercisable by any person appointed as a member of the administrative staff of a relevant tribunal—

(a) by a government department or authority to which this Act applies; or

(b) with the consent (whether as to remuneration and other terms and conditions of service or otherwise) of such a department or authority,

shall be taken to be administrative functions of that department or authority.

(8) In subsection (7) of this section, "relevant tribunal" means a tribunal listed in Schedule 4 to this Act.

(9) Her Majesty may by Order in Council amend the said Schedule 4 by the alteration or removal of any entry or the insertion of any additional entry; and any statutory instrument made by virtue of this subsection shall be subject to annulment in pursuance of a resolution of either House of Parliament.

(9A) No entry shall be made in the said Schedule 4 in respect of the holder of any office in the Scottish Administration which is not a ministerial office or in respect of any Scottish public authority with mixed functions or no reserved functions within the meaning of the Scotland Act 1998.

6 Provisions relating to complaints.

(1) A complaint under this Act may be made by any individual, or by any body of persons whether incorporated or not, not being—

(a) a local authority or other authority or body constituted for purposes of the public service or of local government or for the purposes of carrying on under national ownership any industry or undertaking or part of an industry or undertaking;

(b) any other authority or body within subsection (1A) below.

(1A) An authority or body is within this subsection if–

(a) its members are appointed by–

(i) Her Majesty;

(ii) any Minister of the Crown;

(iii) any government department;

(iv) the Scottish Ministers;

(v) the First Minister; or

(vi) the Lord Advocate, or

(b) its revenues consist wholly or mainly of–

(i) money provided by Parliament; or

(ii) sums payable out of the Scottish Consolidated Fund (directly or indirectly).

(2) Where the person by whom a complaint might have been made under the foregoing provisions of this Act has died or is for any reason unable to act for himself, the complaint may be made by his personal representative or by a member of his family or other individual suitable to represent him; but except as aforesaid a complaint shall not be entertained under this Act unless made by the person aggrieved himself.

(3) A complaint shall not be entertained under this Act unless it is made to a member of the House of Commons not later than twelve months from the day on which the person aggrieved first had notice of the matters alleged in the

complaint; but the Commissioner may conduct an investigation pursuant to a complaint not made within that period if he considers that there are special circumstances which make it proper to do so.

(4) Except as provided in subsection (5) below A complaint shall not be entertained under this Act unless the person aggrieved is resident in the United Kingdom (or, if he is dead, was so resident at the time of his death) or the complaint relates to action taken in relation to him while he was present in the United Kingdom or on an installation in a designated area within the meaning of the Continental Shelf Act 1964 or on a ship registered in the United Kingdom or an aircraft so registered, or in relation to rights or obligations which accrued or arose in the United Kingdom or on such an installation, ship or aircraft.

(5) A complaint may be entertained under this Act in circumstances not falling within subsection (4) above where—

(a) the complaint relates to action taken in any country or territory outside the United Kingdom by an officer (not being an honorary consular officer) in the exercise of a consular function on behalf of the Government of the United Kingdom; and

(b) the person aggrieved is a citizen of the United Kingdom and Colonies who, under section 2 of the Immigration Act 1971, has the right of abode in the United Kingdom.

7 Procedure in respect of investigations.

(1) Where the Commissioner proposes to conduct an investigation pursuant to a complaint under section 5(1) of this Act, he shall afford to the principal officer of the department or authority concerned, and to any other person who is alleged in the complaint to have taken or authorised the action complained of, an opportunity to comment on any allegations contained in the complaint.

(1A) Where the Commissioner proposes to conduct an investigation pursuant to a complaint under section 5(1A) of this Act, he shall give the person to whom the complaint relates an opportunity to comment on any allegations contained in the complaint.

(2) Every investigation under this Act shall be conducted in private, but except as aforesaid the procedure for conducting an investigation shall be such as the Commissioner considers appropriate in the circumstances of the case; and without prejudice to the generality of the foregoing provision the Commissioner may obtain information from such persons and in such manner, and make such inquiries, as he thinks fit, and may determine whether any person may be represented, by counsel or solicitor or otherwise, in the investigation.

(3) The Commissioner may, if he thinks fit, pay to the person by whom the complaint was made and to any other person who attends or furnishes information for the purposes of an investigation under this Act—

(a) sums in respect of expenses properly incurred by them;

(b) allowances by way of compensation for the loss of their time,

in accordance with such scales and subject to such conditions as may be determined by the Treasury.

(4) The conduct of an investigation under this Act shall not affect any action taken by the department or authority concerned or the person to whom the complaint relates, or any power or duty of that department, authority or person to take further action with respect to any matters subject to the investigation; but where the person aggrieved has been removed from the United Kingdom under any Order in force under the Aliens Restriction Acts 1914 and 1919 or under the Immigration Act 1971, he shall, if the Commissioner so directs, be permitted to re-enter and remain in the United Kingdom, subject to such conditions as the

Secretary of State may direct, for the purposes of the investigation.

8 Evidence.

(1) For the purposes of an investigation under section 5(1) of this Act the Commissioner may require any Minister, officer or member of the department or authority concerned or any other person who in his opinion is able to furnish information or produce documents relevant to the investigation to furnish any such information or produce any such document.

(1A) For the purposes of an investigation pursuant to a complaint under section 5(1A) of this Act the Commissioner may require any person who in his opinion is able to furnish information or produce documents relevant to the investigation to furnish any such information or produce any such document.

(2) For the purposes of any investigation under this Act the Commissioner shall have the same powers as the Court in respect of the attendance and examination of witnesses (including the administration of oaths or affirmations and the examination of witnesses abroad) and in respect of the production of documents.

(3) No obligation to maintain secrecy or other restriction upon the disclosure of information obtained by or furnished to persons in Her Majesty's service, whether imposed by any enactment or by any rule of law, shall apply to the disclosure of information for the purposes of an investigation under this Act; and the Crown shall not be entitled in relation to any such investigation to any such privilege in respect of the production of documents or the giving of evidence as is allowed by law in legal proceedings.

(4) No person shall be required or authorised by virtue of this Act to furnish any information or answer any question relating to proceedings of the Cabinet or of any committee of the Cabinet or to produce so much of any document as

relates to such proceedings; and for the purposes of this subsection a certificate issued by the Secretary of the Cabinet with the approval of the Prime Minister and certifying that any information, question, document or part of a document so relates shall be conclusive.

(5) Subject to subsection (3) of this section, no person shall be compelled for the purposes of an investigation under this Act to give any evidence or produce any document which he could not be compelled to give or produce in civil proceedings before the Court.

9 Obstruction and contempt.

(1) If any person without lawful excuse obstructs the Commissioner or any officer of the Commissioner in the performance of his functions under this Act, or is guilty of any act or omission in relation to an investigation under this Act which, if that investigation were a proceeding in the Court, would constitute contempt of court, the Commissioner may certify the offence to the Court.

(2) Where an offence is certified under this section, the Court may inquire into the matter and, after hearing any witnesses who may be produced against or on behalf of the person charged with the offence, and after hearing any statement that may be offered in defence, deal with him in any manner in which the Court could deal with him if he had committed the like offence in relation to the Court.

(3) Nothing in this section shall be construed as applying to the taking of any such action as is mentioned in subsection (4) of section 7 of this Act.

10 Reports by Commissioner.

(1) In any case where the Commissioner conducts an investigation under this Act or decides not to conduct such an investigation, he shall send to the member of the House of Commons by whom the request for investigation was made (or if he is no longer a member of that House, to such member of

that House as the Commissioner thinks appropriate) a report of the results of the investigation or, as the case may be, a statement of his reasons for not conducting an investigation.

(2) In any case where the Commissioner conducts an investigation under section 5(1) of this Act, he shall also send a report of the results of the investigation to the principal officer of the department or authority concerned and to any other person who is alleged in the relevant complaint to have taken or authorised the action complained of.

(2A) In any case where the Commissioner conducts an investigation pursuant to a complaint under section 5(1A) of this Act, he shall also send a report of the results of the investigation to the person to whom the complaint relates.

(3) If, after conducting an investigation under section 5(1) of this Act, it appears to the Commissioner that injustice has been caused to the person aggrieved in consequence of maladministration and that the injustice has not been, or will not be, remedied, he may, if he thinks fit, lay before each House of Parliament a special report upon the case.

(3A) If, after conducting an investigation pursuant to a complaint under section 5(1A) of this Act, it appears to the Commissioner that—

(a) the person to whom the complaint relates has failed to perform a relevant duty owed by him to the person aggrieved, and

(b) the failure has not been, or will not be, remedied,

the Commissioner may, if he thinks fit, lay before each House of Parliament a special report upon the case.

(3B) For the purposes of subsection (3A) of this section "relevant duty" has the meaning given by section 5(1B) of this Act.

(4) The Commissioner shall annually lay before each House of Parliament a

general report on the performance of his functions under this Act and may from time to time lay before each House of Parliament such other reports with respect to those functions as he thinks fit.

(5) For the purposes of the law of defamation, any such publication as is hereinafter mentioned shall be absolutely privileged, that is to say—

(a) the publication of any matter by the Commissioner in making a report to either House of Parliament for the purposes of this Act;

(b) the publication of any matter by a member of the House of Commons in communicating with the Commissioner or his officers for those purposes or by the Commissioner or his officers in communicating with such a member for those purposes;

(c) the publication by such a member to the person by whom a complaint was made under this Act of a report or statement sent to the member in respect of the complaint in pursuance of subsection (1) of this section;

(d) the publication by the Commissioner to such a person as is mentioned in subsection (2) or (2A) of this section of a report sent to that person in pursuance of that subsection.

11 Provision for secrecy of information.

(1) ......

(2) Information obtained by the Commissioner or his officers in the course of or for the purposes of an investigation under this Act shall not be disclosed except—

(a) for the purposes of the investigation and of any report to be made thereon under this Act;

(aa) for the purposes of a matter which is being investigated by the Health Service Commissioner for England or a Local Commissioner (or both);

(b) for the purposes of any proceedings for an offence under the Official Secrets Acts 1911 to 1989 alleged to have been committed in respect of information obtained by the Commissioner or any of his officers by virtue of this Act or for an offence of perjury alleged to have been committed in the course of an investigation under this Act or for the purposes of an inquiry with a view to the taking of such proceedings; or

(c) for the purposes of any proceedings under section 9 of this Act;

and the Commissioner and his officers shall not be called upon to give evidence in any proceedings (other than such proceedings as aforesaid) of matters coming to his or their knowledge in the course of an investigation under this Act.

(2A) Where the Commissioner also holds office as the Health Service Commissioner for England and a person initiates a complaint to him in his capacity as the Health Service Commissioner for England which relates partly to a matter with respect to which that person has previously initiated a complaint under this Act, or subsequently initiates such a complaint, information obtained by the Commissioner or his officers in the course of or for the purposes of investigating the complaint under this Act may be disclosed for the purposes of his carrying out his functions in relation to the other complaint.

(3) A Minister of the Crown may give notice in writing to the Commissioner, with respect to any document or information specified in the notice, or any class of documents or information so specified, that in the opinion of the Minister the disclosure of that document or information, or of documents or information of that class, would be prejudicial to the safety of the State or otherwise contrary to the public interest; and where such a notice is given nothing in this Act shall be construed as authorising or requiring the Commissioner or any officer of the

Commissioner to communicate to any person or for any purpose any document or information specified in the notice, or any document or information of a class so specified.

(4) The references in this section to a Minister of the Crown include references to the Commissioners of Customs and Excise and the Commissioners of Inland Revenue.

(5) Information obtained from the Information Commissioner by virtue of section 76(1) of the Freedom of Information Act 2000 shall be treated for the purposes of subsection (2) of this section as obtained for the purposes of an investigation under this Act and, in relation to such information, the reference in paragraph (a) of that subsection to the investigation shall have effect as a reference to any investigation.

1A Consultations between Parliamentary Commissioner and other Commissioners or Ombudsmen.

(1) Where, at any stage in the course of conducting an investigation under this Act, the Commissioner forms the opinion that the complaint relates partly to a matter within the jurisdiction of the Public Services Ombudsman for Wales, the Scottish Public Services Ombudsman or the Health Service Commissioner for England, he shall—

(a) unless he also holds the office concerned, consult about the complaint with him; and

(b) if he considers it necessary, inform the person initiating the complaint under the Public Services Ombudsman (Wales) Act 2005 or the Health Service Commissioners Act 1993, or the Scottish Public Services Ombudsman Act 2002.

(2) Where by virtue of subsection (1) above the Commissioner consults

with the Public Services Ombudsman for Wales, the Scottish Public Services Ombudsman or the Health Service Commissioner for England in relation to a complaint under this Act, he may consult him about any matter relating to the complaint, including—

(a) the conduct of any investigation into the complaint; and

(b) the form, content and publication of any report of the results of such an investigation.

(2A) Where an authority to which this Act applies is also a listed authority to which the Scottish Public Services Ombudsman Act 2002 applies, the Commissioner must co-operate with the Scottish Public Services Ombudsman to such an extent as appears appropriate when exercising any function in relation to that authority.

(3) Nothing in section 11(2) of this Act shall apply in relation to the disclosure of information by the Commissioner or any of his officers in the course of consultations held in accordance with this section.

11ZAA Collaborative working between the Parliamentary Commissioner and other Commissioners.

(1) If at any stage in the course of conducting an investigation under this Act the Commissioner forms the opinion that the complaint relates partly to a matter within the jurisdiction of—

(a) the Health Service Commissioner for England,

(b) a Local Commissioner, or

(c) both,

he may, subject to subsection (2) of this section, conduct an investigation under this Act jointly with that Commissioner or those Commissioners.

(2) The Commissioner must obtain the consent of the person aggrieved or

any person acting on his behalf in accordance with subsection (2) of section 6 of this Act before agreeing to a joint investigation referred to in subsection (1) of this section.

(3) If the Commissioner forms the opinion that matters which are the subject of an investigation by—

(a) the Health Service Commissioner for England,

(b) a Local Commissioner, or

(c) both,

include a matter within his jurisdiction, he may, subject to subsection (4) of this section, conduct an investigation of that matter under this Act jointly with that Commissioner or those Commissioners.

(4) The Commissioner may not investigate a matter jointly with another person under subsection (3) of this section unless a complaint about the matter has been made in accordance with section 5 of this Act.

(5) If the Commissioner conducts an investigation. . . jointly with another person, the requirements of section 10 (so far as relating to a case where the Commissioner conducts an investigation under this Act) may be satisfied by a report made jointly with that person.

(6) Apart from identifying the government department or other authority concerned, a report prepared by virtue of subsection (5) of this section by the Commissioner and a Local Commissioner shall not—

(a) mention the name of any person, or

(b) contain any particulars which, in the opinion of the Commissioner and the Local Commissioner, are likely to identify any person,

unless, after taking into account the public interest as well as the interests of the complainant and of persons other than the complainant, the Commissioner and the Local Commissioner consider it necessary to mention the name of that person or to include in the report any such particulars.

(7) Nothing in subsection (6) of this section prevents a report—

(a) mentioning the name of, or

(b) containing particulars likely to identify,

the Mayor of London or any member of the London Assembly.

11AA Disclosure of information by Parliamentary Commissioner to Information Commissioner.

(1) The Commissioner may disclose to the Information Commissioner any information obtained by, or furnished to, the Commissioner under or for the purposes of this Act if the information appears to the Commissioner to relate to—

(a) a matter in respect of which the Information Commissioner could exercise any power conferred by—

(i) Part V of the Data Protection Act 1998 (enforcement),

(ii) section 48 of the Freedom of Information Act 2000 (practice recommendations), or

(iii) Part IV of that Act (enforcement), or

(b) the commission of an offence under—

(i) any provision of the Data Protection Act 1998 other than paragraph 12 of Schedule 9 (obstruction of execution of warrant), or

(ii) section 77 of the Freedom of Information Act 2000 (offence of altering etc. records with intent to prevent disclosure).

(2) Nothing in section 11(2) of this Act shall apply in relation to the disclosure of information in accordance with this section.

11B The Criminal Injuries Compensation Scheme.

(1) For the purposes of this Act, administrative functions exercisable by an administrator of the Criminal Injuries Compensation Scheme ("Scheme functions") shall be taken to be administrative functions of a government department to which this Act applies.

(2) For the purposes of this section, the following are administrators of the Scheme—

(a) a claims officer appointed under section 3(4)(b) of the Criminal Injuries Compensation Act 1995;

(b)······

(c) the Scheme manager, as defined by section 1(4) of that Act, and any person assigned by him to exercise functions in relation to the Scheme.

(3) The principal officer in relation to any complaint made in respect of any action taken in respect of Scheme functions is—

(a) in the case of action taken by a claims officer, such person as may from time to time be designated by the Secretary of State for the purposes of this paragraph;

(b) ......

(c) in the case of action taken by the Scheme manager or by any other person mentioned in subsection (2)(c) of this section, the Scheme manager.

(4) The conduct of an investigation under this Act in respect of any action taken in respect of Scheme functions shall not affect—

(a) any action so taken; or

(b) any power or duty of any person to take further action with respect to any matters subject to investigation.

Supplemental

12 Interpretation.

(1) In this Act the following expressions have the meanings hereby respectively assigned to them, that is to say—

- "action" includes failure to act, and other expressions connoting action shall be construed accordingly;
- "the Commissioner" means the Parliamentary Commissioner for Administration;
- "the Court" means, in relation to England and Wales the High Court, in relation to Scotland the Court of Session, and in relation to Northern Ireland the High Court of Northern Ireland;
- "enactment" includes an enactment of the Parliament of Northern Ireland, and any instrument made by virtue of an enactment;
- "Local Commissioner" means a Local Commissioner under Part 3 of the Local Government Act 1974;
- "officer" includes employee;
- "person aggrieved" —

(a) in relation to a complaint under section 5(1) of this Act, means the person who claims or is alleged to have sustained such injustice as is mentioned in section 5(1)(a) of this Act;

(b) in relation to a complaint under section 5(1A) of this Act, means the person to whom the duty referred to in section 5(1A)(a) of this Act is or is alleged to be owed;

- "tribunal" includes the person constituting a tribunal consisting of one person.

(2) References in this Act to any enactment are references to that enactment as amended or extended by or under any other enactment.

(3) It is hereby declared that nothing in this Act authorises or requires the Commissioner to question the merits of a decision taken without maladministration by a government department or other authority in the exercise of a discretion vested in that department or authority.

13 Application to Northern Ireland.

(1) Subject to the provisions of this section, this Act extends to Northern Ireland.

(2) Nothing in this section shall be construed as authorising the inclusion among the departments and authorities to which this Act applies of any department of the Government of Northern Ireland, or any authority or body established by or with the authority of the Parliament of Northern Ireland; but this Act shall apply to any such department authority or body, in relation to any action taken by them as agent for a department or authority to which this Act applies, as it applies to the last-mentioned department or authority.

(3) In section 6 of this Act the references to a Minister of the Crown or government department and to Parliament shall include references to a Minister or department of the Government of Northern Ireland and to the Parliament of Northern Ireland.

(4) In section 8 of this Act the references to the Cabinet shall include references to the Executive Committee of the Assembly, and in relation to that Committee for the reference to the Prime Minister there shall be substituted a reference to the First Minister and deputy First Minister acting jointly

14 Short title and commencement.

(1) This Act may be cited as the Parliamentary Commissioner Act 1967.

(2) This Act shall come into force on such date as Her Majesty may by Order in Council appoint.

(3) A complaint under this Act may be made in respect of matters whenever arising; and for the purposes of subsection (3) of section 6 of this Act any time elapsing between the date of the passing and the date of the commencement of this Act (but not any time before the first of those dates) shall be disregarded.

SCHEDULE 1 Pensions and other benefits

Persons taking office after the appointed day

1A person who first holds office as the Commissioner on or after the appointed day shall be entitled, if he was a member of a judicial pension scheme immediately before he first holds that office, to elect between—

(a) the scheme of pensions and other benefits under that judicial pension scheme (his "former scheme");

(b) (if different from his former scheme) the scheme of pensions and other benefits constituted by Part I of the 1993 Act ("the 1993 scheme"); and

(c) the scheme of pensions and other benefits applicable under section 1 of the Superannuation Act 1972 to the civil service of the State ("the civil service scheme");

and, if he is not entitled to make an election under this paragraph, or if he is so entitled but fails to make such an election, he shall be treated as if he had been so entitled and had elected for the civil service scheme.

Transitional provision for persons appointed before the appointed day

2 (1) If a person who held the office of Commissioner before the appointed day has made an election under the former enactments for the old judicial scheme, he shall be entitled to make an election under this sub-paragraph between—

(a) the old judicial scheme; and

(b) the 1993 scheme;

and, if he fails to make an election under this sub-paragraph, he shall be taken to have elected for the old judicial scheme.

(2) If a person who held the office of Commissioner before the appointed day—

(a) has made an election under the former enactments for the civil service scheme, or

(b) has failed to make an election under those enactments (so that he is taken to have elected for the civil service scheme),

he shall be treated as if he had been entitled to make an election under this Schedule and had elected for the civil service scheme.

Effect of election to continue in former scheme

3 Where a person elects under this Schedule for his former scheme, that scheme shall, subject to regulations under this Schedule, apply as if his service as Commissioner were service which was subject, in his case, to that scheme.

Effect of election for the 1993 scheme

4 (1)A person who elects under paragraph 1(b) or 2(1)(b) above for the 1993 scheme, shall be entitled, when he ceases to hold office as Commissioner, to a pension under Part I of the 1993 Act at the appropriate annual rate (within the meaning of that Act) if he has held that office for at least 5 years and either—

(a) he has attained the age of 65; or

(b) he is disabled by permanent infirmity for the performance of the duties of the office;

and, subject to the following provisions of, and regulations under, this Schedule, the provisions of Part I of that Act (other than sections 1(1) to (4) and 2) and of sections 19, 20 and 23 of, and Schedule 2 to, that Act (which provide for benefits in respect of earnings in excess of pension-capped salary, appeals and transfer of accrued rights) shall apply in relation to him and his service in the office of Commissioner as they apply in relation to a person to whom Part I of that Act applies.

(2) Subject to regulations under this Schedule, in the application of provisions of the 1993 Act by virtue of sub-paragraph (1) above, a person who elects for the 1993 scheme shall be treated—

(a) as if the office of Commissioner were a qualifying judicial office (within the meaning of that Act) by virtue of inclusion among the offices specified in Part I of Schedule 1 to that Act;

(b) as if his election under this Schedule were an election such as is mentioned in paragraph (d) of section 1(1) of that Act (so that, in particular, section 12 of that Act, which provides for the transfer of accrued rights into the scheme, applies);

(c) as if his pension by virtue of this Schedule were a pension under section 2 of that Act (and, accordingly, a judicial pension, within the meaning of that Act); and

(d) for the purpose of determining, in the event of his death, the rate of any surviving spouse's or children's pension payable under sections 5 to 8 of that Act in respect of his service as Commissioner, as if references in those sections to the annual rate of the deceased's judicial pension were references—

(i) where a pension had commenced to be paid to him by virtue of sub-paragraph (1) above, to the appropriate annual rate of that pension; or

(ii) where no such pension had commenced to be paid to him, to the rate that would have been the appropriate annual rate of the pension payable to him by virtue of sub-paragraph (1)(b) above, had he not died, but been disabled by permanent infirmity for the performance of the duties of his office on and after the date of death;

and, in the application of that Act to the Commissioner (whether by virtue of paragraph 1(a) or (b) or 2(1)(b) above) the references to the appropriate Minister in sections 13 (election for personal pension), 19 (benefits in respect of earnings in excess of pension-capped salary) and 20 (appeals) of, and Schedule 2 (transfer of accrued rights) to, that Act shall be taken as references to the Treasury and the power conferred by paragraph 2 of that Schedule to make regulations shall be exercisable by the Treasury.

Effect of election for, or to continue in, the civil service scheme

5 Where a person elects under this Schedule for the civil service scheme, the principal civil service pension scheme within the meaning of section 2 of the Superannuation Act 1972 and for the time being in force shall, subject to regulations under this Schedule, apply as if his service as Commissioner were service in employment in the civil service of the State.

Effect of election to continue in the old judicial scheme

6 Where a person elects under this Schedule for the old judicial scheme, that scheme and the former enactments shall, subject to regulations under this Schedule, continue to have effect in relation to him and his service in the office of Commissioner.

Time for, and manner of, election

7 Any power to make an election under this Schedule shall be exercisable within such time and in such manner as may be prescribed in regulations under this Schedule.

Regulations

8 (1) The Treasury may make regulations for purposes supplementary to the other provisions of this Schedule.

(2) Any such regulations may, without prejudice to section 38 or 39A of the Superannuation Act 1965 (employment in more than one public office), make special provision with respect to the pensions and other benefits payable to or in

respect of a person to whom—

(a) his former scheme,

(b) the 1993 scheme,

(c) the civil service scheme, or

(d) the old judicial scheme,

applies, or has applied, in respect of any service other than service as Commissioner.

(3) The provision that may be made by virtue of sub-paragraph (2) above includes provision—

(a) for aggregating—

(i) other service falling within his former scheme, the 1993 scheme or the old judicial scheme with service as Commissioner, or

(ii) service as Commissioner with such other service,

for the purpose of determining qualification for, or entitlement to, or the amount of, benefit under the scheme in question;

(b) for increasing the amount of the benefit payable under any of the schemes mentioned in paragraph (a)(i) above, in the case of a person to whom that scheme applied in respect of an office held by him before appointment as Commissioner, up to the amount that would have been payable under that scheme if he had retired from that office on the ground of permanent infirmity immediately before his appointment.

(4) Any statutory instrument made by virtue of this Schedule shall be subject to annulment in pursuance of a resolution of the House of Commons.

Pensions and benefits to be charged on the Consolidated Fund

9 Any pension or other benefit granted by virtue of this Schedule shall be charged on, and issued out of, the Consolidated Fund.

Interpretation

10 In this Schedule—

- "the 1981 Act" means the Judicial Pensions Act 1981;
- "the 1993 Act" means the Judicial Pensions and Retirement Act 1993;
- "the appointed day" means the day on which Part II of Schedule 4 to the 1993 Act comes into force;
- "the former enactments" means Schedule 1 to this Act, as it had effect from time to time before the appointed day;
- "judicial pension scheme" means any public service pension scheme, as defined in—

(a) section 1 of the Pension Schemes Act 1993, or

(b) section 1 of the Pension Schemes (Northern Ireland) Act 1993,

under which pensions and other benefits are payable in respect of service in one or more qualifying judicial offices, within the meaning of the 1993 Act, but does not include the civil service scheme;

- "the old judicial scheme" means the statutory scheme of pensions and other benefits applicable under or by virtue of the 1981 Act to the judicial offices listed in section 1 of that Act.

SCHEDULE 2 Departments Etc Subject to Investigation

NOTES

General

In relation to any function exercised on behalf of the Crown by a department or authority to which this Act applies which was previously exercisable on behalf of the Crown by a department or authority to which this Act does not apply, the reference to the department or authority to which this Act applies includes a reference to the other department or authority if the other department or authority—

(a) ceased to exercise the function before the commencement of this Act; or

(b) where it exercised the function after the commencement of this Act, did so only when it was a department or authority to which this Act applied.

Board of the Pension Protection Fund

In the case of the Board of the Pension Protection Fund, an investigation may be conducted only in respect of action in connection with its functions relating to the financial assistance scheme established by regulations under section 286(1) of the Pensions Act 2004.

Cabinet Office

The reference to the Cabinet Office does not include any of the Secretariats (including the intelligence and security functions carried out by the Chairman of the Joint Intelligence Committee and the Prime Minister's Security Adviser respectively) or the office of the Secretary of the Cabinet and Head of the Home Civil Service. The reference to the Cabinet Office includes the Lord President of the Council's Office, the executive agencies of the Cabinet Office and the office of any Minister whose expenses are defrayed out of moneys provided by Parliament for the service of the Cabinet Office.

Commission for the New Towns

Environment Agency

The reference to the Environment Agency is a reference to that Agency in relation to all its functions other than its flood defence functions, within the meaning of the Water Resources Act 1991; and no investigation is to be conducted in respect of any action in connection with functions of the Environment Agency in relation to Wales (within the meaning of the Government of Wales Act 2006).

Forestry Commission

In the case of the Forestry Commission no investigation is to be conducted in respect of any action in connection with functions of the Forestry Commissioners in relation to Wales (within the meaning of the Government of Wales Act 2006).

Government Actuary's Department

In the case of the Government Actuary's Department an investigation may be conducted only in respect of the giving of advice by the Government Actuary's Department on or before 26 April 2001 relating to the exercise of functions under—

(a) Part 2 of the Insurance Companies Act 1982, or

(b) any other enactment relating to the regulation of insurance companies within the meaning of that Act.

Health Protection Agency

In the case of the Health Protection Agency no investigation is to be conducted in relation to any action taken by or on behalf of that Agency in the exercise in or as regards Scotland of any function to the extent that the function is exercisable within devolved competence (within the meaning of section 54 of the Scotland Act 1998 F32).

HM Treasury

The reference to Her Majesty's Treasury includes its subordinate departments and the office of any Minister whose expenses are defrayed out of moneys provided by Parliament for the service of Her Majesty's Treasury; but it does not include National Savings and Investments.

Homes and Communities Agency

In the case of the Homes and Communities Agency no investigation is to be conducted in respect of any action in connection with functions in relation to town and country planning.

Corporation of the Trinity House of Deptford Strond

In the case of the Corporation of the Trinity House of Deptford Strond an investigation may be conducted only in respect of action in connection with its functions as a general lighthouse authority.

Ministry of Defence

The reference to the Ministry of Defence includes the Defence Council, the Admiralty Board, the Army Board and the Air Force Board.

Ministry of Justice

The reference to the Ministry of Justice includes the Public Trustee but does not include the Privy Council Office or the Office of the Judicial Committee of the Privy Council.

Serious Organised Crime Agency

In the case of the Serious Organised Crime Agency, an investigation may be conducted only in respect of the exercise of functions vested in it by virtue of a notice served on the Commissioners for Her Majesty's Revenue and Customs under section 317(2), 321(2) or 322(2) of the Proceeds of Crime Act 2002 F33(Revenue functions).

Statistics Board

In the case of the Statistics Board, no investigation is to be conducted in relation to any action taken by or on behalf of the Board in the exercise of any of its functions where the function is being exercised only in relation to Scottish devolved statistics (within the meaning of section 66 of the Statistics and Registration Service Act 2007) F34.

Treasury Solicitor

The reference to the Treasury Solicitor does not include a reference to Her Majesty's Procurator General.

Urban development corporations

In the case of an urban development corporation no investigation is to be conducted in respect of any action in connection with functions in relation to town and country planning.

Urban Regeneration Agency

SCHEDULE 3 Matters not subject to investigation

1 Action taken in matters certified by a Secretary of State or other Minister of the Crown to affect relations or dealings between the Government of the United Kingdom and any other Government or any international organisation of States or Governments.

2 (1)Action taken, in any country or territory outside the United Kingdom, by or on behalf of any officer representing or acting under the authority of Her Majesty in respect of the United Kingdom, or any other officer of the Government of the United Kingdom other than,

(a) action which is taken by an officer (not being an honorary consular officer) in the exercise of a consular function on behalf of the Government of the United Kingdom;

(b) action which is taken by an officer within a control zone or a supplementary control zone; or

(c) action which is taken by a British sea-fishery officer.

(2) In this paragraph—

(a) "control zone" has the meaning given collectively by Schedule 1 to the Channel Tunnel (International Arrangements) Order 1993, Schedule 1 to the Channel Tunnel (Miscellaneous Provisions) Order 1994 and regulation 2 of the Nationality, Immigration and Asylum Act 2002 (Juxtaposed Controls) Order 2003;

(b) "supplementary control zone" has the meaning given by Schedule 1 to the Channel Tunnel (International Arrangements) Order 1993;

(c) "British sea-fishery officer" has the meaning given by section 7 of the Sea Fisheries Act 1968.

3 Action taken in connection with the administration of the government of any country or territory outside the United Kingdom which forms part of Her Majesty's dominions or in which Her Majesty has jurisdiction.

4 Action taken by the Secretary of State under the Extradition Act 2003.

5 Action taken by or with the authority of the Secretary of State for the purposes of investigating crime or of protecting the security of the State, including action so taken with respect to passports.

6 The commencement or conduct of civil or criminal proceedings before any court of law in the United Kingdom, of service law proceedings (as defined by section 324(5) of the Armed Forces Act 2006) (anywhere) or the Air Force Act 1955, or of proceedings before any international court or tribunal.

6A Action taken by any person appointed by the Lord Chancellor as a member of the administrative staff of any court or tribunal, so far as that action is taken at the direction, or on the authority (whether express or implied), of any person acting in a judicial capacity or in his capacity as a member of the tribunal.

6B (1)Action taken by any member of the administrative staff of a relevant tribunal, so far as that action is taken at the direction, or on the authority (whether express or implied), of any person acting in his capacity as a member of the tribunal.

(2)In this paragraph, "relevant tribunal" has the meaning given by section 5(8) of this Act.

7 Any exercise of the prerogative of mercy or of the power of a Secretary of State to make a reference in respect of any person to... the High Court of Justiciary or the Court Martial Appeal Court.

8 (1) Action taken on behalf of... the Secretary of State by a Strategic Health Authority,..., a Primary Care Trust, or a Special Health Authority... .

(2) For the purposes of this paragraph, action taken by a Strategic Health Authority,..., Special Health Authority or Primary Care Trust in the exercise of functions of the Secretary of State shall be regarded as action taken on his behalf.

9 Action taken in matters relating to contractual or other commercial transactions, whether within the United Kingdom or elsewhere, being transactions of a government department or authority to which this Act applies or of any such authority or body as is mentioned in paragraph (a) or (b) of subsection (1) of section 6 of this Act and not being transactions for or relating to—

(a) the acquisition of land compulsorily or in circumstances in which it could be acquired compulsorily;

(b) the disposal as surplus of land acquired compulsorily or in such circumstances as aforesaid.

10 (1) Action taken in respect of appointments or removals, pay, discipline, superannuation or other personnel matters, in relation to—

(a) service in any of the armed forces of the Crown, including reserve and auxiliary and cadet forces;

(b) service in any office or employment under the Crown or under any authority to which this Act applies; or

(c) service in any office or employment, or under any contract for services, in respect of which power to take action, or to determine or approve the action to be taken, in such matters is vested in Her Majesty, any Minister of the Crown or any such authority as aforesaid.

(2) Sub-paragraph (1)(c) above shall not apply to any action (not otherwise excluded from investigation by this Schedule) which is taken by the Secretary of State in connection with: —

(a) the provision of information relating to the terms and conditions of any employment covered by an agreement entered into by him under section 12(1) of the Overseas Development and Co-operation Act 1980 or pursuant to the exercise of his powers under Part I of the International Development Act 2002 or

(b) the provision of any allowance, grant or supplement or any benefit (other than those relating to superannuation) arising from the designation of any person in accordance with such an agreement.

11 The grant of honours, awards or privileges within the gift of the Crown, including the grant of Royal Charters.

12 (1) Action not otherwise within this Schedule which is taken in the course of administrative functions exercised at the direction, or on the authority (whether express or implied), of a judge of any court established under the law of England and Wales or Northern Ireland.

(2) In this paragraph "judge" includes—

(a) a person appointed under section 89 of, and Part 2 or 3 of Schedule 2 to, the Supreme Court Act 1981, and

(b) a Master or District Judge appointed under section 70 of, and Schedule 3 to, the Judicature (Northern Ireland) Act 1978.

SCHEDULE 4 RELEVANT TRIBUNALS FOR THE PURPOSES OF SECTION 5(7)

1993年医疗保健服务申诉专员法[①]

医疗保健服务申诉专员

第1条 申诉专员

（1）为依照本法实施调查，应当继续设立：

（a）1名英格兰医疗保健服务申诉专员；

（b）1名威尔士医疗保健服务申诉专员；

（c）1名苏格兰医疗保健服务申诉专员。

（2）除另有要求外，本法所称申诉专员或者医疗保健服务申诉专员，是指上述人员。

（3）就医疗保健服务申诉专员的任命和报酬，以及其他相关行政事项，附录1对英格兰医疗保健服务申诉专员和苏格兰医疗保健服务申诉专员有效，附录1A对威尔士医疗保健服务申诉专员有效。

接受调查的医疗保健服务机构

第2条 受调查机构

① 本法于1993年11月5日通过，后经多次修订；翻译文本为英国政府网站（http：//www.legislation.gov.uk/ukpga/1993/46/contents）下载文本，最后访问时间为2005年11月30日。

（1）受英格兰医疗保健服务申诉专员调查的机构包括：

（a）战略卫生监督部门；

（c）适用本条，仅在或者主要在英格兰履行职能的特殊卫生部门；

（d）管理英格兰医院、其他机构或者设施的国家卫生服务基金；

（da）初级护理基金；

（e）（已废止）

（f）牙科诊所理事会；

（g）公共卫生实验室服务理事会。

（2）受威尔士医疗保健服务申诉专员调查的机构包括：

（a）卫生部门；

（aa）地方卫生部门；

（b）适用本条，仅在或者主要在威尔士履行职能的特殊卫生部门；

（c）管理威尔士医院、其他机构或者设施的国家卫生服务基金；

（ca）威尔士国民议会（议会）；

（d）（已废止）

（3）受苏格兰医疗保健服务申诉专员调查的机构包括：

（a）卫生理事会；

（b）依照1978年《国家卫生服务（苏格兰）法》第12A条设立的国家卫生服务基金；

（c）苏格兰医疗保健服务公共服务局；

（d）苏格兰牙医诊所理事会；

（e）苏格兰精神福利委员会。

（4）本法所称医疗保健服务机构，是指上述任何一个机构。

（5）适用本条的特殊服务部门是指：

（a）1974年4月1日设立，或者该日期以前设立的部门；

（b）1974年4月1日以后设立，且经枢密院令指定适用本条的部门。

（6）包含第 5 款第 b 项所称枢密院令的制定法文件应当由议会上院或者下院决议废除。

接受调查的人员

第 2A 条 受调查的医疗保健服务提供商

（1）所申诉行为实施时，具有下列身份的人员接受英格兰医疗保健服务申诉专员的调查：

（a）依照 1977 年《国家卫生服务法》第 II 编，在英格兰提供一般医疗保健服务、一般牙科服务的个人；

（b）依照该法第 II 编，在英格兰提供一般眼科服务、医药服务的个人、机构；

（c）根据该法第 28C 条所称协议，在英格兰从事个人医疗保健服务、个人牙科服务的个人，医疗保健服务机构、独立提供商的雇员或其他代表人除外；

（d）根据 2001 年《卫生和社会护理法》第 28 条所制定试行方案签署的协议，在英格兰提供当地医药服务的个人，医疗保健服务机构、独立提供商的雇员或其他代表人除外。

（2）所申诉行为实施时，具有下列身份的人员接受威尔士医疗保健服务申诉专员的调查：

（a）依照 1977 年《国家卫生服务法》第 II 编，在威尔士提供一般医疗保健服务、一般牙科服务的个人；

（b）依照该法第 II 编，在威尔士提供一般眼科服务、医药服务的个人、机构；

（c）根据该法第 28C 条所称协议，在威尔士从事个人医疗保健服务、个人牙科服务的个人，医疗保健服务机构、独立提供商的雇员或其他代表人除外。

（3）下列人员接受苏格兰医疗保健服务申诉专员的调查：

（a）依照1978年《国家卫生服务（苏格兰）法》第II编，在苏格兰承担提供一般医疗保健服务、一般牙科服务的个人；

（b）依照该法第II编，在苏格兰提供一般眼科服务、医药服务的个人、机构；

（c）根据该法第17C条所称协议，在苏格兰从事个人医疗保健服务、个人牙科服务的个人，医疗保健服务机构、独立提供商的雇员或者其他代表人除外。

（4）本法中：

（a）所称家庭医疗保健服务提供商，是指第1款、第2款或者第3款提及的任何人员；

（b）所称家庭医疗保健服务，是指上述规定提及的任何服务。

第2B条　受调查的医疗保健服务独立提供商

（1）下列人员接受英格兰医疗保健服务申诉专员的调查：

（a）所申诉行为实施时，根据与医疗保健服务机构、家庭医疗保健服务提供商签署的协议，在英格兰提供服务的个人、机构；且

（b）所申诉行为实施时，自身不属于医疗保健服务机构、家庭医疗保健服务提供商。

（2）下列人员接受威尔士医疗保健服务申诉专员的调查：

（a）所申诉行为实施时，根据与医疗保健服务机构、家庭医疗保健服务提供商签署的协议，在威尔士提供服务的个人、机构；且

（b）所申诉行为实施时，自身不属于医疗保健服务机构、家庭医疗保健服务提供商。

（2A）与国民议会签署的协议不属于本法所称与医疗保健服务机构签署的协议，该协议系在履行国民议会国家卫生服务职能时签署的除外。

（3）下列人员接受苏格兰医疗保健服务申诉专员的调查：

（a）所申诉行为实施时，根据与医疗保健服务机构、家庭医疗保健服务提供商签署的协议，在苏格兰提供服务的个人、机构，且

（b）自身不属于医疗保健服务机构、家庭医疗保健服务提供商。

（4）根据第1款第a项、第2款第a项或者第3款第a项所称协议提供的医疗保健服务不限种类。

（5）本法所称独立提供商，是指第1款、第2款或者第3款提及提供服务的任何人员。

调查事项

第3条 申诉专员的一般职权范围

（1）因下列原因遭受不公正、困苦的人员或者其代表，已经通过适当方式向申诉专员提出申诉，在遵守本法规定情形下，申诉专员可以调查受指控的不作为、其他行为：

（a）医疗保健服务机构服务中的不作为；

（b）该机构没有提供依其职能应提供的服务；

（c）该机构或者其代表作出的其他不良行政行为。

（1YA）涉及国民议会的，威尔士医疗保健服务申诉专员仅可以对下列事项实施调查：

（a）国民议会履行国家卫生服务职能（议会卫生服务职能）时的不作为；

（b）国民议会没有提供依其议会卫生服务职能应提供的服务；

（c）国民议会或者其代表履行议会卫生服务职能时作出的其他不良行政行为。

（1ZA）第1款所称不作为、不良行政行为，可以是下列人员实施的

行为：

（a）医疗保健服务机构；

（b）该机构雇佣的人员；

（c）代表该机构行事的人员；

（d）该机构授权其履行职能的人员。

（1A）家庭医疗保健服务提供商承诺提供家庭医疗保健服务，因下列行为遭受不公正、困苦的人员或者其代表，已经通过适当方式向申诉专员提出申诉的，在遵守本法规定情形下，申诉专员可以调查受指控的行为：

（a）家庭医疗保健服务提供商服务过程中实施的行为；

（b）家庭医疗保健服务提供商雇佣的人员服务过程中实施的行为；

（c）代表家庭医疗保健服务提供商行事的人员服务过程中实施的行为；

（d）家庭医疗保健服务提供商授权其履行服务职能的人员服务过程中实施的行为。

（1B）（已废止）

（1C）独立提供商与医疗保健服务机构、家庭医疗保健服务提供商签署了协议，因下列行为遭受不公正、困苦的个人或者其代表，已经通过适当方式向申诉专员提出申诉的，在遵守本法规定情形下，申诉专员可以调查受指控的不作为、其他行为：

（a）独立提供商服务时的不作为；

（b）独立提供商没有提供服务；

（c）与服务有关的其他不良行政行为。

（1D）第1C款所称不作为、不良行政行为，可以是下列人员实施的行为：

（a）独立提供商；

（b）独立提供商雇佣的人员；

（c）代表独立提供商行事的人员；

（d）独立提供商授权其履行职能的人员。

（2）决定是否启动、继续或者终止实施本法规定的调查时，申诉专员应当依其自由裁量权行事。

（3）有关申诉的提出是否适当之问题应当由申诉专员决定。

（4）本法没有授权、要求申诉专员，对医疗保健服务机构依法行使自由裁量权时作出的非不良行政行为的实质问题提出质疑。

（5）本法没有授权、要求申诉专员，对下列人员作出的非不良行政行为的实质问题提出质疑：

（a）家庭医疗保健服务提供商；

（b）家庭医疗保健服务提供商雇佣的人员；

（c）代表家庭医疗保健服务提供商行事的人员；

（d）家庭医疗保健服务提供商授权其履行职能的人员。

（6）本法没有授权、要求申诉专员，对下列人员作出的非不良行政行为的实质问题提出质疑：

（a）独立提供商；

（b）独立提供商雇佣的人员；

（c）代表独立提供商行事的人员；

（d）独立提供商授权其履行职能的人员。

（7）第 4 款至第 6 款规定不适用于因临床诊断的程度而作出决定的实质问题。

不受调查的事项

第 4 条 其他救济的可获得性

（1）申诉专员不得对与下列事项有关的行为实施调查：

（a）受害人享有向依法、依女王陛下特权组建的法庭提出诉讼、上诉或者审查请求的权利；

（b）受害人向法庭寻求救济；

申诉专员确认特殊情势下期望受害人求诸上述权利、救济不合理的除外。

（2）申诉专员不得对依照1977年《国家卫生服务法》第84条、1978年《国家卫生服务（苏格兰）》第76条（进行事实调查的一般权力）进行事实调查的行为实施调查。

（3）申诉专员不得对其他医疗保健服务机构（不包括苏格兰精神福利委员会）依据1984年《精神健康（苏格兰）法》履行苏格兰精神福利委员会的保护性职能所作出行为实施调查。

（4）本条第5款适用于下列情形：

（a）依照第3条第1款、第1A款或者第1C款规定所申诉行为，属于可向医疗保健服务机构、家庭医疗保健服务提供商或者独立提供商所运行程序投诉的行为；且

（b）本条第1款、第2款或者第3款不适用于这些行为。

（5）申诉专员不得对符合第4款规定情形的行为实施调查，确认具有下列情形的除外：

（a）已经求诸且穷尽其他程序；

（b）特殊情势下，期望求诸、穷尽其他程序不合理。

（6）在遵守第5款情形下，1985年《医院申诉程序法》第1条第2款有效，该款规定该法第1条授予的上诉权等不得排除在本法规定调查的范围之外。

第5条　（已废止）

第6条　一般医疗保健服务和服务委员会

（1）（已废止）

（2）（已废止）

（3）申诉专员不得对初级护理基金、卫生部门依照1992年《国家卫生服务（服务委员会和法庭）条例》或者依照、取代该条例的文件履行职能的行为实施调查。

（4）申诉专员不得对卫生理事会依照1992年《国家卫生服务（服务委员会和法庭）（苏格兰）条例》或者依照、取代该条例的文件履行职能的行为实施调查。

（5）申诉专员不得对初级护理基金、卫生部门根据1988年《卫生和医药法》（受调查的服务事项）第17条依照1977年《国家卫生服务法》第29条、第36条、第39条或者第42条所制定条例履行职能的行为实施调查。

（6）申诉专员不得对卫生理事会根据1988年《卫生和医药法》（受调查的服务事项）第17条依照1978年《国家卫生服务（苏格兰）法》第19条、第25条第2款、第26条第2款或者第27条第2款所制定条例履行职能的行为实施调查。

第7条 人事、合同诸事项

（1）申诉专员不得调查与议会工作人员提供的服务相关的任命或者免职、报酬、纪律、退休或者其他人事事项有关的，依照1977年《国家卫生服务法》、1978年《国家卫生服务（苏格兰）法》、1990年《国家卫生服务和社区护理法》规定实施的行为。

（2）申诉专员不得调查与合同、其他商事交易有关的行为，下列情形除外：

（a）国家卫生服务合同事项，合同由1990年《国家卫生服务和社区护理法》第4条、1978年《国家卫生服务（苏格兰）法》第17A条规定；

（b）医疗保健服务机构和独立提供商就服务的提供所签署协议的有关事项；

（c）家庭医疗保健服务提供商和独立提供商就其后者提供服务所签署

协议的有关事项。

（3）确定第 2 款所指协议有关事项时，英格兰医疗保健服务申诉专员和威尔士医疗保健服务申诉专员应当排除由王室大臣负责的主要为皇家军队成员提供服务事项所签署的协议。

（3A）具有下列情形的，申诉专员不得根据申诉实施调查：

（a）所申诉行为与医疗保健服务机构和家庭医疗保健服务提供商就家庭医疗保健服务的提供签署的协议有关；

（b）行为由该机构、其代表或者该提供商作出；

（c）申诉由该提供商或者该机构提起。

（3B）本条前述规定不禁止申诉专员对医疗保健服务机构运行审查投诉程序的行为实施调查。

（4）女王陛下可以枢密院令修订本条，以允许申诉专员调查第 1 款或者第 2 款所指事项。

（5）包含第 4 款所称枢密院令的制定法文件应当由议会上院或者下院决议废除。

第 7A 条 苏格兰精神福利委员会的某些职能

申诉专员不得调查苏格兰精神福利委员会依照 1984 年《精神健康（苏格兰）法》第 33 条（医院病人出院令）、第 35I 条（撤销社区护理令）或者第 50 条（解除病人监护令），或者 2000 年《无行为能力成人（苏格兰）法》第 73 条规定作出的行为。

申 诉

第 8 条 有权申诉的个人和机构

（1）本法规定的申诉可以由公共机关之外的个人、个人团体（无论是否是法人）提出。

（2）第 1 款所称公共机关，是指：

（a）地方当局，为公共服务或者地方政府（包括议会）之目的设立的其他机关、机构；

（b）为运行国有工业、公用事业或者它们的一部分之目的成立的机关、机构；

（c）下列机关、机构：

（i）其成员由女王陛下、王室大臣、政府部门或者国民议会任命；

（ii）其收入全部或者主要由议会、苏格兰统一基金或者国民议会提供。

第 9 条　提起申诉需遵守的要求

（1）向申诉专员提出申诉时需遵守下列要求。

（2）申诉必须以书面形式提起。

（3）不符合下列情形的申诉不得受理：

（a）由受害人提出；

（b）受害人死亡、因故不能亲自行事时，由如下人员提出：

（i）个人代表；

（ii）家庭成员；

（iii）适合代表其行事的机构、个人。

（4）申诉应当自申诉书所称受害人首次知道申诉事实之日起 1 年内向申诉专员提出，否则不予受理，申诉专员认为可以受理的除外。

（4A）申诉所针对的人员在所申诉行为作出时属于、但是申诉时不再属于第 2A 条第 1 款、第 2 款规定之人员，申诉自该人员作为家庭医疗保健服务提供商最后一天之日起 3 年以后提出的，申诉专员不得受理。

（4B）申诉所针对的人员在所申诉行为作出时属于第 2B 条第 1 款、第 2 款之人员，但申诉时有关协议不再生效，申诉自该人员作为独立提供商最后一天之日起 3 年以后提出的，申诉专员不得受理。

（5）（已废止）

（6）（已废止）

第 10 条　医疗保健服务机构提起申诉

（1）因医疗保健服务机构的不作为、不良行政行为而遭受不公、困苦的人员依照第 3 条第 1 款对其提起申诉，该医疗保健服务机构自身可以将该申诉提交给申诉专员。

（2）申诉应符合下列情形：

（a）以书面形式提出；

（b）由受害人或者第 9 条第 3 款第 b 项授权的人员亲自向申诉专员提出；

（c）自受害人首次知道申诉事实之日起 1 年内，或者特殊情势下在申诉专员认为适当的晚于该日期的时间提出。

（2A）国民议会仅可就属于第 3 条第 1YA 款规定的以由威尔士医疗保健服务申诉专员调查的事项，依照本条向医疗保健服务申诉专员转送申诉。

（3）自收到申诉之日起 1 年以后，医疗保健服务机构不可依照本条规定向医疗保健服务申诉专员转送申诉。

（4）有关本条规定申诉的提出是否适当之问题应当由申诉专员决定。

（5）依照本条向申诉专员提出的申诉应当视为适当。

调　查

第 11 条　调查程序

（1）一旦申诉专员拟依照本法第 3 条第 1 款提出的申诉实施调查，应当给予下列人员对申诉进行评论的机会：

（a）所涉医疗保健服务机构；

（b）被控实施、授权实施了所申诉行为的其他人员。

（1A）一旦申诉专员拟根据本法第 3 条第 1A 款提出的申诉实施调查，应当给予下列人员对申诉进行评论的机会：

（a）家庭医疗保健服务提供商；

（b）被控实施所申诉行为的其他人员（非家庭医疗保健服务提供商）。

（1B）一旦申诉专员拟根据本法第 3 条第 1C 款提出的申诉实施调查，应当给予下列人员对申诉进行评论的机会：

（a）所涉独立提供商；

（b）被控实施、授权实施了所申诉行为的其他人员。

（2）调查应以不公开形式进行。

（3）其他方面，调查程序应当是申诉专员根据案件具体情形认为适当的程序，特别是：

（a）申诉专员可以适当方式从合适的人员处获取信息，认为必要时可以进行询问；且

（b）申诉专员可以决定在调查中有关人员是否可以由顾问、事务律师或者他人代表。

（4）申诉专员认为适当的，可以向申诉人、参与调查或者为调查提供信息的其他人员支付下列报酬：

（a）因此产生的适当费用；

（b）误工津贴。

英格兰医疗保健服务申诉专员、苏格兰医疗保健服务申诉专员应当按照财政部规定的额度和条件进行本款规定的支付；威尔士医疗保健服务申诉专员应当依其决定的额度和条件进行本款规定的支付。

（5）根据第 3 条第 1 款所规定申诉实施的调查，不得影响所涉医疗保健服务机构作出的任何行为，或者该机构作出与调查事项有关的后续行为的权力、职责。

（5A）根据第 3 条第 1A 款、第 1C 款所规定申诉实施的调查，不得影

响家庭医疗保健服务提供商、所涉独立提供商作出的任何行为，或者该提供商作出与调查事项有关的后续行为的权力、职责。

（6）受害人根据1971年《移民法》规定的生效指令已经离开联合王国的，为调查之目的，根据申诉专员指示和国务大臣规定的条件，应当允许其重新进入联合王国并停留。

第12条 证据

（1）为根据第3条第1款所规定申诉实施调查之目的，申诉专员可以要求其认为能够提供与调查有关的信息、出示与调查有关的文件的官员、所涉医疗保健服务机构的成员或者其他人员，提供这种信息、出示这种文件。

（1A）为根据第3条第1A款、第1C款所规定申诉实施调查之目的，申诉专员可以要求其认为能够提供与调查有关的信息、出示与调查有关的文件的任何人，提供这种信息、出示这种文件。

（2）为调查之目的，在下列方面，申诉专员应享有与法院相同的权力：

（a）证人的出席和质问证人（包括对宣誓作证、提供证词的管理和对国外证人的质证）；

（b）文件的出示。

（3）对于在为女王陛下服务过程中获得的秘密、信息，由立法、具体法律规则规定的保守秘密之义务或者对披露信息的其他限制，不得适用于为本法规定的调查之目的而要求的信息披露。

（4）如同法律规定一样，在出示文件、提供证据方面，对这种调查，王室不得享有特权。

（5）不得依照本法要求、授权个人从事下列行为：

（a）提供与内阁、内阁委员会的程序有关的信息，回答与此相关的问题；

（b）出示与这些程序有关的任何文件；

为此目的，证明任何相关的信息、问题、文件或者部分文件的证明书都应由内阁大臣经首相同意后出具且具有结论性。

（6）在遵守第3款和第4款规定情形下，不能为调查之目的，强迫有关人员提供、出示在法院的民事程序中不能被强迫提供的证据、出示的文件。

第13条 妨碍和藐视

（1）具有下列情形下的，申诉专员可将冒犯行为向法院提出：

（a）有关人员没有合法理由妨碍申诉专员或者其官员履行职务；

（b）以作为、不作为方式对实施的调查犯有在司法程序中可以构成藐视法庭罪的行为。

（2）一旦将犯罪行为诉至法院，法院可以进行事实调查，实施下列行为以后，法院可以如同该人员向法庭实施了该犯罪行为时所能作出的处理方式，对其进行处理：

（a）听取可能对受指控人员不利，或者代表受指控人员的证人证词；

（b）听取辩护中可能作出的声明。

（3）本条规定不得解释为适用于第11条第5款所称任何行为。

报 告

第14条 英格兰申诉专员和苏格兰申诉专员的报告

（1）一旦英格兰医疗保健服务申诉专员、苏格兰医疗保健服务申诉专员根据第3条第1款所规定申诉实施调查，应当向下列人员提交有关调查结果的报告：

（a）提出申诉的人员；

（b）申诉专员认为在申诉提出过程中提供了协助的议会下院议员、苏格兰议会成员，该人员不再担任下院议员、苏格兰议会成员职务的，报告提交给申诉专员认为合适的下院议员、苏格兰议会成员；

（c）报告出具时，提供申诉所指服务、具有申诉所指职能的医疗保健服务机构；

（d）被控实施、授权实施了所申诉行为的人员；

（e）国务大臣。

（2）一旦英格兰医疗保健服务申诉专员、苏格兰医疗保健服务申诉专员决定不根据第 3 条第 1 款所规定申诉实施调查，应当向下列人员发送有关原因的说明：

（a）提出申诉的人员；

（b）第 1 款第 b 项所称下院议员、苏格兰议会成员。

（c）（已废止）

（2A）一旦英格兰医疗保健服务申诉专员、苏格兰医疗保健服务申诉专员根据第 3 条第 1A 款所规定申诉实施调查，应当向下列人员提交有关调查结果的报告：

（a）提出申诉的人员；

（b）申诉专员认为在申诉提出过程中提供了协助的议会下院议员、苏格兰议会成员，该人员不再担任下院议员、苏格兰议会成员职务的，报告提交给申诉专员认为合适的下院议员、苏格兰议会成员；

（c）实施了所申诉行为的人员；

（d）不符合第 c 项规定的家庭医疗保健服务提供商；

（e）家庭医疗保健服务提供商承诺向其提供家庭医疗保健服务的医疗保健服务机构；

（f）国务大臣。

（2B）一旦英格兰医疗保健服务申诉专员、苏格兰医疗保健服务申诉专员决定不根据第 3 条第 1A 款所规定申诉实施调查，应当向下列人员发送有关原因的说明：

（a）提出申诉的人员；

（b）第 2A 款第 b 项所称下院议员、苏格兰议会成员。

（2C）一旦英格兰医疗保健服务申诉专员、苏格兰医疗保健服务申诉专员根据第 3 条第 1C 款所规定申诉实施调查，应当向下列人员提交有关调查结果的报告：

（a）提出申诉的人员；

（b）申诉专员认为在申诉提出过程中提供了协助的议会下院议员、苏格兰议会成员，该人员不再担任下院议员、苏格兰议会成员职务的，报告提交给申诉专员认为合适的下院议员、苏格兰议会成员；

（c）被控实施、授权实施了所申诉行为的人员；

（d）独立提供商；

（e）与独立提供商签署了协议，由独立提供商向其提供相关服务的医疗保健服务机构、家庭医疗保健服务提供商；

（f）国务大臣。

（2D）一旦英格兰医疗保健服务申诉专员、苏格兰医疗保健服务申诉专员决定不根据第 3 条第 1C 款所规定申诉实施调查，应当向下列人员发送有关原因的说明：

（a）提出申诉的人员；

（b）第 2C 款第 b 项所称下院议员、苏格兰议会成员。

（3）实施调查之后，英格兰医疗保健服务申诉专员、苏格兰医疗保健服务申诉专员发现具有下列情形的，认为适当时可以向议会两院出示相关特别报告：

（a）受害人遭受了第 3 条第 1 款、第 1A 款或者第 1C 款所称不公正、困苦；且

（b）该不公正、困苦未能或者不会获得救济。

（4）英格兰医疗保健服务申诉专员、苏格兰医疗保健服务申诉专员：

（a）应当就依照本法履行职能的情况每年向议会两院提供一份总报告；

（b）认为适当的，可以随时向议院两院提供依法履职情况的其他报告。

（5）为诽谤法之目的，英格兰医疗保健服务申诉专员、苏格兰医疗保健服务申诉专员依照本条提交、发送报告、说明的过程中，任何事项的公开行为应当为绝对特权。

第 14A 条　威尔士申诉专员的报告

（1）一旦威尔士医疗保健服务申诉专员根据第 3 条第 1 款、第 1A 款或者第 1C 款所规定申诉实施调查，应当准备一份有关调查结果的报告，并向下列人员提交报告副本：

（a）提出申诉的人员；

（b）申诉专员认为在申诉提出过程中提供了协助的国民议会成员，该人员不再担任国民议会成员职务的，报告提交给申诉专员认为合适的国民议会成员；

（c）国民议会首席大臣。

（2）申诉专员还应当将报告副本提交给下列人员、机构：

（a）依照第 3 条第 1 款规定提出申诉的：

（i）报告提交时，提供申诉所指服务、具有申诉所指职能的医疗保健服务机构；

（ii）被控实施、授权实施了所申诉行为的人员。

（b）依照第 3 条第 1A 款提出申诉的：

（i）实施了所申诉行为的人员；

（ii）不符合本项第 i 目规定的家庭医疗保健服务提供商；

（iii）与承诺提供家庭医疗保健服务的提供商签署协议的医疗保健服务机构。

（c）依照第 3 条第 1C 款提出申诉的：

（i）被控实施、授权实施了所申诉行为的人员；

（ii）独立提供商；

（iii）与独立提供商签署了协议，由独立提供商向其提供相关服务的医疗保健服务机构、家庭医疗保健服务提供商。

（3）一旦威尔士医疗保健服务申诉专员决定不根据第 3 条第 1 款、第 1A 款或者第 1C 款所规定申诉实施调查，应当准备一份有关原因的说明，并向下列人员发送说明的副本：

（a）提出申诉的人员；

（b）申诉专员认为在申诉提出过程中提供了协助的国民议会成员，该人员不再担任国民议会成员职务的，报告提交给申诉专员认为合适的国民议会成员。

第 14B 条 对威尔士申诉专员的报告作出回应的行为

（1）一旦国民议会首席大臣收到第 14A 条第 1 款所称报告副本，为履行国民议会的国家卫生服务职能，应当将该报告副本发送给依照 1998 年《威尔士政府法》第 56 条对国民议会负责的议会大臣。

（2）一旦威尔士医疗保健服务申诉专员在第 14A 条第 1 款所称报告中指出，受害人遭受了第 3 条第 1 款、第 1A 款或者第 1C 款所称不公正、困苦，受调查的机构、服务提供商应当考虑该报告，并在下列期限内向申诉专员通知其采取的、拟采取的行动：

（a）自该机构、服务提供商收到报告之日起 3 个月内；

（b）经申诉专员书面同意的更长期限内。

（3）具有下列情形的，威尔士医疗保健服务申诉专员应当准备后续报告：

（a）没有在第 2 款规定的日期内收到相关通知；

（b）对所采取的、拟采取的行动不满意；

（c）没有在第 2 款规定期限届满之日起 3 个月内，或者其书面同意的更长期限内，从按计划采取了相关行动的机构、服务提供商处收到令人满意的确认。

（4）威尔士医疗保健服务申诉专员的后续报告应当陈述有关事实，提出其认为对采取下列行动适当的建议：

（a）对遭受不公正、困苦的受害人给予救济；且

（b）防止未来发生类似的不公正、困苦；

后续报告的副本应当发送给第 14A 条第 1 款规定的调查结果报告副本应发送的所有人员。

（5）一旦国民议会首席大臣收到该后续报告的副本，为履行国民议会的国家卫生服务职能，应当将后续报告副本发送给依照 1998 年《威尔士政府法》第 56 条对国民议会负责的议会大臣。

（6）一旦议会首席大臣收到与国民议会有关的调查的后续报告，还应当：

（a）在国民议会展示该报告副本；

（b）通知国民议会，其打算提出动议，以同意报告中提出的建议，威尔士医疗保健服务申诉专员对已经采取、拟采取的行动感到满意的除外。

（7）只要合理可行，国民议会大会议事规则必须对第 6 款第 b 项所称通知提出的动议作出规定，威尔士医疗保健服务申诉专员对已经采取、拟采取的行动感到满意的除外。

第 14C 条　报告：附则

（1）除为识别受调查机构、服务提供商之目的外，第 14A 条第 1 款规定的报告、第 14B 条第 3 款规定的后续报告或者附录 1A 第 7 条规定的报告，不得：

（a）提及任何人的姓名；

（b）包含威尔士医疗保健服务申诉专员认为可能用来确定任何人身份，且删除这些信息不会损害报告、后续报告有效性的具体信息，

考虑公共利益、申诉人利益和其他人利益之后，申诉专员认为有必要在报告、后续报告中提及人员姓名、包含这种具体信息的除外。

（2）为诽谤法之目的，下列事项为绝对特权：

（a）威尔士申诉专员在第 14A 条所称报告或者说明、第 14B 条第 3 款所称后续报告或者附录 1A 第 7 条所称报告中所提及事项的公开，

（b）下列人员就向申诉专员提出申诉事宜与申诉专员交流中所提及事项的公开：

（i）国民议会成员、国民议会工作人员、接受申诉专员调查的其他机构、服务提供商的成员、官员或者工作人员；和

（ii）申诉专员、申诉专员的工作人员；

（c）任何人和国民议会成员就该人员向申诉专员提出申诉事宜与申诉专员交流中所提及事项的公开；

（d）任何人和申诉专员、申诉专员的工作人员就该人员向申诉专员提出申诉事宜与申诉专员交流中所提及事项的公开。

信息和协商

第 15 条 信息的保密

（1）申诉专员或其官员调查时，或者为调查之目的而获取的信息不得披露，下列情形除外：

（a）为调查以及本法规定报告之目的；

（b）为下列程序之目的：

（i）指控申诉专员或其官员实施了与依据本法所获取信息有关的触犯《政府秘密法》（1911-1989）之规定的犯罪行为；

（ii）指控有关人员在调查过程中作伪证；

（c）为事实调查之目的，该事实调查按照 b 项提到的程序进行；

（d）为第 13 条规定程序（有关妨碍和蔑视的犯罪行为）之目的；

（e）依照第 1B 款规定提供的信息使得有关人员对病人的健康、安全可能构成威胁。

（1A）第 1B 款适用于申诉专员或其官员调查时获取的下列信息：

（a）不属于为调查、本法规定报告之目的而被要求披露的信息；且

（b）使得有关人员对病人的健康、安全可能构成威胁。

（1B）出现第 1 款第 e 项规定情形的，为保护病人的健康和安全之利益，申诉专员可以向认为应向其披露信息的人员披露相关信息；可以向管理第 1A 款第 b 项所提及人员所属职业、与其就提供服务签署了协议的雇员或者任何人的机构披露相关信息。

（1C）申诉专员依照第 1B 款规定披露信息的，应当：

（a）知道第 1 款第 e 项所指人员身份的，告知该人员已经披露了相关信息，以及信息披露对象人员的身份；

（b）告知提供信息的人员，该信息已经披露。

（2）任何程序不得传唤申诉专员或其官员、顾问就其调查过程中了解的事项提供证据，第 1 款规定程序除外。

（3）第 2 款所称申诉专员的顾问，是指申诉专员依照附录 1 第 13 条、附录 1A 第 6 条第 6 款规定向其寻求建议的人员。

（4）为第 1 款之目的，依照 2000 年《信息自由法》第 76 条从信息专员处获取的信息，应当视为为调查之目的而获取的信息，对于这种信息，第 1 款第 a 项所指调查应当指任何调查。

第 16 条　损害国家安全的信息

（1）王室大臣可以向申诉专员发出书面通知，告知其认为披露通知所指明的文件、信息有损国家安全，有悖公共利益。

（2）一旦向申诉专员发出这种通知，本法任何条款不得解释为授权、要求申诉专员或其官员就通知所指明的文件、信息，与任何人或者为任何

目的而进行交流。

（3）上述文件、信息包括相关类别的文件、信息。

第 17 条　申诉专员依其他权能使用信息

（1）申诉专员同时担任医疗保健服务申诉专员的其他职位、威尔士行政申诉专员职务或者议会申诉专员职务（另外职务）的，适用本条。

（2）具有下列情形的，申诉专员或其官员在调查其他申诉过程中，或者为调查其他申诉之目的而获取的信息，可以为其履行与因担任另外职务而向其提起之申诉有关的职能之目的而予以披露：

（a）有关人员向申诉专员担任的另外职务提起申诉；

（b）该申诉部分与该人员以前或嗣后向申诉专员提出申诉的事项有关。

第 18 条　调查协商

（1）调查时认为申诉部分与下列调查事项有关的，申诉专员应当与其他合适的申诉专员（申诉专员）就该申诉进行协商，认为必要的，应当将向其他申诉专员（申诉专员）提起申诉的必要步骤告知提起申诉的人员：

（a）其他医疗保健服务申诉专员依据本法实施的调查；

（b）议会申诉专员依据 1967 年《议会申诉专员法》实施的调查；

（ba）威尔士行政申诉专员依据 1998 年《威尔士政府法》实施的调查；

（c）地方申诉专员依照 1974 年《地方政府法》第 III 编实施的调查；

（d）苏格兰地方行政申诉专员依照 1975 年《地方政府（苏格兰）法》第 II 编实施的调查。

（2）一旦申诉专员与其他申诉专员、威尔士行政申诉专员依照本条进行了协商，协商可以延伸至与申诉有关的任何事项，包括：

（a）调查申诉的有关行为；

（b）调查结果报告的形式、内容和公开。

（3）本法第 15 条规定（信息的保密）不适用于依照本条进行协商时的信息披露。

第 18A 条　向信息专员披露信息

（1）医疗保健服务申诉专员认为信息与下列事项有关的，英格兰医疗保健服务申诉专员、威尔士医疗保健服务申诉专员可以向信息专员披露依照本法或者为本法之目的，而由医疗保健服务申诉专员获取、向其提供的任何信息：

（a）与信息专员行使如下法律规定所授予权力有关的事项：

（i）1998 年《数据保护法》第 V 编（强制执行）；

（ii）2000 年《信息自由法》第 48 条（实践建议）；

（iii）2000 年《信息自由法》第 IV 编（强制执行）；

（b）触犯如下法律规定的犯罪行为：

（i）1998 年《数据保护法》之规定，附录 9 第 12 条规定（禁令执行妨碍）除外；

（ii）2000 年《信息自由法》第 77 条之规定（为阻止披露而对记录实施修改等犯罪）。

（3）本法第 15 条规定（信息的保密）不适用于本条规定的信息披露。

附　则

第 19 条　解释

本法下列各表述的含义如下：

- 行为，包括不作为，以及应当相应解释为行为的其他表达；
- 分配总额，依照 1990 年《国家卫生服务和社区护理法》第 15 条、1978 年《国家卫生服务（苏格兰）法》第 87B 条规定解释；
- 大会，是指威尔士国民议会；
- 法院，是指英格兰高等法院、威尔士高等法院、苏格兰会议法庭和北爱尔兰高等法院；

- 家庭医疗保健服务，由第 2A 条规定；
- 家庭医疗保健服务提供商，由第 2A 条规定；
- 财政年度、大会的首个财政年度，同 1998 年《威尔士政府法》的规定；
- 职能，包括权力和职责；
- 医疗保健服务机构，由第 2 条规定；
- 独立提供商，由第 2B 条规定；
- 地方当局，是指：

（a）在英格兰，郡议会、地区议会、伦敦自治市议会或者伦敦金融城共同委员会；

（aa）在威尔士，郡议会或者郡自治议会；

（b）在苏格兰，区域、地区或岛屿议会；

- 官员，包括雇员，以及威尔士医疗保健服务申诉专员的工作人员；
- 议会申诉专员，是指议会的行政申诉专员；
- 病人，包括孕妇、哺乳期妇女和产妇；
- 受害人，是指第 3 条第 1 款、第 1A 款或者第 1C 款所称提出申诉且持续承受不公平、困苦的人员
- 认可的基金持有实践，依照 1990 年《国家卫生服务和社区护理法》第 14 条、1978 年《国家卫生服务（苏格兰）法》第 87A 条解释。

第 20 条　条款的相应修订和废除

（1）本法附录 2（包括对本法条款的相应修订）有效。

（2）附录 3 所列立法依指明的范围废除。

第 21 条　过渡条款

（1）有关条款的废除和重新制定不影响本法的持续效力。

（2）依据本法重新制定条款所实施行为或者该行为的效力，视同依据本法相应条款所实施行为或者具有相应的效力。

（3）有关本法施行以前的时间、情势或者目的，本法、其他立法、文书或者文件对本法条款的明示或者默示援引，应当根据实际情况解释为包括对本法已经废除的相应条款的援引。

（4）有关本法施行以后的时间、情势或者目的，本法、其他立法、文书或者文件对本法已经废除条款的明示或者默示援引，应当根据实际情况解释为包括对本法相应条款的援引。

（5）第 4 款需遵守附录 2 之规定。

第 22 条 简略标题、适用范围和施行

（1）本法简称 1993 年《医疗保健服务申诉专员法》。

（2）本法下列条款延伸适用于北爱尔兰：

（a）第 11 条、第 12 条、第 13 条、第 14 条第 5 款、第 15 条、第 16 条和本条；

（b）第 19 条中与本条所指各条款相关的内容；

（c）附录 2 有关修订延伸适用于北爱尔兰立法的相关内容；

（d）附录 3 有关废除延伸适用于北爱尔兰立法的相关内容。

（3）国务大臣可以通过指令规定，本法经指令所指明必要的修订后，适用于锡利群岛。

指令应当以制定法文件形式作出，且由议会上院或者下院决议废除。

（4）本法自通过之日起 3 个月的最后一天生效。

附录 1 英格兰申诉专员和苏格兰申诉专员

前 言

A1 本附录所称申诉专员、医疗保健服务申诉专员，是指英格兰医疗保健服务申诉专员、苏格兰医疗保健服务申诉专员。

申诉专员的任命

1 （1）女王陛下可以特许任命申诉专员，任命的人员应当在履职期间保持良好行为。

（2）任命为申诉专员的人员可以：

（a）请求女王陛下解除自己的职务；

（b）应议会两院请求由女王陛下解除职务，苏格兰医疗保健服务申诉专员除外；

（c）任命为苏格兰医疗保健服务申诉专员的，依苏格兰议会决议由女王陛下解除职务；

并应当在 65 周岁届满时卸任。

（3）任命为申诉专员的人员因健康原因无法履行职务，且无法请求解除职务的，女王陛下可以宣布职务空缺。

代理申诉专员的任命

2 （1）申诉专员职位空缺的，任命新的申诉专员以前，自空缺出现之日起 12 个月内，女王陛下可以随时任命本条所称人员担任代理申诉专员。

（2）依照本条任命的人员应当在女王陛下任命之期限内履行职务，并在下列情形履行职务：

（a）任命新的申诉专员以前，或者自空缺出现之日起 12 个月届满，先到日期为准；

（b）其他方面，符合国务大臣决定且经财政部同意的有关此项任命的条款和条件。

（3）除第 4 条至第 10 条规定之目的外，依照本条任命的人员履行职务期间应当视为申诉专员。

某些人员不具有被任命的资格

3 （1）相关医疗保健服务机构的成员不得被任命为申诉专员、代理申诉专员；被任命为申诉专员、代理申诉专员的人员在任命期间不得成为这种机构的成员。

（2）为此目的，相关医疗保健服务机构是指：

（a）涉及英格兰医疗保健服务申诉专员或其代理人的，本法第 2 条第 1 款或者第 2 款所指机构；

（b）涉及苏格兰医疗保健服务申诉专员或其代理人的，本法第 2 条第 3 款所指机构、该机构的管理委员会。

3A （1）属于相关家庭医疗保健服务提供商的人员不得被任命为申诉专员、代理申诉专员；被任命为申诉专员、代理申诉专员的人员在任命期间不得成为相关家庭医疗保健服务提供商。

（2）为此目的，相关家庭医疗保健服务提供商是指：

（a）涉及英格兰医疗保健服务申诉专员或其代理人的，本法第 2A 条第 1 款或者第 2 款所指人员；

（b）涉及苏格兰医疗保健服务申诉专员或其代理人的，本法第 2A 条第 3 款所指人员。

工　资

4 （a）议会下院可以随时作出决议，决定应当向申诉专员支付与国家公务员类似任命相同的工资；决议应当自通过之日或者决议规定的其他具体日期起生效。

（b）涉及苏格兰医疗保健服务申诉专员的，第b项所称议会下院应当解释为苏格兰议会。

5 已经由联合王国任何机关或申诉专员被任命过的其他部门申诉专员支付的退休金，应当从申诉专员的工资中扣减。

6 （1）同时担任下列职务的人员，仅有权领取支付给议会申诉专员的工资：

（a）议会申诉专员职务；

（b）一个或者二个医疗保健服务申诉专员职务。

（2）同时担任二个医疗保健服务申诉专员职务的人员，仅有权领取支付给其选择的其中一份申诉专员职务的工资。

退休金和其他福利

7 1967年《议会申诉专员法》附录1（有关退休金和其他福利）对担任或者曾担任申诉专员职务的人员有效，视同该人员担任或者曾担任议会申诉专员职务。

8 为1967年《议会申诉专员法》附录1之目的，计算前任申诉专员的工资时，下列因素不予考虑：

（a）第5条所称对工资的扣减；

（b）因国家利益对工资的临时扣减；

（c）全部或者部分工资的自愿上交。

9 （1）本条所称相关职务，是指议会申诉专员职务、医疗保健服务申诉专员职务。

（2）财政部可以制定条例，规定1967年《议会申诉专员法》附录1经其认为必要的修订后，对担任一个以上相关职务的人员有效；对不同的相关职务，可以依照该附录 1 第 4 条制定不同的条例。

（3）对不同的相关职务，有关人员无权同时依照该附录 1 第 1 条或者第 2 条作出不同的选择。

（4）对某一相关职务，有关人员依照该附录第 1 条或者第 2 条已经作出选择或者视为已经作出选择的，对其所担任、嗣后担任的其他职务，应当视为已经作出相同的选择。

（5）一定期限的职务工资没有支付的，为该附录 1 之目的，不应考虑该相关职务的服务期限。

（6）财政部认为必要的，本条规定的条例可以制定附加条款或者补充条款。

（7）本条规定的条例应当以制定法文件形式作出，且由议会上院或者下院决议废除。

10　有关人员依照 1967 年《议会申诉专员法》附录 1 第 2 条第 1 款第 a 项（被 1993 年《司法退休金和退休法》附录 4 第 II 编所取代）作出选择，以便该附录 1 对其继续有效，如同 1993 年《司法退休金和退休法》附录 4 第 II 编生效以前一样的，本附录具有下列效力：

（a）第 7 条中的“担任或者”（两处）用语，以及第 9 条第 3 款和第 4 款的“或者第 2 条”（两处）用语视为删除；

（b）第 9 条第 2 款对该附录 1 第 4 条的援引，视为援引该附录第 8 条。

工作人员和顾问

11　（1）申诉专员可以任命其有权决定的官员，人数和服务条件需经财政部许可。

（2）（已废止）

12　申诉专员、其他申诉专员、威尔士医疗保健服务申诉专员、议会申诉专员或者威尔士行政申诉专员可以专门授权任何官员，履行本法规定之申诉专员的任何职能。

13　（1）为协助本人实施调查，申诉专员可以从其认为有资格提供建议的人员处寻求建议。

（2）申诉专员可以依照本条规定向其寻求建议的人员支付报酬，决定支付的费用、津贴需经财政部许可。

财政条款

14　除苏格兰医疗保健服务申诉专员外，本法规定之申诉专员的费用：

（a）应当从议会提供的资金中拨付；

（b）不得超过财政部同意的限额。

15　第2条、第4条至第9条规定的工资、养老金或者其他福利应当从统一基金中支出。

附录1A　威尔士申诉专员

任　命

1　（1）威尔士医疗保健服务申诉专员由女王陛下任命。

（2）在遵守第3款和第4款情形下，威尔士医疗保健服务申诉专员应当任职至65周岁届满。

（3）符合下列情形的，女王陛下可以在任职届满前解除威尔士医疗保健服务申诉专员的职务：

（a）威尔士医疗保健服务申诉专员请求解除；

（b）女王陛下确认其因健康原因无法履行职务且无法请求解除职务。

（4）因行为不端，国务大臣与国民议会协商后向女王陛下提出建议的，女王陛下可以在65周岁届满前解除威尔士医疗保健服务申诉专员的职务。

身　份

2（1）威尔士医疗保健服务申诉专员视为担任女王陛下授权的职务，代表王室履行职能。

（2）威尔士医疗保健服务申诉专员职务不得视为女王陛下之国内文官职务，但是为1989年《政府秘密法》之目的，应当视为政府雇员。

代理申诉专员的任命

3（1）威尔士医疗保健服务申诉专员职位空缺的，自空缺出现之日起12个月内，女王陛下可以随时任命有关人员担任代理申诉专员。

（2）在遵守第3款至第5款规定情形下，代理威尔士医疗保健服务申诉专员应当根据任命条款担任职务。

（3）下列日期以后，代理威尔士医疗保健服务申诉专员不再担任职务，先到日期为准：

（a）任命新的威尔士医疗保健服务申诉专员；

（b）空缺出现之日起12个月届满。

（4）符合下列情形的，女王陛下可以随时解除代理威尔士医疗保健服务申诉专员的职务：

（a）代理威尔士医疗保健服务申诉专员请求解除；

（b）女王陛下确认其因健康原因无法履行职务且无法请求解除职务。

（5）因行为不端，国务大臣与国民议会协商后向女王陛下提出建议的，女王陛下可以随时解除代理威尔士医疗保健服务申诉专员的职务。

（6）除第 1 条和本条之规定外，依照本条任命的人员履行职务期间应当视为威尔士医疗保健服务申诉专员。

某些人员不具有被任命的资格

4 （1）第 2 条第 1 款或者第 2 款所称机构的成员，不得被任命为威尔士医疗保健服务申诉专员、代理威尔士医疗保健服务申诉专员；被任命为威尔士医疗保健服务申诉专员、代理威尔士医疗保健服务申诉专员的人员在任命期间不得成为这种机构的成员。

（2）第 2A 条第 1 款或者第 2 款所称人员不得被任命为威尔士医疗保健服务申诉专员、代理威尔士医疗保健服务申诉专员；被任命为威尔士医疗保健服务申诉专员、代理威尔士医疗保健服务申诉专员的人员在任命期间不得成为这种人员。

报 酬

5 （1）大会应当根据任命条款的规定：

（a）向威尔士医疗保健服务申诉专员支付工资和津贴；

（b）依照有关退休福利之规定作出相应支付。

（2）威尔士医疗保健服务申诉专员同时担任下列职务的，无权领取威尔士医疗保健服务申诉专员的工资：

（a）议会申诉专员；

（b）威尔士行政申诉专员。

（3）威尔士医疗保健服务申诉专员同时担任一个或者二个其他医疗保健服务申诉专员职务的，应当有权但是仅可领取所选择的其中一个职务的工资。

（4）大会应当根据任命条款的规定，向不再担任威尔士医疗保健服务申诉专员职务的人员：

（a）支付退休金、酬金；

（b）提供福利。

（5）1972 年《退休法》附录 1（适用于该法第 1 条的职务等）所指职务清单中加上：威尔士医疗保健服务申诉专员。

（6）因第 5 款规定而带来的 1972 年《退休法》所规定议会提供资金中支出额度的增加，大会应当依其决定的时间和数额向文官大臣支付。

工作人员和顾问

6 （1）威尔士医疗保健服务申诉专员可以任命其认为必要的工作人员，协助其履行职能。

（2）在威尔士进行申诉事宜调查时，申诉专员认为有必要的，应当任命一名掌握威尔士语言的人员为其工作人员。

（3）威尔士医疗保健服务申诉专员的工作人员职位应当视为女王陛下国内文官之职位。

（4）因第 3 款规定而带来的 1972 年《退休法》所规定议会提供资金中支出额度的增加，大会应当依其决定的时间和数额向文官大臣支付。

（5）威尔士医疗保健服务申诉专员专门授权的，其职能可以由下列人员履行：

（a）威尔士医疗保健服务申诉专员的工作人员；

（b）威尔士行政申诉专员的工作人员；

（c）议会申诉专员或其他医疗保健服务申诉专员的官员；

任何法律所称威尔士医疗保健服务申诉专员的工作人员，包括依照第b项或者第c项履行其职能的人员。

（6）为协助本人实施调查，威尔士医疗保健服务申诉专员可以从其认为有资格提供建议的人员处寻求建议。

（7）威尔士医疗保健服务申诉专员可以向其依照第6款规定寻求建议的人员支付所决定的费用、津贴。

（8）不得就下列事项作出安排：

（a）由其他人员、其他人员的工作人员履行威尔士医疗保健服务申诉专员或者大会的职能；

（b）威尔士医疗保健服务申诉专员或者大会为其他人员提供行政、专业或者技术服务。

报 告

7 （1）威尔士医疗保健服务申诉专员：

（a）应当就其履职情况每年准备一份总报告，并置于大会；

（b）认为适当的，可以随时就其履职情况准备一份报告，并置于大会。

（2）大会应当依本条规定公开放置的报告，威尔士医疗保健服务申诉专员可以公开该报告。

经 费

8 （1）威尔士医疗保健服务申诉专员所得不能偿付其经费的，应当由大会偿付。

（2）该经费包括威尔士医疗保健服务申诉专员在履职时因违反合同或者其他职责而产生的费用，无论该违反行为是因为本人的作为或者不作为，或者其工作人员、协助其履行职能的其他人员的作为或者不作为所造成。

预　算

9　（1）威尔士医疗保健服务申诉专员应当在大会首个财政年度以后的每一财政年度，规划职务工作的收支预算，并提交给执行委员会。

（2）预算应当至少在预算当期财政年度开始前5个月向执行委员会提交。

（3）执行委员会应当审查预算，并经适当修改后，将预算置于大会。

（4）一旦执行委员会拟将修改后的预算置于大会，应当首先与国务大臣进行协商，并考虑国务大臣提出的任何建议。

（5）本条所称执行委员会，是指在1998年《威尔士政府法》中被称为执行委员会的大会委员会。

账　目

10　（1）威尔士医疗保健服务申诉专员应当保有适当的账目记录。

（2）每一财政年度，威尔士医疗保健服务申诉专员应当根据财政部的指示编制账目。

（3）第2款所称财政部的指示，特别包括有关下列事项的指示：

（a）账目所包含的信息以及这些信息呈现的方式；

（b）编制账目的方法和原则；

（c）与账目相关的其他信息。

审　计

11 （1）威尔士医疗保健服务申诉专员为每一财政年度编制的账目，应当不晚于下一财政年度的11月30日，由其提交给威尔士审计长，以供审查。

（2）威尔士审计长应当：

（a）审查、核验依照本条提交的账目；

（b）自账目提交之日起4个月以内，将经核验的账目副本以及出具的报告置于大会。

（3）审查依照本条提交的账目时，威尔士医疗保健服务申诉专员特别应当确认账目的有关支出均系合法产生，符合相关管理规定。

会计人员

12 （1）威尔士医疗保健服务申诉专员职务的会计人员应当为威尔士医疗保健服务申诉专员。

（2）具有下列情形的，财政部可以指定1名威尔士医疗保健服务申诉专员的工作人员担任会计人员之职：

（a）威尔士医疗保健服务申诉专员没有能力承担会计人员的责任；

（b）威尔士医疗保健服务申诉专员职务空缺，且没有代理威尔士医疗保健服务申诉专员。

（3）对与威尔士医疗保健服务申诉专员账目及其职务的财政状况有关

的事务，会计人员应当承担财政部随时规定的相关责任。

（4）本条所称责任，特别包括：

（a）账目签章的责任；

（b）有关威尔士医疗保健服务申诉专员职务财政状况的适当性和一致性方面的责任；

（c）有关威尔士医疗保健服务申诉专员所使用资源的经济性、效能和有效性方面的责任。

（5）本条可以规定的责任包括对下列机构的责任：

（a）大会、大会的执行委员或者审计委员会；

（b）下院或者下院政府账目委员会。

（6）经下院政府账目委员会请求，大会审计委员会可以：

（a）代表政府账目委员会向威尔士医疗保健服务申诉专员的会计人员取证；

（b）向政府账目委员会报告，将获取的证据转交给该委员会。

（7）本条、第 13 条和第 14 条所称威尔士医疗保健服务申诉专员之职务，包括威尔士医疗保健服务申诉专员及其工作人员；所称执行委员会，同第 9 条规定。

资源使用的审查

13 （1）威尔士审计长可以对威尔士医疗保健服务申诉专员履职时所使用职务资源的经济性、效能和有效性进行审查。

（2）第 1 款规定不得解释为授权威尔士审计长对威尔士医疗保健服务申诉专员政策目标的实质内容提出质疑。

（3）为决定如何依照本条履行其职能，威尔士审计长应当考虑大会审计委员会对其应实施审查所提出的意见。

（4）威尔士审计长可以将其依照本条所实施审查的结果报告置于大会。

（5）依照本条、1983 年《国家审计法》第 7 条（审查经济性等）对威尔士医疗保健服务申诉专员进行审查时，威尔士审计长和总审计长可以彼此合作，相互提供协助。

总审计长的审查

14 （1）为授权总审计长对威尔士医疗保健服务申诉专员职务的财政状况进行审查并向议会报告之目的，总审计长：

（a）有权经其合理要求，在任何合理时间查看由威尔士医疗保健服务申诉专员、威尔士审计长保管、控制的文件；

（b）有权要求持有、负责上述文件的人员提供其认为合理必要的协助、信息或者解释。

（2）采取第 1 款规定之行动，或者依照 1983 年《国家审计法》第 7 条规定（审查经济性等）对威尔士医疗保健服务申诉专员进行审查以前，总审计长应当：

（a）与威尔士审计长进行协商；

（b）考虑威尔士审计长的相关工作。

附录 2　条款的修订（略）

附录 3　条款的废除（略）

（翻译：刘衡　审校：许尚豪）

Health Service Commissioners Act 1993①

1993 CHAPTER 46

Health Service Commissioners

1 The Commissioners.

(1) For the purpose of conducting investigations in accordance with this Act, there shall continue to be—

(a) a Health Service Commissioner for England,

(b) a Health Service Commissioner for Wales, and

(c) a Health Service Commissioner for Scotland.

(2) References in this Act to a Commissioner (or Health Service Commissioner) are, unless the context otherwise requires, to any of the Commissioners.

(3) Schedule 1 has effect with respect to the appointment and remuneration of, and other administrative matters relating to, the Health Service Commissioner for England and the Health Service Commissioner for Scotland; and Schedule 1A has effect with respect to the appointment and remuneration of, and other administrative matters relating to, the Health Service Commissioner for Wales.

---

① 文本从英国政府网站（http: //www.legislation.gov.uk/ukpga/1993/46/contents）下载，删除了各种说明和注解。最后访问时间为 2015 年 11 月 30 日。

Health service bodies subject to investigation

2 The bodies subject to investigation.

(1) The bodies subject to investigation by the Health Service Commissioner for England are—

(a) Strategic Health Authorities,

(c) Special Health Authorities to which this section applies exercising functions only or mainly in England,

(d) National Health Service trusts managing a hospital, or other establishment or facility, in England,

(da) Primary Care Trusts

(e) ......

(f) the Dental Practice Board, and

(g) the Public Health Laboratory Service Board.

(2) The bodies subject to investigation by the Health Service Commissioner for Wales are—

(a) Health Authorities. . .,

(aa) Local Health Boards,

(b) Special Health Authorities to which this section applies exercising functions only or mainly in Wales...,

(c) National Health Service trusts managing a hospital, or other establishment or facility, in Wales,... and

(ca) the National Assembly for Wales (“the Assembly”).

(d) ......

(3) The bodies subject to investigation by the Health Service Commissioner

for Scotland are—

(a) Health Boards,

(b) National Health Service trusts established under section 12A of the National Health Service (Scotland) Act 1978,

(c) the Common Services Agency for the Scottish Health Service,. . .

(d) the Scottish Dental Practice Board and

(e) the Mental Welfare Commission for Scotland

(4) References in this Act to a "health service body" are to any of the bodies mentioned above.

(5) The Special Health Authorities to which this section applies are those—

(a) established on or before 1st April 1974, or

(b) established after that date and designated by Order in Council as ones to which this section applies.

(6) A statutory instrument containing an Order in Council made by virtue of subsection (5)(b) shall be subject to annulment in pursuance of a resolution of either House of Parliament.

Persons subject to investigation

2A Health service providers subject to investigation.

(1) Persons are subject to investigation by the Health Service Commissioner for England if they are or were at the time of the action complained of—

(a) individuals undertaking to provide in England general medical services or general dental services under Part II of the National Health Service Act 1977;

(b) persons (whether individuals or bodies) undertaking to provide in England general ophthalmic services or pharmaceutical services under Part II of that Act; or

(c) individuals performing in England personal medical services or personal dental services in accordance with arrangements made under section 28C of that Act (except as employees of, or otherwise on behalf of, a health service body or an independent provider); or

(d) individuals providing in England local pharmaceutical services in accordance with arrangements made under a pilot scheme established under section 28 of the Health and Social Care Act 2001 (except as employees of, or otherwise on behalf of, a health service body or an independent provider).

(2) Persons are subject to investigation by the Health Service Commissioner for Wales if they are or were at the time of the action complained of—

(a) individuals undertaking to provide in Wales general medical services or general dental services under Part II of the National Health Service Act 1977;

(b) persons (whether individuals or bodies) undertaking to provide in Wales general ophthalmic services or pharmaceutical services under Part II of that Act; or

(c) individuals performing in Wales personal medical services or personal dental services in accordance with arrangements made under section 28C of that Act (except as employees of, or otherwise on behalf of, a health service body or an independent provider).

(3) Persons are subject to investigation by the Health Service Commissioner for Scotland if they are—

(a) individuals undertaking to provide in Scotland general medical services or general dental services under Part II of the National Health Service (Scotland) Act 1978;

(b) persons (whether individuals or bodies) undertaking to provide in

Scotland general ophthalmic services or pharmaceutical services under Part II of that Act; or

(c) individuals performing in Scotland personal medical services or personal dental services in accordance with arrangements made under section 17C of that Act (except as employees of, or otherwise on behalf of, a health service body or an independent provider)

(4) In this Act—

(a) references to a family health service provider are to any person mentioned in subsection (1), (2) or (3);

(b) references to family health services are to any of the services so mentioned.

2B Independent providers subject to investigation.

(1) Persons are subject to investigation by the Health Service Commissioner for England if—

(a) they are or were at the time of the action complained of persons (whether individuals or bodies) providing services in England under arrangements with health service bodies or family health service providers, and

(b) they are not or were not at the time of the action complained of themselves health service bodies or family health service providers.

(2) Persons are subject to investigation by the Health Service Commissioner for Wales if—

(a) they are or were at the time of the action complained of persons (whether individuals or bodies) providing services in Wales under arrangements with health service bodies or family health service providers, and

(b) they are not or were not at the time of the action complained of themselves health service bodies or family health service providers.

(2A)Arrangements with the Assembly are not arrangements with a health service body for the purposes of this Act unless they are made in the exercise of a function of the Assembly relating to the National Health Service.

(3) Persons are subject to investigation by the Health Service Commissioner for Scotland if—

(a) they are persons (whether individuals or bodies) providing services in Scotland under arrangements with health service bodies or family health service providers, and

(b) they are not themselves health service bodies or family health service providers.

(4) The services provided under arrangements mentioned in subsection (1)(a), (2)(a) or (3)(a) may be services of any kind.

(5) In this Act references to an independent provider are to any person providing services as mentioned in subsection (1), (2) or (3).

Matters subject to investigation

3 General remit of Commissioners.

(1) On a complaint duly made to a Commissioner by or on behalf of a person that he has sustained injustice or hardship in consequence of—

(a) a failure in a service provided by a health service body,

(b) a failure of such a body to provide a service which it was a function of the body to provide, or

(c) maladministration connected with any other action taken by or on behalf of such a body,

the Commissioner may, subject to the provisions of this Act, investigate the alleged failure or other action.

(1YA) In the case of the Assembly the Health Service Commissioner for Wales may only conduct an investigation in respect of—

(a) a failure in a service provided by the Assembly in the exercise of a function of the Assembly relating to the National Health Service (an "Assembly health service function"),

(b) a failure of the Assembly to provide a service the provision of which is an Assembly health service function, or

(c) maladministration connected with any other action taken by or on behalf of the Assembly in the exercise of an Assembly health service function.

(1ZA) Any failure or maladministration mentioned in subsection (1) may arise from action of—

(a) the health service body,

(b) a person employed by that body,

(c) a person acting on behalf of that body, or

(d) a person to whom that body has delegated any functions.

(1A) Where a family health service provider has undertaken to provide any family health services and a complaint is duly made to a Commissioner by or on behalf of a person that he has sustained injustice or hardship in consequence of—

(a) action taken by the family health service provider in connection with the services,

(b) action taken in connection with the services by a person employed by the family health service provider in respect of the services,

(c) action taken in connection with the services by a person acting on behalf of the family health service provider in respect of the services, or

(d) action taken in connection with the services by a person to whom the family health service provider has delegated any functions in respect of the services,

the Commissioner may, subject to the provisions of this Act, investigate the alleged action.

(1B)......

(1C)Where an independent provider has made an arrangement with a health service body or a family health service provider to provide a service (of whatever kind) and a complaint is duly made to a Commissioner by or on behalf of a person that he has sustained injustice or hardship in consequence of—

(a) a failure in the service provided by the independent provider,

(b) a failure of the independent provider to provide the service, or

(c) maladministration connected with any other action taken in relation to the service,

the Commissioner may, subject to the provisions of this Act, investigate the alleged failure or other action.

(1D) Any failure or maladministration mentioned in subsection (1C) may arise from action of—

(a) the independent provider,

(b) a person employed by the provider,

(c) a person acting on behalf of the provider, or

(d) a person to whom the provider has delegated any functions.

(2) In determining whether to initiate, continue or discontinue an investigation under this Act, a Commissioner shall act in accordance with his own discretion.

(3) Any question whether a complaint is duly made to a Commissioner

shall be determined by him.

(4) Nothing in this Act authorises or requires a Commissioner to question the merits of a decision taken without maladministration by a health service body in the exercise of a discretion vested in that body.

(5) Nothing in this Act authorises or requires a Commissioner to question the merits of a decision taken without maladministration by—

(a) a family health service provider,

(b) a person employed by a family health service provider,

(c) a person acting on behalf of a family health service provider, or

(d) a person to whom a family health service provider has delegated any functions.

(6) Nothing in this Act authorises or requires a Commissioner to question the merits of a decision taken without maladministration by—

(a) an independent provider,

(b) a person employed by an independent provider,

(c) a person acting on behalf of an independent provider, or

(d) a person to whom an independent provider has delegated any functions.

(7) Subsections (4) to (6) do not apply to the merits of a decision to the extent that it was taken in consequence of the exercise of clinical judgment.

Matters excluded from investigation

4 Availability of other remedy.

(1) A Commissioner shall not conduct an investigation in respect of action in relation to which the person aggrieved has or had—

(a) a right of appeal, reference or review to or before a tribunal constituted by or under any enactment or by virtue of Her Majesty's prerogative, or

(b) a remedy by way of proceedings in any court of law,

unless the Commissioner is satisfied that in the particular circumstances it is not reasonable to expect that person to resort or have resorted to it.

(2) A Commissioner shall not conduct an investigation in respect of action which has been, or is, the subject of an inquiry under section 84 of the National Health Service Act 1977 or section 76 of the National Health Service (Scotland) Act 1978 (general powers to hold inquiries).

(3) A Commissioner shall not conduct an investigation in respect of action by a health service body other than the Mental Welfare Commission for Scotland if it is action in relation to which the protective functions of the Mental Welfare Commission for Scotland have been, are being or may be exercised under the Mental Health (Scotland) Act 1984.

(4) Subsection (5) applies where—

(a) action by reference to which a complaint is made under section 3(1), (1A) or (1C) is action by reference to which a complaint can be made under a procedure operated by a health service body, a family health service provider or an independent provider, and

(b) subsection (1), (2) or (3) does not apply as regards the action.

(5) In such a case a Commissioner shall not conduct an investigation in respect of the action unless he is satisfied that—

(a) the other procedure has been invoked and exhausted, or

(b) in the particular circumstances it is not reasonable to expect that procedure to be invoked or (as the case may be) exhausted.

(6) Section 1(2) of the Hospital Complaints Procedure Act 1985 (which provides that no right of appeal etc. conferred under section 1 of that Act is to

preclude an investigation under this Act) shall have effect subject to subsection (5) above.

5 .....

6 General health services and service committees.

(1) ......

(2) ......

(3) A Commissioner shall not conduct an investigation in respect of action taken by a Primary Care Trust or Health Authority in the exercise of its functions under the National Health Service (Service Committees and Tribunal) Regulations 1992, or any instrument amending or replacing those regulations.

(4) A Commissioner shall not conduct an investigation in respect of action taken by a Health Board in the exercise of its functions under the National Health Service (Service Committees and Tribunal) (Scotland) Regulations 1992, or any instrument amending or replacing those regulations.

(5) A Commissioner shall not conduct an investigation in respect of action taken by a Primary Care Trust orHealth Authority in the exercise of its functions under regulations made under section 29, 36, 39 or 42 of the National Health Service Act 1977 by virtue of section 17 of the Health and Medicines Act 1988 (investigations of matters relating to services).

(6) A Commissioner shall not conduct an investigation in respect of action taken by a Health Board in the exercise of its functions under regulations made under section 19, 25(2), 26(2) or 27(2) of the National Health Service (Scotland) Act 1978 by virtue of section 17 of the Health and Medicines Act 1988.

7 Personnel, contracts etc.

(1) A Commissioner shall not conduct an investigation in respect of action taken in respect of appointments or removals, pay, discipline, superannuation or

other personnel matters in relation to service under the National Health Service Act 1977 or the National Health Service (Scotland) Act 1978 or the National Health Service and Community Care Act 1990 or service as a member of the staff of the Assembly.

(2) A Commissioner shall not conduct an investigation in respect of action taken in matters relating to contractual or other commercial transactions, except for—

(a) matters relating to NHS contracts (as defined by section 4 of the National Health Service and Community Care Act 1990 and, in relation to Scotland, by section 17A of the National Health Service (Scotland) Act 1978),...

(b) matters arising from arrangements between a health service body and an independent provider for the provision of services by the provider and.

(c) matters arising from arrangements between a family health service provider and an independent provider for the provision of services by the independent provider.

(3) In determining what matters arise from arrangements mentioned in subsection (2)(b) the Health Service Commissioners for England and for Wales shall disregard any arrangements for the provision of services at an establishment maintained by a Minister of the Crown mainly for patients who are members of the armed forces of the Crown.

(3A) A Commissioner shall not conduct an investigation in pursuance of a complaint if—

(a) the complaint is in respect of action taken in any matter relating to arrangements made by a health service body and a family health service provider for the provision of family health services,

(b) the action is taken by or on behalf of the body or by the provider, and

(c) the complaint is made by the provider or the body.

(3B) Nothing in the preceding provisions of this section prevents a Commissioner conducting an investigation in respect of action taken by a health service body in operating a procedure established to examine complaints.

(4) Her Majesty may by Order in Council amend this section so as to permit the investigation by a Commissioner of any of the matters mentioned in subsection (1) or (2).

(5) A statutory instrument containing an Order in Council made by virtue of subsection (4) shall be subject to annulment in pursuance of a resolution of either House of Parliament.

7A Certain functions of Mental Welfare Commission for Scotland.

A Commissioner shall not conduct an investigation in respect of action taken by the Mental Welfare Commission for Scotland under section 33 (orders for discharge of hospital patients) or, 35I (revocation of community care orders) or 50 (orders discharging patients from guardianship) of the Mental Health (Scotland) Act 1984 or section 73 of the Adults with Incapacity (Scotland) Act 2000.

Complaints

8 Individuals and bodies entitled to complain.

(1) A complaint under this Act may be made by an individual or a body of persons, whether incorporated or not, other than a public authority.

(2) In subsection (1), “public authority” means—

(a) a local authority or other authority or body constituted for the purposes of the public service or of local government (including the Assembly),

(b) an authority or body constituted for the purposes of carrying on under national ownership any industry or undertaking or part of an industry or undertaking, and

(c) any other authority or body—

(i) whose members are appointed by Her Majesty or any Minister of the Crown or government department or by the Assembly, or

(ii) whose revenues consist wholly or mainly of money provided by Parliament or out of the Scottish Consolidated Fund or the Assembly.

9 Requirements to be complied with.

(1) The following requirements apply in relation to a complaint made to a Commissioner.

(2) A complaint must be made in writing.

(3) The complaint shall not be entertained unless it is made—

(a) by the person aggrieved, or

(b) where the person by whom a complaint might have been made has died or is for any reason unable to act for himself, by—

(i) his personal representative,

(ii) a member of his family, or

(iii) some body or individual suitable to represent him.

(4) The Commissioner shall not entertain the complaint if it is made more than a year after the day on which the person aggrieved first had notice of the matters alleged in the complaint, unless he considers it reasonable to do so.

(4A) In the case of a complaint against a person who is no longer of a description set out in section 2A(1) or (2), but was of such a description at the time of the action complained of, the Commissioner shall not entertain the complaint if it is made more than three years after the last day on which the person was a family health service provider.

(4B) In the case of a complaint against a person falling within section 2B(1) or (2) in relation to whom there are no longer any such arrangements as are mentioned there, the Commissioner shall not entertain the complaint if it is made more than three years after the last day on which the person was an independent provider.

(5) ......

(6)......

10 Referral of complaint by health service body.

(1) A health service body may itself refer to a Commissioner a complaint made to that body that a person has, in consequence of a failure or maladministration for which the body is responsible, sustained such injustice or hardship as is mentioned in section 3(1).

(2) A complaint may not be so referred unless it was made—

(a) in writing,

(b) by the person aggrieved or by a person authorised by section 9(3)(b) to complain to the Commissioner on his behalf, and

(c) not more than a year after the person aggrieved first had notice of the matters alleged in the complaint, or such later date as the Commissioner considers appropriate in any particular case.

(2A) The Assembly may only refer a complaint under this section if it is in respect of a matter which the Health Service Commissioner for Wales can investigate by virtue of section 3(1YA).

(3) A health service body may not refer a complaint under this section after the period of one year beginning with the day on which the body received the complaint.

(4) Any question whether a complaint has been duly referred to a Commissioner under this section shall be determined by him.

(5) A complaint referred to a Commissioner under this section shall be deemed to be duly made to him.

Investigations

11 Procedure in respect of investigations.

(1) Where a Commissioner proposes to conduct an investigation pursuant to a complaint under section 3(1), he shall afford—

(a) to the health service body concerned, and

(b) to any other person who is alleged in the complaint to have taken or authorised the action complained of,

an opportunity to comment on any allegations contained in the complaint.

(1A) Where a Commissioner proposes to conduct an investigation pursuant to a complaint under section 3(1A), he shall afford—

(a) to the family health service provider, and

(b) to any person by reference to whose action the complaint is made (if different from the family health service provider),

an opportunity to comment on any allegations contained in the complaint.

(1B) Where a Commissioner proposes to conduct an investigation pursuant to a complaint under section 3(1C), he shall afford—

(a) to the independent provider concerned, and

(b) to any other person who is alleged in the complaint to have taken or authorised the action complained of,

an opportunity to comment on any allegations contained in the complaint.

(2) An investigation shall be conducted in private.

(3) In other respects, the procedure for conducting an investigation shall be such as the Commissioner considers appropriate in the circumstances of the case, and in particular—

(a) he may obtain information from such persons and in such manner, and make such inquiries, as he thinks fit, and

(b) he may determine whether any person may be represented, by counsel or solicitor or otherwise, in the investigation.

(4) A Commissioner may, if he thinks fit, pay to the person by whom the complaint was made and to any other person who attends or supplies information for the purposes of an investigation—

(a) sums in respect of expenses properly incurred by them, and

(b) allowances by way of compensation for the loss of their time.

Payments made by the Health Service Commissioner for England or the Health Service Commissioner for Scotland under this subsection shall be in accordance with such scales and subject to such conditions as may be determined by the Treasury; and payments made by the Health Service Commissioner for Wales under this subsection shall be in accordance with such scales and subject to such conditions as may be determined by him.

(5) The conduct of an investigation pursuant to a complaint under section 3(1) shall not affect any action taken by the health service body concerned, or any power or duty of that body to take further action with respect to any matters subject to the investigation.

(5A) The conduct of an investigation pursuant to a complaint under section 3(1A) or (1C) shall not affect any action taken by the family health service provider or independent provider concerned, or any power or duty of that provider to take further action with respect to any matters subject to the investigation.

(6) Where the person aggrieved has been removed from the United Kingdom under any order in force under the Immigration Act 1971 he shall, if the Commissioner so directs, be permitted to re-enter and remain in the United Kingdom, subject to such conditions as the Secretary of State may direct, for the purposes of the investigation.

12 Evidence.

(1) For the purposes of an investigation pursuant to a complaint under section 3(1) a Commissioner may require any officer or member of the health service body concerned or any other person who in his opinion is able to supply information or produce documents relevant to the investigation to supply any such information or produce any such document.

(1A) For the purposes of an investigation pursuant to a complaint under section 3(1A) or (1C) a Commissioner may require any person who in his opinion is able to supply information or produce documents relevant to the investigation to supply any such information or produce any such document.

(2) For the purposes of an investigation a Commissioner shall have the same powers as the Court in respect of—

(a) the attendance and examination of witnesses (including the administration of oaths and affirmations and the examination of witnesses abroad), and

(b) the production of documents.

(3) No obligation to maintain secrecy or other restriction on the disclosure of information obtained by or supplied to persons in Her Majesty's service, whether imposed by any enactment or by any rule of law, shall apply to the disclosure of information for the purposes of an investigation.

(4) The Crown shall not be entitled in relation to an investigation to any such privilege in respect of the production of documents or the giving of evidence as is allowed by law in legal proceedings.

(5) No person shall be required or authorised by this Act—

(a) to supply any information or answer any question relating to proceedings of the Cabinet or of any Committee of the Cabinet, or

(b) to produce so much of any document as relates to such proceedings;

and for the purposes of this subsection a certificate issued by the Secretary of the Cabinet with the approval of the Prime Minister and certifying that any information, question, document or part of a document relates to such proceedings shall be conclusive.

(6) Subject to subsections (3) and (4), no person shall be compelled for the purposes of an investigation to give any evidence or produce any document which he could not be compelled to give or produce in civil proceedings before the Court.

13 Obstruction and contempt.

(1) A Commissioner may certify an offence to the Court where—

(a) a person without lawful excuse obstructs him or any of his officers in the performance of his functions, or

(b) a person is guilty of any act or omission in relation to an investigation which, if that investigation were a proceeding in the Court, would constitute contempt of court.

(2) Where an offence is so certified the Court may inquire into the matter and after hearing—

(a) any witnesses who may be produced against or on behalf of the person charged with the offence, and

(b) any statement that may be offered in defence,

the Court may deal with the person charged with the offence in any manner in which it could deal with him if he had committed the like offence in relation to the Court.

(3) Nothing in this section shall be construed as applying to the taking of any such action as is mentioned in section 11(5).

Reports

14 Reports by English and Scottish Commissioners.

(1) In any case where the Health Service Commissioner for England or the Health Service Commissioner for Scotland conducts an investigation pursuant to a complaint under section 3(1) he shall send a report of the results of the investigation—

(a) to the person who made the complaint,

(b) to any member of the House of Commons or member of the Scottish Parliament who to the Commissioner's knowledge assisted in the making of the complaint (or if he is no longer a member to such other member as the Commissioner thinks appropriate),

(c) to the health service body who at the time the report is made provides the service, or has the function, in relation to which the complaint was made,

(d) to any person who is alleged in the complaint to have taken or authorised the action complained of, and

(e) to the Secretary of State.

(2) In any case where the Health Service Commissioner for England or the Health Service Commissioner for Scotland decides not to conduct

an investigation pursuant to a complaint under section 3(1) he shall send a statement of his reasons—

(a) to the person who made the complaint, and

(b) to any such member of the House of Commons or member of the Scottish Parliament as is mentioned in subsection (1)(b),. . .

(c) ......

(2A) In any case where the Health Service Commissioner for England or the Health Service Commissioner for Scotland conducts an investigation pursuant to a complaint under section 3(1A) he shall send a report of the results of the investigation—

(a) to the person who made the complaint,

(b) to any member of the House of Commons or member of the Scottish Parliament who to the Commissioner's knowledge assisted in the making of the complaint (or if he is no longer a member to such other member as the Commissioner thinks appropriate),

(c) to any person by reference to whose action the complaint is made,

(d) to the family health service provider (if he does not fall within paragraph (c)),

(e) to any health service body with whom the family health service provider is subject to an undertaking to provide family health services, and

(f) to the Secretary of State.

(2B) In any case where the Health Service Commissioner for England or the Health Service Commissioner for Scotland decides not to conduct an investigation pursuant to a complaint under section 3(1A) he shall send a statement of his reasons—

(a) to the person who made the complaint, and

(b) to any such member of the House of Commons or member of the Scottish Parliament as is mentioned in subsection (2A)(b).

(2C) In any case where the Health Service Commissioner for England or the Health Service Commissioner for Scotland conducts an investigation pursuant to a complaint under section 3(1C) he shall send a report of the results of the investigation—

(a) to the person who made the complaint,

(b) to any member of the House of Commons or member of the Scottish Parliament who to the Commissioner's knowledge assisted in the making of the complaint (or if he is no longer a member to such other member as the Commissioner thinks appropriate),

(c) to any person who is alleged in the complaint to have taken or authorised the action complained of,

(d) to the independent provider,

(e) to the health service body or family health service provider with whom the independent provider made the arrangement to provide the service concerned, and

(f) to the Secretary of State.

(2D) In any case where the Health Service Commissioner for England or the Health Service Commissioner for Scotland decides not to conduct an investigation pursuant to a complaint under section 3(1C) he shall send a statement of his reasons—

(a) to the person who made the complaint, and

(b) to any such member of the House of Commons or member of the Scottish Parliament as is mentioned in subsection (2C)(b).

(3) If after conducting an investigation it appears to the Health Service

Commissioner for England or the Health Service Commissioner for Scotland that—

(a) the person aggrieved has sustained such injustice or hardship as is mentioned in section 3(1), (1A) or (1C), and

(b) the injustice or hardship has not been and will not be remedied,

he may if he thinks fit lay before each House of Parliament a special report on the case.

(4) The Health Service Commissioner for England and the Health Service Commissioner for Scotland—

(a) shall each annually lay before each House of Parliament a general report on the performance of his functions under this Act, and

(b) may each from time to time lay before each House of Parliament such other reports with respect to those functions as he thinks fit.

(5) For the purposes of the law of defamation, the publication of any matter by the Health Service Commissioner for England or the Health Service Commissioner for Scotland in sending or making a report or statement in pursuance of this section shall be absolutely privileged.

14A Reports by Welsh Commissioner.

(1) In any case where the Health Service Commissioner for Wales has conducted an investigation pursuant to a complaint under section 3(1), (1A) or (1C) he shall prepare a report of the results of the investigation and send copies of it—

(a) to the person who made the complaint,

(b) to any Assembly member who to the Commissioner's knowledge assisted in the making of the complaint (or, if he is no longer an Assembly member, to such Assembly member as the Commissioner thinks appropriate), and

(c) to the Assembly First Secretary.

(2) He shall also send a copy of the report—

(a) in the case of a complaint under section 3(1)—

(i) to the health service body who at the time of the report provides the service, or has the function, in relation to which the complaint was made, and

(ii) to any person who is alleged in the complaint to have taken or authorised the action complained of,

(b) in the case of a complaint under section 3(1A)—

(i) to any person by reference to whose action the complaint is made,

(ii) to the family health service provider (if he does not fall within sub-paragraph (i)), and

(iii) to any health service body with whom the family health service provider is subject to an undertaking to provide family health services, and

(c) in the case of a complaint under section 3(1C)—

(i) to any person who is alleged in the complaint to have taken or authorised the action complained of,

(ii) to the independent provider, and

(iii) to the health service body or family health service provider with whom the independent provider made the arrangement to provide the service concerned.

(3) In any case where the Health Service Commissioner for Wales decides not to conduct an investigation pursuant to a complaint under section 3(1), (1A) or (1C) he shall prepare a statement of his reasons for not conducting an investigation and shall send copies of it—

(a) to the person who made the complaint, and

(b) to any Assembly member who to the Commissioner's knowledge assisted in the making of the complaint (or, if he is no longer an Assembly member, to such Assembly member as the Commissioner thinks appropriate).

14B Action in response to reports by Welsh Commissioner.

(1) Where the Assembly First Secretary receives a copy of a report under section 14A(1), he shall send a copy of it to any Assembly Secretary who is accountable to the Assembly (in accordance with section 56 of the Government of Wales Act 1998) for the exercise of any functions of the Assembly relating to the National Health Service.

(2) Where in a report under section 14A(1) the Health Service Commissioner for Wales states that the person aggrieved has sustained such injustice or hardship as is mentioned in section 3(1), (1A) or (1C), any body or provider subject to the investigation shall consider the report and within—

(a) the period of three months beginning with the date on which the body or provider received the report, or

(b) such longer period as the Commissioner may agree in writing,

shall notify the Commissioner of the action taken or proposed to be taken.

(3) The Health Service Commissioner for Wales shall prepare a further report if he—

(a) does not receive the notification required by subsection (2) within the period allowed by or under that subsection,

(b) is not satisfied with the action taken or proposed to be taken, or

(c) does not within the period of three months beginning with the end of the period allowed by or under subsection (2), or such longer period as the Commissioner may agree in writing, receive confirmation from the body or provider that action has been taken, as proposed, to his satisfaction.

(4) The further report shall set out those facts and make such recommendations

as the Health Service Commissioner for Wales thinks fit to make with respect to action which, in his opinion, should be taken—

(a) to remedy the injustice or hardship to the person aggrieved, and

(b) to prevent similar injustice or hardship being caused in the future;

and a copy of the further report shall be sent to each of the persons to whom a copy of the report under section 14A(1) was sent.

(5) Where the Assembly First Secretary receives a copy of a further report, he shall send a copy of it to any Assembly Secretary who is accountable to the Assembly (in accordance with section 56 of the Government of Wales Act 1998) for the exercise of any functions of the Assembly relating to the National Health Service.

(6) Where the Assembly First Secretary receives a copy of a further report arising from an investigation relating to the Assembly, he shall also—

(a) lay a copy of it before the Assembly, and

(b) (unless action to the satisfaction of the Health Service Commissioner for Wales has been taken or proposed) give to the Assembly notice of his intention to move that the Assembly resolve to approve the recommendations specified in it.

(7) The standing orders of the Assembly must make provision for any motion of which notice has been given pursuant to subsection (6)(b) to be moved as soon as is reasonably practicable (unless action to the satisfaction of the Health Service Commissioner for Wales has been taken or proposed).

14C Reports: supplementary.

(1) Apart from identifying any body or provider investigated, a report under section 14A(1), a further report under section 14B(3) or a report under paragraph 7 of Schedule 1A shall not—

(a) mention the name of any person, or

(b) include any particulars which, in the opinion of the Health Service Commissioner for Wales, are likely to identify any person and can be omitted without impairing the effectiveness of the report or further report,

unless, after taking account of the public interest (as well as the interests of any person who made a complaint and other persons), the Commissioner considers it necessary for the report or further report to mention his name or include such particulars.

(2) For the purposes of the law of defamation, the following are absolutely privileged—

(a) the publication of any matter by the Health Service Commissioner for Wales in a report or statement under section 14A, a further report under section 14B(3) or a report under paragraph 7 of Schedule 1A,

(b) the publication of any matter in communications between—

(i) an Assembly member or a member of the Assembly's staff or a member or an officer or member of the staff of any other body or provider subject to investigation by the Commissioner, and

(ii) the Commissioner or a member of his staff,

in connection with a complaint to the Commissioner,

(c) the publication of any matter in communications between any person and an Assembly member in connection with a complaint by the person to the Commissioner, and

(d) the publication of any matter in communications between any person and the Commissioner or a member of his staff in connection with a complaint by the person to the Commissioner.

Information and consultation

15 Confidentiality of information.

(1) Information obtained by a Commissioner or his officers in the course of or for the purposes of an investigation shall not be disclosed except—

(a) for the purposes of the investigation and any report to be made in respect of it,

(b) for the purposes of any proceedings for—

(i) an offence under the Official Secrets Acts 1911 to 1989 alleged to have been committed in respect of information obtained by virtue of this Act by a Commissioner or any of his officers, or

(ii) an offence of perjury alleged to have been committed in the course of the investigation,

(c) for the purposes of an inquiry with a view to the taking of such proceedings as are mentioned in paragraph (b),. . .

(d) for the purposes of any proceedings under section 13 (offences of obstruction and contempt) or

(e) where the information is to the effect that any person is likely to constitute a threat to the health or safety of patients as permitted by subsection (1B).

(1A) Subsection (1B) applies where, in the course of an investigation, a Commissioner or any of his officers obtains information which—

(a) does not fall to be disclosed for the purposes of the investigation or any report to be made in respect of it, and

(b) is to the effect that a person is likely to constitute a threat to the health or safety of patients.

(1B) In a case within subsection (1)(e) the Commissioner may disclose the information to any persons to whom he thinks it should be disclosed in the interests of the health and safety of patients; and a person to whom disclosure may be made may, for instance, be a body which regulates the profession to which the person mentioned in subsection (1A)(b) belongs or his employer or any person with whom he has made arrangements to provide services.

(1C) If a Commissioner discloses information as permitted by subsection (1B) he shall—

(a) where he knows the identity of the person mentioned in subsection (1)(e), inform that person that he has disclosed the information and of the identity of any person to whom he has disclosed it, and

(b) inform the person from whom the information was obtained that he has disclosed it.

(2) Neither a Commissioner nor his officers nor his advisers shall be called on to give evidence in any proceedings, other than proceedings mentioned in subsection (1), of matters coming to his or their knowledge in the course of an investigation under this Act.

(3) The reference in subsection (2) to a Commissioner's advisers is a reference to persons from whom the Commissioner obtains advice under paragraph 13 of Schedule 1 or paragraph 6(6) of Schedule 1A.

(4) Information obtained from the Information Commissioner by virtue of section 76 of the Freedom of Information Act 2000 shall be treated for the purposes of subsection (1) as obtained for the purposes of an investigation and, in relation to such information, the reference in paragraph (a) of that subsection to the investigation shall have effect as a reference to any investigation.

16 Information prejudicial to the safety of the State.

(1) A Minister of the Crown may give notice in writing to a Commissioner

with respect to any document or information specified in the notice that in the Minister's opinion the disclosure of the document or information would be prejudicial to the safety of the State or otherwise contrary to the public interest.

(2) Where such a notice is given to a Commissioner, nothing in this Act shall be construed as authorising or requiring him or any of his officers to communicate to any person or for any purpose any document or information specified in the notice.

(3) References above to a document or information include references to a class of document or a class of information.

17 Use of information by Commissioner in other capacity.

(1) This section applies where a Commissioner also holds either of the other offices of Health Service Commissioner, the office of Welsh Administration Ombudsman or the office of Parliamentary Commissioner (an "additional office").

(2) Where—

(a) a person initiates a complaint to the Commissioner as the holder of the additional office, and

(b) the complaint relates partly to a matter with respect to which that person has previously initiated, or subsequently initiates, a complaint to the Commissioner in his capacity as such,

information obtained by the Commissioner or his officers in the course of or for the purposes of the investigation of that other complaint may be disclosed for the purposes of carrying out his functions in relation to the complaint initiated to him as the holder of the additional office.

18 Consultation during investigations.

(1) Where a Commissioner, at any stage in the course of conducting an

investigation, forms the opinion that the complaint relates partly to a matter which could be the subject of an investigation—

(a) by either of the other Health Service Commissioners under this Act,

(b) by the Parliamentary Commissioner under the Parliamentary Commissioner Act 1967,

(ba)by the Welsh Administration Ombudsman under the Government of Wales Act 1998,

(c) by a Local Commissioner under Part III of the Local Government Act 1974, or

(d) by the Commissioner for Local Administration in Scotland under Part II of the Local Government (Scotland) Act 1975,

he shall consult about the complaint with the appropriate Commissioner or the Ombudsman and, if he considers it necessary, he shall inform the person initiating the complaint of the steps necessary to initiate a complaint to that Commissioner or the Ombudsman.

(2) Where a Commissioner consults with another Commissioner or the Welsh Administration Ombudsman in accordance with this section, the consultations may extend to any matter relating to the complaint, including—

(a) the conduct of any investigation into the complaint, and

(b) the form, content and publication of any report of the results of such an investigation.

(3) Nothing in section 15 (confidentiality of information) applies in relation to the disclosure of information . . . in the course of consultations held in accordance with this section.

18A Disclosure of information to Information Commissioner.

(1) The Health Service Commissioner for England or the Health Service

Commissioner for Wales may disclose to the Information Commissioner any information obtained by, or furnished to, the Health Service Commissioner under or for the purposes of this Act if the information appears to the Health Service Commissioner to relate to—

(a) a matter in respect of which the Information Commissioner could exercise any power conferred by—

(i) Part V of the Data Protection Act 1998 (enforcement),

(ii) section 48 of the Freedom of Information Act 2000 (practice recommendations), or

(iii) Part IV of that Act (enforcement), or

(b) the commission of an offence under—

(i) any provision of the Data Protection Act 1998 other than paragraph 12 of Schedule 9 (obstruction of execution of warrant), or

(ii) section 77 of the Freedom of Information Act 2000 (offence of altering etc. records with intent to prevent disclosure).

(3) Nothing in section 15 (confidentiality of information) applies in relation to the disclosure of information in accordance with this section.

Supplementary

19 Interpretation.

In this Act—

- "action" includes failure to act, and related expressions shall be construed accordingly;
- "allotted sum" shall be construed in accordance with section 15 of the National Health Service and Community Care Act 1990 or, in Scotland,

section 87B of the National Health Service (Scotland) Act 1978;

- "the Assembly" means the National Assembly for Wales;
- "the Court" means, in relation to England and Wales, the High Court, in relation to Scotland, the Court of Session, and in relation to Northern Ireland, the High Court in Northern Ireland;
- "family health services" has the meaning given by section 2A;
- "family health service provider" has the meaning given by section 2A;
- "financial year" and "first financial year of the Assembly" have the same meanings as in the Government of Wales Act 1998;
- "functions" includes powers and duties;
- "health service body" has the meaning given by section 2;
- "independent provider" has the meaning given by section 2B;
- "local authority" means—

(a) in relation to England..., a county, district or London borough council or the Common Council of the City of London,

(aa) in relation to Wales, a county council or county borough council,

(b) in relation to Scotland, a regional, district or islands council;

- "officer" includes employee and, in the case of the Health Service Commissioner for Wales, any member of his staff;
- "Parliamentary Commissioner" means Parliamentary Commissioner for Administration;
- "patient" includes an expectant or nursing mother and a lying-in woman; ...
- "person aggrieved" means the person who claims or is alleged to have sustained such injustice or hardship as is mentioned in section 3(1), (1A)

or (1C).

- “recognised fund-holding practice” shall be construed in accordance with section 14 of the National Health Service and Community Care Act 1990 or, in Scotland, section 87A of the National Health Service (Scotland) Act 1978.

20 Consequential amendments and repeals.

(1) Schedule 2 to this Act (which contains amendments consequential on this Act) has effect.

(2) The enactments set out in Schedule 3 are repealed to the extent specified.

21 Transitional provisions.

(1) The repeal and re-enactment of provisions in this Act does not affect the continuity of the law.

(2) Anything done, or having effect as if done, under a provision reproduced in this Act has effect as if done under the corresponding provision of this Act.

(3) Any reference (express or implied) in this Act or any other enactment, or in any instrument or document, to a provision of this Act shall (so far as the context permits) be construed as (according to the context) being or including in relation to times, circumstances or purposes before the commencement of this Act a reference to the corresponding provision repealed in this Act.

(4) Any reference (express or implied) in this Act or any other enactment, or in any instrument or document, to a provision repealed in this Act shall (so far as the context permits) be construed as (according to the context) being or including in relation to times, circumstances or purposes after the commencement of this Act a reference to the corresponding provision of this Act.

(5) Subsection (4) is subject to Schedule 2.

22 Short title, extent and commencement.

(1) This Act may be cited as the Health Service Commissioners Act 1993.

(2) The following provisions of this Act extend to Northern Ireland—

(a) sections 11, 12, 13, 14(5), 15, 16 and this section;

(b) section 19 so far as it relates to provisions mentioned in this subsection;

(c) Schedule 2 so far as it amends any enactment which extends to Northern Ireland; and

(d) Schedule 3 so far as it repeals any enactment which extends to Northern Ireland.

(3) The Secretary of State may by order provide that this Act shall apply to the Isles of Scilly with such modifications, if any, as are specified in the order.

Any such order shall be made by statutory instrument which shall be subject to annulment in pursuance of a resolution of either House of Parliament.

(4) This Act shall come into force at the end of the period of three months beginning with the day on which it is passed.

SCHEDULE 1 The English and Scottish Commissioners

Introductory

A1 In this Schedule references to a Commissioner (or Health Service Commissioner) are to the Health Service Commissioner for England or the Health Service Commissioner for Scotland or to either of those Commissioners (as the context requires).

Appointment of Commissioners

1 (1) Her Majesty may by Letters Patent appoint a person to be a Commissioner and a person so appointed shall hold office during good behaviour.

(2) A person appointed to be a Commissioner—

(a) may at his own request be relieved of office by Her Majesty, or

(b) except in the case of the Health Service Commissioner for Scotlandmay be removed from office by Her Majesty in consequence of Addresses from both Houses of Parliament; or

(c) in the case of the Health Service Commissioner for Scotland may be removed from office by Her Majesty in consequence of a resolution of the Scottish Parliament;

and shall in any case vacate office on completing the year of service in which he attains the age of sixty-five.

(3) Her Majesty may declare the office of Commissioner to have been vacated if satisfied that the person appointed to be the Commissioner is incapable for medical reasons of performing the duties of his office and of requesting to be relieved of it.

Appointment of acting Commissioners

2 (1) Where either of the offices of Commissioner becomes vacant, Her Majesty may, pending the appointment of the new Commissioner, appoint a person under this paragraph to act as that Commissioner at any time during the period of twelve months beginning with the date on which the vacancy arose.

(2) A person appointed under this paragraph shall hold office during Her Majesty's pleasure and, subject to that, shall hold office—

(a) until the appointment of the new Commissioner or the expiry of the period of twelve months beginning with the date on which the vacancy arose, whichever occurs first, and

(b) in other respects, in accordance with the terms and conditions of his appointment which shall be such as the Secretary of State may, with the approval of the Treasury, determine.

(3) A person appointed under this paragraph shall, while he holds office, be treated for all purposes except those of paragraphs 4 to 10 as the Commissioner.

Ineligibility of certain persons for appointment

3 (1) A person who is a member of a relevant health service body shall not be appointed a Commissioner or acting Commissioner; and a person so appointed shall not, during his appointment, become a member of such a body.

(2) For this purpose a "relevant health service body" means—

(a) in relation to the Health Service Commissioner for England...or a person appointed to act as such, a body mentioned in section 2(1) or (2), and

(b) in relation to the Health Service Commissioner for Scotland or a person appointed to act as such, a body mentioned in section 2(3) or any management committee of such a body.

3A (1)A person who is a relevant family health service provider shall not be appointed a Commissioner or acting Commissioner; and a person so appointed shall not, during his appointment, become a relevant family health service provider.

(2) For this purpose a “relevant family health service provider” means—

(a) in relation to the Health Service Commissioner for England... or a person appointed to act as such, a person mentioned in section 2A(1) or (2), and

(b) in relation to the Health Service Commissioner for Scotland or a person appointed to act as such, a person mentioned in section 2A(3).

Salaries

4 (a)There shall be paid to the holder of the office of a Commissioner the same salary as if he were employed in the civil service of the State in such appointment as the House of Commons may by resolution from time to time determine; and any such resolution may take effect from the date on which it is passed or from such other date as may be specified in it.

(b) in relation to the Health Service Commissioner for Scotland the reference in subparagraph (a) above to the House of Commons shall be construed as a reference to the Scottish Parliament.

5 The salary payable to a holder of the office of a Commissioner shall be abated by the amount of any pension payable to him in respect of any public office in the United Kingdom or elsewhere to which he has previously been appointed or elected.

6 (1)Where a person holds—

(a) the office of Parliamentary Commissioner, and

(b) either or both of the offices of Health Service Commissioner,

he shall, so long as he does so, be entitled only to the salary pertaining to the office of Parliamentary Commissioner.

(2) Where a person holds both of the offices of Health Service Commissioner he shall, so long as he does so, be entitled only to the salary pertaining to such one of those offices as he selects.

Pensions and other benefits

7 Schedule 1 to the Parliamentary Commissioner Act 1967 (which relates to pensions and other benefits) has effect with respect to persons who hold or have held office as a Commissioner as it has effect with respect to persons who hold or have held office as the Parliamentary Commissioner.

8 In computing the salary of a former holder of the office of Commissioner for the purposes of Schedule 1 to the 1967 Act, there shall be disregarded—

(a) any abatement of that salary under paragraph 5,

(b) any temporary abatement of that salary in the national interest, and

(c) any voluntary surrender of that salary in whole or in part.

9 (1) In this paragraph, "relevant office" means the office of Parliamentary Commissioner or any of the offices of Health Service Commissioner.

(2) The Treasury may by regulations provide that Schedule 1 to the Parliamentary Commissioner Act 1967 shall have effect, in relation to persons who have held more than one relevant office, with such modifications as it considers necessary in consequence of those persons having held more than one such office; and different regulations may be made in pursuance of paragraph 4 of Schedule 1 to the 1967 Act in relation to different relevant offices.

(3) A person shall not be entitled to make simultaneously different elections

in pursuance of paragraph 1 or 2 of Schedule 1 to the 1967 Act in respect of different relevant offices.

(4) Where a person has made or is treated as having made an election in pursuance of paragraph 1 or 2 of Schedule 1 to the 1967 Act in respect of any relevant office, he shall be deemed to have made the same election in respect of all such other offices to which he is, or is subsequently, appointed.

(5) No account shall be taken for the purposes of Schedule 1 to the 1967 Act of a period of service in a relevant office if salary in respect of the office was not paid for that period.

(6) Regulations under this paragraph may make such incidental or supplementary provision as the Treasury considers necessary.

(7) Regulations under this paragraph shall be made by statutory instrument which shall be subject to annulment in pursuance of a resolution of either House of Parliament.

10 In any case where a person makes an election under paragraph 2(1)(a) of Schedule 1 to the Parliamentary Commissioner Act 1967 (as substituted by Part II of Schedule 4 to the Judicial Pensions and Retirement Act 1993) so that Schedule 1 to the 1967 Act continues to have effect in relation to him as it did before the coming into force of Part II of Schedule 4 to the 1993 Act, this Schedule shall have effect—

(a) as if in paragraph 7 the words "hold or" (in both places) and in paragraph 9(3) and (4) the words "or 2" (in both places) were omitted, and

(b) as if for the reference in paragraph 9(2) to paragraph 4 of Schedule 1 to the 1967 Act there were substituted a reference to paragraph 8 of that Schedule.

Staff and advisers

11 (1) A Commissioner may appoint such officers as he may determine with the approval of the Treasury as to numbers and conditions of service.

(2) ......

12 Any functions of a Commissioner under this Act may be performed by any officer of the Commissioner authorised by him for that purpose, or by any officer so authorised of the other Commissioner, the Health Service Commissioner for Wales, the Parliamentary Commissioner or the Welsh Administration Ombudsman.

13 (1) To assist him in any investigation a Commissioner may obtain advice from any person who, in his opinion, is qualified to give it.

(2) A Commissioner may pay to any such person from whom he obtains advice under this paragraph such fees or allowances as he may determine with the approval of the Treasury.

Financial provisions

14 The expenses of a Commissioner except the Health Service Commissioner for Scotland under this Act—

(a) shall be paid out of money provided by Parliament, and

(b) shall not exceed such amount as the Treasury may sanction.

15 Any salary, pension or other benefit payable by virtue of paragraph 2 and paragraphs 4 to 9 shall be charged on and issued out of the Consolidated Fund.

SCHEDULE 1A The Welsh Commissioner

Appointment

1 (1) The Health Service Commissioner for Wales shall be appointed by Her Majesty.

(2) Subject to sub-paragraphs (3) and (4), the Health Service Commissioner for Wales shall hold office until the end of the year of service in which he attains the age of 65.

(3) Her Majesty may relieve the Health Service Commissioner for Wales of office before the end of that year of service—

(a) at his request, or

(b) on Her Majesty being satisfied that he is incapable for medical reasons of performing the duties of his office and of requesting to be relieved of it.

(4) Her Majesty may remove the Health Service Commissioner for Wales from office before the end of the year of service in which he attains the age of 65 if, on the ground of misbehaviour, the Secretary of State recommends that Her Majesty should do so; but the Secretary of State shall not so recommend without consulting the Assembly.

Status

2 (1) The Health Service Commissioner for Wales shall be regarded as holding office under Her Majesty and as exercising his functions on behalf of the Crown.

(2) Service as the Health Service Commissioner for Wales shall not be service in Her Majesty's Home Civil Service but he shall be taken to be a Crown servant for the purposes of the Official Secrets Act 1989.

Appointment of acting Commissioner

3 (1) Where the office of Health Service Commissioner for Wales becomes vacant, Her Majesty may, at any time during the period of twelve months beginning with the date on which the vacancy arose, appoint a person to act as that Commissioner.

(2) Subject to sub-paragraphs (3) to (5), an acting Health Service Commissioner for Wales shall hold office in accordance with the terms of his appointment.

(3) An acting Health Service Commissioner for Wales shall not hold office after—

(a) the appointment of a new Health Service Commissioner for Wales, or

(b) the end of the period of twelve months beginning with the date on which the vacancy arose,

whichever occurs first.

(4) Her Majesty may at any time relieve an acting Health Service Commissioner for Wales of office—

(a) at his request, or

(b) on Her Majesty being satisfied that he is incapable for medical reasons of performing the duties of his office and of requesting to be relieved of it.

(5) Her Majesty may remove an acting Health Service Commissioner for Wales from office at any time if, on the ground of misbehaviour, the Secretary of State recommends that Her Majesty should do so; but the Secretary of State shall

not so recommend without consulting the Assembly.

(6) A person appointed under this paragraph shall, while he holds office, be regarded for all purposes (except those of paragraph 1 and this paragraph) as the Health Service Commissioner for Wales.

Ineligibility of certain persons for appointment

4 (1) A person who is a member of a body mentioned in section 2(1) or (2) shall not be appointed as Health Service Commissioner for Wales or acting Health Service Commissioner for Wales; and a person so appointed shall not, during his appointment, become a member of such a body.

(2) A person mentioned in section 2A(1) or (2) shall not be appointed as Health Service Commissioner for Wales or acting Health Service Commissioner for Wales; and a person so appointed shall not, during his appointment, become a person so mentioned.

Remuneration

5 (1) The Assembly shall—

(a) pay the Health Service Commissioner for Wales such salary and any such allowances, and

(b) make any such payments towards the provision of superannuation benefits for or in respect of him,

as may be provided for by or under the terms of his appointment.

(2) But where the Health Service Commissioner for Wales is also—

(a) Parliamentary Commissioner, or

(b) Welsh Administration Ombudsman,

he shall not be entitled to any salary as Health Service Commissioner for Wales.

(3) Where the Health Service Commissioner for Wales also holds either or both of the other offices of Health Service Commissioner, he shall be entitled only to the salary pertaining to such one of the offices of Health Service Commissioner as he selects.

(4) The Assembly shall pay to or in respect of a person who has ceased to hold office as Health Service Commissioner for Wales such amounts (if any) by way of—

(a) pension or gratuities, or

(b) provision for those benefits,

as may have been provided for by or under the terms of his appointment.

(5) In Schedule 1 to the Superannuation Act 1972 (offices etc. to which section 1 of that Act applies), in the list of "Offices" insert—

"Health Service Commissioner for Wales."

(6) The Assembly shall pay to the Minister for the Civil Service, at such times as he may direct, such sums as he may determine in respect of any increase attributable to sub-paragraph (5) in the sums payable out of money provided by Parliament under the http: //www.legislation.gov.uk/ukpga/1993/46/schedule/1A - commentary-c1249333Superannuation Act 1972.

Staff and advisers

6 (1) The Health Service Commissioner for Wales may appoint such staff as he considers necessary for assisting him in the exercise of his functions.

(2) The Health Service Commissioner for Wales shall include among his staff such persons having a command of the Welsh language as he considers are needed to enable him to investigate complaints in Welsh.

(3) Service as a member of the staff of the Health Service Commissioner for Wales shall be service in Her Majesty's Home Civil Service.

(4) The Assembly shall pay to the Minister for the Civil Service, at such times as he may direct, such sums as he may determine in respect of any increase attributable to sub-paragraph (3) in the sums payable out of money provided by Parliament under the Superannuation Act 1972.

(5) Any function of the Health Service Commissioner for Wales may be exercised by—

(a) a member of his staff,

(b) a member of the staff of the Welsh Administration Ombudsman, or

(c) an officer of the Parliamentary Commissioner or of another Health Service Commissioner,

if authorised by the Health Service Commissioner for Wales for that purpose; and references in any enactment to a member of the staff of the Health Service Commissioner for Wales include any person exercising any function of his by virtue of paragraph (b) or (c).

(6) To assist him in the exercise of his functions the Health Service Commissioner for Wales may obtain advice from any person who, in his opinion, is qualified to give it.

(7) The Health Service Commissioner for Wales may pay to any person from whom he obtains advice under sub-paragraph (6) any such fees or allowances as he may determine.

(8) No arrangements shall be made—

(a) for any of the functions of the Health Service Commissioner for Wales or of the Assembly to be exercised by the other or by a member of the other's staff, or

(b) for the provision of any administrative, professional or technical services by the Health Service Commissioner for Wales or the Assembly for the other.

Reports

7 (1) The Health Service Commissioner for Wales—

(a) shall annually prepare and lay before the Assembly a general report on the performance of his functions, and

(b) may from time to time prepare and lay before the Assembly such other reports with respect to his functions as he thinks fit.

(2) The Assembly shall, and the Health Service Commissioner for Wales may, publish reports laid before the Assembly under this paragraph.

Expenses

8 (1) The expenses of the Health Service Commissioner for Wales shall, so far as they cannot be met out of income received by him, be met by the Assembly.

(2) Those expenses include any sums payable by the Health Service Commissioner for Wales in consequence of a breach, in the course of the performance of any of his functions, of any contractual or other duty (whether that breach occurs by

reason of his act or omission or that of a member of his staff or any other person assisting him in the exercise of his functions).

Estimates

9 (1) For each financial year after the first financial year of the Assembly the Health Service Commissioner for Wales shall prepare, and submit to the executive committee, an estimate of the income and expenses of his office.

(2) Each such estimate shall be submitted to the executive committee at least five months before the beginning of the financial year to which it relates.

(3) The executive committee shall examine each such estimate submitted to it and, after having done so, shall lay the estimate before the Assembly with any such modifications as the committee thinks fit.

(4) Where the executive committee proposes to lay such an estimate before the Assembly with modifications, the committee shall first consult the Secretary of State and have regard to any advice which he may give.

(5) In this paragraph "the executive committee" means the committee of the Assembly referred to as the executive committee in the Government of Wales Act 1998.

Accounts

10 (1) The Health Service Commissioner for Wales shall keep proper accounting records.

(2) The Health Service Commissioner for Wales shall, for each financial year, prepare accounts in accordance with directions given to him by the

Treasury.

(3) The directions which the Treasury may give under sub-paragraph (2) include, in particular, directions as to—

(a) the information to be contained in the accounts and the manner in which it is to be presented,

(b) the methods and principles in accordance with which the accounts are to be prepared, and

(c) the additional information (if any) that is to accompany the accounts.

Audit

11 (1) The accounts prepared by the Health Service Commissioner for Wales for any financial year shall be submitted by him to the Auditor General for Wales no later than 30th November of the following financial year.

(2) The Auditor General for Wales shall—

(a) examine and certify any accounts submitted to him under this paragraph, and

(b) no later than four months after the accounts are submitted to him, lay before the Assembly a copy of them as certified by him together with his report on them.

(3) In examining any accounts submitted to him under this paragraph, the Auditor General for Wales shall, in particular, satisfy himself that the expenditure to which the accounts relate has been incurred lawfully and in accordance with the authority which governs it.

Accounting officer

12 (1) The accounting officer for the Office of the Health Service Commissioner for Wales shall be the Health Service Commissioner for Wales.

(2) But where—

(a) the Health Service Commissioner for Wales is incapable of discharging his responsibilities as accounting officer, or

(b) the office of Healtn Service Commissioner for Wales is vacant (and there is no acting Health Service Commissioner for Wales),

the Treasury may designate a member of the staff of the Health Service Commissioner for Wales to be the accounting officer for so long as paragraph (a) or (b) applies.

(3) The accounting officer for the Office of the Health Service Commissioner for Wales shall have, in relation to the accounts of the Health Service Commissioner for Wales and the finances of the Office of the Health Service Commissioner for Wales, the responsibilities which are from time to time specified by the Treasury.

(4) In this paragraph references to responsibilities include in particular—

(a) responsibilities in relation to the signing of accounts,

(b) responsibilities for the propriety and regularity of the finances of the Office of the Health Service Commissioner for Wales, and

(c) responsibilities for the economy, efficiency and effectiveness with which the resources of the Office of the Health Service Commissioner for Wales are used.

(5) The responsibilities which may be specified under this paragraph include responsibilities owed to—

(a) the Assembly, the executive committee or the Audit Committee of the Assembly, or

(b) the House of Commons or its Committee of Public Accounts.

(6) If requested to do so by the House of Commons Committee of Public Accounts, the Audit Committee of the Assembly may—

(a) on behalf of the Committee of Public Accounts take evidence from the accounting officer for the Office of the Health Service Commissioner for Wales, and

(b) report to the Committee of Public Accounts and transmit to that Committee any evidence so taken.

(7) In this paragraph and paragraphs 13 and 14 "the Office of the Health Service Commissioner for Wales" means the Health Service Commissioner for Wales and the members of his staff; and in this paragraph "the executive committee" has the same meaning as in paragraph 9.

Examinations into use of resources

13 (1) The Auditor General for Wales may carry out examinations into the economy, efficiency and effectiveness with which the Health Service Commissioner for Wales has used the resources of the Office of the Health Service Commissioner for Wales in discharging his functions.

(2) Sub-paragraph (1) shall not be construed as entitling the Auditor General for Wales to question the merits of the policy objectives of the Health Service Commissioner for Wales.

(3) In determining how to exercise his functions under this paragraph, the Auditor General for Wales shall take into account the views of the Audit

Committee of the Assembly as to the examinations which he should carry out under this paragraph.

(4) The Auditor General for Wales may lay before the Assembly a report of the results of any examination carried out by him under this paragraph.

(5) The Auditor General for Wales and the Comptroller and Auditor General may co-operate with, and give assistance to, each other in connection with the carrying out of examinations in respect of the Health Service Commissioner for Wales under this paragraph or section 7 of the M5National Audit Act 1983 (economy etc. examinations).

Examinations by the Comptroller and Auditor General

14 (1) For the purpose of enabling him to carry out examinations into, and report to Parliament on, the finances of the Office of the Health Service Commissioner for Wales, the Comptroller and Auditor General—

(a) shall have a right of access at all reasonable times to all such documents in the custody or under the control of the Health Service Commissioner for Wales, or of the Auditor General for Wales, as he may reasonably require for that purpose, and

(b) shall be entitled to require from any person holding or accountable for any of those documents any assistance, information or explanation which he reasonably thinks necessary for that purpose.

(2) The Comptroller and Auditor General shall—

(a) consult the Auditor General for Wales, and

(b) take into account any relevant work done or being done by the Auditor General for Wales, before he acts in reliance on sub-paragraph (1) or carries out an examination in respect of the Health Service Commissioner for Wales under section 7 of the National Audit Act 1983 (economy etc. examinations).]

SCHEDULE 2 Consequential amendments

SCHEDULE 3 Repealsv

欧洲议会

欧洲议会关于规范申诉专员履职情况法规和一般条件的决议

（欧洲议会于1994年3月9日通过，分别于2002年3月14日和2008年6月18日修订）

欧洲议会，

基于欧洲共同体的各项条约，尤其是《欧洲经济共同体条约》第195（4）条和《欧洲原子能共同体条约》第107d（4）条，

基于委员会的意见，

基于欧洲理事会的核准，

鉴于应在遵守欧洲共同体各项条约规定的前提下，制定规范申诉专员履职情况的法规和一般条件；

鉴于应确立向申诉专员提交申诉的条件，以及明确申诉专员履职与法律或行政诉讼之间的关系；

鉴于申诉专员可主动开展调查，因而必须确保其获取履职所需的全部材料；鉴于共同体的机构和部门为此有义务在申诉专员的要求下向其提供任何所需信息，并不得因申诉专员有义务不得泄露以上信息而对其产生成见；鉴于获取涉密信息或文件，尤其是欧盟第1049/2001号条例第9条所指的敏感文件，应遵守共同体相关机构或部门的安全规定；鉴于第3（2）条第一分段涉及的提供涉密信息或文件的机构或部门应告知申诉专员涉密情况；鉴于为执行第3（2）条第一分段的规定，申诉专员应事先与相关机构或部门就处理涉密信息或文件及其他受职业性秘密义务限制的信息的条

件达成一致；鉴于如申诉专员的要求未能得到满足，他可将此事通知欧洲议会，由其做出适当交涉；

鉴于当申诉专员经过调查确定案件确实存在不当行政行为后，有必要制定后续的工作程序；鉴于应就申诉专员在每年年度会议结束时向欧洲议会提交综合报告做出规定；

鉴于申诉专员及其工作人员有义务对在履职过程中获取的任何信息保密；鉴于与此同时，申诉专员有义务通知主管部门他认为可能涉及刑法的事实，以及他在调查过程中注意到的其他事实；

鉴于在遵守成员国现行国内法律的前提下，应为建立申诉专员与特定成员国设立的同类机构之间的合作制定规范；

鉴于申诉专员由欧洲议会在其任期之初任命，其任期与议会任期相同，申诉专员的候选人为欧盟公民，并具备一切胜任独立履职能力的必要保证；

鉴于应规范解除申诉专员职务的条件；

鉴于申诉专员必须完全独立履职，并向欧洲共同体法院做出郑重承诺；鉴于应界定不在申诉专员职责范围内的事项，并界定申诉专员的薪酬，特权及豁免；

鉴于应就协助申诉专员工作及制定预算的申诉专员秘书处官员及公务人员制定相应规范；鉴于申诉专员席位应设立在欧洲议会；

鉴于申诉专员应遵守本决议的实施规则；鉴于《欧洲联盟条约》生效后，应进一步就首任申诉专员制定相应的过渡规定，

兹决议如下：

第 1 条

1. 本决议在制定规范申诉专员履职情况的法规和一般条件时，应遵守《欧洲共同体条约》第 195（4）条和《欧洲原子能共同体条约》第 107d

（4）条相关规定。

2. 申诉专员应在共同体机构和部门的授权范围内履职。

3. 申诉专员不得干涉正在法院审理的案件，或质疑法院判决的合理性。

第2条

1. 在上述各项条约及条件的框架内，申诉专员应协助揭露共同体机构和部门，除了正在履行司法职能的欧洲法院和欧洲初审法院，在履职过程中产生的不当行政行为，并本着解决争议的宗旨提出建议。不得向申诉专员提交针对其他任何机构或个人行为的申诉。

2. 欧盟的任何公民或在欧盟任一成员国居住或拥有注册机构的自然人或法人，可直接或经欧洲议会议员，就共同体机构或部门，除了正在履行司法职能的欧洲法院和欧洲初审法院，在履职过程中产生的不当行政行为向申诉专员提出申诉。申诉专员一旦收到申诉，应立即通知相关机构或部门。

3. 申诉必须明确申诉人和被申诉对象；申诉人可要求对申诉保密。

4. 申诉人应在得知申诉事由之日起两年内提出申诉，在提出申诉前，该事由必须已经诉诸相关机构或部门进行适当的行政救济。

5. 申诉专员可建议申诉人向其他机构寻求救济。

6. 向申诉专员提交的申诉不影响行政或司法程序中的诉讼时限。

7. 当申诉专员因开展或终结与申诉事实相关的法律诉讼而宣布申诉不符合受理条件，或宣布终止审查该申诉时，截至此时已获得的任何调查结果应明确封存。

8. 不得向申诉专员提出涉及共同体机构和部门与其官员和其他公务人员之间有关工作关系争议的申诉，除非申诉人已经穷尽该机构内部的行政救济和申诉，尤其是《工作条例》第90（1）条和（2）条涉及的程序，并且被申诉机构的答复时限期满。

9. 申诉专员应将其针对申诉已采取的行动立即通知申诉人。

第 3 条

1. 申诉专员，主动或依申诉，应对共同体机构和部门任何可能存在的不当行政行为展开全部合理调查 . 应将调查行动通知被调查的机构或部门，后者应向其提供任何有用的陈述。

2. 共同体机构和部门有义务根据申诉专员的要求向其提供任何信息，并向其提供相关文件的获取方式。获取涉密信息或文件，尤其是欧盟第 1049/2001 号条例第 9 条所指的敏感文件，应遵守共同体相关机构或部门的安全规定。

提供前一分段提及的涉密信息或文件的机构或部门应告知申诉专员涉密情况。

为执行第一分段的规定，申诉专员应事先与相关机构或部门就处理涉密信息或文件及其他受职业保密义务保护的信息的条件达成一致。

仅当成员国事先同意时，相关机构或部门方可提供来自于成员国并被法律法规界定为机密文件的获取方式。

他们在提供来自于成员国的其他文件的获取方式之前，应通知相关的成员国。

在上述两种情况下，根据第 4 条的规定，申诉专员不可泄露文件内容。

共同体机构和部门的官员及其他公务人员必须在申诉专员的要求下作证；他们应继续受《员工条例》相关规定的约束，尤其是承担职业保密义务。

3. 成员国政府有义务根据申诉专员的要求，经由成员国政府驻欧洲共同体常驻代表向其提供任何有利于调查共同体机构或部门不正当行政行为案件的信息，除非此信息受保密法规或禁止传播规定的限制。但针对后一种情况，相关成员国在申诉专员不泄露信息的前提下，仍可允许其获取信息。

4. 如果申诉专员的要求未能得到满足，申诉专员应通知欧洲议会，由其做出适当交涉。

5. 申诉专员应尽其所能，与相关机构或部门寻求解决途径，消除不当行政行为，合理受理申诉。

6. 如申诉专员发现存在不当行政行为，应通知相关机构或部门，由其提出合理建议草案。被通知的机构或部门应在三个月内向申诉专员提交一份详细的意见。

7. 申诉专员应随后向欧洲议会以及相关机构和部门提交一份报告。他可在报告中提出建议。申诉专员应将调查结果，相关机构或部门的意见以及申诉专员提出的任何建议通知申诉人。

8. 申诉专员应在每年年度会议结束时向欧洲议会提交一份年度调查结果报告。

第 4 条

1. 申诉专员及其工作人员应遵守《欧洲共同体条约》第 287 条和《欧洲原子能共同体条约》第 194 条规定，不应泄露调查过程中获取的信息或文件。在不违背第 2 段规定的前提下，尤其不应泄露提交申诉专员的任何涉密信息或文件，尤其是欧盟第 1049/2001 号条例第 9 条所指的敏感文件，或属于共同体保护个人信息法规范畴的文件，以及任何可能危害申诉人或其他任何相关人员的信息，并不得违背第二段的规定。

2. 如在调查过程中发现可能涉及刑法的事实，申诉专员应通过成员国政府驻欧洲共同体常驻代表通知相关国家政府，以及案件在其权限之内的相关共同体机构和负责打击欺诈的机构或部门；针对可适用《欧洲共同体特权与豁免议定书》第 18 条第二段规定的相关官员或公务人员，申诉专员应在合理范围内同时通知其所属机构或部门。申诉专员也可从触犯纪律规定的角度出发，将其工作人员引起争议的行为事实通知相关共同体机构或部门。

第 4a 条 申诉专员及其工作人员应在欧盟第 1049/2001 号条例规定的条件和限制的框架内，受理除第 4（1）条涉及内容外对公众知情权的请求。

第 5 条

1. 当申诉专员认为有助于提高调查效率并更好地捍卫申诉人权益时，可在遵守成员国现行国内法律的前提下，与特定成员国设立的同类机构开展合作。申诉专员不可据此要求查阅根据第 3 条规定不得获取的文件。

2. 在《欧洲共同体条约》第 195 条和《欧洲原子能共同体条约》第 107d 条规定的权限范围内，避免与其他机构或部门的行为发生重复，申诉专员可在相同条件下与成员国负责促进和保护基本权利的机构和部门开展合作。

第 6 条

1. 在每届欧洲议会选举产生之后，由议会选举产生申诉专员，其任期与议会任期相同。可连选连任。

2. 申诉专员的候选人应为欧盟公民，享有完全民事和政治权利，确保完全独立行使职权，且具备在本国最高司法机构任职的条件，或具备足以履行申诉专员职责的公认的能力和经验。

第 7 条

1. 申诉专员应在任期结束，辞职或被解除职务时停止履职。

2. 除被解除职务外，申诉专员应留任至新任申诉专员任命。

3. 如申诉专员提前停止履职，应在其岗位空缺三个月内任命新任申诉专员直至本届议会任期结束。

第 8 条

如申诉专员不能胜任履职条件，或犯有严重错误，欧洲共同体法院可在欧洲议会的请求下解除其职务。

第 9 条

1. 申诉专员应在维护共同体和欧盟公民普遍利益的前提下完全独立履职。在履职过程中，不应寻求或接受任何政府或其他机构的指示。不应从事任何违反其职责属性的活动。

2. 申诉专员就职时，应向欧洲共同体法院做出郑重承诺，完全独立公正履职，在任及卸任后始终遵守履职义务，尤其在任期结束后，要诚实审慎地接受特定的任命或报酬。

第 10 条

1. 申诉专员在其任期内不得承担任何政治或行政职责，或从事任何其他有报酬或无报酬的职务。

2. 申诉专员在薪酬，津贴和养老金方面应与欧洲共同体法院的法官享有同等待遇。

3. 申诉专员及其秘书处官员和公务人员适用《欧洲共同体特权与豁免议定书》第 12 至 15 条，以及第 18 条规定。

第 11 条

1. 应设置申诉专员秘书处协助其工作，负责人应由申诉专员任命。

2. 申诉专员秘书处的官员和公务人员应遵守欧洲共同体官员及其他公务人员适用的规定和条例。人数按年度预算程序审核批准。

3. 为确保在申诉专员秘书处任职的欧洲共同体和成员国官员充分履职，其就职的原机构应给予支持，并保证在原机构可自动复职。

4. 申诉专员对其工作人员享有与《欧洲共同体官员工作条例》第 1 条所指机构相同的地位。

第 12 条

（已废止）

第 13 条

申诉专员席位应设立在欧洲议会。

第 14 条

申诉专员应遵守本决议执行规则。

第 15 条

首任申诉专员应在《欧洲联盟条约》生效后任命，其任期应为欧洲议会剩余任期。

第 16 条

（已废止）

第 17 条

本决议应在《欧洲共同体官方公报》刊发。生效日期为刊发日期。

（翻译：周思成　审校：宋连斌）

关于欧盟申诉专员执行规则的决议

（2002 年 7 月 8 日通过，2004 年 4 月 5 日和 2008 年 12 月 3 日经申诉专员决定修订）

第 1 条　定义

在本执行规则中，

(a)“相关机构”指被申诉或申诉专员主动调查的共同体机构或部门；

(b)“《规定》”指《规范申诉专员履职情况的法规和一般条件》；

(c) 涉及文件和信息时，“涉密”指“不可泄露”。

第 2 条　申诉的接收

2.1. 接收申诉应初步审查，登记和编号。

2.2. 向申诉人发出接收确认函，告知接收登记号码和主办法律事务官的联系方式。

2.3. 由欧洲议会经申请人许可转交申诉专员的救济申请视为申诉。

2.4. 在适当场合并经申诉人许可，申诉专员可将申诉转交欧洲议会，视为救济申请。

2.5. 在适当场合并经申诉人许可，申诉专员可将申诉转交另一主管部门。

第 3 条　申诉的受理

3.1. 申诉专员依照《欧盟条约》和《规定》决定申诉是否在其职责范围内，以及如在其职责范围内，该申诉是否能够受理。在做出受理决定前，可要求申诉人提供更为详细的信息或文件。

3.2. 如申诉不在其职责范围内，或不可受理，申诉专员终止审查申诉材料。通知申诉人中止决定并说明理由。申诉专员可建议申诉人向其他机构寻求救济。

第 4 条 对已受理申诉的调查

4.1. 申诉专员有权决定已受理的申诉是否具备充足的调查理由。

4.2. 如未找到充足的调查理由，申诉专员予以结案并通知申诉人。申诉专员可同时通知相关机构。

4.3. 如申诉专员找到充足的调查理由，将通知申诉人和相关机构。并向相关机构传送申诉副本，并要求该机构在通常不超过三个月的期限内提交意见。可要求相关机构就申诉的特定方面或具体事项给予说明。

4.4. 所提交的意见不应包含任何相关机构认为涉密的信息或文件。

4.5. 相关机构可要求所提交的意见的特定内容仅对申诉人公开。应明确界定相关内容并解释理由。

4.6. 申诉专员将相关机构的意见送至申诉人。申诉人可在通常不超过一个月的期限内向申诉专员提交个人意见。

4.7. 如申诉专员认为有益，将进行深入调查。第 4.3 至 4.6 条适用深入调查，在深入调查期间，相关机构的答复时限通常为一个月。

4.8. 为快速解决争议，申诉专员可适时采取简化程序。

4.9. 完成调查后，申诉专员终结申诉并作出合理决定，通知申诉人和相关机构。

第 5 条 调查权限

5.1. 根据《规定》指出的条件，申诉专员可要求共同体机构和部门，以及成员国政府，在合理的时间内提供调查所需的信息或文件。以上机构应明确界定任何视为涉密的信息或文件。

5.2. 申诉专员应审核相关机构的材料。相关机构应明确界定材料中视为涉密的任何文件。申诉专员可提取全部或特定材料的副本。申诉专员将审核情况通知申诉人。

5.3. 在《规定》指出的条件下，申诉专员可要求共同体机构或部门的官员或其他公务人员作证。申诉专员可决定让其秘密作证。

5.4. 申诉专员可要求共同体机构和部门安排其现场调查。

5.5. 当申诉专员认为必要时，可委托调研或专家报告协助调查。

第 6 条　友好解决方式

6.1. 如申诉专员查明不当行政行为，应尽全力与相关机构合作，寻求友好解决方式消除该行为并合理解决申诉人的问题。

6.2. 如申诉专员认为争议已通过友好方式解决，应做出理由详尽的决定，终结申诉，并将决定通知申诉人和相关机构。

6.3. 如申诉专员认为该争议无法采取友好方式解决，或未能成功采取友好方式解决，可做出包含批评的理由详尽的决定，终结申诉，或提出建议报告。

第 7 条　批评

7.1. 当申诉专员认为发生以下情况时可做出批评：

(a) 相关机构不可能消除不当行政行为以及

(b) 不当行政行为仅存在于个案中而不具有普遍影响。

7.2. 当申诉专员以批评终结申诉，应通知申诉人和相关机构。

第 8 条　报告和建议

8.1. 申诉专员可向相关机构提交建议报告，当其认为

(a) 相关机构可消除不当行政行为，或

(b) 不当行政行为存在普遍影响。

8.2. 申诉专员将报告和建议草案副本送达相关机构和申诉人。

8.3. 相关机构在三个月内向申诉专员提交详细意见。详细意见可包括对申诉专员决定的采纳，以及为执行建议草案采取的措施。

8.4. 如申诉专员对详细意见不满，可就不当行政行为向欧洲议会起草

特别报告。申诉专员将报告副本送达相关机构和申诉人。

第 9 条　主动调查

9.1. 申诉专员可主动展开调查。

9.2. 申诉专员主动调查的职权与依申诉调查的职权相同。

9.3. 以此类推，依申诉开展调查所适用的程序同样适用于主动调查。

第 10 条　程序要点

10.1. 申诉专员可依申诉人请求，将申诉定密。如认为有必要保护申诉人或第三方的利益，申诉专员可主动将申诉定密。

10.2. 申诉专员在其认为合理时，可采取措施优先受理申诉。

10.3. 如针对调查事项正在开展法律诉讼，申诉专员应终结申诉。截至此时开展的任何调查结果均应封存，并不得就此开展进一步调查。

10.4. 申诉专员在调查过程中发现可能涉及刑法的事实，应通知相关国家政府，并视情通知共同体机构或部门。当其认为触犯纪律规定时，申诉专员也可将相关事实通知共同体机构或部门。

第 11 条　对欧洲议会的报告

11.1. 申诉专员向欧洲议会提交包括其调查结果在内的年度整体工作报告。

11.2. 包括上述第 8.4 条提出的特别报告在内，当申诉专员认为有助于履行相关条约和《规定》赋予的职责时，可向欧洲议会提交其他特别报告。

11.3. 申诉专员提交的年度报告和特别报告，应包含他认为有助于履行相关条约和《规定》赋予的职责的建议。

第 12 条　申诉专员与成员国类似机构的合作

为提高双方的调查效率，以及在欧洲联盟和欧洲共同体法律框架下更好地捍卫权益，申诉专员可与成员国设立的申诉专员及类似机构开展合作。

第 13 条　申诉人的查阅权

13.1. 在符合下述第 13.3 条规定的前提下，申诉人有权查阅申诉专员关于其申诉的档案。.

13.2. 申诉人可行使现场查阅权。他 / 她可请求申诉专员提供完整档案或档案内具体文件的副本。

13.3. 申诉人无权查阅：

（a）通过上述第 5.1 或 5.2 条所指途径获取的，被界定为涉密的文件或信息；

（b）上述 5.3 条所指秘密作证提供的证据。

第 14 条　申诉专员文件的公众知情权

14.1. 在符合第 1049/2001 号条例关于对欧洲议会、理事会和委员会文件公众知情权规定的条件和限制的前提下，公众应享有申诉专员除与调查相关的材料外的其他文件的知情权。

14.2. 根据上述第 10.1 条，未经申诉人请求定密或未经申诉专员定密的与调查相关的文件，可由公众通过请求查阅。知情权不包括：

（a）通过上述第 5.1 或 5.2 条所指途径获取的，被界定为涉密的文件或信息；

（b）上述 5.3 条所指秘密作证提供的证据；

（c）根据上述 4.5 条，经相关机构请求，仅对申诉人公开，涉及其针对深入调查提交的意见和答复的相关内容；

（d）一旦公开，将会损害正在进行的调查的完整性的文件。

14.3. 获取文档的申请应以书面形式提交（信件，传真或电子邮件），申请应明确到足以鉴定文件。

14.4. 申请人通过现场查阅或获得副本的形式实现其知情权。申诉专员可对副本收取合理费用，并对计费方式向申请人做出解释。

14.5. 公众知情权的受理决定应在接收申请后 15 个工作日内做出。特殊情况下，可将时限延长 15 个工作日；应将延期情况及具体理由提前告知申请人。

14.6. 如全部或部分拒绝查阅文件的申请，应当说明拒绝的理由。

第 15 条　语言

15.1. 申诉可以《欧盟条约》规定的任一种语言提交。申诉专员没有义务受理以其他语言提交的申诉。

15.2. 申诉专员的工作语言为《欧盟条约》规定的任一种语言；就申诉而言，应使用与提交申诉语言相同的语言。

15.3. 申诉专员决定哪些文件由工作语言草拟。

第 16 条　报告的刊发

16.1. 欧盟申诉专员应在《官方公报》上以通告的形式公布已核准的年度报告和特别报告，并向所有对此关注的人士公开查阅完整文件的方式。

16.2. 任何报告或总结，一旦涉及申诉专员针对涉密申诉做出的决定，应以不暴露申诉人身份的方式进行刊发。

第 17 条　生效

17.1. 1997 年 10 月 16 日通过的执行规则由此废止。

17.2. 本决议应于 2003 年 1 月 1 日生效。

17.3. 本决议通过时，应通知欧洲议会议长。同时应在《官方公报》上刊发通告。

（翻译：周思成　审校：宋连斌）

Decision of the European Parliament on the regulations and general conditions governing the performance of the Ombudsman's duties

The European Parliament,

Having regard to the Treaties establishing the European Communities, and in particular Article 195(4) of the Treaty establishing the European Community and Article 107d(4) of the Treaty establishing the European Atomic Energy Community,

Having regard to the opinion of the Commission,

Having regard to the Council's approval,

Whereas the regulations and general conditions governing the performance of the Ombudsman's duties should be laid down, in compliance with the provisions of the Treaties establishing the European Communities;

Whereas the conditions under which a complaint may be referred to the Ombudsman should be established as well as the relationship between the performance of the duties of Ombudsman and legal or administrative proceedings;

Whereas the Ombudsman, who may also act on his own initiative, must have access to all the elements required for the performance of his duties; whereas to that end Community institutions and bodies are obliged to supply the Ombudsman, at his request, with any information which he requests of them and without prejudice to the Ombudsman's obligation not to divulge such information; whereas access to classified information or documents, in particular to sensitive documents within the meaning of Article 9 of Regulation (EC) No 1049/2001 , should be subject to compliance with the rules on security of the Community institution or body concerned; whereas the institutions or bodies supplying classified information or documents as mentioned in the first subparagraph of Article 3(2) should inform the Ombudsman of such classification; whereas for the implementation of the rules provided for in the first subparagraph of Article 3(2), the Ombudsman should have agreed in advance with the institution or body concerned the conditions for treatment of classified information or documents and other information covered by the obligation of professional secrecy; whereas if the Ombudsman finds that the assistance requested is not forthcoming, he shall inform the European Parliament, which shall make appropriate representations;

Whereas it is necessary to lay down the procedures to be followed where the Ombudsman's enquiries reveal cases of maladministration; whereas provision should also be made for the submission of a comprehensive report by the Ombudsman to the European Parliament at the end of each annual session;

Whereas the Ombudsman and his staff are obliged to treat in confidence any information which they have acquired in the course of their duties; whereas the Ombudsman is, however, obliged to inform the competent authorities of facts which he considers might relate to criminal law and which have come to his attention in the course of his enquiries;

Whereas provision should be made for the possibility of co-operation between the Ombudsman and authorities of the same type in certain Member States, in compliance with the national laws applicable;

Whereas it is for the European Parliament to appoint the Ombudsman at the beginning of its mandate and for the duration thereof, choosing him from among persons who are Union citizens and offer every requisite guarantee of independence and competence;

Whereas conditions should be laid down for the cessation of the Ombudsman's duties;

Whereas the Ombudsman must perform his duties with complete independence and give a solemn undertaking before the Court of Justice of the European Communities that he will do so when taking up his duties; whereas activities incompatible with the duties of Ombudsman should be laid down as should the remuneration, privileges and immunities of the Ombudsman;

Whereas provisions should be laid down regarding the officials and servants of the Ombudsman's secretariat which will assist him and the budget thereof; whereas the seat of the Ombudsman should be that of the European Parliament;

Whereas it is for the Ombudsman to adopt the implementing provisions for this Decision; whereas furthermore certain transitional provisions should be laid down for the first Ombudsman to be appointed after the entry into force of the EU Treaty,

HAS DECIDED AS FOLLOWS:

Article 1

1. The regulations and general conditions governing the performance of the Ombudsman's duties shall be as laid down by this Decision in accordance with Article 195(4) of the Treaty establishing the European Community and Article 107d(4) of the Treaty establishing the European Atomic Energy Community.

2. The Ombudsman shall perform his duties in accordance with the powers conferred on the Community institutions and bodies by the Treaties.

3. The Ombudsman may not intervene in cases before courts or question the soundness of a court's ruling.

Article 2

1. Within the framework of the aforementioned Treaties and the conditions laid down therein, the Ombudsman shall help to uncover maladministration in the activities of the Community institutions and bodies, with the exception of the Court of Justice and the Court of First Instance acting in their judicial role, and make recommendations with a view to putting an end to it. No action by any other authority or person may be the subject of a complaint to the Ombudsman.

2. Any citizen of the Union or any natural or legal person residing or having his registered office in a Member State of the Union may, directly or through a Member of the European Parliament, refer a complaint to the Ombudsman in respect of an instance of maladministration in the activities of Community institutions or bodies, with the exception of the Court of Justice and the Court of First Instance acting in their judicial role. The Ombudsman shall inform the institution or body concerned as soon as a complaint is referred to him.

3. The complaint must allow the person lodging the complaint and the object of the complaint to be identified; the person lodging the complaint may request that his complaint remain confidential.

4. A complaint shall be made within two years of the date on which the facts on which it is based came to the attention of the person lodging the complaint and must be preceded by the appropriate administrative approaches to the institutions and bodies concerned.

5. The Ombudsman may advise the person lodging the complaint to address it to another authority.

6. Complaints submitted to the Ombudsman shall not affect time-limits for

appeals in administrative or judicial proceedings.

7. When the Ombudsman, because of legal proceedings in progress or concluded concerning the facts which have been put forward, has to declare a complaint inadmissible or terminate consideration of it, the outcome of any enquiries he has carried out up to that point shall be filed definitively.

8. No complaint may be made to the Ombudsman that concerns work relationships between the Community institutions and bodies and their officials and other servants unless all the possibilities for the submission of internal administrative requests and complaints, in particular the procedures referred to in Article 90(1) and (2) of the Staff Regulations, have been exhausted by the person concerned and the time limits for replies by the authority thus petitioned have expired.

9. The Ombudsman shall as soon as possible inform the person lodging the complaint of the action he has taken on it.

Article 3

1. The Ombudsman shall, on his own initiative or following a complaint, conduct all the enquiries which he considers justified to clarify any suspected maladministration in the activities of Community institutions and bodies. He shall inform the institution or body concerned of such action, which may submit any useful comment to him.

2. The Community institutions and bodies shall be obliged to supply the Ombudsman with any information he has requested from them and give him access to the files concerned. Access to classified information or documents, in particular to sensitive documents within the meaning of Article 9 of Regulation (EC) No 1049/2001, shall be subject to compliance with the rules on security of the Community institution or body concerned.

The institutions or bodies supplying classified information or documents as mentioned in the previous subparagraph shall inform the Ombudsman of such classification.

For the implementation of the rules provided for in the first subparagraph, the Ombudsman shall have agreed in advance with the institution or body concerned the conditions for treatment of classified information or documents and other information covered by the obligation of professional secrecy.

The institutions or bodies concerned shall give access to documents originating in a Member State and classed as secret by law or regulation only where that Member State has given its prior agreement.

They shall give access to other documents originating in a Member State after having informed the Member State concerned.

In both cases, in accordance with Article 4, the Ombudsman may not divulge the content of such documents.

Officials and other servants of Community institutions and bodies must testify at the request of the Ombudsman; they shall continue to be bound by the relevant rules of the Staff Regulations, notably their duty of professional secrecy.

3. The Member States' authorities shall be obliged to provide the Ombudsman, whenever he may so request, via the Permanent Representations of the Member States to the European Communities, with any information that may help to clarify instances of maladministration by Community institutions or bodies unless such information is covered by laws or regulations on secrecy or by provisions preventing its being communicated. Nonetheless, in the latter case, the Member State concerned may allow the Ombudsman to have this information provided that he undertakes not to divulge it.

4. If the assistance which he requests is not forthcoming, the Ombudsman

shall inform the European Parliament, which shall make appropriate representations.

5. As far as possible, the Ombudsman shall seek a solution with the institution or body concerned to eliminate the instance of maladministration and satisfy the complaint.

6. If the Ombudsman finds there has been maladministration, he shall inform the institution or body concerned, where appropriate making draft recommendations. The institution or body so informed shall send the Ombudsman a detailed opinion within three months.

7. The Ombudsman shall then send a report to the European Parliament and to the institution or body concerned. He may make recommendations in his report. The person lodging the complaint shall be informed by the Ombudsman of the outcome of the inquiries, of the opinion expressed by the institution or body concerned and of any recommendations made by the Ombudsman.

8. At the end of each annual session the Ombudsman shall submit to the European Parliament a report on the outcome of his inquiries.

Article 4

1. The Ombudsman and his staff, to whom Article 287 of the Treaty establishing the European Community and Article 194 of the Treaty establishing the European Atomic Energy Community shall apply, shall be required not to divulge information or documents which they obtain in the course of their inquiries. They shall, in particular, be required not to divulge any classified information or any document supplied to the Ombudsman, in particular sensitive documents within the meaning of Article 9 of Regulation (EC) No 1049/2001, or documents falling within the scope of Community legislation regarding the protection of personal data, as well as any information which could harm the

person lodging the complaint or any other person involved, without prejudice to paragraph 2.

2. If, in the course of inquiries, he learns of facts which he considers might relate to criminal law, the Ombudsman shall immediately notify the competent national authorities via the Permanent Representations of the Member States to the European Communities and, in so far as the case falls within its powers, the competent Community institution, body or service in charge of combating fraud; if appropriate, the Ombudsman shall also notify the Community institution or body with authority over the official or servant concerned, which may apply the second paragraph of Article 18 of the Protocol on the Privileges and Immunities of the European Communities. The Ombudsman may also inform the Community institution or body concerned of the facts calling into question the conduct of a member of their staff from a disciplinary point of view.

Article 4a

The Ombudsman and his staff shall deal with requests for public access to documents, other than those referred to in Article 4(1), in accordance with the conditions and limits provided for in Regulation (EC) No 1049/2001.

Article 5

1. In so far as it may help to make his enquiries more efficient and better safeguard the rights and interests of persons who make complaints to him, the Ombudsman may cooperate with authorities of the same type in certain Member States provided he complies with the national law applicable. The Ombudsman may not by this means demand to see documents to which he would not have access under Article 3.

2. Within the scope of his functions as laid down in Article 195 of the Treaty establishing the European Community and Article 107d of the Treaty establishing

the European Atomic Energy Community and avoiding any duplication with the activities of the other institutions or bodies, the Ombudsman may, under the same conditions, cooperate with institutions and bodies of Member States in charge of the promotion and protection of fundamental rights.

Article 6

1. The Ombudsman shall be appointed by the European Parliament after each election to the European Parliament for the duration of its mandate. He shall be eligible for reappointment.

2. The Ombudsman shall be chosen from among persons who are Union citizens, have full civil and political rights, offer every guarantee of independence, and meet the conditions required for the exercise of the highest judicial office in their country or have the acknowledged competence and experience to undertake the duties of Ombudsman.

Article 7

1. The Ombudsman shall cease to exercise his duties either at the end of his term of office or on his resignation or dismissal.

2. Save in the event of his dismissal, the Ombudsman shall remain in office until his successor has been appointed.

3. In the event of early cessation of duties, a successor shall be appointed within three months of the office's falling vacant for the remainder of the parliamentary term.

Article 8

An Ombudsman who no longer fulfils the conditions required for the performance of his duties or is guilty of serious misconduct may be dismissed by the Court of Justice of the European Communities at the request of the European Parliament.

Article 9

1. The Ombudsman shall perform his duties with complete independence, in the general interest of the Communities and of the citizens of the Union. In the performance of his duties he shall neither seek nor accept instructions from any government or other body. He shall refrain from any act incompatible with the nature of his duties.

2. When taking up his duties, the Ombudsman shall give a solemn undertaking before the Court of Justice of the European Communities that he will perform his duties with complete independence and impartiality and that during and after his term of office he will respect the obligations arising therefrom, in particular his duty to behave with integrity and discretion as regards the acceptance, after he has ceased to hold office, of certain appointments or benefits.

Article 10

1. During his term of office, the Ombudsman may not engage in any political or administrative duties, or any other occupation, whether gainful or not.

2. The Ombudsman shall have the same rank in terms of remuneration, allowances and pension as a judge at the Court of Justice of the European Communities.

3. Articles 12 to 15 and Article 18 of the Protocol on the Privileges and Immunities of the European Communities shall apply to the Ombudsman and to the officials and servants of his secretariat.

Article 11

1. The Ombudsman shall be assisted by a secretariat, the principal officer of which he shall appoint.

2. The officials and servants of the Ombudsman's secretariat shall be subject to the rules and regulations applicable to officials and other servants of

the European Communities. Their number shall be adopted each year as part of the budgetary procedure.

3. Officials of the European Communities and of the Member States appointed to the Ombudsman's secretariat shall be seconded in the interests of the service and guaranteed automatic reinstatement in their institution of origin.

4. In matters concerning his staff, the Ombudsman shall have the same status as the institutions within the meaning of Article 1 of the Staff Regulations of Officials of the European Communities.

Article 12 Deleted

Article 13

The seat of the Ombudsman shall be that of the European Parliament.

Article 14

The Ombudsman shall adopt the implementing provisions for this Decision.

Article 15

The first Ombudsman to be appointed after the entry into force of the EU Treaty shall be appointed for the remainder of the parliamentary term.

Article 16 Deleted

Article 17

This Decision shall be published in the Official Journal of the European Communities . It shall enter into force on the date of its publication.

Decision of the European Ombudsman adopting implementing provisions

Article 1 Definitions

In these implementing provisions,

(a) “institution concerned” means the Community institution or body which is the object of a complaint or an own initiative inquiry;

(b) “the Statute” means the regulations and general conditions governing the performance of the Ombudsman’s duties;

(c) in relation to documents and information, “confidential” means “not to be disclosed” .

Article 2 Receipt of complaints

2.1. Complaints are identified, registered and numbered upon receipt.

2.2. An acknowledgement of receipt is sent to the complainant, quoting the registration number of the complaint and identifying the legal officer who is dealing with the case.

2.3. A petition transferred to the Ombudsman by the European Parliament with the consent of the petitioner is treated as a complaint.

2.4. In appropriate cases and with the consent of the complainant, the Ombudsman may transfer a complaint to the European Parliament to be dealt with as a petition.

2.5. In appropriate cases and with the consent of the complainant, the Ombudsman may transfer a complaint to another competent authority.

Article 3 Admissibility of complaints

3.1. On the basis of the criteria laid down in the Treaty and the Statute, the Ombudsman determines whether a complaint is within his mandate and if so, whether it is admissible; he may request the complainant to provide further information or documents before making the determination.

3.2. If a complaint is outside the mandate, or inadmissible, the Ombudsman closes the file on the complaint. He informs the complainant of his decision and of the reasons for it. The Ombudsman may advise the complainant to apply to another authority.

Article 4 Inquiries into admissible complaints

4.1. The Ombudsman decides whether there are sufficient grounds to justify making inquiries into an admissible complaint.

4.2. If he does not find sufficient grounds to justify making inquiries, the Ombudsman closes the file on the complaint and informs the complainant accordingly. The Ombudsman may also inform the institution concerned.

4.3. If the Ombudsman finds sufficient grounds to justify making inquiries, he informs the complainant and the institution concerned. He transmits a copy of the complaint to the institution concerned and invites it to submit an opinion within a specified time that is normally no more than three months. The invitation to the institution concerned may specify particular aspects of the complaint, or specific issues, to which the opinion should be addressed.

4.4. The opinion shall not include any information or documents which the institution concerned regards as confidential.

4.5. The institution concerned may request that certain parts of its opinion be disclosed only to the complainant. It shall clearly identify the parts concerned and shall explain the reason or reasons for its request.

4.6. The Ombudsman sends the opinion of the institution concerned to the complainant. The complainant has the opportunity to submit observations to the Ombudsman, within a specified time that is normally no more than one month.

4.7. If he considers it useful to do so, the Ombudsman makes further inquiries. Points 4.3 to 4.6 apply to further inquiries, save that the time limit for the institution concerned to reply is normally one month.

4.8. Where he considers it appropriate to do so, the Ombudsman may use a simplified procedure, with a view to achieving a rapid solution.

4.9. When he has completed his inquiries. the Ombudsman closes the case with a reasoned decision and informs the complainant and the institution concerned.

Article 5 Powers of investigation

5.1. Subject to the conditions laid down in the Statute, the Ombudsman may require Community institutions and bodies and the authorities of Member States to supply, within a reasonable time, information or documents for the purposes of an inquiry. They shall clearly identify any information or documents which they regard as confidential.

5.2. The Ombudsman may inspect the file of the institution concerned. The institution concerned shall clearly identify any documents in the file which it regards as confidential. The Ombudsman may take copies of the whole file or of specific documents contained in the file. The Ombudsman informs the complainant that an inspection has taken place.

5.3. The Ombudsman may require officials or other servants of Community institutions or bodies to give evidence under the conditions laid down in the Statute. The Ombudsman may decide that the person giving evidence shall do so in confidence.

5.4. The Ombudsman may request Community institutions and bodies to make arrangements for him to pursue his inquiries on the spot.

5.5. The Ombudsman may commission such studies or expert reports, as he considers necessary to the success of an inquiry.

Article 6 Friendly solutions

6.1. If the Ombudsman finds maladministration, as far as possible he co-operates with the institution concerned in seeking a friendly solution to eliminate it and to satisfy the complainant.

6.2. If the Ombudsman considers that such cooperation has been successful, he closes the case with a reasoned decision. He informs the complainant and the institution concerned of the decision.

6.3. If the Ombudsman considers that a friendly solution is not possible, or that the search for a friendly solution has been unsuccessful, he either closes the case with a reasoned decision that may include a critical remark or makes a report with draft recommendations.

Article 7 Critical remarks

7.1. The Ombudsman makes a critical remark if he considers:

(a) that it is no longer possible for the institution concerned to eliminate the instance of maladministration and

(b) that the instance of maladministration has no general implications.

7.2. When the Ombudsman closes the case with a critical remark, he informs the complainant and the institution concerned.

Article 8 Reports and recommendations

8.1. The Ombudsman makes a report with draft recommendations to the institution concerned if he considers either

(a) that it is possible for the institution concerned to eliminate the instance of maladministration, or

(b) that the instance of maladministration has general implications.

8.2. The Ombudsman sends a copy of his report and draft recommendations to the institution concerned and to the complainant.

8.3. The institution concerned sends the Ombudsman a detailed opinion within three months. The detailed opinion could consist of acceptance of the Ombudsman's decision and a description of the measures taken to implement the draft recommendations.

8.4. If the Ombudsman does not consider that the detailed opinion is satisfactory he may draw up a special report to the European Parliament in relation to the instance of maladministration. The report may contain recommendations. The Ombudsman sends a copy of the report to the institution concerned and to the complainant.

Article 9 Own-initiative inquiries

9.1. The Ombudsman may decide to undertake inquiries on his own initiative.

9.2. The Ombudsman's powers of investigation when conducting own initiative inquiries are the same as in inquiries instituted following a complaint.

9.3. The procedures followed in inquiries instituted following a complaint also apply, by analogy, to own initiative inquiries.

Article 10 Points of procedure

10.1. If the complainant so requests, the Ombudsman classifies a complaint as confidential. If he considers that it is necessary to protect the interests of the complainant or of a third party, the Ombudsman may classify a complaint as confidential on his own initiative.

10.2. If he considers it appropriate to do so, the Ombudsman may take steps to ensure that a complaint is dealt with as a matter of priority.

10.3. If legal proceedings are instituted in relation to matters under investigation by the Ombudsman, he closes the case. The outcome of any inquiries he has carried out up to that point is filed without further action.

10.4. The Ombudsman informs the relevant national authorities and if appropriate, a Community institution or body of such criminal law matters as may come to his notice in the course of an inquiry. The Ombudsman may also inform a Community institution or body of facts which, in his view, could justify disciplinary proceedings.

Article 11 Reports to the European Parliament

11.1. The Ombudsman submits an annual report to the European Parliament on his activities as a whole, including the outcome of his inquiries.

11.2. As well as special reports made under Article 8.4 above, the Ombudsman may make such other special reports to the European Parliament as he thinks appropriate to fulfil his responsibilities under the Treaties and the Statute.

11.3. The annual and special reports of the Ombudsman may contain such recommendations as he thinks appropriate to fulfil his responsibilities under the Treaties and the Statute.

Article 12 Cooperation with ombudsmen and similar bodies in Member States

The Ombudsman may work in conjunction with ombudsmen and similar bodies in the Member States with a view to enhancing the effectiveness both of his own inquiries and of those carried out by ombudsmen and similar bodies in the Member States and of making more effective provision for safeguarding rights and interests under European Union and European Community law.

Article 13 The complainant's right to see the file

13.1. The complainant shall be entitled to see the Ombudsman's file on his or her complaint, subject to Article 13.3 below.

13.2. The complainant may exercise the right to see the file on the spot. He or she may request the Ombudsman to supply a copy of the whole file, or of specific documents in the file.

13.3. The complainant shall not have access to:

(a) documents or information obtained by virtue of Article 5.1 or 5.2 above which have been identified to the Ombudsman as confidential;

(b) evidence given in confidence in accordance with Article 5.3 above.

Article 14 Public access to documents held by the Ombudsman

14.1. The public shall have access to documents held by the Ombudsman, which do not relate to inquiries, subject to the same conditions and limits as those laid down by Regulation (EC) No 1049/2001 for public access to European Parliament, Council and Commission documents.

14.2. The public may request access to inquiry-related documents held by the Ombudsman, provided that the complaint has not been classified as confidential at the request of the complainant, or by the Ombudsman pursuant to Article 10.1 above. Access shall not be given to:

(a) documents or information obtained by virtue of Article 5.1 or 5.2 above which have been identified to the Ombudsman as confidential;

(b) evidence given in confidence, in accordance with Article 5.3 above;

(c) those parts of its opinion and replies to any further inquiries which, in accordance with Article 4.5 above, the institution concerned has requested should be disclosed only to the complainant. The applicant shall be informed of the reason or reasons which the institution concerned has given for its request;

(d) a document the disclosure of which would prejudice the integrity of an on-going inquiry.

14.3. Applications for access to documents shall be made in writing (letter, fax or e-mail) and in a sufficiently precise manner to enable the document to be identified.

14.4. Access is given on the spot or by providing a copy. The Ombudsman may impose reasonable charges for the supply of copies. The method of calculation of any charge is explained.

14.5. Decisions on applications for public access are made within 15 working days from receipt. In exceptional cases, the time-limit may be extended by 15 working days; the applicant is notified in advance of the extension and detailed reasons are given.

14.6. If an application for access to a document is refused in whole or in part reasons are given for the refusal.

Article 15 Languages

15.1. A complaint may be submitted to the Ombudsman in any of the Treaty languages. The Ombudsman is not required to deal with complaints submitted in other languages.

15.2. The language of proceedings conducted by the Ombudsman is one of the Treaty languages; in the case of a complaint, the language in which it is written.

15.3. The Ombudsman determines which documents are to be drawn up in the language of the proceedings.

Article 16 Publication of reports

16.1. The European Ombudsman shall publish in the Official Journal announcements concerning the adoption of annual and special reports, making public the means for all interested to have access to the full text of the documents.

16.2. Any reports or summaries of the Ombudsman's decisions concerning confidential complaints are published in a form that does not allow the complainant to be identified.

Article 17 Entry into force

17.1. The implementing provisions adopted on 16 October 1997 are repealed.

17.2. This decision shall come into effect on 1 January 2003.

17.3. The President of the European Parliament shall be informed of the adoption of this decision. An announcement shall also be published in the Official Journal.

国际申诉专员协会

国际申诉专员协会章程

（2012年11月13日于新西兰惠灵顿由国际申诉专员协会大会通过）

序 言

申诉专员给予申诉以独立、客观的考虑，旨在纠正由不良行政对个人造成的不公正。申诉专员的另一个重要目标是通过识别和纠正系统性缺陷来改善公共服务。申诉专员的概念1809年起源于斯堪的纳维亚，如今在世界范围内被接受和推广。申诉专员的设想已被证明极具适应性与创新性，同时保留了最初的核心原则，即独立、客观和公正。

国际申诉专员协会成立于1978年，旨在促进和发展申诉专员的概念。目前协会的会员遍布世界六大地区。

协会通过多种方式支持会员的工作。协会鼓励在未设立申诉专员协会的地方设立和发展新的申诉专员协会。协会在支持研究、提供培训、促进信息交流和分享经验的同时，与主要国际组织和利益攸关方开展持续性对话。

为充分发挥作用，国际申诉专员协会寻求平衡影响协会宗旨和工作的两大关键目标。第一个关键目标是包容性。协会认可申诉专员协会的多样性，这也反映了各申诉专员职务所在国家和地区的多样性。关于申诉专员职务的不同立法模式和责任方式正方兴未艾，这特别体现了不同的宪法安排和文化，国际申诉专员协会希望在会员中能体现这一多样性。第二个关键目标是，强化申诉专员的角色、维护申诉专员协会及其工作所追求的核心价值，即独立、客观和公正。

国际申诉专员协会还希望确保其会员包括已经完全达到核心标准的申诉专员协会，以及那些致力于国际申诉专员协会的目标和宗旨、尚未达到所有的核心标准，但是正在努力的申诉专员协会。

国际申诉专员协会充分认识到为会员开发新标准的重要性，以支持尚未建立申诉专员协会的地方建立新的申诉专员协会。同样，国际申诉专员协会致力于鼓励那些尚未达到、但正在努力向核心标准过渡的协会。

本章程在此确认国际申诉专员协会的根本宗旨，制定反映有关促进和保护人权的国家机构地位的系列原则，如《巴黎原则》、《联合国关于申诉专员作用的决议》。

条款定义

责任性和公共报告制度

包括下列：向立法机关、其他选举机构和广大公众提交特别报告的能力；公布年度报告和定期报告；公布调查报告、促进申诉专员的工作，以及倡导良治实践。

基本组织制度

国家、州、地区或者区域组织治理所依据的一系列基本原则或者先例。

独立

会员履行其申诉专员职能的能力不受任命机关干预；只有因法律、职权范围、正式的法律程序所制定治理规则明确界定的理由，申诉专员才能被免职。

国际申诉专员协会（IOI）

本协会位于维也纳，代表所有会员推动协会的宗旨和原则，以在全世界支持申诉专员。

管辖权限

在国家、州、地区或者地方层面监督广大公共机构的权限，公共机构包括提供公共服务的完全或者部分私有化实体、公私伙伴关系或者公共机构的外包服务。

地方

地区或者市级层面的地方政府（地区或者市政议会）。

会员

支持本章程第 2 条所规定宗旨和原则的机构、组织或者个人。

地区

是指单一治理结构（非联邦治理结构）国家的一个行政区域，本协会所划分区域和区域理事除外。

州

联邦政府结构中作为政治实体的地区共同体。

具有投票权的会员

满足本章程第 6 条第 2 款第 a 项至第 c 项规定标准的具有国际、国家、地区或者地方管辖权限的公共机构。

第 1 条　名称和总部

（1）本协会名称为国际申诉专员协会（International Ombudsman Institute），英文简称“IOI”。

本协会总部设在位于奥地利维也纳的奥地利申诉专员理事会办公室。本协会的业务范围包括全奥地利联邦、会员所及领土，以及正在寻求成为本协会会员的有关组织管辖所及领土。

（2）理事会认为适当时，可以在奥地利或者奥地利以外的其他地方设立办事处、分会。

第 2 条 宗旨和原则

（1）本协会从事非赢利性活动，宗旨是通过在全世界推广申诉专员的概念、申诉专员制度以及促进其自身发展，以：

促进尊重人权和基本自由；

促进遵守法治；

促进有效民主；

促进公共组织的行政正义和程序公正；

促进改善公共服务；

促进建设开放和责任政府；

促进所有人获得正义。

（2）为实现这些宗旨，国际申诉专员协会及其会员确认下列原则为国际申诉专员的标准表达，要求所有申诉专员协会遵守：

a）申诉专员应由国家、州、地区或地方宪法以及（或者）立法机构的立法或国际条约作出规定；

b）申诉专员的职能应是试图防止任何个人或团体受到不良行政、侵犯权利、不公平、滥用权利、腐败或任何非正义影响，这些行为由公共机构、正式或非正式代理公共权力、提供下放的全部或部分私有化的公共服务或政府外包服务的官员实施，申诉专员可以发挥替代性争议解决机制的作用；

c）申诉专员应在法律授权的范围内和保密、中立的环境下工作，应鼓励自由、坦诚地交换意见，以促进开放政府的建设；

d）申诉专员不应接受可影响其独立性的公共机构的指示，申诉专员的活动独立于对其进行管辖的公共机构；

e）申诉专员应拥有必要的权力和手段以调查由个人或团体提出的申诉，他们认为公共机构依其权限的作为或不作为，作出的决定、意见或建议导致第 2 条 b 项规定的行为发生；

f）申诉专员应拥有作出建议的权力，以纠正或阻止第 2 条 b 项规定的行为，适当时可提议实施有助于更好治理的行政或立法改革；

g）申诉专员应有责任向立法机构和其他选举产生的机构公开报告、公布年度报告或其他定期报告；

h）申诉专员应由立法机构或其他选举产生的机构选举或任命产生，任期依据相关立法或宪法确定；

i）申诉专员应只能由立法机构或其他选举产生的机构免职，或者相关立法或宪法规定的理由；以及

j）申诉专员应拥有履行职能的足够经费。

第 3 条　实现本协会宗旨的手段

本协会致力于通过如下手段实现协会宗旨：

a）促进各区域参与协会的活动；

b）开发新的区域，以实现目标并鼓励协会活动在全世界的开展；

c）开发和实施有关项目，以促进全世界申诉专员的信息交换和经验交流，鼓励会员通过合作提高业务水平；

d）支持会员的自治和独立，鼓励会员之间的相互理解和协助；

e）开发和实施教育项目，比如，为申诉专员及其职员、其他利害关系人举行研讨会、开发正式的培训课程、举办会议；

f）鼓励和支持申诉专员协会的学习和研究；

g）收集、储存和传播与申诉专员协会有关的信息和研究数据；

h）在全世界范围内为个人提供奖学金以及其他形式的资金支持，以鼓励申诉专员概念的发展和对申诉专员协会的研究；

i）计划、安排和监督国际申诉专员大会；

j）与在相关、类似领域活动的其他国际组织签署协议，这些组织的活动不会损害本协会的宗旨或者自治；

k）提供活动的年度报告，以供审议和评估。

第 4 条　语言

（1）本协会官方语言为英语、法语和西班牙语，以及理事会认为可能有助于促进本协会宗旨和会员利益的其他语言。

（2）日常工作中可以以英语为工作语言；可以商定一种官方语言为会议的工作语言，第 14 条所称会议除外。

（3）会议伊始应当就会议的工作语言作出决议。

（4）依据《奥地利联邦社团法》，本章程必须为德文；依据该法，向奥地利相关机构提出申请或者与它们进行通讯，应当使用德文。

第 5 条　收入

本协会的收入有下列来源：

a）会费；

b）捐款、收费或者其他捐赠；

c）对基础设施和人员的国家资助；

d）销售本协会出版物的收益；

e）主办研讨班、会议或者研讨会的收益，以及销售物品的收益；

f）研究资助。

第 6 条　会员资格

（1）支持第 2 条所规定宗旨和原则的机构、组织或者个人有资格成为本协会的普通会员。

（2）符合下列情形的，具有国际、国家、地区或者地方管辖权限的公共机构有资格成为具有投票权的会员：

a）有实质证据表明其依据国家、州、地区或者地方基本组织制度、立法促进了第 2 条所规定宗旨和原则；

b）收到个人对公共机构、公用事业部门的行政实践提出的申诉，且实施了调查；

c）功能上独立于对其进行管辖的公共机构。

（3）依据第21条第4款第n项，秘书长将审查具有投票权的会员在满足第2条所规定国际申诉专员标准方面取得的进展。

（4）对在实现本协会的宗旨方面作出了额外贡献、依照第2条为与本协会具有共同利益或者相容利益的其他组织提供了杰出服务的人士，理事会可以授予终身荣誉会员资格。

（5）有兴趣出版本协会及其会员出版物的图书馆、科研机构有资格成为图书馆会员。

（6）本章程通过之日具有良好信誉的本协会机构会员，应当有权保留投票权。

第7条 会员资格的申请程序

（1）申请任何类别的会员资格、申请从普通会员变成具有投票权的会员，应当按照执行委员会规定的形式向秘书长提出。

（2）秘书长应当与申请来源区域的地区主席进行协商，并随后将该申请提交给执行委员会，附上自己的建议；执行委员会应当将该事项，以及有关是否接受申请的意见一同提交给理事会；执行委员会向理事会建议不应接受申请的，应当给予申请人向理事会发表书面评论意见的机会。

（3）申请人不接受理事会决定的，可以向具有投票权的会员提出上诉，可以对理事会的决定发表书面评论意见；具有投票权的会员应当在下次大会上就申请作出最终决定。

（4）执行委员会、理事会或者具有投票权的会员就会员资格申请、会员类别申请作出决定时，对申请人资格存疑，应当以公平、广泛、包容和自由的方式适用第2条和第6条规定，以有助于根据申请人的请求就会员资格或者会员类别作出决定。

第8条 会员的基本权利和职责

（1）所有会员均有权参与本协会主办的任何活动。

（2）只有享有良好信誉的有投票权的会员在本协会的所有会议上享有投票权和被选举权。

（3）图书馆会员不能参加国际性、地区性大会或者会议，相关举办方邀请的除外。

（4）只有相关区域享有良好信誉的有投票权的会员在本协会、本协会相关区域主办的所有区域会议上享有投票权和被选举权。

（5）具有投票权的会员由多名人员组成时，所有人员均可以参加国际性、地区性活动，但是每个协会只应享有一个投票权。

（6）由国际性、地区性大会或者会议的主办方确定会员机构的参会费用；不同类别会员的费用可以不同，但必须经过理事会或者本协会区域的事先同意。

（7）所有会员均有权获得本协会的出版物。

（8）所有会员均应遵守本章程，以及适用于申诉专员协会并受到普遍接受的职业道德，应当保持中立；申诉专员应当参加与会员资格有关的任何活动，且不会产生不合理的费用或者管理费。

第 9 条 会费

（1）会员应当根据大会依理事会建议随时确定的标准，或者理事会依照第 12 条第 2 款第 f 项规定为不同会员类别所确定的标准缴纳会费。

（2）在遵守第 13 条第 8 款规定情形下，会员应当在执行委员会确定的合理时间内缴纳会费。

（3）没有缴纳上一年度会费的具有投票权的会员应当视为不享有良好信誉，在会议上没有投票和被选举的资格。

（4）持续或者长期未缴纳应缴会费的，理事会有权取消其会员资格。

（5）依照第 12 条第 2 款第 1 项规定，理事会可以就本条的有效实施作出适当安排。

第 10 条 会员资格的丧失

（1）具有下列情形的，本协会的会员资格应当终止：

a）相关会员向秘书长发出书面通知或者电子通知，撤回会员资格；

b）因未缴纳会费被理事会依照第 9 条第 4 款规定取消会员资格；

c）无法满足具体会员类别相关要求的会员；

d）未能遵守第 8 条第 8 款规定，直接或者间接阻止其他会员行使第 8 条所规定权利的会员。

（2）会员资格的丧失必须事出有因，依照第 1 款第 a 项撤回会员资格的除外。

（3）秘书长提交报告以后，执行委员会应当将取消会员资格的案件以备忘录的形式呈送理事会，并向所涉会员发送一份该备忘录的副本。所涉会员可以向理事会提交对备忘录的书面评论意见。在考虑所有相关因素以后，理事会应当就取消会员资格事宜作出最终决定。

（4）所涉会员不接受理事会决定的，应当有权诉诸依照第 26 条规定设立的仲裁法庭，依照第 1 款第 a 项规定终止会员资格的除外。

第 11 条　理事会

（1）本协会的财产和业务应当由各理事组成的理事会代表会员进行控制。理事会应当由下列人员组成：

a）理事会从本协会会员中选举产生的主席 1 名、第一副主席 1 名、第二副主席 1 名和财务主管 1 名（本协会选举产生的官员）。在考虑任命人员的数量和能力情形下，理事会应尽可能保证执行委员会人员构成的区域平衡。

b）1 名当然的秘书长，该秘书长应当由奥地利申诉专员理事会与执行委员会协商，且与理事会签署协议后指定的申诉专员担任。

c）各区域选举产生的额外数量的理事。各区域理事的数量，包括选举产生的本协会官员，应当遵守如下规定：

具有投票权的会员数量少于 30 个的区域，最多 3 名理事；

具有投票权的会员数量为 30 个或者以上数量的区域，最多 4 名理事；

具有投票权的会员数量为 60 个或者以上数量的区域，最多 5 名理事。

d）1 名来自主办下届国际申诉专员大会申诉专员办公室的会员。

e）任命第 a 项至第 c 项规定人员时，应适当考虑促进性别平衡。

本协会会员区域划分如下：

非洲、亚洲、大洋洲和太平洋、加勒比和拉丁美洲、欧洲、北美洲，以及理事会随时确定的其他区域。

（2）依照第 1 款第 c 项选举产生的理事任期不得超过 4 年，理事可以被再次任命，或者根据选举该理事区域制订的规则连选连任。理事任期与大会任期一致，在大会延迟组成或者推迟换届时，本届大会将服务至下届大会组成。

（3）代表区域的理事职位之空缺，应当由该区域根据其制订的规则尽快填补，避免迟延。

（4）依照第 1 款第 d 项任命的人员必须提请秘书长批准。

（5）依照第 1 款第 c 项选举产生的个人必须属于享有良好信誉的有投票权的会员。具有投票权的会员由多名人员组成的，只能选举其中 1 名人员。

（6）依照第 1 款第 c 项选举产生的个人可由该区域具有投票权的会员投票免职。

（7）理事不得因其服务收取任何报酬。但是，经理事会决议，可以全部或者部分偿付理事参加理事会年度会议、特别会议产生的应付费用。

（8）主席、第一副主席或者第二副主席、财务主管、区域主席因预算不足以提供其行使本协会职责所产生的差旅费、住宿费、餐饮费或者其他管理费用，而不能履行职能的，理事会可以就其认为适当的部分费用提供合理的津贴。

（9）在年度会议、特别会议期间任期届满的理事应当继续履职至会议休会。

第 12 条　理事会的权力和职能

（1）理事会可以行使本协会的所有权力，《奥地利联邦社团法》或者本章程要求大会行使的权力除外。

（2）理事会享有下列权力：

a）代表本协会随时批准支出。

b）授权秘书长代表本协会随时批准支出、雇佣人员并向雇员支付工资。

c）为促进本协会的宗旨而进行的必要支出。

d）与信托公司签署信托协议，创立信托基金，基金的资本和收益可以惠及本协会。

e）提出章程修正案议案；在大会上，或者依照第 17 条和第 28 条第 2 款之规定，通过邮件、电话、传真或者电子邮件投票的方式，寻求具有投票权的会员多数批准拟议的章程修正案，或者废除章程的有关条款。

f）就建议的下一财政年度会费在大会上提出修改议案，并寻求具有投票权的会员多数批准。基于保证会费区别的需要，在两次大会期间，理事会可以为特定类别的会员确定会费。

g）授予适当类别的会员一定权利，包括在具有投票权的会员未缴纳会费情形下，执行委员会依照第 13 条第 8 款规定全部或者部分豁免申请人的会费时，给予其投票权。

h）确定大会召开的时间和地点。

i）按照第 13 条、第 19 条和第 21 条规定保有的特定权力，对执行委员会和本协会官员实行全面监督。

j）对本协会各区域和区域理事实行全面监督，加强他们的权威和有效性。

k）任命 1 名执行理事（秘书长的提名应确保这种任命），执行理事向秘书长报告工作。

l）制订必要的规则和政策，采取适当措施保证本章程的有效实施。

m）与第3条第j项所称相关组织签署合作协议。

（3）具有下列情形的，理事会可以通过能保证彼此间充分沟通的其他电子方式召开会议：

a) 理事会已通过决议，对召开这种会议的机制、如何具体处理安全问题、确定法定人数和记录投票等程序作出决定；

b）每位理事可同等进入所使用的特定通讯方式；

c）过半数理事已事先同意通过该特定通讯方式召开会议。

（4）理事会应当采取必须措施接受捐款和其他利益，推进本协会宗旨的实现。

（5）理事会可以随时：

a）通过贷款、预付款、透支或者其他方式在本协会的信用额度内以适当的条款和条件借款；

b）发行债券、其他证券；

c）质押，或者以适当的数量和价格出售债券、其他证券；

d）以本协会现有、将来的全部或者部分财产（房产和个人财产、动产和不动产）、公用事业和权利进行抵押、质押、担保或者出质，或者给予证券等方式，为本协会的债券、其他证券、借款，或者本协会现在和将来承担的义务或者责任提供担保；

e）按照理事会随时决定的范围和方式，授予理事会可能指定的官员、理事上述全部或者部分权力。

第13条 执行委员会

（1）执行委员会由主席、第一副主席和第二副主席、秘书长、财务主管组成。主席、副主席、秘书长或者财务主管代表本协会。

（2）执行委员会和秘书处共同管理本协会的日常运行，并应当制定适当的程序。

（3）理事会闭会期间，由执行委员会行使理事会享有的所有权力，下列权力除外：

a）修改、通过或者废除本协会章程的权力；

b）填补执行委员会职位空缺的权力；

c）修改、废除理事会决议的权力；

d）修改、废除理事会随时通过决议向执行委员会所施加限制的权力。

（4）所涉金额不超过 10000 欧元的，执行委员会可以只行使第 12 条第 2 款第 a 项和第 b 项、第 12 条第 5 款第 a 项至第 d 项规定的理事会权力；执行委员会的所有行动应当每季度向理事会报告。

（5）执行委员会的职位空缺由理事会依照第 19 条第 11 款规定填补。

（6）理事会可以随时免除、取代执行委员会委员的职务，停职理事应当立即停止执行委员会委员资格，秘书长除外。

（7）经来自特殊区域的委员请求，具有合理的政治、文化、语言或者特殊地理根据的，执行委员会应当将该委员分配给另一区域。此分配应当征得该委员希望前往区域的同意。所涉委员应当将请求的副本发送给现所在区域的区域理事，执行委员会应当考虑该区域理事的意见。

（8）执行委员会确定因存在难以克服的财政困难，新会员、现有会员无法缴纳全部或者部分年度会费的，可以全部或者部分豁免该会员的会费，期限 1 年。根据理事会制订的总体指南、政策，有新证据证明仍然存在财政困难，执行委员会可以延长会费的豁免期限。

第 14 条 大会、理事会会议和执行委员会会议

（1）本协会具有投票权的会员参加的定期会议（大会）应当与国际申诉专员大会同时举行，至少每 4 年举行一次。

（2）依理事会或者审计员动议，或者至少 10% 具有投票权的会员之书面请求，可以召开临时大会。

（3）大会的法定人数为全部具有投票权的会员的过半数。

（4）只有享有良好信誉的有投票权的现任会员有权投票。现任具有投票权的会员无法出席的，应当至少在大会召开前 2 周联系秘书长，将代表其行使投票权的工作人员告知秘书长。

（5）每次大会以及区域理事产生以后，新理事会应当立即为本协会以及开展业务之目的召开会议。

（6）两次定期大会期间，理事会应当在其指定的地点每年召开一次会议，可以在奥地利境内，也可以在奥地利境外。会议在奥地利境外举行的，需向秘书长提交理事会成员的书面同意。经主席、任何一位副主席或者至少 25% 理事的请求，秘书长可以要求召开理事会特别会议。理事会会议的法定人数为全部理事人数的过半数。

（7）主席或者副主席与秘书长协商以后，执行委员会应当在委员议定的时间召开会议。会议地点可以在奥地利境内，也可以在奥地利境外。会议在奥地利境外举行的，需向秘书长提交执行委员会委员的书面同意。执行委员会应当制订自身的议事规则、程序。有效执行委员会会议的参会人员应当至少包括主席或者一位副主席、财务主管和秘书长。

（8）主席应当主持所有大会、理事会。主席缺席时，由第一副主席主持；第一副主席缺席时，由第二副主席主持。主席和副主席都缺席时，由出席会议的具有投票权的会员或者理事会理事的过半数选举产生的会议主席主持。秘书长缺席时，会议主席指派的人员为秘书长。

第 15 条 会议的提前通知

（1）至少在大会召开日期前 90 天，具有投票权的会员应提前收到召开大会的书面通知。

（2）至少在理事会年度会议、特别会议召开日期前 30 天，理事会成员应提前收到召开会议的书面通知。

（3）会议通知应当通过邮政、其他（电子）通讯方式发送给本协会通讯录最后登记的各会员、成员的地址。会议通知应当写明会议地点、日期和具体召开时间；召开特别会议的，写明待处理事项的基本情况。

（4）召开特别大会、理事会特别会议以处理紧急事务时，应当至少提前30天通知。

（5）依据《奥地利联邦社团法》和本章程发出会议通知的，会议召开以前或者以后，由具有投票权的会员签名的书面豁免应当满足该通知的要求，法律另有规定的除外。

（6）会员亲自出席任何会议的行为应构成就该会议作出通知的豁免，除非由于该会议的召集或召开不合法，会员出席会议的目的是为了表达对就任何事务作出处理的反对。

第16条　会议决定的作出

（1）由具有投票权的会员在定期或者特别大会上，或者由理事会、执行委员会或者常设委员会作出的建议、决定，应当在遵守有关法定人数之规定情形下，由出席会议的具有投票权且实际投票的会员、成员或者委员的过半数以决议形式作出。出席会议的应当包括第2款规定的参会人员。

（2）理事会理事、执行委员会委员或者常设委员会委员，可以通过会议电话、所有参会者都能彼此听见的类似通讯设备参加理事会、各委员会的会议。所有理事会成员、各委员会委员必须就使用这种通讯方式达成概括或者具体的一致。

（3）具有下列情形的，本协会会员可以通过能保证彼此间充分沟通的其他电子方式召开会议：

a）理事会已通过决议，对召开这种会议的机制、如何具体处理安全问题、确定法定人数和记录投票等程序作出决定；

b）每位会员可同等进入所使用的特定通讯方式；

c）过半数会员已事先同意通过该特定通讯方式召开会议。

第17条　非会议决策

（1）在遵守第 28 条规定情形下，本章程不阻止具有投票权的会员、执行委员会、理事会或者常设委员会以非会议方式作出如下决策，《奥地利联邦社团法》要求就特定事项举行会议的除外：

a）三分之二具有投票权的会员、执行委员会委员、理事会成员或者常设委员会委员以适当方式书面向秘书长确认同意通过非会议方式作出的决议。

b）决议草案已以书面形式发给各会员、委员或者成员，涉及一般事务的，已至少给予 30 天的反馈时间。秘书长确认所涉事项为紧急事项的，该期限为至少 14 天；秘书长确认为存在迫切情形的，该期限为连续 4 天。

c）过半数具有投票权的会员、执行委员会委员、理事会成员或者常设委员会委员书面确认支持该决议。

（2）第 1 款规定的书面通讯方式包括邮政、其他（电子）通讯方式。

第 18 条　其他委员会

（1）理事会可以随时设立由其选举产生或者由主席任命的其他常设委员会、特别委员会，以履行理事会决议决定的职责或者实施调查、出具报告。各委员会至少有 1 名委员为理事会成员。各委员会应向理事会报告；应当决定自身的工作程序。

（2）主席可以设立一个协助秘书长确定资金来源的委员会。

第 19 条　本协会官员

（1）本协会官员包括主席、第一副主席、第二副主席、秘书长和财务主管，可以包括由理事会随时通过决议确定的其他官员。官员应当为成年自然人。

（2）本协会官员应当由理事会从其成员中选举产生，秘书长除外。理事会认为适当时可以调整选举程序。官员任期为 4 年，至少任职至下次大会召开，应当自选举产生其担任职务的会议结束时开始履职，至产生继任官员的会议结束时停止履职。官员可以被再次选举任职 4 年，任期不得超过2届。

（3）秘书长应当通过向理事会发出通讯的方式吁请指定本协会官员，秘书长职务除外。秘书长应当收到这种指定。

（4）秘书长应当将收到的指定通知理事会，确认指定人员满足各职务的相关要求，传递指定人员希望提供的支持其任职资格的资料。候选人可以向理事会作出陈述，以充实其呈送的资料。理事会随后对各职务进行选举，首先选举主席。秘书长担任选举程序的主席，秘书处负责审核并清点投票，并向理事会报告各职务的优先候选人。

（5）理事会可以依其对本协会最佳利益的判断，随时免除由其选举、任命的官员、雇员或者代表，这种免职不损害被免职人员的合同权利。

（6）理事会有权填补因任何原因出现的职务空缺，秘书长职务除外。

（7）理事会可以依秘书长的建议通过决议指定雇员和代表。

（8）官员、雇员和代表的报酬由理事会以决议确定。官员不能因担任本协会理事而被免除接受报酬的权利。

（9）本协会官员应当履职至选出或者指定继任者取代其职务。官员可以依第2款规定被选举再次担任一个任期。

（10）任何官员可以通过向理事会、主席或者秘书长提交书面通知的方式辞职。辞职自收到通知之日或者通知中指明的较迟日期生效。

（11）两次大会之间出现的职位空缺由理事会填补，秘书长职务除外。主席职务空缺时，由第一副主席继任；第一副主席职务空缺时，由第二副主席继任；第二副主席职务空缺时，在下次大会召开以前，由理事会选举1名成员填补该空缺。

（12）本协会官员、代表或者雇员无权代表本协会贷款、质押信贷、以其房产或者个人财产进行抵押或者质押，秘书长除外。秘书长可以在职权范围内，或者理事会通过决议授权的一般或者有限权限范围内从事上述行为。

（13）理事会可以要求所有或者部分官员的数量限制在其认为必要的

限度内。

（14）理事会可以邀请卸任主席担任理事会顾问，期限不超过1年。

第20条　总秘书处、秘书长

（1）秘书长负责本协会的总秘书处。秘书长由奥地利申诉专员理事会成员从该理事会的成员中任命。在秘书长的奥地利申诉专员理事会成员任期结束以后，继任申诉专员尚未任命以前，本协会认可现任秘书长可以履职至奥地利申诉专员理事会为秘书长之目的建议作出的新任命。

（2）履行法定职责时，秘书长对本协会理事会负责。理事会可以随时免除秘书长的职务。

（3）奥地利申诉专员理事会成员担任秘书长期间，由该理事会管理总秘书处，负责总秘书处的人事和运营成本，包括本协会网站的运营成本。

第21条　官员职责

（1）主席应当主持所有的大会，秘书长应当主持执行委员会非法定成员的选举；主席应当主持所有理事会会议和执行委员会的会议，应当全面监督本协会事务和本协会的运行。

（2）主席空缺或者无法履职、主席和第一副主席空缺或者无法履职的，应当分别由第一副主席和第二副主席履行主席的职责、行使主席的权力，以及履行理事会随时规定应由其履行的职责。

（3）财务主管负责和秘书长一起，依理事会的指示管理和处分企业资金和证券，承担理事会随时规定由其履行的职责。

（4）秘书长应当履行与秘书长职务有关的所有职责，以及理事会、主席根据本协会宗旨和原则规定由其履行的职责。具体职责如下：

a）向执行委员会提出需要理事会批准的特别项目；

b）负责本协会的出版物；

c）定期更新融资项目资金来源清单；

d）负责成员的招募；

e）确保本协会的区域和区域官员遵守本章程；

f）准备理事会决议，向执行委员会和理事会提出章程修正议案以供二者批准，依照第 28 条规定向具有投票权的会员呈送决定；

g）在开发、促进业务方面（包括会议、研讨会等）向会员提出建议、提供必要可行的行政支持，就与本协会相关的事项提供一般性建议、咨询；

h）确定特定项目的潜在资金来源，就项目资金进行谈判、签署协议；

i）确保本协会与会员之间，以及本协会与国内组织、国际组织之间的有效沟通；

j）发展、维护与个人和组织之间的关系，促进、保护人权或者公民权利；

k）采取必要措施保证本协会在全世界的存在，特别是涉及保护和促进人权、致力于促进第 2 条所规定宗旨和原则的事项；

l）确保具有投票权的会员投票、理事会投票，具有投票权的会员会议记录、理事会会议记录和执行委员会会议记录记录在册；确保召开理事会会议、执行委员会会议和具有投票权的会员会议的通知提前发出，所有记录和报告均按照法律要求得到本协会的妥善保管和提交；

m）向理事会和执行委员会提交有关秘书长活动的年度报告，向大会提交报告；

n）向大会提交特别报告，以评估具有投票权的会员在满足第 2 条所称国际申诉专员标准方面取得的进展；

o）在本协会的账簿中保留全面、准确的收入和支出账目。应当将所有现金和其他有价值的财产以本协会名义存入理事会随时指定的账户，增加本协会的信用。根据理事会指示支出本协会资金，为支出制作适当的凭证，在财务主管、主席和理事的定期会议上，或者根据他们的要求，向其定期提供秘书长完成的所有交易明细，以及本协会的财政状况账户；

p）以官方身份参加理事会、执行委员会，以及其他理事会认为适当的依照第 18 条规定随时设立的委员会；

q）自身不属于具有投票权的会员时，作为理事会法定成员和执行委员会法定委员，参加具有投票权的会员会议，但是没有投票权。

（5）由理事会选举产生的其他官员应当拥有、履行理事会随时授予或者分派的权力、职责。

（6）主席、第一副主席和第二副主席不能履行各自职务时，理事会应当任命理事会成员履行主席职务，履职期限由理事会决议决定。

第 22 条 本协会的区域和区域官员

（1）本协会区域应当服务于下列宗旨：

推动所在区域参与本协会的活动；

在本区域开展本协会的活动；

选举理事会理事。

（2）本协会区域应当由该区域的所有会员组成，包括各种类别的会员以及分配至该区域的会员，依照第 13 条第 7 款规定已经分配至其他区域的会员除外。

（3）本协会各区域具有投票权的会员应当：

a）通过指导本区域活动的规则（区域章程）；

b）从属于该区域的理事会理事（区域理事）中选举区域主席。

（4）区域主席应当就区域规则向秘书长提出建议，保留随时提出修正建议的权力；区域规则不得违反本章程，应在总秘书处发出区域规则修正通知以后立即生效。

（5）区域主席被理事会依照第 19 条第 11 款规定选举为本协会主席、第一副主席或者第二副主席、财务主管时，应当辞去区域主席职务，该区域具有投票权的会员应当选举新的区域主席。

（6）区域主席作为本协会主席在该区域的代表，在该区域内履行下列职责：

a）代表本协会，促进本协会的宗旨；

b）协调本协会的活动；

c）协调筹款、融资和增加本区域资源的其他活动；

d）履行本协会主席授权且经理事会同意的主席职责；

e）向理事会提交有关区域活动的年度报告。

（7）区域主席应当在区域理事和该区域具有投票权的会员协作下，在合理时间内制订民主选举区域理事的程序。本区域无法就该程序达成一致时，秘书长应当作为调解人促成达成一致，必要时可在区域选举过程中支持该区域。

（8）本协会执行委员会应当根据成本有效原则向各区域以及提出请求的会员提供活动支持，并审查各区域的活动。

（9）具有下列情形的，本协会区域会员可以通过能保证彼此间充分沟通的电子方式召开会议：

a）区域章程已经就召开这种会议的机制、如何具体处理安全问题、确定法定人数和记录投票等程序作出规定；

b）每位会员可同等进入所使用的特定通讯方式；

c）过半数会员已事先同意通过该特定通讯方式召开会议。

第23条 文件和其他文书的认证

（1）所有支票、汇票和订单的支付应当签署本协会名称，并应签署理事会为此目的指定的官员或者代表的姓名。

（2）所有书面合同、文件和其他文书应当签署本协会名称，并应签署理事会为此目的指定的官员或者代表的姓名。

第24条 账户、财政年度

（1）理事会应当保留载有下列事项的适当记录：

a）本协会详细的收入和支出；

b）本协会资产；

c）本协会负债；

d）会员支付的费用。

（2）每年由 2 名独立审计员对本协会账户进行审计，审计员的任命依照第 25 条规定办理。

（3）财政年度为每年的 7 月 1 日至下一年的 6 月 30 日。

（4）每一个财政年度结束后 5 个月以内，秘书长和财务主管应当准备本协会的收支账户和资产表，并提交给理事会批准。

第 25 条　审计员

（1）具有投票权的会员应当根据理事会的提议在每次定期大会上任命 2 名审计员对本协会的账户进行审计。所任命的审计员任职至下次定期大会召开，可以被再次任命。需要在下次大会召开前任命审计员的，由理事会任命。审计员的报酬由理事会规定。

（2）理事会应当向具有投票权的会员提供拟任审计员的相关信息。

第 26 条　争议解决

（1）与本协会有关的所有争议应当通过本协会设立的仲裁法庭解决。该仲裁法庭属于 2002 年《奥地利联邦社团法》规定意义的“和解机构”，不是《奥地利民事程序法典》第 577 条等条款所称仲裁法庭。

（2）仲裁法庭应当由 3 名具有投票权的会员组成。争议的一方当事人应当向理事会书面指定 1 名会员为仲裁员。一旦理事会的请求在 7 日内发出，另一方当事人应当在 14 日内指定 1 名会员。指定的 2 名仲裁员在 7 日之内与理事会沟通以后，应当在 14 日内选举第三名会员为仲裁法庭的庭长。两名仲裁员相持不下的，庭长应当通过抽签选出。除大会外，仲裁法庭的仲裁员不得成为其活动属于争议标的事项之机构的成员。

（3）给予当事人双方听审的权利以后，仲裁法庭应当全体出席，以简单多数方式作出裁决。仲裁员应当依其专业知识认真尽职地作出裁决。裁决对本协会和争议当事人具有拘束力。

第 27 条 理事、官员、雇员和受托人的补偿

（1）因作为或者曾经作为本协会的理事、官员、雇员或者具有投票权的会员，或者应本协会要求作为其他法人团体的理事、官员、雇员或者具有投票权的会员之由，而成为或者可能成为即将出现的、未决或者已决民事诉讼、刑事诉讼、行政诉讼或者调查程序当事人的，本协会应当按照当时有效的奥地利法律所允许的最大范围为其提供补偿。

（2）有关人员的遗产继承人、遗嘱执行人和遗产管理人应当主张上述补偿权；上述补偿权不得排除理事、官员、雇员、具有投票权的会员或者其他人依法律规定之权能，或者根据任何章程、协议、具有投票权的会员或者理事投票或者其他事由所具有的补偿权。上述补偿权在理事、官员、雇员或者具有投票权的会员停止担任职务以后仍继续适用。

第 28 条 章程的制定、废除或者修订

（1）在遵守第 2 款和第 4 款规定情形下，本协会章程（包括序言和定义条款）应当仅由出席为此目的而正式召开的大会的具有投票权的会员过半数制定、修订或者废除。

（2）理事会认为章程或者其条款（包括序言和定义条款）的修订、废除具有紧迫性的，可以适用本章程第 16 条规定的程序，需要至少在会议召开前 30 天将拟议修订、废除发送给各具有投票权的会员。理事会依照本款作出的决定必须提交给下次具有投票权的会员会议确认，或者对该提交作出的行为视为确认。

（3）依据《奥地利联邦社团法》从有权机关获得许可以前，依照本条规定程序对本章程任何条款（包括序言和定义条款）的制定、废除或者修订，不得予以执行或者依其采取行动。

（4）理事会可以对本章程（包括序言和定义条款）提出认为纯属行政性质的修正案。

第 29 条 解散

（1）本协会的自愿解散仅能由大会决定，根据法定人数的要求，只能由出席会议、有权投票且实际投票的三分之二多数具有投票权的会员决定。

（2）具有投票权的会员应当在当次会议上对本协会资产的清算作出决定。特别是，应当指派 1 名清算人，并决定在偿付债务以后，由清算人办理剩余资产的移交手续。这些资产应当尽量在允许的范围内移交给与本协会具有相同或者类似宗旨的组织，或者用于社会福利目的。

附 录

本协会秘书处从加拿大搬迁至位于维也纳的奥地利申诉专员理事会办公室之后，本协会成为 2002 年《奥地利联邦社团法》规定的奥地利社团。正式注册成为奥地利社团的日期是 2009 年 6 月 26 日。本章程因而援引《奥地利联邦社团法》。

2009 年 9 月 17 日，本协会被授予奥地利《给予非政府国际组织特权的联邦法》所规定组织的法律地位。因此，社团主管机关是指奥地利联邦欧洲与国际事务部。本法律地位有效时（前提是总秘书处的办公室位于奥地利境内），本章程对《奥地利联邦社团法》的援引失效。本协会总部迁出奥地利时，本协会将依据《奥地利联邦社团法》重新获得相应的法律地位。

（翻译：刘衡 审校：宋连斌）

INTERNATIONAL OMBUDSMAN INSTITUTE (IOI) BYLAWS

ADOPTED BY THE GENERAL ASSEMBLY IN WELLINGTON, NEW ZEALAND ON 13 NOVEMBER 2012

PREAMBLE

The Ombudsman offers independent and objective consideration of complaints, aimed at correcting injustices caused to an individual as a result of maladministration. A further important objective of the Ombudsman is to improve services provided to the public by ensuring that systemic failings are identified and corrected. From its early beginnings in Scandinavia in 1809, the Ombudsman concept has now been adopted and extended across the world. The Ombudsman idea has proved extraordinarily adaptable and innovative while remaining true to its original core principles of **independence, objectivity and fairness.**

The International Ombudsman Institute (IOI) was first established in 1978 and is committed to promoting and developing the concept of the Ombudsman and today the Institute has members across the world organized into six regions.

The Institute supports its members in a variety of ways. It encourages the creation and development of the Ombudsman institution where it does not already exist; it funds research, provides training, promotes information exchange and shares learning while engaging in ongoing dialogue with key international organizations and stakeholders.

In fulfilling its role, the International Ombudsman Institute seeks to balance two key objectives that inform its purpose and work. The first objective is **inclusivity**. The Institute recognises the diversity of Ombudsman institutions which in turn reflects the diversity of the countries and regions which individual Ombudsman offices serve. Different models of legislation and accountability underpinning Ombudsman offices are also emerging which can reflect particular constitutional arrangements and cultures and the IOI for its part wishes to reflect this diversity in its membership. The second objective of the IOI is to enhance the Ombudsman role and secure the core values of independence, objectivity and fairness which underpin each Ombudsman institution and importantly inform its work.

The IOI also wishes to ensure that its membership includes all those institutions which fully meet the core criteria and those institutions which, while committed to the IOI's aims and objectives, do not yet meet all of the core criteria, but which aspire to do so.

The IOI fully recognises the importance of developing criteria for membership that support the establishment of new Ombudsman institutions where they do not already exist. Equally, it is committed to encouraging those institutions which do not yet meet the core criteria, but who see these criteria as a vehicle for their transition towards the full achievement of the core principles.

These By-laws therefore affirm the IOI's core purpose and elaborate a set of principles which reflect the Principles relating to the Status of National institutions for the promotion and protection of human rights, i.e. the Paris Principles, and United Nations Resolutions on the Role of the Ombudsman.

DEFINITION OF TERMS

Accountability and Public Reporting

Includes all or any of the following: the ability to make special reports to the Legislature, or other elected body, and the public at large; publish Annual or periodic reports; publish reports of investigations, promote the work of the Ombudsman and advocate for good governance practices.

Constitution

A set of fundamental principles or established precedents according to which a Country, State, Regional or Local organization is governed.

Independence

The ability of a member to perform its Ombudsman role without interference from the appointing body and who may be dismissed only with cause clearly defined in a statute, Terms of Reference and/ or Governance Rules established by a formal legal process.

IOI

The International Ombudsman Institute having its seat in Vienna and which acts on behalf of its members to further the purpose and principles of the Institute in support of the Ombudsman worldwide.

Jurisdiction

Oversight at a Country, State, Regional or Local level of a wide range of public agencies including those fully or partially privatized entities delivering public services; public/private partnerships or devolved outsourcing of services by a public agency.

Local

Local government at a regional or city level (regional or municipal council).

Member

Any institution, organization or individual which supports the purposes and principles expressed in Article 2.

Regional

Unless reference is made to the Regions of the IOI and the Regional Directors, regional refers to an administrative region within a country that has a unitary governance structure – i.e. not a federal structure.

State

A regional community recognized as a political entity within a federal government structure.

Voting Member

Any public institution with international, national, regional or local jurisdiction which fulfills the criteria set out in Article 6.2 (a-c) of the By-laws.

Article 1 Name and Head Office

(1) The name of the Association shall be "International Ombudsman Institute" . Hereinafter referred to as the IOI.

The head office of the IOI shall be located at the office of the Austrian Ombudsman Board (*Volksanwaltschaft*), Vienna, Austria. It shall extend its operations within the entire federal territory of Austria and internationally in the territories of its members as well as territories falling under the competence of organizations seeking membership.

(2) It may establish branch offices and branch associations within or outside Austria as the Board may deem expedient.

Article 2 Purpose and Principles

(1) The purpose of the IOI, whose activities are of a non-profit making

nature, is to contribute to

respect for human rights and fundamental freedoms,

adherence to the rule of law,

effective democracy,

administrative justice and procedural fairness in public organizations,

improving public services,

open and accountable government, and

access to justice for all

by promoting the concept and institution of ombudsman and encouraging its development throughout the world.

(2) In pursuing this purpose, the IOI and its members recognize the following principles as the expression of an International Ombudsman Standard and require observance of them by any ombudsman institution:

a) it should be provided for by a Country, State, Regional or Local Constitution and/or an Act of a Legislature, or by international treaty,

b) its role should be to seek to protect any person or body of persons against maladministration, violation of rights, unfairness, abuse, corruption, or any injustice caused by a public authority, or official acting or appearing to act in a public capacity, or officials of a body providing devolved, partially or fully privatized public services or services outsourced from a government entity, and which could also function as an alternative dispute resolution mechanism,

c) it should operate in a climate of confidentiality and impartiality to the extent its governing legislation mandates, but should otherwise encourage free and frank exchanges designed to promote open government,

d) it should not receive any direction from any public authority which would compromise its independence and should perform its functions independently of any public authority over which jurisdiction is held,

e) it should have the necessary powers and means to investigate complaints by any person or body of persons who considers that an act done or omitted, or any decision, advice or recommendation made by any public authority within its jurisdiction has resulted in the kind of action specified in paragraph 2 (b),

f) it should have the power to make recommendations in order to remedy or prevent any of the conduct described in paragraph 2 (b) and, where appropriate, to propose administrative or legislative reforms for better governance,

g) it should be held accountable by reporting publicly to a Legislature, or other elected body, and by the publication of an annual or other periodic report,

h) its incumbent or incumbents should be elected or appointed by a Legislature or other elected body, or with its approval for a defined period of time in accordance with the relevant legislation or Constitution,

i) its incumbent or incumbents should only be dismissed by a Legislature or other elected body or with its approval for cause as provided by the relevant legislation or Constitution, and

j) it should have adequate funding to fulfill its functions.

Article 3 Means to achieve the purposes of the IOI

The IOI endeavors to achieve its objectives by:

a) promoting regional participation in its activities;

b) developing regions with a view to promoting its aims and encouraging activities worldwide;

c) developing and operating programs facilitating an exchange of information and experiences between ombudsmen throughout the world and encouraging the professional development of members through co-operation;

d) supporting the autonomy and independence of members and encouraging mutual understanding and assistance by and between members;

e) developing and operating educational programs such as workshops, formal training courses and conferences for ombudsmen, their staff, and other interested persons;

f) encouraging and supporting research and study into the institution of ombudsman;

g) collecting, storing and disseminating information and research data about the institution of ombudsman;

h) providing scholarships and other types of financial support to individuals throughout the world to encourage the development of the Ombudsman concept and to encourage study and research into the institution of Ombudsman;

i) planning, arranging and supervising International Ombudsman Conferences; and

j) entering into agreements with other international organizations which work in related or similar fields where this would not compromise the purposes or autonomy of the IOI;

k) providing annual reports for review and evaluation of its performance.

Article 4 Languages

(1) English, French and Spanish as well as any other language which the Board may deem to be appropriate to further the purposes of the organization and the interests of its members shall be the official languages generally used by the IOI.

(2) In the daily operations of the organization, English may be used as working language. At meetings other than the ones referred to in Article 14, by agreement any one of the official languages may be used as the working language.

(3) Each meeting shall begin with a resolution establishing the working language of the meeting.

(4) Pursuant to the Austrian Act on Associations, these By-laws must be in the German language. Likewise, all applications to and communications with the relevant Austrian authorities under said Act shall be conducted in German.

Article 5 Revenue

The IOI may receive revenue from the following sources:

a) membership fees,

b) donations and collections as well as other endowments,

c) state funding for infrastructure and staffing,

d) proceeds from the sale of IOI publications,

e) proceeds from the hosting of seminars, conferences and workshops and the sale of materials, and

f) research grants.

Article 6 Membership

(1) Any institution, organization or individual which supports the purpose and principles expressed in Article 2 shall be eligible to be a member of the IOI.

(2) Any public institution with international, national, regional or local jurisdiction shall be eligible to become a Voting member provided it:

a) substantially demonstrates that it has achieved the purpose and principles enshrined in Article 2, in conformity with the Country, State, Regional or Local constitution or legislation.

b) receives and investigates complaints from individuals against the administrative practices of public authorities or public undertakings, and

c) is functionally independent of any public authority over which jurisdiction is held.

(3) The Secretary General will, as outlined in Article 21.4 (n), review with each Voting member what progress has been made in fulfilling the requirements of the International Ombudsman Standard as expressed in Article 2.

(4) Honorary Life Membership may be granted by the Board to an individual who has made an exceptional contribution in respect of the purposes of the IOI or who has rendered outstanding services to the organization as long as he/she maintains common or compatible interests with the IOI regarding the purpose and principles set out in Article 2.

(5) A library or scientific establishment interested in the publications of the IOI and the publications of its members shall be eligible to become a Library member.

(6) Existing Institutional members of the IOI who are in good standing at the date of the adoption of these By-laws shall have their voting rights preserved.

Article 7 Procedures governing applications for membership

(1) Applications for membership of any kind, or for a member to become a Voting member, shall be lodged, in the form prescribed by the Executive Committee, with the Secretary General.

(2) The Secretary General shall consult the Regional President of the area from which the application originates. The Secretary General shall then refer the application to the Executive Committee with his/her recommendation. The Executive Committee shall refer the matter to the Board together with its advice on whether or not the application should be approved. If the Executive Committee recommends that the Board should not approve the application, the applicant shall be given the opportunity to comment in writing to the Board.

(3) The applicant may, if not satisfied with the decision of the Board, lodge an

appeal to the Voting members and may comment in writing on the decision of the Board. The Voting members, at their next General Assembly, shall make the final decision on the application.

(4) When the Executive Committee, the Board or the Voting members are making a decision on a membership application or about the category of membership to be granted, they shall, when in doubt about the eligibility of the applicant for membership or for the category of membership requested, apply Articles 2 and 6 in a fair, wide, inclusive and liberal manner in order to favor membership or category of membership according to the applicant's request.

Article 8 Fundamental rights and duties of members

(1) Any member shall have the right to participate in the activities sponsored by the IOI.

(2) Only a Voting member in good standing shall have the right to vote and be elected at any meeting of the IOI.

(3) A Library member cannot attend an international or regional conference or meeting, unless it is invited by the relevant host.

(4) Only a Voting member in good standing of the relevant Region of the IOI shall have the right to vote and be elected at any regional meeting sponsored by the IOI or by the relevant Region of the IOI.

(5) Where a Voting member is composed of several incumbents, all incumbents may participate in international or regional activities but there shall be only one vote per institution.

(6) The host of a conference or meeting, either at the international or regional level, will determine any fees associated with the attendance of a member institution; the fees may vary according to category of membership and must be previously approved by the Board or, otherwise, by the Region of

the IOI.

(7) Every member shall be entitled to access the publications of the IOI.

(8) Every member shall comply with the By-laws and with generally accepted professional ethics governing the institution of ombudsman and shall be impartial; he/she/it shall also discharge any activity arising from membership without incurring unreasonable fees or administrative charges.

Article 9 Membership fees

(1) The members shall pay such annual fees as may be determined from time to time by the General Assembly following a recommendation made by the Board or set by the Board for a category of members in accordance with Article 12.2 (f).

(2) Subject to Article 13.8, the members shall pay the annual fees within a reasonable time as determined by the Executive Committee.

(3) Any Voting member who failed to pay the membership fees of the previous membership year shall be considered as a member not in good standing and shall be ineligible to vote and be elected at a meeting.

(4) The Board shall have the right at any time to cancel any member's membership for persistent or prolonged non-payment of fees for which the member is liable.

(5) In accordance with Article 12.2 (l), the Board may make appropriate arrangements to ensure the effective application of this Article.

Article 10 Loss of membership

(1) Membership of the IOI shall ce0ase:

a) if a member concerned withdraws its membership by a written or electronic notification to the Secretary General;

b) on the cancellation of a membership by the Board for non-payment of fees in conformity with Article 9.4;

c) if a member does not maintain the requirements of its particular membership category; or

d) if a member does not comply with Article 8.8 or, directly or indirectly, precludes another member from exercising its rights under Article 8.

(2) Except for withdrawal from membership under paragraph 1 (a), the loss of membership must be for cause.

(3) Following a report by the Secretary General, the Executive Committee shall submit the case for revocation of membership by memorandum to the Board and deliver a copy of the memorandum to the member involved. The member involved may comment in writing on the memorandum to the Board. After consideration of all the issues raised, the Board shall make a decision on the revocation of membership.

(4) With the exception of termination of membership pursuant to paragraph 1 (a), the member in question shall be entitled to have recourse to an Arbitral Tribunal, established according to Article 26, if that member does not accept the Board's decision.

Article 11 Board of Directors (the Board)

(1) The property and business of the IOI shall be controlled on behalf of the membership by a Board of Directors. The Board shall consist of:

a) A President, a First Vice-President, a Second Vice-President and a Treasurer elected by the Board from among its members (the elected Officers of the IOI). The Board should ensure, as far as is practicable, and having regard to the capacity and capability of those nominated, that there is regional balance within the Executive Committee.

b) An ex officio Secretary General who shall be an ombudsman nominated by the Austrian Ombudsman Board after consultation with the Executive Committee and agreement by the Board.

c) An additional number of Directors elected from each region. The number of Directors from each region, elected Officers of the IOI included, shall be:

a maximum of three Directors where there are less than 30 Voting members;

a maximum of four Directors where there are 30 or more Voting members;

a maximum of five Directors where there are 60 or more Voting members.

d) One member from the ombudsman office hosting the next International Ombudsman Conference.

e) In appointing the persons specified in paragraph (a - c) due consideration should be given to achieving gender balance.

The following Regions of the IOI shall be recognized:

Africa;

Asia;

Australasia and Pacific (APOR);

Caribbean and Latin America;

Europe;

North America; and

such other regions as may be determined from time to time by the Board.

(2) The term of a Director elected under paragraph 1 (c) shall not exceed four years but a Director may be reappointed or re-elected in accordance with the rules adopted by the region electing the particular Director. The term coincides with the period between General Assemblies, but if the General Assembly is delayed or postponed, the incumbent would continue to serve in the post until the General Assembly is convened.

(3) Any vacancy in the number of Directors representing a region shall be filled by that region without delay in accordance with the rules adopted by the region.

(4) An individual appointed under paragraph 1 (d) must file consent with the Secretary General.

(5) Individuals elected under paragraph 1 (c) must be Voting members in good standing. Where a Voting member is composed of several incumbents only one of the incumbents may be elected.

(6) A Director elected pursuant to paragraph 1 (c) may be removed for cause by a vote of the Voting members of the region.

(7) Directors shall not receive any remuneration for their services but, by resolution of the Board, vouched expenses arising as a result of their attendance at annual or special meetings of the Board may be wholly or partially recouped.

(8) If the President, the First or Second Vice-President, the Treasurer or any Regional President is unable to carry out any of his/her functions because the budget for his/her office is insufficient to provide for the expenses of travel, accommodation, meals or any other administrative expenses relating to the fulfillment of their duties as officers of the IOI, the Board may authorize a reasonable allowance for such part of any expense arising as the Board shall deem appropriate.

(9) A Director whose term expires during the course of an annual or special meeting shall remain in office until the adjournment of the meeting.

Article 12 Powers and functions of the Board

(1) The Board may exercise all the powers of the IOI as are not by the Austrian Act on Associations or by these By-laws required to be exercised by the General Assembly.

(2) The Board shall have the following powers:

a) To authorize expenditure on behalf of the IOI from time to time.

b) To authorize the Secretary General to incur expenditure on behalf of the IOI from time to time and to employ and pay salaries to employees.

c) To make expenditures for the purpose of furthering the purposes of the organization.

d) To enter into a trust arrangement with a trust company for the purpose of creating a trust fund in which the capital and interest may be made available for the benefit of the IOI.

e) To bring forward proposals for amendments to the By-laws and to seek ratification by a majority of Voting members for any proposed amendments to or repeal of any of the By-laws (at a General Assembly or, subject to Articles 17 and 28.2, by a postal, telephone, facsimile or e-mail vote).

f) To bring forward proposals for and to seek ratification by a majority of Voting Members at the General Assembly for any variation in the fees recommended for members in the following financial year. However, the Board may, in the period between General Assemblies, set a fee for a particular category of members in circumstances which would warrant a differentiation in fees.

g) To authorize membership of the appropriate category including the right to vote in the case of a Voting member even though the applicant has not paid the membership fee; provided the applicant has been granted a partial or total fee exemption by the Executive Committee in accordance with Article 13.8.

h) To fix the time and place for a General Assembly.

i) To exercise overall supervision of the Executive Committee and of the officers of the organization having regard to the specific powers reserved to the Board in Articles 13, 19 and 21 respectively.

j) To exercise overall supervision of the Regions of the IOI and Regional

Directors with a view to strengthening their authority and effectiveness.

k) To appoint an Executive Director, to be nominated by the Secretary-General should the circumstances warrant such an appointment, and who will report to the Secretary General.

l) To make appropriate arrangements to ensure the effective application of the By-laws and to develop rules and policies to that end.

m) To conclude cooperation agreements with similar organizations referred to in Article 3 (j).

(3) The Board may meet by other electronic means that permit each Director to communicate adequately with each other, provided that:

a) the Board has passed a resolution addressing the mechanics of holding such a meeting and dealing specifically with how security issues should be handled, the procedure for establishing a quorum and recording votes;

b) each Director has equal access to the specific means of communication to be used;

c) a majority of Directors has consented in advance to meeting by electronic means using the specific means of communication proposed for the meeting.

(4) The Board shall take such steps as it considers necessary to enable the IOI to receive donations and benefits with the object of furthering its purposes.

(5) The Board may from time to time:

a) borrow money upon the credit of the IOI in such amounts and on such terms as may be deemed expedient by obtaining loans or advances or by way of overdraft or otherwise;

b) issue debentures or other securities of the IOI;

c) pledge or sell such debentures or other securities for such sums and at such prices as may be deemed expedient;

d) mortgage, hypothecate, charge or pledge, or give security in any manner whatever, upon all or any of the property (real and personal, immovable and movable), undertakings and rights of the IOI, present or future, to secure any debentures or other securities of the IOI, or any money borrowed or to be borrowed, or any obligation or liability of the IOI, present or future;

e) delegate to such officer(s) or Director(s) of the IOI as the Board may designate all or any of the foregoing powers to such an extent and in such a manner as the Board may from time to time determine.

Article 13 The Executive Committee

(1) The Executive Committee shall consist of the President, the First and Second Vice-President, the Secretary General and the Treasurer. The President, the Vice-Presidents, the Secretary General or the Treasurer shall represent the IOI.

(2) The Executive Committee together with the Secretariat manages the day to day operations of the IOI and shall regulate its procedures as appropriate.

(3) The Executive Committee shall have full authority to exercise all the powers of the Board while the Board is not in session, except the power:

a) to amend, adopt or repeal the By-laws of the IOI;

b) to fill vacancies in the membership of the Executive Committee;

c) to amend or repeal any resolution of the Board;

d) to amend or repeal any restriction which may be imposed upon the Executive Committee from time to time by the Board by resolution.

(4) The Executive Committee may, however, only exercise the powers of the Board set out in Article 12.2 (a-b) and Article 12.5 (a-d) if the amount does not exceed € 10,000. All the actions of the Executive Committee shall be reported to the Board quarterly.

(5) Vacancies in the membership of the Executive Committee shall be filled by the Board as described in Article 19.11.

(6) Any member of the Executive Committee may be removed or replaced at any time by the Board and, with the exception of the Secretary General, shall immediately cease to be a member of the Executive Committee upon ceasing to be a Director.

(7) The Executive Committee, at the request of a member located in a particular region, shall allocate that member to a different region when the allocation is justified by political, cultural, linguistic, or particular geographical considerations. Such allocation shall be subject to the approval of the region to which the member wishes to be allocated. The member concerned shall transmit a copy of its request to the regional Directors of its present region and the Executive Committee shall consider the views of that region's Directors.

(8) If the Executive Committee is satisfied that insurmountable financial difficulties prevent a new or existing member from paying all or part of its annual membership fees, it may, for a period of one year, grant the member an interim exemption, total or partial, of those fees. This exemption may be extended by the Executive Committee upon renewed proof of continuing financial hardship subject to any general guidelines or policies laid down by the Board.

Article 14 Meetings of Voting members (the General Assembly), the Board and the Executive Committee

(1) A regular meeting of the Voting members (the General Assembly) shall be held in conjunction with each International Ombudsman Conference, at least every four years.

(2) A special General Assembly may be called at any time by the Board or the Auditors on their own motion or pursuant to the written request of at least ten

per cent (10%) of the Voting members.

(3) The quorum for General Assemblies shall be a majority of the total number of Voting members.

(4) Only incumbents of Voting members in good standing are entitled to vote. In case that the incumbent of the Voting member is not present, he/she is obliged to communicate to the General Secretariat at least two weeks in advance which staff member will exercise the voting right for him/her.

(5) Immediately after each General Assembly and after the regional Directors have been identified, the new Board shall meet for the purpose of organization and the transaction of business.

(6) The Board shall also meet each year between the regular General Assemblies at a place within or outside Austria as designated by the Board. In relation to meetings held outside Austria, the written consent of the Board members is required to be filed with the Secretary General. Special meetings of the Board shall be called by the Secretary General at the written request of the President, one of the Vice-Presidents or at least twenty-five percent (25%) of the Directors. The quorum for meetings of the Board shall be a majority of the total number of Directors.

(7) The Executive Committee shall meet at stated times by arrangement between the members following consultation between the President or the Vice-Presidents and the Secretary General. These meetings may take place within or outside Austria. For meetings to be held outside Austria, the written consent of the Executive Committee must be filed with the Secretary General. The Executive Committee shall have its own rules or procedures. A valid meeting of the Executive Committee shall require the attendance of at least the President or one of the Vice-Presidents, the Treasurer and the Secretary General.

(8) At every General Assembly or meeting of the Board, the President shall preside. In his/her absence the First Vice-President presides or, in his/her absence, the Second Vice-President. In the absence of the President and the Vice-Presidents, a Chairman chosen by a majority of the Voting members present or of the Directors of the Board present presides. In the absence of the Secretary General, a person appointed by the Chairman shall act as Secretary General.

Article 15 Advance notices of meetings

(1) Each Voting member shall receive in advance a written notice of the holding of a General Assembly not less than 90 days before the date of such meeting.

(2) Each member of the Board shall receive in advance a written notice of the holding of an annual or special meeting of the Board not less than 30 days before the date of such meeting.

(3) Notices shall be sent through the mail or by other means of (electronic) communication to each member at his/her latest address recorded on the books of the IOI. The notice of meeting shall specify the place, day and time of the meeting and, in the case of a special meeting, the general nature of the business to be transacted.

(4) Where a special General Assembly or meeting of the Board is called to address an urgent matter, advance notices of at least 30 days shall suffice.

(5) Unless otherwise provided by law, whenever any notice is required to be given under the Austrian Act on Associations or these By-laws, a waiver thereof in writing, signed by the member or members entitled to such notices, whether before or after the time stated therein shall satisfy the notice requirement.

(6) Attendance of a member in person at any meeting shall constitute a waiver of notice of such meeting, except where a member attends a meeting for

the express purpose of objecting to the transaction of any business because the meeting was not lawfully called or convened.

Article 16 Decision making at meetings

(1) Unless otherwise provided for in these By-laws, or the Austrian Act on Associations, any recommendation or decision of the Voting members, at a regular or special General Assembly, or of the Board, or of the Executive Committee or of a Standing Committee, shall be made by way of resolution passed by a majority of those present, entitled to vote and voting at such meeting, subject to any requirements in relation to quorums. "Those present" shall include those participating in the meeting as a result of paragraph 2 following.

(2) Any Directors of the Board or members of the Executive Committee or of a Standing Committee may participate in a meeting of the Board or the respective Committee by means of conference telephone or similar communications equipment by means of which all persons participating in the meeting can hear each other. For such communication to take place, all members of the Board or the respective Committee must consent generally or in respect of a particular meeting.

(3) The members of the IOI may meet by other electronic means that permit each member to communicate adequately with each other, provided that:

a) the Board has passed a resolution addressing the mechanics of holding such a meeting and dealing specifically with how security issues should be handled, the procedure for establishing a quorum and recording votes;

b) each member has equal access to the specific means of communication to be used;

c) a majority of members has consented in advance to meeting by electronic means using the specific means of communication proposed for the meeting.

Article 17 Decision making without meetings

(1) Subject to Article 28, unless the Austrian Act on Associations requires a meeting to approve a specific type of matter, nothing contained in the By-laws shall prevent the Voting members, or the Executive Committee or the Board or any Standing Committee from passing resolutions without the need for a meeting provided:

a) Two thirds of the Voting members, or the members of the Executive Committee or the members of the Board or any Standing Committee as appropriate confirm to the Secretary General in writing their consent to a decision being made by way of resolution without a meeting.

b) The draft resolution is sent in writing to each member and a period of at least 30 days is given for a response in relation to normal business. If the Secretary General confirms that the matter is urgent, a period of at least 14 days shall apply, or if he/she confirms that an emergency exists, a period of 4 consecutive days;

c) A majority of the Voting members, or the members of the Board or the members of the Executive Committee or a Standing Committee confirm in writing their support for the resolution.

(2) The communications in writing arising under paragraph 1 may be sent through the mail or by other means of (electronic) communication.

Article 18 Other committees

(1) The Board may, at any time, establish such other standing committees and/or special committees, elected by the Board or appointed by the President, to perform such duties and make such investigations and reports as the Board shall by resolution determine. At least one of the committee members shall be a member of the Board. Such committees shall report to the Board. Such committees shall determine their own procedures.

(2) The President may establish a Committee to assist the Secretary General in the determination of funding sources.

Article 19 Officers of the IOI

(1) The officers of the IOI shall be the President, the First Vice-President, the Second Vice-President, the Secretary General, and the Treasurer and may include such other officers as the Board may from time to time by resolution determine. The officers shall be natural persons of full age.

(2) The officers of the IOI, except the Secretary General, shall be elected by the Board from amongst its Members. The Board may regulate the election process as it sees fit. The term of an officer shall be for 4 years, but at least until the next General Assembly, and shall commence at the close of the meeting at which elected and cease at the close of the meeting at which a successor is elected. An officer may be re-elected for a further 4 year term but should not serve for more than 2 terms.

(3) The Secretary General shall, in a communication to the Board, call for nominations for officers of the IOI, except for the position of Secretary General. Such nominations shall be received by the Secretary General.

(4) The Secretary General shall inform the Board of the nominations received, confirm that nominees meet the requirements for each position and forward any material that each nominee wishes to supply in support of their candidacy. Candidates may address the Board to amplify any element of their submission. The Board will then vote for each position beginning with that of the President. The Secretary General will formally take the Chair for this process and the Secretariat will scrutinize and tally the votes for each candidate and report to the Board the preferred candidate for each position.

(5) The Board may remove any officer, employee, or agent elected or

appointed by the Board at any time whenever in its judgment the best interest of the IOI will be served thereby, but such removal should be without prejudice to the contract rights, if any, of the person so removed.

(6) The Board shall have the power to fill any vacancy, except for the office of Secretary General, in any office occurring for whatever reason.

(7) The Board may also appoint employees and agents by resolution upon the recommendation of the Secretary General.

(8) The remuneration of all officers, employees and agents shall be fixed by the Board by resolution. No officer shall be precluded from receiving such remuneration by reason of the fact that he/she is also a Director of the IOI.

(9) The officers of the IOI, except the Secretary General, shall hold office until their successors are elected or appointed in their stead. Officers may be re-elected for further terms as allowed for in paragraph 2.

(10) An officer may resign at any time by giving written notice to the Board, or to the President, or to the Secretary General. Any such resignation shall take effect at the date of the receipt of such notice or at any later time specified therein.

(11) Any vacancy in an office, except for the office of the Secretary General, arising between General Assemblies, shall be filled by the Board. If, however, the President vacates office, he or she shall be replaced by the First Vice-President. If the First Vice-President vacates office, he or she shall be replaced by the Second Vice-President. If the Second Vice-President vacates office, the Board shall elect one of its members to fill this vacancy until the next General Assembly.

(12) No officer, agent or employee of the IOI shall have any power or authority to borrow money on its behalf, to pledge its credit, or to mortgage or

pledge its real or personal property, except the Secretary General and then only within the scope and to the extent of the general or limited authority delegated by resolution of the Board to him/her.

(13) The Board may require all or some officers as it shall deem necessary to be bonded for such amount as it may consider appropriate.

(14) The Board may invite the outgoing President to remain as consultant to the Board for a period not exceeding one year.

Article 20 General Secretariat, Secretary General

(1) The Secretary General shall manage the General Secretariat of the IOI. The Secretary General is appointed by the members of the Austrian Ombudsman Board (*Volksanwaltschaft*) from amongst its members. In the event that the Secretary General's term as a member of the Austrian Ombudsman Board comes to an end and there is a gap before a replacement Ombudsman is appointed, the IOI accepts that the current IOI Secretary General can be maintained in post until another appointment is recommended by the AOB for the role of Secretary General.

(2) In the exercise of his/her statutory functions, the Secretary General is accountable to the Board of the IOI. He/she may be removed by the Board at any time.

(3) The Austrian Ombudsman Board (*Volksanwaltschaft*) shall administer the General Secretariat and cover the personnel and operating costs, including the costs related to the IOI website, as long as a member of the Austrian Ombudsman Board acts as Secretary General.

Article 21 Duties of officers

(1) The President shall preside at all General Assemblies. At elections of all non de jure members of the Executive Committee, the Secretary General shall

preside. The President shall also preside at all meetings of the Board and the Executive Committee. He/she shall be charged with general supervision of the affairs and operations of the IOI.

(2) The First Vice-President, in the absence or disability of the President, and the Second Vice-President, in the absence or disability of the President and the First Vice-President shall perform the duties and exercise the powers of the President and shall perform such duties as shall from time to time be imposed upon him/her by the Board.

(3) The Treasurer shall have responsibility for the management and disposition of the corporate funds and securities in conjunction with the Secretary General and as directed by the Board. He/she shall also have other duties as may be imposed by the Board upon him/her from time to time.

(4) The Secretary General shall perform all duties relating to the office of Secretary General and any other such duties as may be imposed on him/her by the Board or the President in accordance with the principles and purposes of the IOI. The Secretary General shall:

a) propose special projects to the Executive Committee for approval by the Board;

b) be responsible for the publications of the IOI;

c) maintain an updated list of funding sources for the financing of projects;

d) be responsible for the recruitment of members;

e) ensure that these By-laws are complied with by the regions of the IOI and the regional officers,

f) on the resolution of the Board prepare and submit proposals for changes in the By-laws to the Executive Committee and the Board for approval by them and submission to the Voting members for decision in accordance with Article 28;

g) recommend and provide where practicable and necessary administrative support to members involved in developing or promoting their offices (including conferences, workshops etc.) and provide advice and consulting services generally on matters relevant to the IOI;

h) identify possible funding sources for specific projects and negotiate and conclude agreements for the funding of the projects;

i) ensure effective communication between the IOI and its members as well as with national and international organizations;

j) develop and maintain relations with individuals and organizations dedicated to the promotion or protection of human and citizens' rights;

k) take the necessary measures to ensure the presence of the IOI worldwide and in particular, in conjunction with organizations involved in the defense and promotion of human rights, strive to promote the purposes and principles set out in Article 2;

l) ensure that all the votes of the Voting members and of the Board and the minutes of the meetings of the Voting members, the Board and the Executive Committee are recorded in a book or books to be kept for that purpose; ensure that advance notices of meetings of the Board, the Executive Committee and Voting members are given and that all records and reports are properly kept and filed by the IOI as required by law;

m) submit to the Board and the Executive Committee an annual report on the activities of the Secretary General and submit a report to the General Assembly;

n) submit a special report to the General Assembly evaluating what progress has been made among the Voting members in fulfilling the requirements of the International Ombudsman Standard as expressed in Article 2;

o) keep full and accurate accounts of receipts and disbursements in books belonging to the IOI. He/she shall furthermore deposit all moneys and other valuable effects in the name and to the credit of the IOI and in such depositories as may be designated by the Board from time to time. He/she shall disburse the funds of the IOI as may be ordered by the Board, taking proper vouchers for such disbursements, and shall regularly render to the Treasurer and to the President and Directors at their regular meetings, or whenever they require it, an account of all the transactions carried out as Secretary General and of the financial position of the IOI;

p) sit in an official capacity on:

the Board

the Executive Committee

such other Committee established by the Board from time to time in accordance with Article 18 as the Board considers appropriate; and

q) be a de jure member of the Board, if not a Voting member in his/her own right, and the Executive Committee and take part in meetings of Voting members but without being entitled to vote.

(5) All other officers elected by the Board shall have such authority and perform such duties as may from time to time be assigned to them by the Board.

(6) If the President, the First Vice-President and the Second Vice-President are unable to perform the duties of their offices, the Board shall appoint any member of the Board to exercise the duties of the President for such period as shall be determined by a resolution of the Board.

Article 22 Regions of the IOI and regional Officers

(1) Each region of the IOI shall serve for the following purposes:

to promote regional participation in the activities of the IOI;

to decentralize the activities of the IOI;

to elect the Directors of the Board.

(2) A region of the IOI shall comprise all members irrespective of category located in or allocated to that region, other than a member allocated to another region in accordance with Article 13.7.

(3) The Voting Members of each region of the IOI shall:

a) adopt a set of rules to guide its operations (the Regional By-laws);

b) elect an officer called Regional President, chosen from among the Directors of the Board for that Region (the Regional Directors).

(4) The Regional President shall advise the Secretary General of the region's rules and shall keep him/her advised of any amendments made to them from time to time. The regional rules shall not be inconsistent with the By-laws and should automatically enter into force immediately after the General Secretariat has taken notice of the amended regional rules.

(5) If a Regional President is elected by the Board as President, First or Second Vice-President or Treasurer of the IOI according to Article 19.11, he/she shall resign from the office of Regional President and the Voting members of the region shall elect a new Regional President.

(6) A Regional President shall be, in respect of that region, the deputy of the President of the IOI, and shall have, within such region, the following duties:

a) to represent the IOI and promote its purposes;

b) to coordinate the activities of the IOI;

c) to coordinate fund-raising, financing and other activities to raise resources for the Region;

d) to carry out the duties of the President of the IOI to the extent delegated by the President with the approval of the Board; and

e) to submit to the Board an annual report on the activities of the Region.

(7) Each Regional President shall, in collaboration with the regional Directors and the region's Voting members, and within a reasonable time, set up a procedure whereby the regional Directors shall be elected democratically. If agreement cannot be reached within a region on a procedure, the Secretary General shall act as mediator, shall facilitate the reaching of agreement and shall support the region, if necessary, during the regional election process.

(8) The Executive Committee of the IOI shall in the interests of cost effectiveness provide operational support to the regions of the IOI and their members who so request and shall keep the activities of the regions under review.

(9) Regional members of the IOI may meet by electronic means that permit each member to communicate adequately with each other, provided that:

a) Members have provision in their Regional By-laws addressing the mechanics of holding such a meeting and dealing specifically with how security issues should be handled, the procedure for establishing a quorum and recording votes;

b) each member has equal access to the specific means of communication to be used;

c) A majority of members has consented in advance to meeting by electronic means using the specific means of communication proposed for the meeting.

Article 23 Authentication of documents and other instruments

(1) All cheques, drafts and orders for payment of money shall be signed in the name of the IOI and shall be countersigned by such officers or agents as the Board shall from time to time designate for that purpose.

(2) All contracts, documents and instruments in writing shall be signed in

the name of the IOI and shall be countersigned by such officers or agents as the Board shall from time to time designate for that purpose.

Article 24 Accounts, Financial Year

(1) The Board of Directors shall keep proper records which reflect:

a) the detailed income and expenditure of the IOI;

b) the assets held by the IOI;

c) liabilities of the IOI; and

d) the payment of fees by members.

(2) The accounts of the IOI shall be audited each year by two independent auditors who shall be appointed in accordance with Article 25.

(3) The financial year shall begin on 1st July and terminate on 30th June.

(4) Unless the Austrian Act on Associations and the By-laws provide otherwise, the Secretary General and the Treasurer shall prepare the income and expenditure account and a statement of the assets of the IOI and submit them to the Board for approval within five months after the end of the financial year.

Article 25 Auditors

(1) At each regular General Assembly, the Voting members shall, on the proposal of the Board, appoint two auditors to audit the accounts of the IOI. The auditors appointed will hold office until the next regular General Assembly and may be reappointed. If auditors have to be appointed before the next General Assembly, they shall be appointed by the Board. The remuneration of the auditors shall be fixed by the Board.

(2) The Board shall provide the Voting members with relevant information about the auditors whom they propose for appointment.

Article 26 Dispute Resolution

(1) All disputes arising from the relationship pertaining to the IOI shall be settled by an Arbitral Tribunal of the IOI. It is a "conciliation body" for the purposes of the Austrian Act on Associations of 2002 and not an arbitration tribunal within the meaning of Sects. 577 et seq. Austrian Code of Civil Procedure (ZPO).

(2) The Arbitral Tribunal shall consist of three Voting members. One party to the dispute shall name a member as arbitrator to the Board in writing. Upon the Boards request to be issued within seven days, the other party to the dispute shall name a member of the Arbitral Tribunal within 14 days. After communication by the Board within seven days, the named arbitrators shall elect a third voting member as Chairperson of the Arbitral Tribunal within another 14 days. In the event of a tie, the Chairperson shall be elected by lot. The members of the Arbitral Tribunal shall not be members of any body – except for the General Assembly – the operations of which are the subject-matter of the dispute.

(3) The Arbitral Tribunal shall render its decision, after having granted both parties the right to be heard, in the presence of all its members by a simple majority vote. It shall pass its decision to the best of its knowledge and conscientiously. Its decisions shall be binding on the IOI and parties.

Article 27 Indemnification of Directors, Officers, Employees or Trustees

(1) Each person who was or is a party, and each person who is threatened to be or is made a party, to any threatened, pending or completed action, suit or proceedings, whether civil, criminal, administrative or investigative, by reason of the fact that he/she is, or was, a Director, officer, employee or Voting member of the IOI or is, or was, serving at the request of the IOI as a Director, officer, employee or Voting member of another Corporation, may be indemnified by the IOI to the full

extent permitted by the laws of Austria in effect at the time of such indemnification.

(2) The foregoing right of indemnification shall inure to the benefit of the heirs, executors and administrators of each such person; shall not be exclusive of any other rights of indemnification to which any Director, officer, employee, Voting member or other person may be entitled in any capacity as a matter of law or under any By-law, agreement, vote of Voting members or Directors, or otherwise; and shall continue to apply to each such person who has ceased to be a Director, officer, employee or Voting member.

Article 28 Enactment, repeal or amendment of By-laws

(1) Subject to the provisions of paragraphs 2 and 4, the By-laws of the IOI (including the Preamble and the Definition of Terms) shall be enacted and may be amended or repealed only by a majority of the Voting members present at a General Assembly duly and properly convened for that purpose by notice to the Voting members.

(2) Should the Board consider that any amendment or repeal to the By-laws or an article thereof (including the Preamble and the Definition of Terms) is required as a matter of urgency, the procedure in Article 16 of the By-laws may be used for such purpose provided at least 30 days' notice of the proposed amendment or repeal is forwarded to each Voting member. Any decision taken by the Board pursuant to this paragraph must be submitted to the next meeting of the Voting members for confirmation but until so submitted may be acted upon as if so confirmed.

(3) The enactment, repeal or amendment of any article of the By-laws (including the Preamble and the Definition of Terms) arising as a result of the procedures set out in this article shall not be enforced or acted upon until the approval as required by the Austrian Act on Associations has been obtained from

the competent authorities.

(4) The Board may make amendments to the By-laws (including the Preamble and the Definition of Terms) which it deems to be purely administrative in nature.

Article 29 Dissolution

(1) The voluntary dissolution of the IOI can only be decided at a General Assembly and only by a two-thirds majority of the Voting Members present, entitled to vote and voting at such meeting, subject to the requirements in relation to quorums.

(2) Provided the IOI holds assets, this meeting of the Voting members shall also decide on its liquidation. In particular, it shall appoint a liquidator and decide on whom any remaining assets shall be transferred to by the liquidator after liabilities have been paid. These assets shall, to the extent possible and permitted, inure to an organization which pursues the same or similar purposes as the IOI, or otherwise be used for social welfare purposes.

ADDENDUM

After the relocation of the IOI General Secretariat from Canada to the office of the Austrian Ombudsman Board (*Volksanwaltschaft*) in Vienna, the IOI was established as an Austrian association under the Federal Law on Associations (*Vereinsgesetz 2002*). The entry in the Austrian register of associations took place on 26 June 2009. The By-laws therefore refer to the Federal Law on Associations.

On 17 September 2009 the IOI was granted the legal status of an organization in terms of the Federal Law on the Granting of Privileges to Non-governmental International Organizations (*NGO-Gesetz*). Consequently, the competent authority regarding associations is the Federal Ministry for European and International Affairs. As long as this legal status remains in force (prerequisite is that the office of the General Secretariat is located within Austria) the references to the Federal Law on Associations are obsolete. In case of relocation of the IOI's headquarters outside of Austria the IOI would again obtain the legal status of an association under the Federal Law on Associations.

附 录

瑞典议会申诉专员报告[①]

（2012 年 7 月 1 日—2013 年 6 月 30 日）

1. 议会申诉专员关于各监察范围的综合报告

1.1 议会申诉专员拉尔斯·林斯特龙（Lars Lindström）（第一监察范围）

简　介

第一监察范围包括法院、执行机构、规划与建筑服务部门、土地测量服务部门、环境和健康保护、税务机关、第一监护人和通信系统。本工作年度，接到 1675 宗申诉，比上一工作年度增加了 103 宗（增幅为 6.5%）。1637 宗申诉在本工作年度结案，其中 608 宗是由获得授权的处长处理的。

在本工作年度，本人对两家地区法院和一家地方建筑委员会进行监察。一位处长依照本人指示对另一家建筑委员会进行监察。相关的检查记录（瑞典语）参见议会申诉专员网站：www.jo.se。

下面我将重点概述在本年度报告中详细介绍的部分决定及介绍本人在本工作年度采取的其他特定措施。

---

① 原文见瑞典议会申诉专员网站：www.jo.se/About-Jo/Annual-reports/

法院判决和决定的依据

从法律的确定性角度以及为了维护公众对司法的信任而言，判决和决定的理由是根本所在，同时也有利于提高判决和决定的质量。相关人员在撰写判决书时有义务为其观点提供理由，他们在这一过程中通常会发现有一些可能需要进一步考虑的因素。

本年度，我有理由对普通法院作出判决的说理部分进行评估。

《司法程序法》（Code of Judicial Procedure）第 17 章第 7 条和第 30 章第 5 条规定，判决必须包含判决理由，还包括案件已证事实的陈述。依据该项规定，普通法院有义务为判决提供理由。不过，仅仅说明已证事实还不充分。例如，如果一个人否认起诉的罪名，但被宣判有罪，那么他 / 她就有权知道法院对自己的陈述不予采信的原因。在本年度报告中，我描述了一宗自己认为性质严重的案件（案件编号为 592 和 1813—2012）。该案件涉及地区法院的一位法官，他在几宗刑事案件的判决中因为疏忽没有为判决提供恰当的依据。这种疏忽破坏的恰恰是法官应尽之责的核心所在，也损害了司法公信力。该位法官招致了严厉的批评。

我还描述了另一宗涉及法院的判决理由不充分的案件（案件编号为 2836-2012）。该案件涉及如下规定，即任何因犯罪而宣判有罪的人，都必须偿还政府为公设辩护律师等支付的诉讼费，支付的数额取决于被判刑人员的经济状况。在我们论及的这一案件中，被判刑人员已向法院声明他没有任何收入。但是，他还是被强制偿还一大笔费用，而法院对此没有给出任何解释。负责该案件的法官因为没有明确说明判决理由而招致批评。

在监察地区法院期间，我检查了那些公诉人对被告提起故意犯罪或过失犯罪（例如违反《刀具法》[Knife Act]）指控的案件判决结果。这些案件的一个共同特点是，法院在判决理由部分只是简单证明所犯罪行，而没有考虑是故意犯罪还是过失犯罪。在这里，事实上存在不足的不仅仅是判决理由——法院在判决中对犯罪主观方面没有作出任何详细说明，即公诉人没有证明犯罪的主观方面是故意还是过失。这当然是失当的。

行政法院缓慢的审案过程

在去年的年度报告中，我提出了行政法院审案时间过长的意见。当时，我收到了一份来自斯德哥尔摩行政法院的报告，该报告表示行政法院正开始着手处理自己的问题，至少开始处理总务部门的问题。关于行政法院审案过程缓慢的申诉在数量上的变化也表明审案时间已经开始日趋正常。在 2011/2012 工作年度期间，我签发的 17 份决定与批评行政法院审案过程缓慢有关。而 2012/2013 工作年度期间，此类决定的数量为 10 份。在今年的年度报告中，我提到一家行政法院因为在处理一宗与疾病补助金有关的案件时动作缓慢而招致严厉批评的案例（案件编号为 4669-2012）。

法院的程序规则

多年来，法院的章程中曾经有规则规定法院应该如何在各部门之间分配案件。这些规定在 2003 年被废止。现在法院按照其他方式自行安排工作。不过，与效率相关的指导规则规定了无论何时都要指定一位法官负责所有的案件和事务。议会申诉专员对案件分配的两个方面进行了审查。

第一个方面是一些法院对工作的安排使得少数法官要负责非常大量的案件——有时数量大到令人怀疑其职责能否得到有效履行。第二个方面是从法律确定性的视角来关注案件在法官之间的分配。在地区法院和行政法院，共同做法是法院接收的案件将在各有数位法官的部门之间进行分配。然后，其中一位法官会在准备阶段负责案件。不过接下来会进行第二次案件分配，这一次案件将分配给负责核准案件判决的法官。议会申诉专员先前已经对实行这种工作安排的一家地区法院进行过检查。检查的目的是为了调查第二次分配（即将案件分配给负责核准判决的法官）是否符合公平公正的要求，即工作组织方式是否可以避免在分配过程中作出不当考虑。

在 2013 年 3 月 1 日的一项决定（案件编号为 682-2012）中，我对斯德哥尔摩行政法院总务部的案件分配情况进行了检查。当该决定发布时，

“法院和法官调查”（Domarlagsutredningen）发表了其报告《法院的立法改革》（En reformerad domstolslagstiftning，SOU 2011：42），其调查所作的考量对我的检查具有帮助。行政法院的总务部被划分为若干部门，案件根据抽签分派给这些部门。在将案件分派给法官的最终阶段，行政法院存在的问题与地区法院的问题有点不同，因为在行政法院，很大一部分案件中是在没有举行听证会的情况下结案的。法院的各部门通过许多不同的方法将案件分配给法官。我在决定中指出所有这些方法都不能被视为是错误的，但行政法院的体系存在不足。为了维护公众对司法行为的信任，将法院分配案件的规则记录在案（例如，记录在法院的程序规则中）至关重要。行政法院没有恰当地作出这种工作安排，因而招致了批评。

法院程序规则的制定通常是监察工作的审查对象。在对地区法院进行监察时，有一个特殊的问题反复出现。根据《青少年罪犯（特别条款）法》（Young Offenders [Special Provisions] Act）（1964：167）第25条的规定，起诉对象为青少年的刑事案件，必须由特别指定的法官和非职业法官来审理。一些地方法院没有按照立法委员们制定的这一规则来安排工作，结果就是监察报告对此作出了负面评价。

公开的法庭听证会

《政府约法》（Instrument of Government）第2章第11条规定，法庭听证会必须公开。不过，可以通过立法对公众参与权进行限制。在本年度报告予以详细说明的两个案件中，地区法院因为在无法可依的情况下限制公众参与权而招致批评。

在其中的第一个案件（案件编号为5483-2011）中，一位法官阻止妇女团体作为旁听者参加拘留听证会。这些妇女戴着遮盖脸部的面纱。法官将这种情况视为扰乱法庭秩序，并根据《司法程序法》第5章第9条拒绝她们入场。我的看法是，《司法程序法》第5章第9条并不适用于该法官的这一决定，因此该法官受到了批评。

在第二个案件（案件编号为1774-2012）中，地区法院的接待人员拒绝旁听者进入正在进行中的听证会，即使法院事先并没有发布决定说该场听证会会进行摄影。如此一来，在这起案件中，法院同样是在无法可依的情况下限制了公众的参与权。该地区法院因此受到了批评。

行政法院对强制看护案件的处理

议会申诉专员的重要任务之一是履行监察职责以确保不会在无法可依的情况下剥夺人身自由，同时也确保涉及剥夺人身自由的案件和事务得到法院快速有效的处理。处理政府机构提出的剥夺人身自由的申请经常是普通法院的工作重点。我的观点是整体上普通法院都正确处理了这些案件。不过，与之形成对比的是，我有理由批评行政法院在处理涉及以行政措施剥夺人身自由的案件时存在不足。在去年的年度报告中，我提及了在处理这类案件时存在不足的三个例子。今年的年度报告也提及一个类似的案件（案件编号为5420-2011）。在拘留期间，一个人在等待一项他是否会依照《药物滥用者看护（特别条款）法》（Care of Substance Abusers [Special Provisions] Act）（1988：870）被送去强制看护的决定。在口述程序之后进行的审议中，行政法院决定驳回强制看护的申请。主审法官因为没有确保在法院作出决定后立即终止拘留而招致批评。

法院对证据的处理

在法院提起诉讼的个人可以援引证据来支持自己的诉讼主张。在本年度报告提及的三项决定中，法院因为在当事人想要援引证据时的处理程序存在缺陷而招到批评。在其中一个案件里，法庭向想要援引音频文件作为证据的当事人提供了误导性的信息（案件编号为446-2012）。在另一个案件中，当事人声称被称为“自行车电脑”的仪器记录的内容将证明他没有像被起诉的那样违反交通法规（案件编号为3200-2012）。该案件的主审法官因为没有查证被告想以何种方式在法庭上呈现电脑记录的内容而遭受批评。

这两个案件的共同点是，法官在处理法无明文规定的证据类型时会出现混乱。在最糟糕的情况下，受影响的当事人会认为诉讼程序不公。因此，有理由严肃对待这类问题。

在另一项决定中（案件编号为 680-2012），行政法院处理当事人提出的对证人进行询问的方式缺少立法依据。行政法院没有像法律所规定的那样传唤证人出庭，而是让当事人负责将证人带至法庭。当该法院宣布即使证人没有到场，听证会也会举行时，该法院进一步行为失当。同样，在这一案件中，不难想见受到这些错误影响的当事人会认为审理程序不公。

地区法院对于秘密强制措施问题的处理

地区法院负责处理公诉人提出的使用所谓的秘密强制措施（包括秘密拦截电子通讯内容、暗中用影像拍摄设备进行监视以及使用隐蔽的监听设备）的请求。所有这些措施的一个共同特征是关于使用这些措施的决定都是在没有嫌疑人参与的情况下秘密作出。因此，自然就没有任何人会就这些措施的使用向议会申诉专员提出申诉。所以，议会申诉专员在对地区法院进行监察时的一项重要任务就是检查那些有关秘密强制措施规定的实施情况。在整个工作年度对地区法院进行监察的过程中，我发现如下问题：记录警察怀疑理由的文件残缺不全，针对窃听对于调查依旧特别重要这一点提出质疑的文件证据存在不足之处，没有对法庭的听证会作任何记录，在听证会召开之前没有公派辩护人。

行政机关的决策理由

《行政程序法》（1986：23）第 20 条规定，行政机关有责任为其所作决定陈述理由。法院有责任为判决说明理由的法理基础也适用于行政机关。在本年度，我注意到有两个涉及为行政决定提供的理由不充足的案件。在第一个案件中，行政机构完全疏忽了为决定说明理由。该案件涉及一份建筑许可证的颁发，申请人的邻居一直反对颁发这一许可证。当地建筑委员会在没有提供任何理由的情况下颁发了建筑许可证，为此而受到批评（案件编号为 5756/2012）。在第二个案件中，伤残交通津贴委员会部分拒绝了一项申请。该委员会的说理部分只是节选了法律文本，这种说理方式是不充分的。该委员会因此受到了批评（案件编号为为 6344-2011）。

《规划与建筑法》

自 2011 年 5 月 2 日起，《规划与建筑法》（2010：900，简称为 PBA）开始实施。该法修改的法律条文之一就是第 9 章第 27 条，该条规定，地方建筑委员会在收到完整的许可证申请后的 10 周内就许可证签发和预先通知事项作出决定，此为一般性规定。通过监察，我了解了这类委员会现在如何应对这一新的时间限制。在本年度报告提及的一项决定中，一个委员会超过了这一时间期限，使整个处理时间长达 6 个月之久。这一做法直接违反了法律，因此，申诉专员作出的决定严厉批评了这个委员会（案件编号为 1815-2012）。

《规划与建筑法》第 9 章第 27 条和《内部市场服务法》（Act on Services in the Internal Market）（2009：1079）第 8 条都规定，当委员会收到完整的申请时，应该将回执送达申请人。我在一项决定中指出，送达回执的责任只正式地适用于欧盟内部市场服务指令的管辖范围。不过，在其网站上的指南中，全国住房、建筑与规划委员会（National Board of Housing，Building and Planning）声明，地方建筑委员会应当就所有许可证事项送达回执。我的决定指出，建筑委员会恰当的做法是遵循全国住房、建筑与规划委员会的建议，因而在开展工作时应该将有关回执的规定视为通常做法（案件编号为 4086-2011）。

税务局

我在去年的年度报告中指出，税务局受到批评是因为在复审复议事项（obligatory review）时处理时间过长。在今年的年度报告中，我提及了另一项此类决定（案件编号为 3804-2012）。我指出，税务局提交给我的报告完全没有提及该局是否会在将来采取措施来避免复议事项的拖延。毫无疑问，议会申诉专员将持续关注这一问题。

公众知情权与保密性

在去年的年度报告中，我提及过如下一项决定：有人向市政委员会申请获得皮草养殖户的文件资料，市政委员会却将批准该项申请的信息告知皮草养殖户。该委员会因为此举遭到批评。我的批评基于《新闻自由法》[Freedom of the Press Act] 关于匿名权的规定，即权力部门不应当以这种方式不加考虑地披露身份信息。今年的年度报告提及了另一个类似案件：一个县行政委员会在收到一个想要获取一份关于动物保护方面的官方文件的申请后，在公开这一文件之前又联系了动物饲养者。该县的行政委员会因此受到批评（案件编号为 440-2012）。

立法咨询

议会申诉专员的一项重要任务是通过对提案咨询作出回应来参与立法。在整个工作年度中，我对如下报告提出的咨询作出了回应:《新刑事损害补偿法》(En ny Brottsskadelag，SOU 2012：26)、《新制裁法》(Nya påföljder，SOU 2012：34)、《未来的租赁争议》(Hyres- och arrendetvister i framtiden，SOU 2012：82)、《更加现代化的审判 II：后续追踪》(En modernare rättegång II – en uppföljning，SOU 2012：93)；我还对部门备忘录《新制裁法提案的程序后果》(Processrättsliga konsekvenser av Påföljdsutredningens förslag，Ds 2012：54）以及报告《刑事审判程序》（Brottmålsprocessen，SOU 2013：17）提出的咨询作出了回应。这些文件参见议会申诉专员网站：www.jo.se。

1.2 首席议会申诉专员伊丽莎白 · 弗拉（第二监察范围）

综合信息

在本工作年度，第二监察范围包括监狱系统、社会保险、国防和大量规模较小的行政机关，包括全国消费者投诉委员会、平等机会申诉专员办公室和全国上诉委员会。从组织结构来看，国家预防机制（NPM）处属于第二监察范围，但是，国家预防机制处的监察工作应当在负责监察行政机关的议会申诉专员的指导下进行。

我们正在努力将该处的工作与其他监察行动整合起来，以便最大程度地利用现有的协同优势。

在整个工作年度，我在开展国际活动的同时，继续将精力集中在议会申诉专员的核心任务上，即捍卫个人在法律上的确定性（legal certainty）。我与我的同事接待了许多调研参访，在这一过程中，我们优先考虑那些会产生最积极影响的研究机构提出的来访申请。关于这一点，我想要强调的是这从来不是一个单向交流的问题，学习过程总是相互的。外部观察者提出的问题常常能够带来那些可能使组织机构得到改善的想法。作为其中的一个例子，我想重点介绍一下土耳其议会申诉专员机构于 2013 年春天的访问。

2012 年 6 月 14 日，土耳其通过了建立进行司法监督的议会申诉专员机构的法律。在瑞典法院和土耳其司法部之间的双边协议框架内，瑞典议会申诉专员参与了土耳其议会通过的议会申诉专员法的立法过程。作为合作计划的一部分，我们在 2013 年春天接访了来自土耳其议会申诉专员机构的四名工作人员，其中包括一名议会申诉专员，该机构创建于 2013 年 1 月，现在还处于建立过程中。我们的访客追踪了所有议会申诉专员在其监察范围（包括行政管理领域）内的日常工作程序，历时一个星期。这次来访对于双方而言都收获颇丰，访客的考察结论以及我们与他们的对话可能已经激发出改进这一新成立机构的规章、细则和工作方式的想法。在随后由土耳其首席议会申诉专员向媒体所作的讲话中，他强调了这次访问瑞典和其他国家的经历对于加强这一新制度的自主性、独立性和合法性是如何重要和富有启发意义。

与往年一样，涉及监狱系统和社会保险的案件占到了本监察范围工作的 90%。在整个工作年度，我展开了 10 次监察，另外两次监察是一位处长依照我的指令完成的。此外，国家预防机制处对监狱和拘留所展开了 11 次监察。基于这 11 次监察，我又自行提起一次监察；在本工作年度结束时还没有就该案行成决定。

监狱系统

本工作年度，接收的与监狱系统相关的案件总数为 1002 宗，比前一工作年度少了约 150 宗。结案的案件为 1054 宗，比前一工作年度少了约 50 宗。只有在不到 12% 的结案案件中，议会申诉专员作出某些形式的批评决定。其中有 9 项决定被认为具有普遍意义，因而被本年度报告提及。我尤其想要重点介绍如下决定。

一项决定（案件编号为 2242-2012）关注的是瑞典拘留所中所谓的“犯罪受害预防活动”（crime victim gateway activity）。前一年的年度报告描述过与监狱中犯罪受害预防活动相关的特定问题。去年的报告重点强调，犯罪受害预防的作用是核查由监狱与缓刑管理局（Prison and Probation Service）作出的决定是否会给犯罪受害人或间接犯罪受害人带来伤害的风险。在国家预防机制处于 2012 年 1 月对监狱与缓刑管理局进行监察时，乌普萨拉拘留所向议会申诉专员的工作人员介绍了该拘留所开展犯罪受害预防活动的情况。基于监察期间所发生的事实，首席议会申诉专员诺登费尔特（Nordenfelt）女士根据相关规定决定，自行发起对监狱与缓刑管理局开展的犯罪受害预防活动的调查。在当前报告所涉及的工作年度中，犯罪受害预防问题也在监察日程当中。对于这种情况，我在决定中强调，在被拘留者还没有被宣判有罪的情况下，使用“犯罪受害人”和“犯罪者”这些术语是不恰当的。我还就监狱与缓刑管理局和社会服务部门在承担联系受害人任务方面的区别作出了说明。

在一项决定（案件编号为 6137-2011）中，监狱与缓刑管理局的运送服务遭受批评。根据《药物滥用者看护（特别条款）法》（LVM；1988：80）的规定，监狱与缓刑管理局运送一名拘留人员。该人员被从鲁瑟什贝里（Rosersberg）的治疗中心带到了韦克舍（Växjö）的行政法院，然后又被送回治疗中心。运送行程历经四天四夜，还包括拘留人员在拘留所滞留的四个晚上。监狱与缓刑管理局因为规划和执行这一运送任务的方式而受到批评。此外，该局还因为记录该犯人在拘留所滞留情况的文件存在问题而招致批评。该决定还批评了将处于各种强制看护法规（例如 LVM）管制下的人员与其他当事人一起运送这种做法的不当之处。

一项自行发起调查的案件（案件编号为 4269-2012）涉及拘留所中的被拘留人员与其辩护律师联系的机会。根据一篇报纸文章的说法，监狱与缓刑管理局被要求提供有关被拘留人员接待来访以及通过电话与辩护律师对话的机会的信息。我在该决定中强调，在公职辩护律师没有见到委托人的情况下，不得拒绝公职辩护律师的会见申请，即使会见是晚上。我对某些案件中已经发生的这种情况提出了批评。我不反对监狱与缓刑管理局在必要时将律师与被拘留人员锁在接待室中。如果做出这样的决定，该决定对于拘留所工作人员的工作方式应当作出说明。

社会保险

在本工作年度，共接到 359 宗针对社会保险机构（Social Insurance Agency）的申诉。我很高兴地指出，过去两年针对社会保险机构的申诉持续下降。针对养老金机构（Pensions Agency）的投诉依然很少，本工作年度共有 32 宗。在本工作年度，只有不到 400 件社会保险案件结案，而议会申诉专员作出批评决定的案件只占到这些案件的 15%。其中，7 宗案件被认为具有普遍意义，因而列入了本年度报告。我想特别强调如下几项决定。

一项决定（案件编号为 3726-2011）处理的是社会保险机构在医疗保险评估方面进行群体咨询的程序问题。该机构自 2009 年以来所适用的程序导致该局官员在与医疗保险顾问进行咨询时，更偏向于那些匿名的群体案件。这种程序是口头上的。专门为该程序设立的辅助程序规定，如果该局官员断定咨询使案件发生了新变化，他 / 她可以要求医疗保险顾问出具一份书面声明。在无需开具任何声明的案件中，关于咨询期间所发生的事情就没有任何记录。在调查这一案件时，我发现虽然社会保险机构强调了遵守有关文件记录和信息交流规定以及上述提及的辅助程序的重要性，但是，在实际中这远没有成为常规做法。因此行政法的严重疏漏体现在案件处理过程中。该决定进一步指出，即使社会保险机构的人员努力想要遵守辅助程序的规定，但是，关于什么内容应该被记录在案的界限问题以及这种界限的不确定性意味着切实存在类似缺陷的风险。有鉴于此，我发现医疗保险评估方面的群体咨询无论如何不适用于个体案件的咨询，因此，当向医疗保险顾问进行咨询（指真正意义上的咨询）以便在个案中获得建议和支持时，社会保险机构应该使用书面程序。

另一项决定（案件编号为 6160-2011）处理的是为决定提供理由的问题。在该决定中，我批评了社会保险机构在一些案件中完全忽视了为有关抚养补贴的决定（它针对的是有义务支付相关费用的父 / 母）说明理由。社会保险机构所作决定中的绝大部分是“自动形成的”，意思是说这些决定的标题和内容是预设好的。调查显示这些自动形成的决定缺少可以自由输入文本的位置，也没有固定的部分陈述决策理由。因此，这些决定是在没有陈述任何理由的情况下签发的，这违反了《行政程序法案》的相关条款。我在决定中还提出了对社会保险机构所作决定的说理部分的一般要求。就像社会保险机构已经承认的那样，我认为其决定的说理部分存在普遍性的缺陷。例如，该机构混淆了什么是决定的关键因素，什么是对案件的一般描述。在继续履行监察职责期间，本人打算继续关注社会保险机构在改进决定说理方面所做的努力。

在案件编号为 5813-2012 的决定中，我处理的问题与社会保险机构在被保险人的请求下撤销或者改变一项有利决定的可能性有关。我在该决定中指出，个人申请和领取社会保险福利是自愿的，因此，个人随时有权撤销申请。批准个体被保险人提出的取消未来某项决定的请求也不存在问题。问题的出现与那些已经得到执行的有利决定相关。我注意到，社会保险机构作出的许多决定不仅影响到第三方，而且对社会造成了影响，而这些影响很难得到监管。我在该决定中进一步指出，社会保险机构没有义务批准一项申请撤销已经得到执行的有利决定，但是，只要没有牵涉相对方的利益，撤销这种决议也不存在任何司法方面的阻碍。首先需要考虑的是社会保险体系的复杂性、社会保险机构处理的案件数量之多以及该类案件的重要性时，我认为社会保险局应该使如下做法成为常规，即不予批准被保险人要求撤销已经执行的有利决议的申请。

我在另一项决定（案件编号为 6471-2011）中批评社会保险机构多次在被保险人家庭所有的电话答录机上留下敏感的保密信息。我的决定指出社会保险的保密性旨在保护个人的诚信，因而保密信息必须谨慎处理以防止其在无授权的情况下被获取。调查还显示，社会保险机构同样多次向被保险人提供错误信息。在一个案件中，导致错误信息的原因是社会保险机构使用了标准化信件，而没有根据被保险人的具体情况对信件内容进行修改。关于这一点以及其他方面，我的意见是，当使用模板文件时，小心谨慎和考虑在先极其重要。在处理该类案件的过程中还存在其他的不足，例如，初审阶段和复审阶段的处理过程都很缓慢。累积起来，我们对社会保险机构的批评是很严肃认真的。

其他事项

在案件编号为 3627-2012 的案件中，代理议会申诉专员拉格内马尔姆（Ragnemalm）处理的问题（该问题从行政程序的视角来看非常有趣）是，在何种情况下一项决定可以被视为不利于申诉人，因而他 / 她有权采取行动反对这一决定。代理申诉专员拉格内马尔姆指出，根据《行政程序法案》第 22 条的规定，如果受到涉及自身的某项决定的不利影响，申诉人要求撤销或改变这一决定的，行政机关通常会推定该项决定对申诉人“造成了不利影响”。在提及的案件中，我们发现全国上诉委员会做出了一次例外的处理，但没有举出令人信服的理由，于是，它就因为上述条款的实施而受到批评。

议会申诉专员埃克斯伯格（Axberger）在2013年春季请求卸任，如此一来，第四监察范围在本工作年度的最后几个月缺少申诉专员。在这一时期，我承担了该范围的主要监察职责。我想着重介绍一项决定。

发生在斯德哥尔摩南部的一起“警察追捕”事件中，一位摩托车驾驶者丧命。这位摩托车驾驶者涉嫌危险驾驶和其他犯罪，被几位巡警（包括一架警用直升机）以极快的速度追捕了约20分钟。然而，事故的发生使追捕中断。“警察追捕”事件的发生与警方计划打击街道摩托车赛的行动有关。因此，它并不是对某种突发局面作出的反应；相反，警察有足够的机会对出现的这种局面做好恰当准备。

我在对“警察追逐”事件（案件编号为6331-2011）所作调查中指出，警察在行动一开始有责任阻止该摩托车驾驶者，但是，随后发生的高速追逐并不符合比例原则（principle of proportionality），因为它加剧了摩托车驾驶者、他搭载的乘客、警察和其他道路使用者的危险。我进一步指出，警察在策划、沟通、协调以及下达对摩托车驾驶者采取行动的指令方面存在不足，这意味着警察及其指挥官在正确评估局势方面的眼界是有局限的。这是导致警察以这种方式追逐摩托车驾驶者的决定性因素。

这些事件表明，为了避免发生类似的悲剧事件，在执行计划中的交通保障行动时，警察急需改进工作方式。在我看来，在不急剧增加意外风险的情况下，完全有办法阻止极高速度行驶的驾驶者。

1.3 议会申诉专员莉莲·魏克兰德（第三监察范围）

申诉的处理

像以往一样，第三监察范围主要包括卫生和医疗、教育系统和社会服务，亦即“健康、教育和看护”。相较于去年的 1800 宗和前年的 1700 宗案件，在本工作年度，登记在案的申诉案件只刚刚超过了 1900 宗。在新登记的申诉案件中，有 19 宗是由议会申诉专员提起的，这一数字与去年相同。在整个工作年度，结案案件为 1922 宗（去年为 1726 宗）。总共有 179 项决定（前一年的数字为 144 项）在作出之前，将案件移交给相关行政机关处理以进行更加全面的调查。共有 155 宗案件（前一年的数字为 133 宗）在结案时针对相关行政机关和 / 或官员作出了各种批评决定。

在本工作年度结束时，未处理完毕的案件数为 280 宗（去年为 292 宗）。在未处理完毕的案件中，有 39 宗（大约占到 14%）案件处理超过了 1 年。所有这些案件都是移交案件。这表明与去年相比出现了轻微的退步，在去年未处理完毕的 292 宗案件中有 25 宗（比重低于 9%）处理的时间超过 1 年。不过，需要指出的一点是，结案时作出了批评决定的移交案件平均处理时间是 5.6 个月，这相对于前一年长达 11.7 个月的处理时间而言是相当大的改进。本年度所有已结案案件的平均处理时间为 33 天，相较于前一年 57 天的平均处理时间，这是一个明显的进步。

总之，我想指出的是，尽管申诉案件的数量在增加，但该部门结案的数量比去前一年增加了，还大幅缩短了案件处理时间。这是令人欣喜的进步，我希望我们能够在下一个工作年度进一步缩短移交案件的处理时间。

案件移交

在本工作年度，我承担了 29 宗移交案件的处理，其中 16 宗来自卫生与社会事务部（Ministry of Health and Social Affairs），8 宗来自教育与研究部，2 宗来自文化部，还有 2 宗来自国家健康和福利委员会。我只对其中 5 宗案件发表了实质性的意见。《精神病治疗与法律——强制看护、犯罪责任和社区保护》（Psykiatrin och lagen – tvångsvård，straffansvar och samhällsskydd，SOU 2012：17）这一报告还涉及其他申诉专员，需要所有专员全面关注。不过，即使申诉专员作出不发表任何意见的决定，或者申诉专员没有对移交提案件提出反对理由，这通常也需要相当大的工作量。

监 察

在整个工作年度，我个人对四个部门进行了监察：两个社会福利委员会和两个精神病治疗诊所。处长卡尔-古斯塔夫·特里勃鲁姆（Carl-Gustaf Tryblom）依照我的指令监察一个社会福利委员会。这些监察工作共历时16天。转换成人工日（即一个人一天完成的工作量），其工作量大致与去年相同，今年为78天，去年为80天。

国家预防机制处对我负责的监察范围内的机构开展了8次监察工作。其中5次的监察对象是国家公共机构看护委员会（National Board of Institutional Care）为成年药物滥用者设立的LVM之家或者为青少年设立的特别居住之家。另外3次监察行动的对象是开展司法精神病治疗和/或精神病强制治疗的诊所。其中两次监察引发我发起了特别调查。这些调查还在进行当中。

在本人亲自开展的监察工作中，有一项是2012年春季开始的对兰斯克鲁纳（Landskrona）自治市的社会福利委员会所进行的后续监察。当时我就指出，该委员会在如何管理与儿童和青少年看护相关的事务以及家庭法律事务时存在严重问题，我在监察报告中指明，该委员会必须采取强有力的措施以便迅速纠正这些不足。遵照转达的意见，该社会福利委员会在2012年秋季向议会申诉专员提交了一份报告，简要描述了已采取的和计划采取的纠正措施。我发现没有理由就其描述的这些措施发表意见，只是通知该委员会稍后会进行后续监察以确定是否达到了想要的效果。这一后续监察于2013年4月进行。这一次我可以说该委员会投入了非常大的努力来改正我先前指出的那些不足，我相当满意地指出，这些努力已经带来了切实可见的积极成果。

对于一个涉及290个自治市和约400个社会福利委员会的监察范围而言，每个工作年度展开5次或10次监察工作看起来可能有点杯水车薪。

不过，就像上述监察工作所表明的，它们尤其会使相关行政机关在程序上作出明显改善，即使是小规模的监察行动也会带来有价值的积极成果。每次监察工作结束后所撰写并发布在议会申诉专员网站上的全面报告，也成为了其他行政机关获取信息的来源，因此，除了监察机构自身，关于每个监察范围的管理框架和现状的信息也传播到更广阔得多的范围。因此，我在监察行动方面的目标依旧没变，加上国家预防机制处依照我的指令开展监察行动，监察工作的影响力在不断扩大。

初步调查

在整个工作年度，我有两次（2012 年 10 月和 2013 年 5 月）因为怀疑本人监察范围内的官员实施了犯罪而决定发起初步调查。这两个案件都牵涉到社会服务领域内的事务管理。在第一个案件中，随着正式调查措施的实施，初步调查结束，对于行政程序的后续复审将在初始监察的框架内展开。此项复审目前还没有完成。在第二个案件中，初步调查还在进行当中。

社会服务

社会服务领域的案件可以划分为四个子类别：与儿童的各方面相关的案件，例如与《青少年看护（特别条款）法》(Care of Young Persons (Special Provisions) Act ，LVU）的执行有关的问题；与各种援助有关的案件；与《为特定功能性残疾人提供支持与服务法案》(Act on Support and Service for Persons with certain Functional Disabilities，LSS）相关的申诉；与《药物滥用者看护（特别条款）法案》相关的申诉。在本工作年度，社会服务领域共收到 1100 宗申诉（前一年不到 1080 宗）。与援助相关的申诉增加得最多，从 370 宗增加到 410 宗。从百分比来看，与 LVM 相关的投诉增长最快，增加了 50%，但是从绝对数字来看，它依然是一个数量非常小的类别，只收到了约 40 宗申诉。与儿童有关的案件只出现了小幅降低，它仍旧是数量最大的类别，去年收到了大约 560 宗投诉（前一年为 580 宗）。LLS 案件的数量没有变化，保持在大约 100 宗左右。

今年的年度报告提及的一些决定还与社会福利管理部门进行的家访活动有关。案件编号为 4034-2011 的决定涉及的是相关人员在收到对被看护儿童表示担忧的报告后进行的一次家访。进行家访的官员不顾这个家庭中母亲的反对，用照相机记录下了家里的状态。随后，社会福利委员会和行政法院利用这些照片决定该名儿童的看护人选。该决定指出，没有任何法律条款规定社会服务部门有权不顾个人的意愿，用照片记录调查情况。我认为，这些官员表现出了对个人的诚信以及他们在自己家中做主的权利的公然藐视，因而他们的行为应该受到严厉批评。有两项决定涉及的家访与社会援助获取权的评估框架有关，2011/2012 年度的报告也提及了这一问题。相关的社会福利管理机构在这两项决定中都受到了批评。在其中一个案件中，该管理机构在没有发生紧急状况的情况下对援助申请人进行了一次没有提前通知的家访。我进一步发现，该管理机构进行家访的程序并没有依照那些规定社会服务应该如何实施的适用原则（案件编号为 2914-2011）。在第二个案件中，家访有提前通知并获得了同意，但是就这一案件的情况而言，个人是否被给予了充足的时间和空间来考虑家访的要求这一点是存在问题的。该情况似乎表明管理机构想要达到与突然家访相同的效果，因而在这一案件中，他们的行为也被认为违反了社会服务机构工作所依据的原则（案件编号为 2737-2011）。在涉及经济援助获取权的两项决定中，相关的社会福利委员会因为执行了违反当前立法的内部指导原则和计算规则而受到批评（案件编号分别为 4297-2011 和 2515-2012）。

我还想重点介绍一些涉及婚姻法案件中社会福利委员会的角色和行为的决定。其中第一项决定涉及对一宗监督探视案件的处理——这类申诉非常普遍。在该决定（案件编号为 3946-2011）中，地区法院决定女儿与父亲会面需要在社会福利委员会指定人员在场的情况下才能进行。因为某些原因，该委员会选择不指派任何人承担该任务。我指出该委员会在此类案件中应该扮演好纯粹的执行者的角色，因此我对该委员会没有贯彻执行地区法院的决定给予了严厉批评。另外一项决定涉及一宗与代孕母亲所生孩子有关的案件处理（案件编号为 5744-2012）。目前瑞典还不存在任何适用于代孕母亲的立法，因此，对于社会福利委员会应该如何处理此类案件，该案引申出了大量问题，例如，在抚养协议达成之前，抚养权问题应该如何解决；在实践中，在达成此类协议之前，如何对案件进行调查。瑞典议会已经作出决定，将进行有关代孕母亲问题的调查，有鉴于此，我有充足的理由将我的决定复印件发送给司法部（Ministry of Justice）以及卫生与社会事务部。瑞典议会下令建立的调查委员会的成员现在已经得到任命。

健康与医疗

这一监察范围的投诉数量与前一年大致相同，在整个工作年度中，新登记的案件约为 300 宗。

在本年度报告中重复提及的少量决定中，我想要谈谈针对韦克舍地区司法精神病诊所的两次举报中的一次。在这一案件中，该诊所没收了一台 MP3 播放器并将其转交给检察机关。没收该台 MP3 播放器的原因是怀疑其中一名病人持有儿童色情图片。该名病人随后因该台 MP3 播放器中的图片被指控犯有儿童淫秽罪，因而被判刑。我在决定中指出病人持有这些图片的信息是保密的，只有在适用于解密条款的情况下才能被公之于众。这种条款规定在《公众知情权和保密法》（Public Access to Information and Secrecy Act）中。它们涉及针对儿童的性侵，但不包括儿童淫秽罪——这可以被视为立法缺陷。不过，我的观点是，就在这类案件中评估哪些犯罪行为以及这些犯罪行为中的哪些类别应该受到质疑而言，不应该对医务人员提出过度要求。因此，在该诊所已经向议会申诉专员陈述了其意见的背景下，我并没有因为该诊所没收 MP3 播放器并将其转交给检察机关而对其提出批评（案件编号为 2046-2012）。在本年度报告没有提及的另一个案件中，议会申诉专员作出了相同的评估决定。案件情形类似，但没收的物品是一个 USB 存储器（案件编号为 5743-2011）。

教育系统

教育领域的申诉数量为 275 宗，增加了约 60 宗。

没有哪一种特定类型的申诉有明显的增幅。不过，可以指出的是，针对瑞典国家教育署（Swedish National Agency for Education）以及有关教师资格证颁发的申诉依旧存在。根据我在前一年发布的决定以及根据教育署、政府以及瑞典议会采取的措施，大部分申诉被驳回。因此，本年度报告不涉及关于这些申诉的决定。尽管议会申诉专员早先作出过相关决定并且国家教育署发布过相关文件，但是，当某些政党想要进入学校向学生宣传政党活动的信息时，依然偶尔会出现针对学校行为的申诉。因此，本年度报告也提及了针对一所高中的决定，该高中的行为违反了《政府约法》第 1 章第 9 条规定的客观性原则。瑞典民主党青年会（*Sverigedemokratisk Ungdom*）（SDU）申请在该校建立一个书刊亭，但校长拒绝了这一申请，最开始提出的拒绝理由是学校无法保障其安全。当 SDU 质疑这一理由的合理性时，校长进一步援引了各种现实的理由（这些理由与规划和资源有关）来拒绝这一申请。我的调查结论是，校长拒绝申请的决定至少间接地与 SDU 可能会提出的政治观点有关，因此我对该位校长提出了批评（案件编号为 2459-2011）。

1.4 议会申诉专员汉斯 - 冈纳·埃克斯伯格（第 4 监察范围）

综合信息

在今年年初，我请求卸任，随后在 2013 年第一季度结束、任期满 5 年之际离职。因此，我的 2013 年年度报告也以此为截止日期。

与往年一样，我所在部门的工作——其中占主导的是治安和公诉案件、移民案件以及某些与政府办公室和市政行动有关的事项——我们的调查工作主要集中于个人提出的申诉。本年度报告提及的决定与原则性事务有着重大关系或者与公共利益有关，关于其中几项决定的意见请见下文。

政府办公室与信息公众知情权原则

在 2009/2010 年度报告中，我提及了一个政府办公室因为对一位新闻记者提出的获取某些官方文件的请求作出的处理而招到严厉批评的案件（JO 2009/10）。在此案件中，从请求的提出到请求得到回应历经 9 个月的时间。在此期间，该办公室提出了不予公开申请所获取文件的法定依据。该案件俗称“海啸录像带”事件，它是个少见的例子，但是调查依然说明政府办公室存在严重的程序缺陷。此后，我在不同场合发现这些缺陷依旧存在，其他人也得出了相似的结论。

有鉴于此，我决定将大量类似的针对政府办公室的申诉案件列入一项相对全面的调查中（案件编号为 639-2012 等）。该项调查的结论再次表明政府办公室在组织结构、职责和程序方面存在不足。《新闻自由法》规定公共文件应该得到及时公开，但政府办公室的这些不足多次无视民众根据这条规定提出的请求。

该调查指出这些不足是根本性的。自从部门组织成立以来，政府办公室的组织结构不适应公众有权获得官方文件的原则，也不适应各政府部门的组织结构发生的各种变化。就此而言，没有及时获得批准的文件公开申请最终很容易陷入无人管的境地，没有任何官员或部长因为处理时间的拖延或者其他侵犯宪法公开权而受到问责。我发现特别明显的是，政府办公室的官员似乎已经接受在监督下处理事务，因此，我要补充说明的是，政府部门尊重公众的知情权这一点尤其重要。否则，出现其他行政机关也认为自己不再有义务严格遵守宪法这种风险的可能性相当大，这最终会威胁到公众知情权原则。

该调查还涉及案件编号为 4506-2012 的案件。该案件与一位记者有关，该记者请求从企业、能源和通讯部（Ministry of Enterprise，Energy and Communications）获得有关内部招待费用的文件。同样，在该案件中，一般程序延误了文件的披露，但它也涉及一些其他问题。例如，相关机构除了及时披露信息外，还能采取其他哪些措施来对申请公开文件的请求作出回应。就这方面而言，决定表示披露文件首要的目的不是为了让获得文件的人有机会对应做的事情泛泛而谈地发表评论。不过，决定也指出相关机构有权修正在文件被请求披露后所发现的缺陷。在不延误文件公开的情况下，相关机构甚至有权披露已发现的缺陷以及采取的修正措施。

这两项决定都提交给了议会的宪法委员会（Committee on the Constitution，KU），在该委员会，一项性质类似的调查正在进行中，虽然该项调查关注的是政府的责任以及各部部长个人的责任（政府和各部部长都不接受议会申诉专员的监察，相反，政府办公室以及雇员则要接受监察）。宪法委员会的报告也同意我的评估，即政府办公室的组织结构不适应公众知情权原则提出的各种要求（2012/13：KU20）。上述提及的企业、能源和通讯部案件，宪法委员会在调查中能够确认，该部门将文件披露给请求获得该文件的记者之前，已经将该文件披露给了第三方。宪法委员会宣布该部门行为失当，并认为不能排除如下可能性，即该部采取的行动是抢先使公众获知自己的说法，这种方式对请求获得该文件的记者而言是不公正的。批评指向了最终负责处理该事务的该部部长。

在先前的案例中，包括前面提及的“海啸录像带”案件，议会申诉专员与议会宪法委员在各自的监察范围之间保持距离的做法有时导致双方都没有监察某些问题。我注意到在该案中存在重叠的调查。在我看来，从宪法的角度来看，这是可取的，只要监察机关的批评仅限于针对它们各自的监察对象，就像这次的案件一样。因此，我要满意地指出我调查的这些问题得到了宪法委员会的高度认可并得到了深入的审查。

警察机构与公诉人

针对警察对体育赛事进行监管的申诉日趋普遍。本年度报告中有三项决定牵涉到被称为“高危赛事”的事件（斯德哥尔摩举行的冰球赛，案件编号为 1444-2012；赫尔辛堡［Helsingborg］举行的足球赛，案件编号为 4480-2011；厄勒布鲁［Örebro］举行的足球赛，案件编号为 341-2012）。总体的结论就是，警察在法律限制的范围内以合法方式采取行动时，很难达到这些赛事给警察提出的要求。

在与警察有关的其他案件中，我想重点介绍一宗导致达拉纳县（Dalarna Country）警察局受到严厉批评的案件（案件编号为 915-2012）。有人涉嫌少量毒品犯罪（用于个人吸食）。他无法提供尿样，因而请求以血液检查代替。然而，警察将嫌犯带去了医院，在医院，警察给嫌犯插入了导尿管以便强迫他提供尿样。涉嫌少量毒品犯罪并不是采取这种强制措施的合理理由；相对于此类犯罪的刑事后果而言，采取这种强制措施是过度之举。我认为这是一件严重的事件也与官方对这事件的处理有关。我们既看不到关于这一事件的决定，也找不到相关决定者；涉事警察只是“对此交代一番”，然后就驾车离开了医院。因此，没有人对这一违规行为负责。

达拉纳县警察局还因为对强制干预行为的对象非法拍照（案件编号为 3445-2011 和 3446-2011）以及检查行动的追踪报告（案件编号为 4307-2012）而受到批评。

警察（延雪平县［Jönköping County］警察局）和公诉人因处理青少年犯罪嫌疑人获得辩护权的问题受到批评（案件编号为 3577-2011）。近年来，申诉专员对多起类似案件作出批评决定（例如，参见去年的年度报告，JO 2012/13）。

关于一宗强奸案件的重大调查也涉及警察和公诉人。律师对案件的初步调查提出了严厉批评。其批评导致了进一步的具体调查，调查表明该律师在这一案件中作为辩护人非常杰出地完成了工作，但是调查没有完全支持他提出的严厉批评（案件编号为 2959-2011）。该调查涉及大量极其难以作出评估的问题。警察和初步调查的负责人毫无疑问都犯了错误。例如，在法庭上的事实调查表明，受害方的陈述没有被充分核实。决定也指出了这一点，并批评警察询问了那些没有根据的引导性问题，这些问题妨碍了调查。不过，鉴于初步调查的复杂性，也不能认为其是完全错误的。

在我认为具有重要原则性意义的一宗案件中，一位公诉人因为以非正式的方式联系证人而受到批评（案件编号为 3671-2011）。根据该公诉人的说法，其目的主要是为了支持该证人撤销证词。不过，此种目的并不能使公诉人有权漠视有关刑事诉讼程序的规定中应该被视为不言自明的那部分规定。除此之外，公诉人的不当行为还包括，在一次与主要听证会存在直接关联的情况下，公诉人利用自己的权威私下试图劝说一位由对方当事人提请的即将被传唤出庭的证人，企图使该证人放弃自己的立场，自然而然地影响证人可能在证词中所作的陈述。

众所周知，案件处理过程缓慢这一问题是导致向议会申诉专员申诉的普遍原因。一宗处理过程确实太缓慢的案件涉及的是一位被汽车碰撞并严重受伤的老年妇女（案件编号为 2358-2012）。由于警察和公诉人的混乱处理，还没提起诉讼时，诉讼时效就已经届满。公诉人无视法定诉讼时效，提起了诉讼。但在法庭的训诫下，公诉人不得不撤回起诉，该不幸事件就此结案。导致这一结果的个人错误和疏忽可能很常见，但是它对此案中的个人带来的结果显然是不可接受的。我想要强调的是这一案件并不是一个孤立事件（参见，例如 JO 2012/13）。

移 民

在过去几年，瑞典移民委员会（Swedish Migration Board）设在布登(Boden)、乌普萨拉（Uppsala）和马尔摩（Malmö）的避难所检查机构一直接受本处处长丽娜·伯齐利厄斯（Lina Forzelius）领导下的监察（参见，案件编号为 724-2012，5620-20112 和 468-2013；这些决定没有列入年度报告）。我们发现了一些不足，但整体印象是这些部门的工作运转良好。不过，设在马尔摩的检查机构相对而言存在着案件积压和案件处理时间拖延的问题。

除了以上监察工作，我们也有理由重点介绍一下移民领域中的如下决定。

依照一份已经生效的驱逐令，一户寻求避难的家庭将被送往俄罗斯。对该家庭的父亲而言，阿富汗是另一个可以选择的目的地。厄勒布鲁县（Örebro County）警察局被授权负责执行这一驱逐令。不过，该警察局没有遵照该命令行事，而是全力以赴打算将所有家庭成员都送往阿富汗。直到该案件被报告给议会申诉专员，并且警察局的官员随后通过议会申诉专员获知了驱逐令的实际内容后，该项驱逐行动才改变行程。这是一起严重事件。在去年的一宗类似案件（参见 JO2012/13）中，我批评了耶夫勒博格县（Gävleborg County）警察局将一名男性错误地驱逐到了伊拉克而不是伊朗，该事件造成了严重不幸后果。在有关上述家庭的案件中，还没来得及采取强制措施，但是它可能带来的风险是显而易见的（案件编号为 6074-2011）。

在先前的一份年度报告中，我提及了一宗依据《外国人法》（Aliens Act）拒绝乞丐入境的案件，这一决定缺少充分的法律依据（JO 2011/112）。今年的年度报告中也有一个类似案件（案件编号为 4468-2011）。该案件涉及的是拒绝卖淫者入境。卖淫与乞讨不同，因为在相关法律的发展历程中，立法者们已经指明从法律角度看，卖淫是一种不正当的谋生手段。而且，卖淫是一种犯罪行为，且必须是主要禁止的行为。与涉及乞丐的案件不同的是，我认为该案件中拒绝卖淫者入境的决定不应该被批评为是错误的。

在其他的移民案件中，有一项决定应该被提及，它与很难判断年轻避难者的年龄有关（案件编号为 4107-2011）。移民局因为处理该案的程序违背该机构自己的指导原则而受到批评。

2. 国家预防机制处

2.1 综合信息

自2011年7月1日起，议会申诉专员经授权承担起了作为国家预防机制（NPM）的额外任务，指导其工作的是2011年12月18日签订的《联合国禁止酷刑和其他残忍、不人道或有辱人格的待遇或处罚公约》的《任择议定书》(Opcat)。

该议定书的目的是为了建立一种由独立的国际机构和国家查访机构定期查访拘押被剥夺人身自由人员的场所的制度，旨在防止他们遭受酷刑和其他残忍、不人道或有辱人格的待遇或惩罚。

作为国家预防机制，议会申诉专员所采取行动的目的是为了定期监察和探访那些拘押被剥夺自由人员的机构，并向国际监督和合作机构进行报告，议会申诉专员以这样的方式和这样的力度所采取的行动都是为了履行瑞典在《联合国禁止酷刑公约任择议定书》中所作出的承诺。

在《联合国禁止酷刑公约任择议定书》框架内接受监察的拘押场所包括监狱、拘留所、警察局牢房、精神病强制治疗机构、司法精神病治疗诊所、移民委员会的扣押机构以及由瑞典国家公共机构看护局（SiS）为青少年设立的特殊居住之家和LVM之家。《联合国禁止酷刑公约任择议定书》规定的相关行动的主要职责由负责监察矫正式看护事务的申诉专员承担。首席议会申诉专员每6个月会制定一个依照《联合国禁止酷刑公约任择议定书》采取行动的计划。国家预防机制处这一特殊部门会协助议会申诉专员履行其作为国家预防机制的职责。

2.2 《联合国禁止酷刑公约任择议定书》行动的发展

在议会申诉专员承担起国家预防机制角色的第二年，我们努力提高监察行动的效率，并就拘押人员的待遇及拘押地点的条件撰写报告。

选择具体监察对象时一定程度上所遵循的原则是，《联合国禁止酷刑公约任择议定书》行动应该考虑到议会申诉专员近期在传统的监察行动中所监察的对象之外的地点。我们进一步优先考虑那些被拘押人员与外界联系通常受到限制以及被拘押人员流动率高的地点，例如警察局的羁押室和拘留所。这些行动与每位议会申诉专员负责的监察范围内计划中的监察行动相配合。在传统监察工作范围内，整个工作年度对监狱进行了 5 次监察，对拘留所进行了 3 次监察，对司法精神病治疗诊所进行了 2 次监察。

这些监察行动的目的是为了获得与议会申诉专员在其职责框架范围内采取的全部预防酷刑行动相关的各类信息。对于议会申诉专员而言，重要的一点是要考虑到其他监察机构的工作。议会申诉专员在决定对哪些场所进行监察时所运用的标准除了上述这些外，还包括某个部门的行动会牵涉到多少被拘押人员，是否已有人就某个具体场所中的被拘押人员的状况提出过多份报告或者特别令人关注的报告。我们也有理由去考虑那些与被拘押人员的生存条件有关的信息，这些信息或者已经被媒体报道，或者是被拘押人员在与相关部门或外界的联系过程中暴露出来的。监察行动并不是要重点“查找错误”。相反，其特点是要有前瞻性，以便加强对被拘押人员的人权的尊重。

不管牵涉的公共机构是哪种类型，“《联合国禁止酷刑公约任择议定书》监察行动”的构成要素及采用的方法总是一样的。这有助于这些行动得到有效而可靠的实施，也有助于提高行动报告的质量和可靠性。与被羁押人员面谈是优先使用的方式，并以私下面谈的方式进行。

监察行动中获得的信息涉及人员配置和待遇、物质条件、与外界联系的机会、与权利相关的信息、强制措施、在户外活动的机会等，这些信息记录在报告中以供议会申诉专员参考。

2.3 本年度的监察

整个年度，议会申诉专员在《联合国禁止酷刑公约任择议定书》行动框架内展开了 35 次监察行动（其中 11 次属于第二监察范围，9 次属于第三监察范围，15 次属于第四监察范围）。监察行动的数量多于前一年度。总体而言，监察行动共花费 43 天时间。它们主要是在白天进行，只有一次针对警察局羁押室的监察行动是在晚上进行。本年度一开始，对隶属于斯德哥尔摩县警察局位于诺尔泰利耶（ Norrtälje ）和纳卡（Nacka）的羁押室进行了监察，本年度结束的时候，在同一周时间里对位于哥特兰岛（Gotland）的精神病治疗诊所、警察局羁押室以及瑞典监狱与缓刑管理局所属的监狱和拘留所进行了监察。

在前一年度，提前通知和未提前通知的监察行动的数量大致是相同的；与此形成对照的是，本年度的监察行动主要是以提前通知的方式进行。从中学习到的经验之一是，在提前获得同意的时间内并依据多种背景材料所进行的监察行动往往进行得相对顺利。不过，为了提高监察行动的可靠性和效率，需要增加未提前通知的监察行动的数量。这种监察行动会使我们更加真实地了解监察对象的情况及其存在的问题，因而有助于提升被拘押人员的福利和合法待遇。在欧洲禁止酷刑委员会（European Committee for the Prevention of Torture，CPT）看来，监狱探访行动重在突袭探访。

探访组的人员构成会依据所探访机构的规模和安全级别的不同而变化。一些监察行动是与来自受到影响的监管部门的人员一起进行的。

2.4 针对监狱和缓刑管理局进行的《联合国禁止酷刑公约任择议定书》监察行动

依照首席议会申诉专员弗拉的指令，国家预防机制处在本年度对隶属于监狱与缓刑管理局的 8 所拘留所和 3 所监狱进行了监察。在对位于法伦（Falun）的拘留所进行监察后（案件编号为 475-2013），首席议会申诉专员弗拉注意到，确保将有关权利和义务、拘留所的规定和程序告知被拘押人员的重要性。她指出拘留所的被羁押人员坚持认为他们没有获得此类信息，这种情况令人担忧。为了确保被拘押人员获得正确信息，所采取的一项简单措施就是向他们发放监狱与缓刑管理局印制的标题为“被拘押人员所需信息”的小册子。

在对位于赫尔辛堡（Helsinborg）的拘留所进行监察时（案件编号为 4850-2012），我们看到了男性工作人员在步行锻炼时是如何对女性被羁押人员进行“安全搜身”的。这促使首席议会申诉专员指出，立法固然许可“安全搜身”这一程序，但是对被拘押人员进行“安全搜身”的前提必须是，搜身应该由与被拘押人员性别相同的工作人员来执行。她在此案件中注意到该拘留所表示，它所雇用的监狱工作人员中只有不到一半是女性。首席议会申诉专员的意见是，由此可见，合理的做法是在拘留所内设立独立的女性部门，以确保任何场合既有男性工作人员也有女性工作人员在场。首席议会申诉专员认为拘留所应该努力按规定实施程序，工作人员的配置足以使对所有拘押人员（无论其性别）进行的“安全搜身”能够以有尊严的方式进行。她还发现有理由要求对针对一名被羁押人员进行身体约束的申请展开特别调查，原因之一就是医生是否依据申请的措施对该名拘押人员进行身体检查这一点并不清楚（案件编号为 1455-2013）。

2.5 对为青少年设立的 SiS 特殊居住之家和 LVM 之家以及精神病强制治疗和司法精神病治疗进行的《联合国禁止酷刑公约任择议定书》监察行动

在整个工作年度，有 4 所 LVM 之家和 2 所为青少年设立的特殊居住之家接受了监察。从这些监察行动中得出的调查结果导致了两项自行提起的调查。其中一项调查涉及的问题是，相关的 LVM 之家是否常规性地实施了《药物滥用者看护（特殊条款）法》（1988：870）第 35 条中所谈及的那种通信控制，但是还没有就实施效果作出正式决定（案件编号为 2793-2013）。另一项调查关注的问题是，将某些案件中的拘押人员安置在同一所 LVM 之家这一处理程序是否意味着拘押人员接受了 LVM 第 2 章第 34 节条规定的单独看护（案件编号为 1971-2013）。

本工作年度有 3 家精神病病房接受了监察。其中两次监察关注的是根据《精神病强制治疗法》（Compulsory Psychiatric Care Act）（1991：1128）接受治疗的病人。

对雷文斯托姆斯卡医院（Löwenströmska Hospital）内的司法精神病治疗病房的监察促发了议会申诉专员魏克兰德的多种担忧，尤其对新近拘押的病人所得到的户外活动机会受到限制这一点的担忧。议会申诉专员魏克兰德强调精神病强制治疗和司法精神病治疗的基本原则应该是病人每天至少获得一小时户外活动的机会。

2.6 对警察局羁押室和移民局拘留机构进行的《联合国禁止酷刑公约任择议定书》监察行动

在过去的一年，共有 13 间警察局羁押室接受了监察，同时，一辆用来运送被拘留人员的专用警车（被称为“维克托之车”）也接受了监察。在 2011 年 10 月至 2013 年 6 月期间，议会申诉专员对全国 14 家警察机构中的 29 间警察局羁押进行了监察。对位于奥斯托普（Åstorp）的移民局的拘留设施进行的监察是与来自相关监督部门的人员一起完成的。

对警察局羁押室进行的监察促使首席议会申诉专员弗拉自行提起两项调查。

其中一项调查关注的是，羁押室中的被羁押人员在何种程度上获得在室外活动的机会。关于被拘留人员在户外活动的机会的条款见于《拘留法》(Detention Act)(2010：611) 第 2 章第 7 条。该条款明确规定，每天必须给予被拘留人员至少在室外活动一小时的机会，除非存在不实施这一规定的特殊理由。议会申诉专员的监察表明，不同的警察机构在被拘留者使用锻炼场所的机会方面以及这些锻炼场所的设计方面存在相当大的差异。监察进一步披露，大部分接受监察的警察机构缺少告知被拘留者拥有户外运动机会的程序，或者，相关程序并不令人满意。因此，议会申诉专员要求全国警察委员会 (National Police Board) 在从各警察机构了解相关情况后，就警察如何确保羁押室中的被拘留人员每天获得室外活动的机会提交其意见 (案件编号为 2054-2013)。

另一项调查关注的是，羁押室中的被拘留人员是否、何时和如何被告知其拥有的权利及其被拘留的目的，参见《拘留条例》(Detention Ordinance) 第 2 条的规定 (2010：2011)。关于这一点，全国警察委员会同样被要求在从各警察机构了解相关情况后，就警察如何确保告知羁押室中的被拘留人员其权利、与拘留相关的其他事宜以及这些事项如何被记录在案提交意见 (案件编号为 2572-2013)。

附录 10

瑞典议会申诉专员

2012 年 7 月 1 日—2013 年 6 月 30 日期间的报告

1. 综合信息和统计数据

在本报告涉及的时间段，担任议会申诉专员的人员如下：伊丽莎白·弗拉女士（首席议会申诉专员）、汉斯-冈纳·埃克斯伯格先生、莉莲·魏克兰德女士和拉尔斯·林斯特龙先生。在若干短时期内，代理申诉专员汉斯·内马尔姆（*Hans Ragnemalm*）先生和塞西利亚·诺登费尔特（*Cecilia Nordenfelt*）女士对监察案件进行了处理和判决。

在本工作年度，议会申诉专员登记了7097宗新案件，其中6872宗是申诉（比前一个工作年度的6818宗增加了54宗，增加0.81%），其他93宗案件是申诉专员自己在监察时或者根据监察过程中得出的调查结论、新闻报道或者其他依据自行提出的调查。另外130宗案件关注的是新的立法，在该领域，议会申诉专员有机会对政府的议案等发表意见。

有7068宗案件在本报告涉及的时间段结案，增加了159宗（增长2.3%）。其中，6836宗与申诉有关，103宗是由申诉专员自己提出的调查，129宗涉及新的立法。需要指出的是本页背面的明细表展示的是本时间段内已经结案的案件，而不是所有立案的案件。

本摘要也包括一份关于申诉专员在本工作时间段内所处理的其中一个案件的完整报告。

2012年7月1日—2013年6月30日期间申诉专员自行提起的案件和结案案件明细表

涉及的行为	结案时没有作出批评决定的案件	提出警告或其他批评的案件	提出诉讼的案件	总数
法院	0	9	0	9
行政法院	0	6	0	6
公诉人	0	3	0	3
海关	0	1	0	1

续表

涉及的行为	结案时没有作出批评决定的案件	提出警告或其他批评的案件	提出诉讼的案件	总数
警察机构	15	6	0	21
监狱管理局	10	14	0	24
第一监护人	0	1	0	1
社会福利	8	11	0	19
医疗	0	4	0	4
社会保险	1	5	0	6
劳动力市场	0	1	0	1
规划与建筑	0	3	0	3
学校系统	0	1	0	1
移民以及移民的融入	1	3	0	4
总数	35	68	0	103

2012 年 7 月 1 日—2013 年 6 月 30 日期间申诉案件明细表

涉及的行为	没有经过调查而直接拒绝受理的案件	移交给其他机构或政府部门的案件	调查后没有作出批评决定的案件	提出警告或其他批评的案件	提出诉讼或实施惩罚的案件	进行初步刑事调查但没有提起公诉的案件	为改善行政管理提出了指导意见的案件	在调查期间提出了纠正意见的案件	总数
法院	155	1	185	15					356
行政法院	46		52	10					108
公诉人	124		61	13					198
警察机构	451	14	247	42					754
海关	5		9						14
军队	12		4	2					18
监狱管理局	582		348	119			1		1,050
社会福利	715	5	323	69					1,112
医疗	205	1	76	12					294

续表

涉及的行为	没有经过调查而直接拒绝受理的案件	移交给其他机构或政府部门的案件	调查后没有作出批评决定的案件	提出警告或其他批评的案件	提出诉讼或实施惩罚的案件	进行初步刑事调查但没有提起公诉的案件	为改善行政管理提出了指导意见的案件	在调查期间提出了纠正意见的案件	总数
社会保险	243		73	52					368
劳动力市场	94		64	5					163
规划和建筑	98		73	19					190
执法	69		74	5					148
市政自治	82		9	2					93
通讯	216		72	6					294
征税	120		38	8					166
教育	179	8	75	13					275
文化	16		5						21
第一监护人	19		36	5					60
农业、环境、动物保护	129		73	13					215
移民	94	1	101	16					212
县行政管理委员会、彩票管控、酒类售卖	25		8	1					34
住房	5		1	1					7
公务员等的聘用	65		5	2					72
言论表达、公共文件获取权	188	3	103	83		1			378
议会行政管理和外交事务；大选	8		4						12
其他事项	80		33	3					116
管辖范围外的申诉;意思模糊的申诉	108								108
总数	4133	33	2,152	516	0	1	1	0	6,836

2 一个单独案件的报告

针对政府办公室屡次忽视必须及时提供公共文件之宪法规定的行为提出的批评（案件编号为 639-2012,2463-2012,2732-2012）

裁决摘要：政府办公室时常没能就新闻记者申请公开公共文件的请求形成决定，新闻记者就此事项提起的大量相似申诉致使了一项联合调查的展开。该调查揭露了政府办公室在组织结构、责任分配和日常工作方面存在缺陷，这些缺陷导致了他们屡次无视《新闻自由法》中关于及时提供公共文件的规定。

该调查表明，这些属于根本性缺陷。政府办公室的组织结构不适应于公共知情权原则，也不适应于已经实施了一段时间的各政府部门组织结构的变革。因此，那些没有能够得到及时处理的申请公共文件公开的请求最终可能陷入无人管的境地，找不到任何官员或部门为处理这些申请所花费的冗长时间负责，也没有人对宪法所保障的个人或公共媒体的知情权的侵害以及其他缺陷负责，这类请求就在这种情况下被互相推脱搪塞。

政府办公室的观点似乎认为这种常规做法是可接受的。因此，判决强调了政府自身的官员尊重公众的知情权的特殊重要性。缺少这种尊重，就会出现其他公共机构也会认为自己无需严格遵守宪法的严重危机，长远来看，这会危及公共知情权原则。

背景与调查

简介与组织结构

新闻记者们向议会申诉专员提交了四份各自独立的申诉，这些申诉与申请查看政府办公室的行政系统，主要是其财会系统的文件有关。这些申诉提出的问题相似，因此被一起处理。有一宗申诉由《每日新闻报》（Dagens Nyheter）的克里斯托弗·奥斯塔迪斯（Kristoffer Örstadius）提出，有两宗申诉由新闻集团/TV4（Nyhetsbolaget/TV 4-group）的乌拉·丹尼（Ulla Danné）提出，还有一宗由《瑞典晚报》（Aftonbladet）的理查德·阿什伯格（Richard Aschberg）提出。本判决处理的是奥斯塔迪斯和丹尼的申诉，而阿什伯格的申诉因为还涉及其他问题，将另行处理（案件编号为4506 2012）。

一开始，在陈述这些申诉的同时还将介绍政府办公室所提交的对申诉作出的回应，以及这些不同的申诉所导致的自行提起调查的其他部分内容。接下来是介绍法律条款以及政府办公室在处理请求获取公共文件的案件时所应用的组织程序的说明。

本裁决的结论部分对所揭露的情况进行了评议。结论首先介绍本调查提出的普遍问题（政府办公室的例行做法、从公共文件中进行信息汇编的责任，以及当需要评估文件的保密等级时，什么条件下延迟公布这些文件可以被接受）。接下来的部分对各申诉案件的处理方式进行了评议。最后提出了一项总体判决。

1号案件（案件编号为639-2012）

就职于《每日新闻报》的克里斯托弗·奥斯塔迪斯申诉说，他于2011年11月30日向政府办公室请求获得某些文件，但是，直到他提出申诉的2012年1月30日，他依然没有收到这些文件，尽管他一再通过电话和电子邮件进行了提醒。如下是他所提交的请求：

“在此，我请求从首相办公室的财会系统中获得一份有关国内和国外招待事宜的清单。

我希望该清单至少能说明凭证数量、公司名字/凭证类型、日期和数额。如果还能列出使用这些支出的公共机构/责任准则/项目准则，则更为适宜。”

克里斯托弗·奥斯塔迪斯为其向议会申诉专员提出的申诉提供如下理由：

“在过去的一年当中，《每日新闻报》数次遭遇到政府办公室在回应申请获取公共文件的请求时的不可接受的拖延。2011年春季，我的同事简恩斯·卡尔曼（Jens Kärrman）请求所有部门公布所有的公共关系文件。例如，外交部花费了超过3个月的时间才提供这些公共文件。我还要指出的是，我的几位记者同事认为从政府办公室获得相关文件所花费的时间总体上看是越来越长。2010年，我通过向所有政府机构申请获得一个电子邮件的方式对其实施公众知情权原则的方式进行测验。政府办公室没能通过这一测验，因为即使他们已经回复过该邮件，他们仍宣称该电子邮件不存在。

我提出的由首相办公室提供招待费用明细的请求并不涉及收据本身，只是要求获得收据的清单。财会体系的设计已经能够提供这类清单的简单副本，而形成这样的副本所花费的时间应该不会超过一分钟。由于我并不要求获得收据本身，所以对该信息进行保密等级评估不应花费太多时间。下面是其他公共机构在处理要求获得类似文件的请求时所花费时间的数据：

瑞典国会［获得议会选举复核委员会（Parliamentary Committee for Electoral Review）的所有账目信息］，2011年4月12日—3小时；

国家教育署（获得3个月时段内的所有账目信息），2011年12月29日—37分钟；

斯德哥尔摩公共交通部门（招待费用），2010年9月1日——一个工作周；

国家历史博物馆（招待费用），2011年6月16日—2个工作日；

瑞典武装部队（Swedish Armed Forces）（广告、印刷支出和公共关系支出），2011 年 4 月 1 日—7 个工作日；

乌普萨拉市警察局（招待费用），2011 年 1 月 14 日—1 个工作日。

换言之，保密等级高的部门（瑞典武装部队和乌普萨拉市警察局）从其财会系统中公布文件的速度相对更快。

监督瑞典最高行政部门——政府及其办公室机构——的工作是媒体的一项重要任务。因此，我希望议会申诉专员能够审议政府办公室在我所提及的两个案件中以及其他的一般案件中是如何落实避免拖延原则的。”

政府办公室被要求就该申诉进行调查并提交情况说明。其回应［来自首相办公室法律事务主任克里斯蒂娜·威尔（Christina Weihe）］指出，在克里斯托弗·奥斯塔迪斯提交请求几天之后，他们联系了他并要求他明确其所需信息的时间段。政府办公室继续声明说：

“随后，政府办公室评议了满足克里斯托弗·奥斯塔迪斯的请求的可行性，并开始了从财会系统中收集相关信息的工作，然后依照《公众知情权和保密法》（2009：400）第 15 章第 2 条的规定对相关信息的保密等级进行了评估。由于相关材料涉及范围广泛，因此对其保密等级进行评议也耗时耗力。

包含所需信息的两份副本于 2012 年 2 月 14 日提供给了克里斯托弗·奥斯塔迪斯。相关文件中的某些信息依照《公众知情权和保密法案》第 15 章第 2 条的规定被认为需要保密，因而没有披露。”

政府办公室在其说明的结尾部分提出以下评议：

“处理克里斯托弗·奥斯塔迪斯所提出的从首相办公室财会系统中获得一份国内和国外招待费用明细的请求只花费了两个多月的时间（议会申诉专员的说明：所花费时间为 11 个星期）。在现有的官方文件中找不到所要求的信息，但是为了满足克里斯托弗·奥斯塔迪斯的请求，政府办公室为他制定了两份汇编信息。为了评估汇编信息的保密等级，必须查找和翻阅这些信息所依据的大量文件。只有完成了上述工作后才能提供这两份文件，其中一些信息经过编辑。因此，这一请求需要在查找文件方面以及随后进行的对文件所包含信息的保密等级进行评估方面投入大量工作。”

克里斯托弗·奥斯塔迪斯在评论政府办公室的说明时得出如下结论：

“政府办公室写道：‘在现有的官方文件中找不到所要求的信息’，并且官方在表述自己的观点时用到了‘为了满足他的请求’这样的说法。文件并不像听起来的那样复杂。这就是一个账户的普通分类账，这是市面上的所有财会系统都能在数秒时间内提供的信息。在我向议会专员提交的申诉中，我明确指出了其他公共机构（包括保密等级极高的瑞典武装部队）是如何快速作出回应的。

在本案例中，政府办公室提供给本人的是一份七页纸的文件，这份文件已经经过保密等级评估。如果完成这样一件事情需要花费超过两个月的时间，那么，本人只能哀叹政府部门的低效率。此外，他们只在少数地方对一两个字母进行过编辑和修改。

另外提供给我的还有一份四页纸的文件，但从根本上讲，这四页文件只包含了日期、‘成本项目’和总额。既然不包含任何具体的信息，那么，评估其保密等级完全只需要花费几分钟的时间。”

经要求，首相办公室副主任、常务行政主管路易斯·豪尔奎斯（Louise Hallquisth）提供了补充信息。她指出，为了提供克里斯托弗·奥斯塔迪斯所要求的信息，不得不在两个不同部门的计算机系统中进行大量搜索，这花费了一定时间。不过，得到所需信息使用的是一些常规措施。处理这一请求花费了如此长时间的主要原因是在信息公布前必须进行全面的保密等级评议。

2 号案件（案件编号为 2463-2012）

就职于新闻集团的记者乌拉·丹尼在申诉中指出，她在 2012 年 2 月 28 日发送给司法部的一封电子邮件中请求获得与司法部部长、国务秘书和两位主任有关的电话记录。2012 年 3 月 8 日，她被告知她想要获得电话记录的请求已经转发给行政事务办公室（Administrative Department）。在4月初，她被通知其请求已经从行政事务办公室转给了首相办公室。当她联系首相办公室时，负责处理该请求的官员告知他不清楚何时会作出决定，也不清楚决定是由某个官员还是由内阁作出。当她向议会申诉专员提交申诉时（2012年4月24日），她依然没有收到她所要求的信息。乌拉·丹尼总结说：

"从我请求获得这份公共文件以来，已经过去了两个月，近期也依然无法期待能够对我的请求作出任何决定。这公然违反了《新闻自由法案》规定的应该尽可能快地为公众提供公共文件的条款。我认为，政府自己违背宪法是特别严重的事情，不可以对政府的决定提出上诉尤其严重。"

政府办公室被要求对该申诉进行调查并提交说明。政府办公室（克里斯蒂娜·威尔）作出如下说明：

"乌拉·丹尼在2012年2月28日下午晚些时候通过电子邮件联系了政府办公室，请求获得2010年4月15日至2010年12月31日期间以及2011年12月1日到目前的检察机关负责人、刑事检控和国际司法合作机关负责人、国务秘书马格努斯·格兰纳（Magnus Graner）以及司法部长比阿特丽斯·阿斯克（Beatrice Ask）收发邮件的日志。她的请求还包括：'我还请求获得同样这些人在相应时期内的电话记录，包括座机和移动电话［……］此外，我还想请求获得同样这些人在前面所列时期内的办公日记记录。'

2012年3月8日，乌拉·丹尼被司法部告知她所要求的来自司法部的日志已经可以在政府办公室所在地点查阅。因司法部无法处理她提出的获得电话记录的请求，所以该项请求已经转给行政事务办公室。其请求所涉及的其他公共文件无法提供。

在2012年3月8日后，乌拉·丹尼的请求中依然没有得到满足的部分包括检察机关负责人、刑事检控和国际司法合作机关负责人、国务秘书马格努斯·格兰纳以及司法部长马格努斯·格兰纳的电话记录。这些信息将由管理技术系统的行政事务办公室以及首相办公室负责提供。

对这些记录的保密等级进行评估是复杂的。政府在没有事先作出任何官方裁决的情况下签发了一项决定。这项在 2012 年 5 月 3 日作出的决定拒绝了上述请求，因为遵照《公众知情权和保密法案》(2009：40）第 15 章第 2 条的规定，政府办公室掌握的电话记录信息属于保密事项。”

政府办公室在说明的结论部分对处理要求披露电话记录的请求的方式进行了评估。

“[……] 关于该请求的这一方面，从接到这一请求到政府对该事项作出决定，期间已经过去了两个月。该请求牵涉到大量政府自身内部的人员以及与其关系密切的个人，这些人都拥有不同的职责范围，而对相关信息的保密等级进行评议并不是一件简单的事。”

该回应的附件部分是政府拒绝该请求的决定。

乌拉·丹尼在对政府办公室的如上说明进行评论时得出如下结论：

“获得电话清单最基本的资料是相对较快的——如果考虑到其背景的话。政府办公室坚持认为，对涉及范围广泛的信息进行保密等级评级是非常耗费时间的。我的看法是拖延时间的并不是对保密等级所作的评估，事实上，这两个月花费在了尽量避免作出决定上，决定是在议会申诉专员收到申诉之后才作出的。换言之，并不是因为满足我的请求而耗费如此长的时间，而是因为无人处理该事项。我的请求在不同官员之间推脱搪塞，而这些官员没有职责来处理该问题，甚至无权告诉我何时会作出决定。对于政府办公室而言，该决定涉及原则问题。它并没有逐一检查每一个电话号码，这原本可以用来解释时间上的拖延。”

3 号案件（案件编号为 2732-2012）

乌拉·丹尼还就她于 2012 年 3 月 29 日提出的想要获得政府办公室财会系统中一些账户的交易清单的请求提出申诉。该请求涉及所有的政府部门。直到她于 2012 年 5 月 2 日提出申诉时，她依然没有收到她所要求获得的信息。她重复了她在概述 2 号案例时所陈述的内容。乌拉·丹尼与政府办公室之间的电子邮件往来表明，在 4 月 13 日，政府办公室联系了她，询问其请求所涉及的时间段。此外，这些电子邮件还表明，4 月 19 日，行政事务办公室告知乌拉·丹尼，他们仍然在等待两个部门的回应。当可以提供任何资料时，会与其联系。

向其他部门获取信息的请求是通过政府办公室的行政事务办公室主管干事斯蒂芬·阿内逊（Stefan Arnesson）口头转达的，斯蒂芬·阿内逊提供了如下信息。行政事务办公室负责财务和工资事务的工作人员通常会被指派为专案官员来处理从政府办公室财会系统中获取信息的请求。一般而言，专案官员能够迅速提供所要求的信息。然而，当相关部门要对信息进行保密等级评估时，专案官员无法决定请求者何时能够获得这些信息。在某个部门完成了保密等级评估后，相关文件会返回到专案官员手中，他们会将这些文件转给行政事务办公室的信息部门，信息部门再将它们提供给提出请求的个人。斯蒂芬·阿内逊声明，在他被任命为专案官员来处理乌拉·丹尼的请求的第二天，他就将乌拉·丹尼所要求的交易清单发给了不同的部门，以便这些部门能够对这些信息进行保密等级评估。2012 年 5 月 16 日，该请求转到了首相办公室，而首相办公室至今还没有完成保密等级评估。

因此，政府办公室被要求调查这一事件并就该申诉作出说明。政府办公室（克里斯蒂娜·威尔）的说明如下。

“乌拉·丹尼于 2012 年 3 月 29 日联系了行政事务办公室，请求披露政府办公室财会系统中一些账目的交易清单。乌拉·丹尼所要求的清单将包括日期、收据数量、供货方和成本中心方面的信息。4 月 13 日，政府办公室联系了乌拉·丹尼，要求她明确所需信息涉及的精确时间段。财务管理系统形成的交易清单涉及范围广泛。因为该材料内容广泛，所以对其进行的保密等级评估也耗费时间。此外，由于清单中的交易牵涉到所有部门以及首相办公室，因此政府办公室决定这些文件将一起提供给相关机构，以便他们能够统一进行保密等级评估。

这些交易清单于 2012 年 6 月 13 日提供给了乌拉·丹尼。依照《公众知情权和保密法案》第 15 章第 2 条的规定，其中一些信息属于保密事项，因此这些信息经过编辑后提供给了乌拉·丹尼。

……

从提交请求到政府办公室提供相关文件，处理乌拉·丹尼提出的披露交易清单的请求只花费了两个月的时间［议会申诉专员的说明：所花费时间为 11 周］。该请求涉及大量账户，并牵涉到所有部门和首相办公室。

该资料包含的信息本身可能不会造成危害，但整合在一起，它可以使人们对政府部门开展工作的常规程序有一个全面的了解。这类信息整合起来可以用来描述中央政府如何运作。公布这类信息可能会危害国家安全。因此，该请求决定了需要对信息的保密等级进行全面的且耗费时的评估。乌拉·丹尼对政府办公室所作说明进行了评论。她的结论如下：

“在本案例中，我还是要强调说，在我与政府办公室的联系中，他们从来没有给我留下印象说单个账目都必须进行保密等级评估，只是在提到可以提供什么信息的时候说会涉及原则问题。尤其需要指出的是，从收到我的请求到政府办公室联系我明确所涉及的时间段，花费了两周多的时间，而且他们是直到我询问进展情况时才联系我。关于提供这些账户的大多数账目的实质性决定花费了两个半月的时间，而且该决定是在我已经向议会申诉专员提出申诉之后才作出。

另外，在我就大使馆来访者和受邀拜访各大使馆的客人的名单这类通常应该没有归入保密的文件而与外交部联系时，我收到的回应是这些文件适用于与外交事务相关的保密规定。直到我提出要探讨适用于这类特殊的保密规定的法律条款时，他们才提供相关文件。

我在其他许多案件中与政府办公室进行了接触，接触后发现，在提供通常被认为是公共文件的资料时实际发挥作用的那些常规程序是如此的等级分明，以至于官员们都不敢提供那些毫无争议属于公众知情权原则范围内的那些文件。”

2013 年 3 月 27 日，议会申诉专员汉斯·冈纳·埃克斯伯格公布如下裁决。

法律条款

允许公众获取文件的一般法律条款

基本规定

关于官方文件的公共性质的基本规定见于《新闻自由法》第 2 章。这些条款规定如果文件是由政府机构接收、起草或制定的，只要该文件不属于保密事项（公共知情权原则），每个人都有权免费获得。

文件这一术语不仅指传统意义上的文件资料，也指能够用来读和听以及在技术协助下可以用其他方式理解的记录。如果政府机构利用自己的技术系统能够获得某文件，那么，这类文件就被认为被政府所持有。

非现成的文件

可以从自动处理程序记录下来的资料中获取的信息汇编，且这类信息汇编能够通过常规手段获得，则被视为被政府机构所持有。这类“非现成的文件”也适用于公共知情权原则。不过，关于获取公共文件权利的规定不适用于性质更复杂的信息汇编。这意味着根据这些规定，如果信息汇编无法以最少的投入和极低的成本来完成，则不能要求政府机构对那些可以在其数据库中找到的信息再进行汇编。个人信息的汇编则要受到特殊限制。

避免拖延

人们可以获取的官方文件应该立即或尽可能快地公布。该类官方文件应该由政府机构免费提供。要求获得官方文件的个人也有权支付一定的费用获得该文件的复印件。这类请求应该得到及时处理。

申请公开的文件信息通常应该在请求提交当天就提供给申请者。不过，如果需要对是否提供该文件进行裁定，那么，推迟一天或几天也可以接受。如果该请求涉及或者需要对范围广泛的材料进行分析，那么，时间上还要推迟有时也不可避免。在这种情况下，恰当的做法是告知申请者各阶段所能提供的东西。

关于政府机构管理公共文件的一般要求

《公众知情权和保密法》第 4 章的条款规定了方便公共文件搜索的一般措施。

该章第 1 条规定，政府机构在组织官方文件的管理以及在与官方文件的处理相关的其他程序中，必须将公众获取官方文件的权利考虑在内。政府机构必须特别保证官方文件能够像《新闻自由法》所规定的那样得到及时提供，以及确保个人能够查找到这些文件。

根据该章第 2 条的规定，所有政府机构必须就文件进行信息说明，例如文件的整理方式，以方便官方文件的搜索。

《新闻自由法》第 5 章规定，政府机构要持续对官方文件进行登记。

专案官员与政府机构的评估

《公众知情权和保密法》第 6 章第 3 条规定，负责管理文件的政府机构官员必须首先对能否提供该文件作出评估。在存疑的案件中，如果政府机构安排官员对文件进行评估（政府机构评估）不会导致不必要的拖延，政府机构可以作出此类安排。如果官员决定不提供该文件或该文件的部分内容，那么，应该将申请政府机构进行评估的可能性通知给提出请求的个人。此类通知必须明确说明，在进行任何评估之前，申请者必须从该政府部门获得一份拒绝提供该文件的书面材料。

无论是《新闻自由法》还是《公众知情权和保密法》，都没有任何条款规定以何种形式进行政府机构评估。这意味着所有政府机构，或者其上级部门都必须保证存在一种程序来决定哪个或哪些官员将被授权来代表该政府机构作出决定，以及如何处理这类案件。当然，这类程序的模式会存在相当大的差异，这取决于该政府机构的规模、这类问题发生的频率等等。

上 诉

如果政府机构的评估决定拒绝提供整个文件或者文件的部分内容，那么，可以对决定提起上诉。这一点在《新闻自由法》第 2 章第 15 条中有明确说明，该条款还规定针对某个部长提出的上诉必须呈送给政府。《公众知情权和保密法》第 6 章第 7 条规定，不能对政府作出的决定提起上诉。

信息要求及其他

除了《新闻自由法》中关于提供官方文件的规定外，《公众知情权和保密法》也有条款规定政府机构必须为公众提供信息。该法第 6 章第 4 条规定，如果个人提出请求，政府机构必须从官方文件中提供相关信息，除非该信息需要保密或者提供该信息会过分干扰该部门的运作。在这一条款中，没有对提供信息的速度作出具体规定。

《行政程序法》第 4 条进一步规定，如果请求的性质、个人所需的帮助以及政府机构的具体操作都在合理范围内，那么政府机构必须在与其管理领域相关的问题方面为个人提供相关信息、指导、建议和类似的其他帮助。

我们可以援引这些一般规定来证明，政府机构应当将非现成文件中的信息进行汇编，以为个人提供帮助。不过，不存在这么做的普遍义务，而且各政府机构必须根据不同的案件来判断它们需要做什么。如上所述，没有避免拖延的具体规定对应于《新闻自由法》中的相关规定。

关于政府办公室提供文件的规定

政府办公室这一政府机构的任务是为内阁会议的议题做准备，以及为政府和各位部长所展开的工作提供协助。

换言之，既然它是一个政府机构，那么，那些关于公共文件提供的规定在原则上也同样适用于政府办公室，就像适用于上文所提及的其他所有政府机构一样。因此，政府办公室的现任官员，最终是他们的上级管理部门，要确保存在一个高效的组织结构来处理和决定与提供文件相关的问题。

《政府办公室指导条例》（Ordinance with Instructions for the Government Office）（1996：1515）区分了政府事务（内阁必须作出决定的事务）与政府办公室事务（政府办公室作为政府机构需要作出决定的事务）。提供公共文件属于政府办公室事务。《政府办公室指导条例》第 18 条规定，要求提供文件的请求将在持有该文件的部门内进行审议，除非存在其他规定。（首相办公室和行政事务办公室作为政府部门处在相同的地位，参见该条例第 2 条）。该规定同时指出，在存疑的案件中，由部长作出是否提供文件的决定。如果申请获得文件的个人要求部长作出决定，就遵照执行。也可以将请求转给政府进行评估。如果发生这种情形，该请求就从政府办公室事务变成了政府事务，因此，也要适用该指导条例中关于如何处理此类事务的其他规定。

关于政府事务，该条例第 13 条规定，若事务涉及多个部门的工作领域，则处理这些事务的责任要由这些事务主要所属的部门来承担。根据该条例第 15 条的规定，处于多个部门工作范围内的政府事务将通过与其他相关部门的部长进行协商后处理。这第二项条款意味着，对于影响到多个部门的政府事务而言，所谓的“联合审议”必不可少。要求进行联合审议是为了确保内阁集体决定和集体负责的原则获得切实执行，也是为了确保所有的部长都能够真正对其责任所在的政府事务施加影响。关于联合审议的更加具体的指导原则可见于首相办公室拟定的备忘录《政府办公室协商形式》（Forms of Consultation in the Government Offices）（PM 2012：1）。

在政府办公室的工作程序中，不存在任何对应于该条例第 15 条（该条款适用于政府事务）的关于应该如何处理相关案例的规定。这意味着当要求提供文件的请求影响到多个部门时，除将该请求转给政府以进行评议外，没有任何规定指明要对该请求进行联合处理。

政府办公室处理各种请求的例行做法

政府办公室被要求对其组织结构以及处理要求获得公共文件的请求的例行做法作出特别说明。政府办公室（克里斯蒂娜·威尔）提交了如下回应。

政府办公室包括首相办公室、11 个各自负责其专门领域的部和行政事务办公室。每个部由一名或多名部长领导，其中一位为正部长。直接向正部长负责的官员通常有三类：国务秘书、行政事务主任和法律事务主任。行政事务办公室常务秘书负责联合审议的行政事务，也是行政事务办公室的负责人。

处理从政府办公室获取公共文件的请求的方式要符合《新闻自由法案》和《政府办公室指导条例》（1996：1515）的规定。《政府办公室指导条例》第 18 条规定，这种请求将在持有该文件的部门内进行评议。在存疑的案例中，或者应申请者本人的要求，是否提供该文件的问题将由该部门的其中一位部长作出评议。该请求也有可能被转给政府进行评议。

如果案件涉及多个部门，《政府办公室指导条例》第 13 条规定，该案件主要所属部门将处理这种要求提供公共文件的请求。根据《政府办公室指导条例》第 15 条中关于联合审议的规定，处于多个部门工作范围内的政府事务将通过与其他相关部门进行协商来处理。能够由政府办公室决定的案件也可以要求进行协商。只要切实可行，就应该展开协商。各机构和各部门之间就这类请求展开的协商所采用的方式与处理其他案例时采用的方式相同，因而要将避免拖延时间的要求考虑在内。根据已经发展成型并且现在正发挥作用的例行做法，当要求提供文件的请求涉及不止一个部门时，关于如何协调处理该请求的决定因案件而异。

透明和向公众开放是政府办公室的工作具有的特点。所有的部门都有一位登记员，他/她会帮助公众和新闻记者获知和使用公共的文件记录。政府办公室也为那些希望查阅政府日志的各个部分并在搜索之后请求获得相关文件的人在档案方面提供支持。

……

政府办公室的观点是，要求提供文件或者以其他方式要求提供信息的请求的数量在近些年大幅增加。对处理案件和调查类似案件的例行做法已经展开审议工作，审议可能会引起这些例行做法发生改变。政府办公室的组织结构进行变革的必要性和可能性也正在被考虑。

评 议

关于政府办公室例行做法的总体考察结论

如果想要公众知情权原则以及所有关于公众有权获取官方文件的规定发生任何作用的话，那么，政府机构必须调整其组织结构以便使个人和大众媒体有权获得相关信息。这需要有官员来负责管理各政府机构所持有的各种不同文件，也需要存在清楚明确的程序以便上面提及的那类政府机构进行官方评议时有章可循，这些程序还应规定当政府机构没有提供所申请获得的文件时，哪些个人有权要求进行官方评议。此外，所采纳的程序（包括这些程序所固有的那些根深蒂固的做法）在处理这种请求时必须符合避免拖延时间的宪法规定。

由于政府办公室属于政府机构，适用于该机构的主要规定可见于指导条例第 18 条中的条款，该条款规定，就是否提供相关文件这一问题作出的决定将由持有该文件的各部或者相对应的机构作出。条例没有对常规程序作出规定，也没有对哪个或哪些官员将作出此种决定作出规定。政府办公室给出的回应没有进一步解释他们采用了哪些例行做法这一问题。从已经作出说明的内容来判断，各程序似乎是临时设计的，缺少来自例行做法和固有原则的充分支持。本报告处理的各宗申诉和政府办公室提交的材料表明，政府办公室的组织结构还没有适应《新闻自由法》和《公众知情权和保密法》中关于公众获取公共文件权利的条款所提出的各项要求。

此外，依照《政府办公室指导条例》第 15 条的规定，当涉及政府事务时，就要进行联合审议，而现在看起来联合审议也适用于涉及提供文件的事务。由议会宪法委员会进行的一次监察（见 2010/11：KU10，p. 29）似乎证实了这一点。就像从法律条款的解释中所能看到的那样，这种联合审议旨在确保政府集体决定和集体负责的原则得到切实执行，以及确保所有的部长都能够真正对其责任所在的政府事务施加影响。当所涉及的问题与提供文件有关时，这种共同决策和负责的做法是毫无问题的，除非案件已经转交给了政府进行评议。此外，共同审议旨在确保对问题进行完整的和全面的分析，当相关各方达成一致意见时，共同审议结束（参见首相办公室备忘录 PM 2012：1，p. 10 f.）。该种做法自然会延长花费在这些问题上的时间。这类程序与公众知情权原则是不相容的，该原则的基本规定是负责相关文件的官员应该立即提供该文件。因此，只有在例外的情况中，即当需要花费时间对文件的保密等级进行令人满意的评估时，才应该对获取公共文件的请求进行这种联合审议。这种联合审议所采用的方式应该满足《新闻自由法》中所规定的避免延迟时间的要求。

电子信息公开委员会（Committee on Electronic Public Access）在数年前审议了对政府办公室提供公共文件的情况所作的评议，该委员会指出相关规定依然建立在如下前提之上，即各部门是拥有其各自权力的政府机构，也就是说，这些规定仍然是以 1997 年政府机构进行全面重组之前的体制为基础。该委员会的分析表明很多领域在这一方面不具有明确性（见 SOU 2009：5，第 6 章）。

政府办公室的组织结构和规章制度没能适应公众知情权原则所提出的要求，也没能适应已经实施了相当长时间的部门结构的改革，从本报告所审议的这些申诉来判断，这种不适应可能会影响处理这些申诉的效率。当申请文件公开的请求无法促使政府机构立即提供所需文件时，该项申请最终很容易陷入无人管的境地而被推脱搪塞，在此情况下，找不到任何官员或部门为处理这些申请所花费的冗长时间或者其他阻碍个人或大众媒体获知其有权获知的情况的缺陷负责。

从公共文件中汇编信息的责任

本报告审议的这些申诉与新闻记者提出的获取文件的请求有关，而这些文件由来自政府办公室行政系统的汇编信息构成。这类请求需要政府机构确定该请求是否只与《新闻自由法》条款中所规定的那类文件有关，因而对该请求的处理必须遵循《新闻自由法》所规定的避免拖延原则，或者该请求涉及的是法律条款没有规定政府机构必须提供的那类信息汇编，因而避免拖延的规定在此情形下并不适用（具体案例，参见议会申诉专员于 2010 年作出的第 6926 号判决和 2010 年第 7232 号判决，这些判决并没有引用《新闻自由法》第 2 章要求政府办公室对所要求的信息进行汇编的条款）。为了决定适用于哪种规定，了解行政系统的结构及其提供文件的可能性是必要的条件。

不过，显而易见的是，本报告审查的这三宗申诉所涉及的信息原本都可以利用常规手段从政府办公室行政系统中汇编而成。因此，这些请求想要获得的这些非现成文件都适用于《新闻自由法》第 2 章中所规定的公众知情权原则，换言之，它们涉及的是公共文件。

特别是克里斯托弗 · 奥斯塔迪斯的申诉所涉及的领域，政府办公室提交的说明并没有解释清楚他的请求是如何被处理的。有鉴于此，我想要强调的是对于政府机构（在此案件中是政府办公室）而言，迅速判定某项请求想要获取的文件是否属于公共文件，并且尽快通知申请人已作出的决定这一点非常重要。在申请人认为其请求适用于《新闻自由法》的条款，但政府机构对此明显有着不同看法的情况下，送达上述通知就尤其重要了。

保密等级评估导致的拖延

政府办公室为处理本报告审查的所有案件所耗费的大量时间提出的理由是，对保密等级进行的必要评估耗费时间。

在议会申诉专员看来，只要保密等级评估看起来是合理的，政府机构提出进行保密等级评估的要求是可接受的：原则上，议会申诉专员的任务不包括对任何具体的保密等级评估进行判断。不过，如果政府机构认为由于必须进行保密等级评估而无法直接提供相关文件，那么，为了避免因为时间上的拖延而受到批评，政府机构就必须能够以非常具体的方式来证明该特定案件需要进行这类评估。换言之，只是简单地断言必须考虑这种或那种保密条款是不够的。政府办公室在这一方面对本报告审议的这些申诉所作的说明是简单而抽象的，相对缺乏说服力。

此外，在处理获取其他方面的文件的请求时，相同的宪法条款适用于保密等级评估，这意味着该任务优先于例行做法。因此，保密等级评估在提供信息方面所拖延的时间不应长于该过程本身所合理需要的时间。具体的时间长度可能取决于相关政府机构拥有的专门经验和其他资源。不过，从这方面来看，原则上我们能够期待政府办公室比其他大多数政府机构行动更迅速。

对各申诉的判决

1 号案件：克里斯托弗·奥斯塔迪斯的申诉

克里斯托弗·奥斯塔迪斯请求从首相办公室的财会系统中获得信息。该请求涉及的非现成文件适用于公众知情权原则和避免拖延原则。

政府机构提供的文件包括两份清单，一份是 7 页，一份是 4 页。第一份清单涉及的是国内和国外的招待费用，第二份清单涉及的是现金支出。第一份文件列出了收据数量、收据日期、时间段、会计准则、成本中心、总额和对交易具体内容的描述（例如，“外事办公室，2009 年 10 月 7 日，委员会成员午餐”）以及供应方。第二份文件包括了类似的信息，但是具体细节更少，也缺少对各项交易的单独描述。

在克里斯托弗·奥斯塔迪斯向议会申诉专员提出申诉后，他收到了相关文件（其中一些需要保密的信息经过了编辑处理），这大约是在他提出请求 11 周时间之后。政府办公室在答复中声称长时间的拖延是因为汇编这些信息花费了时间，而且对其保密等级进行的评估也是一件耗费时间的事情，因为这些资料涉及范围如此广泛，需要对这些信息所依据的大量文件进行分析。

就像克里斯托弗·奥斯塔迪斯所指出的，所要求的文件看起来相当于政府办公室财会系统中的分类账的一个标准打印本，只包含数量有限的信息。快速而直接地形成这些文件完全是可能的。政府办公室宣称其中一些信息依照《公众知情权和保密法》第 15 章第 2 条的条款，适用于国防保密规定，不过，它没有作出更加具体的说明。政府办公室进一步声明，保密等级评估需要对信息所依据的材料进行分析，但是它没有说明必须这样做的原因。此外，政府办公室也没有就所进行的保密等级评估提供更加具体的信息。

从政府办公室所提供的关于保密等级评估所涉及的事情的零星信息以及它所实际提供的文件信息来看，我们所能得出的结论只能是，在一个或两个工作日内完成这样的评估是可能的。整体上，处理该请求所花费的时间不需要比保密等级评估时间长多少。不管实际情况如何，克里斯托弗·奥斯塔迪斯都不得不等待了 11 周的时间，这一时间长度远超过了满足此类请求原本所应该花费的时间期限。

2号案件：乌拉・丹尼的第一宗申诉

乌拉・丹尼第一次提出的请求涉及所说的“电话记录”，也就是某些官员办公电话的接打信息。这些属于非现成文件，适用于公众知情权原则和避免拖延原则。

乌拉・丹尼的请求导致了特别审议，最终被作为政府事务处理，历经两个月的时间，其请求因为保密规定而被拒绝。政府的决定无需接受议会申诉专员的监察，在本案件中，议会申诉专员的监察限于政府办公室处理该案件的方式，在其转给政府进行评估之前，该案件依然是政府办公室的责任所在。

将要求提供信息的请求移交给政府意味着遵照宪法以及《公众知情权和保密法》的条款来处理该请求的责任从一个层级转移到了另一个层级。因此，重要的是要清楚说明发生了这种移交以及这种移交是何时发生的。这种移交也取代了原本必须由某个官员作出的决定。因此，进行这种移交的时间期限必须与官员作出决定应遵守的时间期限相同（见 JO 2009/10, p. 483［p. 512］)。这意味着政府办公室的现任官员要么迅速决定是否批准获得相关文件的请求，要么在遵守避免拖延规定的情况下，将该请求移交给政府进行评估。

乌拉・丹尼提出第一次请求的时间是 2012 年 2 月 28 日。政府办公室没有说明它是何时将其请求移交给政府的。不过，它不可能早于该案件被送往首相办公室（3 月 8 日到 4 月初的某个时间）的时间。该申诉中政府办公室也认可的那些信息表明，在向议会申诉专员提出申诉的 4 月 24 日时，该案件依然没有被移交。这意味着无论如何，政府办公室花费了将近两个月的时间来决定乌拉・丹尼的请求应该作为政府事务来处理。

政府办公室提交的说明没有谈及导致案件被移交的考量因素，只是宣称政府在没有任何先例的情况下签发了决定，它还宣称因为保密等级评估的复杂性，所以整体上处理该请求耗费了大量时间。乌拉・丹尼认为，耗费时间的不是保密等级评估，相反，拖延是因为她的请求在没有任何权限作出决定的官员之间转来转去。

提供所需要的电话记录原本只需要几天的时间。因此，政府办公室在较早的时候就应该清楚该请求属于需要移交政府进行评估。《政府办公室指导条例》第18条规定，能够以这一方式转交的案件是那种复杂的案件，因此，仅仅陈述已经发生的事实是不够的。由此来看，关于如何答复乌拉·丹尼的请求的决定所花费的时间原本应该远少于两个月或者它看起所需要的时间。

处理乌拉·丹尼的请求的方式存在一个不足，即没有明确政府机构中哪位官员负责处理该请求。保存政府办公室电话记录的似乎是行政事务办公室。因此，根据《政府办公室指导条例》，该请求原本应该在行政事务办公室得到处理。在该请求移交给行政事务办公室之前，它已然在司法部耗费了9天时间，这9天时间本身就已经是违反规定的拖延。该请求后来在何时以及为什么被移送至首相办公室没有得到解释。然后，首相办公室最终在某个无法准确得知的时间，将该请求转给政府进行评估。这些周折说明在哪位官员应负责处理该请求方面缺少明确性，甚至可以说是混乱：这显然导致了处理该请求所花费的不可接受的长时间。

3号案件：乌拉·丹尼的第二宗申诉

乌拉·丹尼的第二宗申诉涉及政府办公室账户的交易清单。这也牵涉到适用于公众知情权原则和避免拖延原则的非现成文件。在她向议会申诉专员提起申诉后，乌拉·丹尼收到了她所需要的材料。除了被宣布需要保密的信息，在她提交请求11周时间之后才收到材料。

政府办公室声明，发生拖延是因为交易清单涉及范围广泛，因而其保密等级评估也耗费时间。关于保密等级评估，政府办公室补充说，该请求所涉及的是那些本身可能不会产生危害的信息条目，但是这些信息整合起来能够描绘出政府部门开展日常工作的常规程序，从而了解中央政府是如何运转的。因此，可以认为披露这些信息会危及该领域安全。

我认为没有任何理由质疑政府办公室进行保密等级评估的必要性。鉴于现有的关于提供信息的规定，这种保密等级评估进行的方式既混乱，又僵硬。调查表明，即使行政事务办公室的某位官员在接到请求后立即制作了交易清单，其在各部门之间流转的方式也注定会拖延，而不会加快处理进程。从这些清单被送达所有部门后，在某些情况下，这些部门好几周都不会作出答复。直到 4 月 19 日到 5 月 16 日之间的某个时间，所有的部门才将它们的答复送达行政事务办公室，行政事务办公室再转给首相办公室。首相办公室又会进行全新的总体性保密等级评估，这似乎又花费了一个月的时间，之后，那些被认为属于公共文件的材料才于 2012 年 6 月 13 日提供给了申请者。显而易见，我们不能将该过程描述为政府部门在毫无拖延的情况下努力对乌拉・丹尼提出的请求作出回应。

就像乌拉・丹尼请求获得电话记录的案例中的情况一样，我们并不清楚谁应该为处理该请求的方式中存在的不足负责。

结 论

政府办公室在处理克里斯托弗・奥斯塔迪斯和乌拉・丹尼提出的获取公共文件的请求时所采用的方法与他们公然漠视《新闻自由法》中关于避免拖延的条款有关。从已经披露的情况以及政府办公室自己的陈述来看，组织结构中的不足以及责任与例行做法的约束力不明晰导致了它们没能遵守宪法条款。在以前的监督中，我们也发现了类似的情况。

在议会申诉专员看来，政府机构在处理与公众知情权原则相关的问题时所使用方法存在的明显缺陷被揭露出来，但没有政府机构承认和指责这种缺陷，这是不正常的。在本报告所审议的这些申诉中，政府办公室似乎认为其工作程序是正常的、可接受的。鉴于此，我的结论想要强调，对于政府自身的官员而言，尊重公众享有的知情权尤其重要。做不到这一点可能会导致其他政府机构认为它们也不必要严格遵守宪法条款，这从长远来看会威胁到公众知情权原则。

就像已经清楚指明的那样，政府办公室的现任官员，最终是他们的上级官员，要确保存在有效的程序来解决与获取文件的要求有关的问题以及由哪个部门作出相关决定的问题。议会申诉专员的监察不适用于政府和各部部长，他们受议会宪法委员会的监督，本判决的复印件已经转给宪法委员会。

（翻译：周艳辉　审校：张万洪）

后　记

国家信访局对丛书的编写出版工作高度重视，成立了“信访理论研究丛书”编写组，由国家信访局党组副书记、副局长张恩玺任主编，组织精干力量开展编写出版工作。

在丛书的编写出版过程中，承担国家信访局信访理论研究项目的各个课题组均给予了大力支持，特别是研究成果入选丛书的15个课题组对研究成果进行了反复修改、校核、完善，在此表示衷心的感谢！国家信访局《人民信访》编辑部关立、李晓东，北京市信访办李蕾，上海市信访办孔祥宪，广东省信访局吕璟，湖北省信访局万明，浙江省湖州市信访局宋一涟等同志参与了丛书的后期校核，做了大量认真细致的工作，在此表示诚挚的谢意！中国法制出版社的编辑为丛书的出版付出了巨大的努力，对丛书的出版策划及结构、语言、编排、校核等都做了精心的安排，他们严谨务实的工作作风令我们敬佩，特此感谢！

由于时间紧迫、水平有限，虽经多次校核修改，但不足之处依然难以避免，真诚希望读者批评指正。

丛书编写组

2016年12月

图书在版编目（CIP）数据

国外处理公民申诉制度法律法规选编：全 2 册 / 张恩玺主编 . —北京：中国法制出版社，2017.3

ISBN 978-7-5093-7927-1

Ⅰ . ①国…　Ⅱ . ①张…　Ⅲ . ①公民—申诉—法规—汇编—国外　Ⅳ . ① D915.180.9

中国版本图书馆 CIP 数据核字（2017）第 022471 号

策划编辑　马　颖　　　　责任编辑　马　颖　　　　封面设计　周黎明

国外处理公民申诉制度法律法规选编：全 2 册

GUOWAI CHULI GONGMIN SHENSU ZHIDU FALÜ FAGUI XUANBIAN:QUAN2CE

主编 / 张恩玺

经销 / 新华书店

印刷 / 河北省三河市汇鑫印务有限公司

开本 / 710 毫米 ×1000 毫米　16 开　　　　（全 2 册）总印张 / 82　字数 / 1057 千

版次 / 2017 年 6 月第 1 版　　　　2017 年 6 月第 1 次印刷

中国法制出版社出版

书号 ISBN 978-7-5093-7927-1　　　　（全 2 册）总定价：246.00 元

值班电话：010-66026508

北京西单横二条 2 号　邮政编码 100031　　　　传真：010-66031119

网址：http: //www.zgfzs.com　　　　**编辑部电话：010-66034242**

市场营销部电话：010-66033393　　　　**邮购部电话：010-66033288**

（如有印装质量问题，请与本社编务印务管理部联系调换。电话：010-66032926）